국제주의 전통 자료집

VII. 여성과 성소수자의 차별과 해방

알렉스 캘리니코스, 크리스 하먼 외 지음

이정구 엮음

국립중앙도서관 출판예정도서목록(CIP)

여성과 성소수자의 차별과 해방 / 지은이: 알렉스 캘리니코스,
크리스 하먼 외 ; 엮은이: 이정구. -- 서울 : 책갈피, 2018
    p. ;   cm. -- (국제주의 전통 자료집 ; 7)

원저자명: Alex Callinicos, Chris Harman
ISBN 978-89-7966-153-8 04300 : ₩16000
ISBN 978-89-7966-155-2 (세트) 04300

노동자 계급[勞動者階級]
마르크스 주의[--主義]
여성 해방[女性解放]

332.64-KDC6
305.5620941-DDC23   CIP2018026150

국제주의 전통 자료집

VII. 여성과 성소수자의 차별과 해방

알렉스 캘리니코스, 크리스 하먼 외 지음

이정구 엮음

책갈피

차례

엮은이 머리말

이 자료집에 실린 글들은 노동자연대와 그 유관단체들이 발간한 신문과 잡지 등에서 일반성이 비교적 높은 글들을 추려 내어 주제별로 묶은 것이다.

자료집이 지닌 장점은 시간이 흘러도 그 진가가 사라지지 않을 좋은 글들을 선별하여 묶어 놓았다는 것인데, 이 자료집에 실린 글들도 그런 것이기를 바란다. 독자들은 이 자료집을 참고 자료나 교육 자료 등으로 유용하게 활용할 수 있을 것이다.

이 자료집은 이런 장점 외에, 독자들이 염두에 둬야 할 약점도 있다. 첫째, 자료집에 실린 글들이 발표된 때의 맥락을 설명하지 못했다. 물론 글을 읽어 보면 글이 작성된 취지를 대체로 파악하거나 짐작할 수 있을 것이다.

둘째, 많은 글들을 자료집으로 묶다 보니 용어의 통일, 맞춤법, 띄어쓰기 등에서 오류가 많을 수도 있다. 예를 들어, 예전에는 동성애자라는 표현을 많이 사용했지만 지금은 동성애자보다는 성소수자라는 용어를 쓴다. 특정 시기에 사용된 용어는 그 나름의 역사성을 지니고 있으므로 이 자료집에서는 오늘날 사용하는 용어로 일괄적으로 바꾸지 않았다. 또, 맞춤법이나 띄어쓰기도 세월이 지나면서 바뀌었다. 그래서 현재의 것으로 교정돼야 할 어구들이 많다. 그러나 바로잡지 못하고 놓친 부분이 많을 것이다. 독자들의 너그러운 양해를 부탁드린다.

셋째, 같은 주제의 글들을 모았기 때문에 여러 글의 내용이 중복되는 경우도 적지 않다. 이런 중복의 문제에 대해서는 엥겔스의 방식을 따랐다. 엥겔스는 마르크스의 초고를 모아 《자본론》 3권으로 편집하면서 이렇게 밝혔다. "반복도 주제를 다른 각도에서 파악하든지 다른 방법으로 표현한 경우에는 그 반복을 버리지 않았다."(《자본론》 3권 개역판 서문)

넷째, 혁명가들이 혹심한 탄압을 받던 시기에 작성된 글 중에서 필자를 확인하지 못해 필자를 명시하지 못한 경우가 있다. 이것은 엮은이가 의도한 것이 결코 아니라는 점을 밝혀 둔다.

그 외에도 다른 오류들이 편집 과정에서 있을 수 있는데, 이것들은 엮은이의 잘못이다.

이 자료집이 나오기까지 몇몇 동지들이 도움을 줬다. 인쇄된 문서를 타이핑해 파일로 만들어 준 박충범 동지와 책을 디자인해 준 장한빛 동지에게 감사드린다. 방대한 양의 원고를 나와 함께 검토해 준 책갈피 출판사 편집부에도 감사드린다.

2018년 7월 10일
엮은이 이정구

제1부
여성 차별과 해방

제1장 여성 차별의 근원

여성 해방을 위한 투쟁

여성차별은 어디에서 비롯하는가?

"만약 신이 공정하다면 여성을 만들지 않았을 것이다." 이 말은 토리(보수당) 정부의 한 장관이 여자가 있을 곳은 가정이라고 하는 우익의 일반적인 생각을 표현한 것이다.

오늘날 가장 고집스런 장관이나 고위급 법관이 여성은 순종하는 아내이자 어머니일 뿐이라고 주장하면서 저임금에서 강간에 이르는 모든 여성 억압적 상황을 정당화한다.

그럼에도 불구하고, 남자와 여자가 갖는 의무와 권한이 서로 다르다는 생각은 널리 퍼져 있으며 모든 사회 단계에서 여성 억압을 정당화하는 데 이용되었다.

일레인 헤프넌(Elane Heffernan). 이 글은 1995년 국제사회주의자들이 일레인 헤퍼넌이 쓴 *The Struggle for Women's Liberation*을 번역해 소책자로 발행한 것이다. 그 당시 저자 일레인 헤퍼넌은 영국 사회주의노동자당(SWP)의 당원으로 활동하고 있었다.

아직도 극소수의 여성 의원들과 여성 법관들이 갖고 있는 지위가 여성으로서 누리는 최고의 자리이다. 밑바닥 처지에 있는 여자들은 아직도 저임금의 임시직에 종사하고 있다 — 이 임시직은 "여성고용" 직의 58%를 차지한다.

여성차별 사상 때문에 우리는 가족 안에서 우리의 역할을 제대로 하지 못한다. 우리들 거의 대부분은 가족 안에서 자라고 생활한다. 보육원의 아이들, 양로원에서 생활하는 사람들은 그렇지 못한 불행한 사람들이다.

여자들은 아이들을 돌보고 많은 가사일을 하기 때문에 임금이 좋은 전임직을 얻기가 더 어렵게 된다. 그래서 가족을 돌보고 남편의 마음을 끄는 데 관심을 갖는 가정주부가 자연스러운 것처럼 보인다.

사회 전체가 온통 — 집안 꾸미기에서 광고와 사회보호법에 이르기까지 — 우리를 가족으로 떠민다.

자의든 타의든, 토리 정부가 꾸미는 가족에 대한 사상을 무시하고 사는 사람 — 게이, 미혼모 등등 — 은 정상이 아니라는 말을 듣게 된다.

그럴듯한 이유를 대며 가족을 이상화한다 — 그 이유라는 것은 자본가 계급에게 좋은 것이다.

여성이 아이와 가정을 돌보기 때문에 자본가 계급은 값싼 식당과 아이방과 같은 것들을 제공하지 않아도 된다. 만일 남성과 여성이 가족에 의해 만들어진 성차별주의 사상을 받아들이기만 한다면 그들이 사장과 잘 싸우지 못하게 만들 수 있다.

사회주의자들은 이윤추구가 아니라 우리의 요구를 채워주는 것을 바탕으로 하는 사회를 바란다. 그런 사회는 아이 기르는 일과 가사 일에 여자들을 떠밀지 않을 것이다 — 그런 일은 사회 전체가 더 잘 해낼 수 있다.

여성이 가족이라는 짐에서 벗어나서 계급사회가 아닌 평등에 기초한 사회를 발전시키는 데 자유로이 완전한 역할을 하게 된다면 성차별이 인간의 "특성"에서 온다는 낡은 사상은 사라질 것이다.

가족: 천국과 지옥

우익은 우리에게 이렇게 말한다. "아내와 어머니가 되라, 그것이 여성이 종종 자신을 이해하는 방법이다."

최근의 한 여론조사에 응답한 여성 가운데 68%가, 가족이 일이나 여가활동이나 돈보다 더 중요하다고 답했다.

여성이 사회에서 열등한 역할을 맡게 되어 있다는 관습을 그들 자신이 지키려 한다는 것이 얼핏 생각하면 놀랍게 느껴질지 모른다.

그러나 가족은 억압의 장소일 뿐 아니라 남성과 여성이 억압으로부터 도피하는 장소이기도 하다.

여성이 어떤 일을 자신 있게 처리해 나갈 수 없다고 느낄 때조차도 노동계급에 속한 여성들은 자기 일 처리나 그 일에 대한 창조성이 부족한 것을 싫어한다.

사회주의 운동을 세우는 데 핵심적인 역할을 한 카를 마르크스는 이것을 소외라고 불렀다.

노동자는 자기 직업이 "자기 인생을 희생하는 일"임을 경험하게 되며, "그는 자신이 자기 일 바깥에 있음을 느낄 뿐이고, 그의 삶은 일을 하지 않고 있는 식탁과 선술집과 잠자리에서 시작된다."고 주장했다.

사람들이 탈출구를 찾을 수 있기를 바라는 곳은 무엇보다도 가정이다. 여성을 억압 속에 가두는 길임에도 불구하고 사람들에게는 가족이 자신들의 삶을 어느 정도 다스릴 수 있는 곳인 것 같다.

특히 노동계급의 여자 아이들 ─ 교육의 기회와 중간계급 여성에게 열려 있던 흥미로운 직업들이 제공되지 않는 ─ 대부분은 인척관계와 모성애를 충족시키는 것을 추구하기 쉽다. 10대 소녀들은 옷과 화장과 몸매 가꾸기 등에 대해서 신경 쓰지 않아도 된다. 그들이 자부심을 느낄 만한 것은 매혹적인 얼굴뿐이다.

남자 아이들은 "여자 아이를 꼬셔서" 나중에 좋은 가장이 되기를 바란다. 그들은 거리낌 없이 사내다운 남자가 되도록 배운다.

이것은 모든 종류의 성차별 사상을 낳는다. 이런 사상들은 직업 분리와 여성 자신과 사회 전체 ─ 광고와 포르노에서부터 남자가 가장이 되는 사회보호법에 이르기까지 ─ 에 의해서 날마다 강화된다.

물론 가족에 의해 창출된 성차별 사상은 사회 전체에 널리 퍼져 있다. 그러나 가족의 경험은 모든 계급이 똑같지 않다.

자기 삶에서 벗어나고 싶은 꿈을 키우는 사람들은 노동계급에 속한 사람들이다. 왜냐하면 그들은 집밖에서는 선택권과 통제권이 거의 없기 때문이다.

자본주의 압력으로부터 가족의 생활을 보호하지 못한다는 것을 알고 자주 실망하게 되는 사람도 바로 노동계급이다.

돈 문제가 끊임없이 가족관계를 공격한다. 한 미국인의 연구 자료에는 이러한 전형적인 노동계급 어머니의 예를 싣고 있다.

"나는 모든 꿈을 가지고 결혼을 했는데 한 시간에 1.5달러를 받으며 일을 해야 했어요. 바짝 절약하고 저축하면 남는 게 없어요."

그녀의 남편도 꿈이 깨졌다.

"막 나이 스물이 넘자 곧 내게 아내와 아이가 생겼죠. 당신은 일을 그만두고 싶어도 이제는 그럴 수 없을 겁니다. 늘 일자리를 떠나고 싶어 죽을 지경이에요. 하지만 그러면 더 나빠질 겁니다. 돈이 문제니까요."

"하지만 사람이란 자유가 좀 있어야죠. 매일 자기가 살고 있는 노예소굴 같은 더러운 곳에는 갈 필요가 없다고 생각하게 됩니다."

종종 좌절감 때문에 폭력사태가 일어난다. 이것은 모든 연구사례들이 여성 대부분이 가정 내에서 강간당할 위험에 처해 있으며 집안 싸움을 하게 된다는 사실을 보여 주는 이유이다.

또한 그러한 연구사례들은 가장 많이 폭력을 경험한 사람들이 노동계급 여성들임을 보여준다.

그것은 노동계급 남성들이 다른 계급 남성들보다 선천적으로 성차별 태도가 강하거나 포악하기 때문이 아니라, 집 밖에서는 그들이 통제하고 선택할 것이 거의 없으므로 가정 안에서 자기 권위를 세우는 데 힘을 더욱 쏟게 되고 그도 안 될 때는 더 큰 좌절감에 빠지기 때문이다.

노동계급 가족들은 모든 점에서 가장 나쁜 대접을 받고 있다. 돈을 적게 받으니 보모를 구하기도 힘들고 밤 나들이도 하기 힘들고 사회생활도 더 많이 제약되며 가족끼리 밖에서 즐겁게 보낼 기회도 적다. 가족과 가정은 수많은 사람들에게 유일한 안식처이다.

가장 빈곤한 사람들의 가족들이 실의와 소외감에 빠지기 — 그래서 폭력을 휘두르기 — 더욱 싶다.

노동계급 부부들이 중간계급 부부보다 두 배 반이나 더 많이 이혼 근거가 될 정도로 심하게 다툰다는 것을 많은 연구사례가 보여주고 있다.

남편만이 폭력을 휘두르는 것이 아니다. 아이들과 노인들 — 토리 정부는 노인들을 돌보는 일을 점점 더 가족에게 떠넘기고 있다 — 을 때리는 여성들은 대부분 직장이 없는 여성들이기 십상이다.

물론 중간계급 여성들이 강간당하거나 남편에게 구타를 낭하는 일이 덜 고통스런 일이라는 것은 아니다. 그러나 그것은 덜 일반적이다. 가정에 대한 압력이 덜하고 중간계급 남성은 노동계급 남성보다 덜 소외 받기 때문이다.

그리고 중간계급 여성들은 재정적으로 독립하기도 더 싶고 자신감도 있기 때문에 (그런 상황을 — 옮긴이) 벗어나기가 더 쉽다.

많은 노동계급 여성들은 도피했다가도 딱히 생활할 곳이 없기 때문에 결국 자기를 때린 남편에게 다시 돌아간다.

노동계급 여성들이 남편이 겪는 좌절감에 대한 연민 때문에 "아무리 그래도, 난 남편을 사랑해요."하면서 돌아오는 경우도 사실 많다.

아주 많은 여성과 남성 대다수가 노동에서 벗어나고 싶은 꿈을 갖는 것만큼 오래도록 가족 안에서 성취감을 찾을 꿈을 간직하게 될 것이다.

바뀌고 있는 여성의 역할

오늘날 여성은 단지 아내와 어머니로서 겪는 경험만 있는 것이 아니라 노동자로서 겪는 경험도 있다.

1911년에는 가정 밖에서 일하는 여성 가운데 결혼한 여성은 열 명 중 한 명 꼴이었다. 오늘날에는 거의 70%에 이른다.

대다수의 많은 여성들이 학교를 떠나 직장에 들어가는데 나중에는 어린 애들을 돌봐야 하기 때문에 평균 7년 정도를 직장에 나가지 못하게 된다.

일하러 나가게 되면서 여성들은 점점 독립심을 갖게 되었고 자신을 이해하는 점도 바뀌었다. 그것은 그들을 가정 안에 고립되던 것에서 끌어내 주었고 더 나은 대우를 받기 위해 조직하고 싸워야 한다는 확신을 갖게 해주었다.

1930년대부터 줄곧 여성들은 사무직과 서비스 산업이 확장되고 간호사, 교사, 사회사업가 등이 증대함에 따라 임금노동으로 투입되었다.

2차 세계대전 이후 경제 호황으로 여성 노동자들이 엄청나게 필요하게 되었다.

1945년에 노동당 정부의 재무장관이었던 스태포드 크립스 경이 자본가들의 목적을 다음과 같이 요약했다.

"우리가 모든 남성들뿐 아니라 아주 많은 수의 여성들을 고용한다면 적당한 생활 수준만을 제공할 수 있을 뿐이다.

물론, 가장 열렬한 평등 옹호자조차도 아이를 기르는 책임 — 여성들이 맡고 있는 무시하고 싶지 않을 부가된 책임 — 을 인정하게 되는 명백한 차이점이 하나 있다.

여성은 주부이며 주부가 되어야 한다."

크립스는 자기가 바라는 대로 이루었다. 여성의 일은 가족 내 우리의 역할에 따라 구성된다. 많은 여성들이 동네 아이를 돌보는 일과 같은 임금이 적은 임시직을 갖는 것이 고작이다.

나이가 7살 이하인 아이들을 두고 있는 여성들 가운데 약 70%가 임시직에서 일한다 — 이에 비해 아이가 없는 여성은 26%가 이런 일을 한다.

이것은 여성들의 직장 경험이 남성과는 근본적으로 다르다는 것을 뜻하는 것은 아니다. 통조림 제조 공장과 자동차 제조 공장의 작업 조건은 서로 다른 점이 거의 없다.

여성들이 직장에 들어감에 따라 노조의 성격이 바뀐다. 1879년경 거의 4백만 명에 달하는 여성 노동자들이 (노동조합으로 — 옮긴이) 조직되었다.

여성들 덕분에 1964년에서 1970년 사이에 노조 조합원 수가 70% 증가했다.

다음 십 년 사이에 노조 회의인 NALGO로 조직된 여성의 수는 두 배로 늘었다. 의료노조인 COHSE의 여성의 수는 4배로 늘었고, 기술 및 관리인 노조인 ASTMS로 조직된 수는 7배로 늘었다.

여성들은 자신들의 이익을 위한 싸움에 주저하지 않았다.

1968년 데이전햄의 포드 자동차 공장에서 여성 봉재공들이 일으킨 파업으로 회사가 작업을 중단해야 했다. 다른 여성 노동자들도 투쟁하자 노동당 정부는 동일 임금법을 약속하지 않을 수 없었다.

여성 사회주의자들은 1979년에 TUC에게 낙태 권리를 요구하는 시위를 조직하게 할 만큼 성공적으로 운동을 전개했다.

임금이 낮은 여성들이 1978~79년의 '불만에 찬 겨울'에 벌어진 파업에서 가장 열심히 싸웠다. 최근에는 간호사, 교사, 의회 노동자들과 공무원들이 파업행동에 참여하고 있다.

이런 전투성이 노조 지도자들에게 압력이 되고 있다. 오늘날 노조들은 동일임금과 육아대책 요구를 지지하고 근무 중 성희롱에 반대하는 것 — 가끔은 신문을 통해서만 그렇게 하지만 — 을 당연하게 생각할 것이다.

여성이 밖에서 일하게 되자 그들이 자신을 이해하는 면도 바뀌었고 작업장 밖에서도 더 나은 처우를 요구하며 투쟁하게 되었다.

오늘날 가족은 전통적인 토리당 정부가 생각하는 것과는 아무 관련이 없는 것 같다.

초혼의 수는 1979년 이래로 감소했다. 1988년경에는 결혼하지 않고 남자와 사는 여자의 수는 10년 전에 비해 거의 3배나 되었다. 네 명 중 한 명은 미혼모가 낳은 아이다.

토리 정부가 벌이는 낙태와 이혼에 대한 캠페인은 가장 시대에 뒤떨어진 모습을 보이고 있다. 그러나 자본가 계급은 여성 노동자들에게 더욱 의존하게 되었다.

이것이 여성을 더 쉽게 일하게 만들 수 있는 개량 조치 — 극히 적은 육아 시설을 제공하는 식으로 — 를 국가가 취하는 이유이다.

1950년대의 미국 연구조사에 응답한 결혼한 직업 여성의 거의 절반이 차라리 집에 있는 것이 낫겠다고 말했다. 1991년 2월에 실시한 한 영국 조사 결과는 이런 대답을 하는 사람들이 2%밖에 줄지 않았음을 보여 주었다.

남자들의 태도도 바뀌었다. 전임직에 종사하는 여성의 거의 절반이 이제는 자기 남편이 가사일을 똑같이 분담한다고 말한다. 남성 조합원들 수천 명이 낙태 권리를 방어하는 1979년 시위에 참가했다.

여성 운동은 이런 모든 변화를 반영했다.

여성 운동은 동일임금 지불, 노조승인, 처우개선을 요구하며 노동계급 여성들이 파업 물결을 일으킨 1960년대 말에 태어났다.

1970년 1차 대회에서 제출된 요구들 — 동일임금 지불, 보육원 24시간 개방, 교육 및 직업의 동등한 기회 보장, 낙태 자유 요구 — 은 이 투쟁과 관련이 있었다.

1970년대초에 운동에 참가한 여성들은 (여성 — 옮긴이)해방을 위한 투쟁이 쉽게 승리할 것이라고 잔뜩 기대했다.

1974~79년 노동당 정부의 동일임금법은 완전히 궁지에 몰렸다. 그러나 그럼에도 불구하고 그것은 대단히 진전된 법이었다.

많은 사람들은 남성을 성차별 사상에 반대하도록 교육하고 특정 지역에서 여성의 위치를 개선하게 하는 것이 포함된 새로운 법을 재정하게 만드는 일이 여성 해방을 이루는 일이라고 생각하는 듯하다.

그것이 진보적인 것이 사실이다.

소수의 여성들은 어려움을 무릅쓰고 소방활동과 같은 전통적으로 남성만이 하던 직업에 진출했다. 그리고 그런 식으로 성차별 태도를 꺾었다.

20년 전에 공격받았던 여성운동 사상의 많은 부분이 오늘날에는 폭넓게 수용되고 있다. 낙태는 우익의 공격으로부터 성공적으로 방어되었다.

그러나 여성들은 모든 점에서 변화되고 개선되었다 하더라도 자신이 당하고 있는 억압에서 벗어날 수 없는데, 그것은 재생산이 가족에게 떠맡겨져 있기 때문이다.

그들은 밖에서 일하고 집안에서는 아이를 돌보아야 하는 이중 부담에 시달리고 있다.

자본가 계급은 가정에 맡기지 않고 직접 자금을 들여 노동력을 돌보는 일을 떠맡으려 하지 않는다.

여성은 늘 억압받았나?

토리 정부는 가족은 어느 사회에나 있었으며, 여성은 늘 남성에게 종속되어 왔고 그렇지 않은 삶은 자연스럽지 못하다고 말한다.

이것은 진실이 아니다.

물론 여성 억압은 자본주의가 나타나기 오래 전부터 존재했지만, 여성이 언제나 제2계급이었던 것은 아니다.

토리 정부는 인간은 늘 가족생활을 해 왔으며 약 200년 동안 그 것이 자연스러운 것이었다고 말한다.

서방 인류학자들 — 다른 종류의 인간사회를 연구하는 사회과학자들 — 이 쓴 책에서는 여성의 위치가 어떤 사회에서는 아주 달랐음을 보여주기도 한다.

최근이라고 할 수 있는 1930년대만 해도 태평양 트로브라이언드 군도에 사는 사람들은 강간이란 말을 몰랐다. 그들은 남자가 여자를 때린다거나 여자가 원하지 않는데도 일부일처 관계를 받아들여야 한다는 것을 믿을 수 없었다.

최근세기 몇 년간 아메리카 원주민인 세네카족과 함께 살았던 아더 라이트는 이렇게 썼다. "여성이 가족을 다스렸다. 식량은 공동으로 관리했지만 너무 무능력해서 제 몫을 제대로 하지 못하는 불운한 남편이나 애인에게 그 책임을 맡겼다."

"남자들은 아이들이 얼마나 되고 집에 어떤 물건들을 갖고 있든 간에 언제든지 모포와 모피를 고를 수 있게 되어 있었는데 누군가 아주머니나 할머니가 중간에서 도와주지 않으면 그렇게 할 수 없었다."

17세기 가톨릭 예수회 수사들은 아메리카 원주민들 사이에서는 남자들이 아내가 남편에게 정숙하거나 복종해야 한다는 생각이 없는 것을 보고는 몹시 불쾌해 했다.

초기 인류사회에서 사람들은 동물들을 사냥하고 과일과 채소를 수집하는 것으로 기본 생활을 꾸려 나갔다.

우리는 이런 사회를 이상적이라고 생각하지 않는다. 그들은 필사적인 생존 투쟁에 여념이 없었다. 그러나 그들이 살던 사회는 오늘날 우리가 살고 있는 사회와는 아주 달랐다.

남성이 여성을 자신의 재산으로 여기지 않았고 무언가 결정하거나 일을 할 때 여성을 제외시키지 않았다.

이렇게 모든 사람들이 생존하기 위해 협력해야 했던 사회에서는 여성이 동등한 위치에 있었다. 토지나 도구를 개인이 갖는다는 개념이 없었다.

잉여라는 것이 없었고, 따라서 소수 엘리트가 다수를 희생시켜 자신의 부를 늘리는 일도 있을 수 없었다.

카를 마르크스의 협력자 프리드리히 엥겔스는 이런 사회를 "원시 공산주의 사회"라고 불렀다.

남성과 여성이 공동 경영을 이루었지만, 개별 가정을 꾸리지는 않았다. 큰 집단들은 천막집을 함께 사용하며 협력하여 식량을 제공하고 아이들을 돌보았다. 남성과 여성과 아이들 모두가 생존을 위한 싸움에 제 몫을 하였다.

기술과 사회 발전 수준이 낮아 여성들이 아이 낳는 것을 제 마음대로 조절하지 못했다. 그래서 일이 성별에 따라 분화되었다. 그러나 분업이 엄격하지 않아서 남자가 아이를 돌보고 여자가 사냥을 나가는 경우도 종종 있었다.

그것은 남성과 여성 모두가 대가족 단위로 이루어진 가내 생산에 기여하게 되어 남여 평등이 존재할 수 있었기 때문이다.

인간이 농업생산에 필요한 기술을 익힘으로써 환경을 더 잘 통제할 수 있게 되자 여성의 위치가 변했다.

오늘날 우리는 모든 사람을 풍요롭게 살도록 해 줄 수 있을 만한 기술을 갖고 있다. 그러나 당장 필요한 것을 충분히 채우고도 남을 만큼 생산해 내는 가장 중요한 사회집단은 여전히 부족한 것이 많아 어려움을 겪는다. 소수만이 어려움 없이 살 수 있다.

이것이 사회의 계급분화가 발전하게 된 기초였다.

엥겔스는 자신이 쓴 책, 《가족, 사유재산, 국가의 기원》에서 "여성의 세계사적 패배"가 계급 사회의 발전과 어떻게 연관되는지 설명했다.

잉여에 대한 통제권을 장악한 사람들은 소수였는데, 여성 — 임신으로 체중이 떨어지거나 아이를 돌봐야 하는 — 은 농업생산을 똑같은 몫으로 담당할 수 없었다.

일단 소수가 다른 사람들의 노동으로 살아갈 수 있게 되자 원시 공산제 사회의 특징이었던 사회의 모든 사람늘이 상부상조하던 것이 파괴되었다.

처음으로 사회의 모든 아이들이 똑같은 대우를 받지 않게 되었다. 소수가 잉여를 통제하게 되자 사유재산이 등장했다. 그와 함께 상속의 문제가 생겼고 남편에게 복종해야 하는 일부일처제가 여성에게 강요되었다.

또한 사회를 구성하는 개인들보다 우위에 있는 듯한 착취를 정당화하는 법치국가와 그 법을 집행하는 "무장된 남성집단"이 필요하게 되었다.

계급사회로 바뀌면서 고통 받게 된 사람들은 여성뿐만이 아니었다. 남성 다수가 마찬가지로 그랬다.

소수의 남성이 지배 계급이 되었다. 광범위한 다수가 새로운 지배 자들을 유지시키기 위해 일해야 — 종종 노예처럼 — 했다.

여성이 종속 당하는 것과 똑같이 남성 다수도 종속 당했다.

그런 일은 사회가 계급으로 나뉨에 따라 생기게 되었고 따라서 사회의 계급분화와 분리될 수 없다.

자본주의는 새로운 가족제도를 만든다.

자본주의는 약 200년 전에 그 모습을 드러냈을 때 여성을 해방시킬 수 있게 만든 엄청난 부를 창출했다.

인류가 역사상 처음으로 모든 사람들에게 먹을 것과 살 집을 제공할 수 있는 능력과 아이를 기르고 빨래를 하고 식사를 제공할 공동시설을 만들 수 있는 능력을 갖게 되었고 우리가 살아가는 데 필요한 다른 모든 직업을 제공하게 되었다.

자본주의는 여성이 사회에서 동등한 역할을 할 수 있게 함으로써 개별화된 가족을 파괴할 수 있게 되었다. 그리고 여성이 출산을 완전히 조절할 수 있는 여성피임법과 안전한 낙태술이 발전할 수 있게 되었다.

그러나 자본주의는 여성을 가족이라는 부담에서 해방시켜 주기는커녕 새로운 가족 형태를 만들어서 여성을 억압하는 방법을 새롭게 바꾸었을 뿐이다.

산업혁명이 일어나기 전에는 사람들은 대개 농업사회에서 살았다.

어린 아이들을 포함해서 가족 모두가 가내생산에 종사했다.

사람들이 일하는 방식과 그들이 살고 있는 종류의 가족은 수세기 동안 거의 변하지 않았다.

18세기말에 자본주의가 산업과 농업 생산방식을 변화시켰다. 그것은 생산을 가정에서 공장으로 옮겼다. 한 세대 내에 도시들이 급속히 성장했고 전통적인 직업이 사라지고 새로운 직업이 생겼다.

엄청난 변화로 기존의 가족이 파괴되었다.

자본가들과 토지 소유주들의 아내들은 자신들이 담당하던 생산 역할을 포기하고 여가 생활에 익숙해 지게 되었다. 사회에서 그들이 하는 역할은 멋져 보였는데 재산을 물려주는 것이 그들이 하는 일이었다.

마르크스는 어느 사회에서나 지배계급의 사상이 지배적인 사상이라고 주장했다. 지배계급 여성에게 주어진 새로운 역할은 모든 여성에게 지속적으로 영향을 미치게 되었다.

과거의 사회들에서는 여성이 성에 관심이 있고 어려운 일을 해낼 수 있다고 여겨졌다. 지금은 박사들이 여성은 날 때부터 수동적이며 복종하게 되어 있고 모성애가 있다고 주장하는 이론을 발전시키기 시작했다.

이런 사상들은 처음에는 엄청난 규모로 공장에 흡수되고 있는 노동계급 여성에게는 적용되지 않았다.

사장들은 많은 직종에 여성들을 고용하기를 좋아했다. 이것은 전통적으로 단지 소수의 여성만이 독립된 가사를 돌보고 있어서 종종 남자보다 임금을 적게 주고 일을 시킬 수 있었기 때문이었다.

엥겔스가 지적했듯이, 여성이 공장에 들어가면 그들의 남편들로부터 독립할 수 있었다.

"많은 경우에 가족은 오르내리기를 반복한다. 남편은 집에 들어 앉아 아이들을 돌보고 방 청소를 하고 요리를 한다."고 엥겔스는 썼다.

산업 혁명 일어난 초기 몇 년에는 여성들도 군대에 들어 갔다. 그들은 1820년대의 불법 노동조합에서 적극적으로 활동했고 영국 최초의 대중 혁명 운동이나 1830년대와 1840년대의 차티스트 운동에서도 그랬다.

그러나 산업 혁명은 여성평등권을 가져다 주기는커녕 노동자들에게 그들의 지배계급 가족을 모범으로 삼아 가족을 지키도록 했다. 왜 이런 일이 일어났나?

초기 공장들의 임금조건은 형편 없었다. 네 살 때부터 가족 모두가 살기 위해 매일 14시간이나 15시간을 일해야 했다.

공장 생산의 횡포로 임산부들은 잠시도 일손을 놓고 쉴 수 없었다. 그들은 출산할 때까지 일했고 출산하고 나면 며칠 내에 일하러 돌아와야 했으며 그로 인해 젖을 먹이지 못하면 아기는 목숨을 잃었다.

1840년경 맨체스터에서는 노동계급 여성이 낳은 아기들 중 넷에 하나는 돌을 넘기지 못했다.

이따금 가족이 없다는 것이 재앙이 되기도 했다. 아이들과 병자들과 노인들과 고아들과 일자리를 구할 수 있는 미혼모들에게 가족을 대신할 유일한 대안은 혐오스러운 구빈원이었다.

새로운 사회를 만드는 것을 목표로 삼았던 혁명적 차티스트 운동이 좌절되었고 그와 함께 선거권과 더 높은 임금과 모든 노동 시간을 단축할 것을 요구하는 투쟁이 있었다.

이런 상황에서 생활 수준을 향상시킬 유일한 가능성은 가족 중에서 가족들에게 음식과 깨끗한 가정이라는 최소한의 안식을 제공할 사람을 한 명 집에 남겨 두는 것이었다.

그래서 노동자들은 "가족수당"과 여성을 고된 일과 장시간 노동으로부터 "보호할" 수 있는 법률을 요구하게 되었다.

직물 산업이 사양화된 것과 함께 이러한 이유 때문에 19세기 후반에 대부분의 기혼 여성이 집 밖에서 일자리를 갖지 않게 되었다.

"가족수당"은 신화임이 입증되었다. 남자들 중 그들의 가족을 벌어 먹이기에 충분한 돈을 버는 사람은 다섯 명에 한 명 꼴도 안 되었다. 대다수 노동계급 여성이 계속 일해 봤자 하숙을 치거나 청소를 하거나 형편 없는 임금을 받으며 파출부 일을 하는 수준에서 머문다.

가족으로 떠밀린 것은 여성에게는 참혹한 패배였다.

그러나 그것이 노동계급 남성의 책동 때문에 일어난 것은 아니었다. 여성은 패배했고 노동계급이 다시 패배 당하면 그들은 또다시 억압당했다.

새로운 가족이 자본가들에게는 대단히 중요했다.

그들의 이윤이, 아주 유순해서 작업 감독에게 복종 잘 하고 기계를 다루는 데 필요한 기술을 갖춘 일하기에 충분한 건강을 보살펴 주는 노동자들의 가족에 달려 있었다.

새로운 가족은 육아와 식사와 세탁 비용을 자본가 대신 떠맡았다. 그것은 최소 비용으로 자본가들에게 더욱 안정되고 건강하고 숙련된 노동계급을 제공했다.

또한 가족에 대한 책임 때문에 남성 노동자들은 규율 — 빅토리아 시대의 도덕론자들의 주된 주제였던 — 있게 생활하게 되었다.

그래서 지배계급은 새로운 가족을 세우려고 애썼다.

지배계급은 아이 딸린 부부를 위한 주택을 짓기 시작했고, 출생신고와 혼인신고를 하게 만들고 동성애를 규제하고 부모에게 아이 교육을 신경 쓰게 할 법을 제정했다.

지배계급은 그렇게 함으로써 우리가 오늘날 갖게 된 가족의 기초를 놓았다.

해방투쟁

계급투쟁이 고조될 때마다 여성은 앞장서서 싸웠고 자신의 억압을 끝장내기 위한 운동을 일으켰다.

1871년 혁명적 파리 코뮌이 붕괴된 후 한 반동주의자는 이렇게 썼다. "코뮌의 여성은 남자 같았는데, 정열적이었고 인정사정 없었으며 열광적이었다. 그들은 결코 그리 많은 수는 아니었지만 위험한 일을 용감히 해냈고 죽음도 무릅썼다. 그리고 바리케이드에서 물러설 줄 몰랐고 싸울 때는 얼마나 사나웠는지 모른다."

여성이 노동계급 남성과 함께 대중 행동에 참여하게 되면, 그들은 가정에 묶인 고립감과 여성다운 행동을 해야 한다는 모든 낡은 사상을 깨부수게 된다.

여성 해방 쟁취에 관한 새로운 사상이 새로운 사회에 대한 주요한 연구 분야로 각광받고 있다. 1640년대의 영국혁명과 1790년대의 프랑스혁명은 모두가 여성의 권리라는 깃발을 올렸다.

1917년 러시아혁명에서 노동자들은 사회를 관리했고 여성은 초기 인류사회 이후 처음으로 완전한 정치적·법적 평등을 누렸다.

여성을 억압하는 가족제도는 계급사회와 연관이 있다. 이것이 바로 혁명가들이 늘 사회주의 혁명 — 계급사회가 분쇄되고 노동자들이 자신의 삶 전체를 관리하게 될 그런 혁명 — 을 통해서만 진정한 여성 해방이 이루어질 수 있다고 주장해 온 이유이다.

여성 평등이 이루어지기를 바라는 많은 사람들이 이러한 결론을 받아들이지 않는다. 그들은 그런 주장이 현시점에서 여성에게 아무것도 해결해주지 못한다고 말한다.

1970년대초에 여성 운동에 참여했던 그들 대부분은 여성의 권리를 요구하는 투쟁을 사회를 변화시키기 위한 광범한 투쟁의 주요한 부분으로 보았다.

그들은 월드 양 같은 사건에 대해 피켓 시위를 조직했고 노동계급 여성이 노조승인과 동일임금을 따내기 위해 싸웠던 투쟁들에 결합했다.

그러나, 오늘날 그 운동은 지난 날의 모습을 약간 띠고 있을 뿐이고 사회변화를 더 이상 해방을 이룰 수단으로 보지 않는다.

이것의 근본적인 원인은 운동 자체의 본질과 관계가 있다. 그 운동은 모든 여성이 남성의 성차별 태도에서 비롯된 공통된 억압에 반대하여 단결해야 한다고 강조한다.

지배계급 여성은 그들의 남편들한테 억압당할지 몰라도 그들의 식탁 앞에서 시중들고, 그들의 아이를 돌보고, 그들이 자기 지분으로 소유하고 있는 공장에서 일하는 남성과 여성을 억압한다.

계급분화는 사회의 맨 꼭대기에서 여성을 떼어놓지는 않는다. 고임금을 받는 여성 경영인이나 의사들은 유모를 두고, 자동차를 두 대씩이나 굴리며 레스토랑에서 자주 식사를 하면서 자신이 당하는 억압을 완화시킬 수 있다.

모든 여성의 단결을 강조하게 되면 여성 운동을 사회의 혁명적 변화를 추구하는 길에서 벗어나게 만들고 억압에 대한 개인적 해결책을 추구하게 만든다.

일찍이 1971년 제2차 여성 운동 대회가 열렸을 때 남성은 참석하지 못하게 해야 한다는 요구가 대다수에게 설득력 있게 받아들여 졌다.

남성과 여성 사이를 갈라놓는 것에 대한 이런 주장 때문에, 남편에 반대한 투쟁이 아니라 가난과 저임금과 부당한 대우에 반대하여 남편과 연대한 투쟁이 일어나는 상황에서 그 운동은 점점 억눌린 삶을 살고 있는 노동계급 여성과 연관될 수 없게 되었다.

1974년경 《사회주의 여성》은 다음과 같이 개탄했다. "노동계급 투사들 대부분이 여성 해방 운동이 자신의 투쟁과 일치시키려 하지도 그것을 조직하려 하지도 않는다."

1974~79년 노동당 정부의 공격을 받고 노동계급 운동은 퇴조와

사기저하 상태에 빠져들어 갔다. 이 때문에 여성 문제를 계급적 해결 방향으로 이끄는 것이 부족했다. 그 결과 가부장 이론 — 모든 여성이 모든 남성한테 억압당하고 있다는 사상 — 이 여성 운동을 좌우하게 되었다.

남성에 대해 적대감을 보이는 것을 '급진적' 페미니즘이라고 생각하게 되었다. 그러나 운동이 급진화되기는커녕 오히려 그것은 투쟁을 제한했다. 말하자면 여성을 억압하는 체제 전체가 아니라 여성 억압의 징후들 — 특히 강간과 포르노 — 에 대해서만 싸웠던 것이다.

1979년 선거에서 대처가 첫 승리를 거둔 이후 많은 페미니스트들이 노동당에 입당했다.

토니 밴을 중심으로 조직된 좌익은 바로 최근에는 정부 각료와 긴밀한 관계를 갖게 된 당으로 바뀌는 데 정말 성공한 듯했다.

좌익들은 '지방자치 사회주의'를 꾀하는 데 중요한 부분으로서 낡은 시청을 넘겨받았고 여성위원회와 현실적인 차별과 성차별 반대 헌장을 도입했다.

그러나 1985년에 좌익 회의들은 보수당이 제정한 법을 지키고 정부의 재정긴축 정책에 반대하는 투쟁을 그만둬야 한다는 닐 키녹의 주장에 사로잡혔다. 이로 인해 여성들이 의존하고 있던 육아 시설과 다른 (공공)서비스 시설에 대한 재정지원이 삭감되었을 뿐 아니라 여성과 남성이 실업 상태에 놓이게 되었다.

이러한 일이 일어나고 급진적 페미니즘 사상이 우세한 상황에서 점점 우익의 사상과 융화되었다.

그래서 오늘날 몇몇 페미니스트들은 노동계급 남성이 여성을 위해서 그들의 임금 중 일정한 몫을 포기해야 한다고 주장한다. 이런 주장은 닐 키녹과 노조 지도자 존 에드몬즈 같은 자들이 요구하는 소득 정책을 추구하기에 딱 좋다.

포르노를 금지하는 캠페인 — 그것이 강간을 낳는 원인이라고 주장하는 잘못된 급진 페미니스트 관점에 바탕을 둔 — 은 마리 와이트하우스와 보수당의 질 나이트 같은 반동적인 여성 해방 반대자들과 동맹하게 만들었다.

낙태권리를 방어하는 캠페인 — 여성운동의 가장 성공적이고 초보적인 성격을 띠는 — 조차 거대한 저항과 시위를 조직하는 것이 아니라 의회를 통해서 해결해 보려는 데 점점 관심을 갖게 되었다.

최근 20여 년간 지배계급은 여성의 요구들 중 몇 가지를 어쩔 수 없이 받아들였지만 여성을 억압하고 여성운동이 우익으로 자연스럽게 넘어가도록 만드는 뿌리는 건드리지 않고 놔두었다.

그것은 과거의 사회주의자가 말한 것을 재확인시켜 준다. "사회주의가 아니고는 여성이 해방될 수 없다."

혁명은 굴레를 부순다.

이 말은 사회주의자들이 여성 권리를 쟁취하기 위해 싸우지 않고 가만히 앉아서 기다리기만 하면 된다는 뜻이 아니다.

사회주의자들은 낙태권리를 방어하고 동등한 임금을 따내는 운동에서 주도적인 역할을 해 왔다.

1910년에 사회주의 운동이 국제 여성의 날을 기념해야 한다고 제안한 사람은 독일의 위대한 사회주의자 클라라 체트킨이었다.

노동계급의 여성의 날 — 미국의 의류 노동자들이 투표권과 노조 권리를 요구한 날을 기념하는 — 은 여성이 노조와 사회주의를 쟁취하는 것과 관련이 있었다.

그것은 또한 남성이 그들의 자매들의 특별한 요구들을 이해하게 만들고 그것을 쟁취하도록 싸우게 했다.

1차 세계대전이 일어나기 몇 년 전에 노동계급 투쟁이 한창 상승할 때인 1911년에 여성의 날이 처음 열렸다.

그것은 바로 그러한 투쟁과 관계가 있었기 때문에 성공했다.

국제 여성의 날은 1912년 러시아에서 처음 열렸는데 볼셰비키 사회주의 당이 조직한 불법 대회였다.

그 대회는 1905년 혁명의 패배에서 노동자들이 회복하기 시작했던 노동계급의 새로운 물결을 타고 열렸다.

노동계급 여성은 여성의 날을 축하하기 위해 참석한 남성과 연대함에 따라 중간계급 페미니스트들이 역겨워졌다. 어떤 사람은 이렇게 썼다.

"그 날은 그들의 남편에게 종속된 여성의 위치에 반대하여 저항하는 날이 결코 아니었다. 그들은 자본에 의한 프롤레타리아 여성의 노예화에 대해 가장 중요하게 언급했다."

그 여름 이후에 러시아의 팔리아 직물 공장 노동자 2000명이 임금 인상을 요구하며 파업했을 때 여성들은 자신의 요구, 즉 산전휴가 수당과 사장이 쓰고 있는 목욕탕과 세탁소 사용 허가를 요구했다.

감독의 성추행에 반대하여 육아 시설과 기혼 여성의 노동 금지를 그만둘 것을 요구하며 다른 파업들이 일어나기 시작했다.

투쟁이 여성에게 그들의 억압을 완화시켜 줄 요구들을 하는 데 더 많은 자신감을 주었을 뿐만 아니라 남성 노동자들이 그들의 요구에 더 많이 동정하게 만들었다.

1984년 대파업 바로 전까지 영국 광산 노동자들의 신문에는 한 면에 3장의 여자 나체 사진이 실렸다. 일자리를 요구하는 장기 파업이 일어났던 그 해의 파업에서 광산 노동자들의 아내와 여자친구들이 핵심적인 역할을 하게 되었고, 나체 사진은 사라졌다.

광부들의 파업 현장에 결합하여 거기에서 자신의 주장을 하게 된 여성들이 얻게 된 자신감과 남성들 사이에 퍼져 있는 성차별 태도의 불식은 바로 혁명 투쟁이 가져다 주는 엄청난 변화이다.

1917년 러시아 혁명의 결과 여성 해방이 절정에 이르렀다.

그것은 그 해에 국제 여성의 날을 역설한 직물업 여성 노동자들의 다음과 같은 요구에 의해 예고되었다. "우리 아이들에게는 빵을, 그리고 우리 남자들에게는 전쟁터에서 귀향을"

1917년 10월 노동자 혁명이 성공한 지 6주 후에 이전에 여성이 남편의 법적 소유물이었던 나라에서 종교의식 절차를 따르던 결혼식이 사라지고 결혼 신고만 해도 됐다.

불법 상황이 더 이상 존재하지 않았고 완전한 남녀 평등이 이루어졌으며, 이혼을 요구하는 사람은 누구나 이혼할 수 있었고 낙태가 합법화되었다.

공공 숙소와 혼자된 여성들이 살 집과 탁아소와 음식점과 세탁소를 제공함으로써 가족 단위를 깨뜨리는 시도들이 이루어졌다.

혁명의 지도자인 알렉산드라 콜론타이는 볼셰비키가 전개한 희망을 다음과 같이 썼다.

"일단 가족이 더 이상 소비 단위가 되지 않게 되면, 가족은 현재와 같은 형태로 존재할 수 없을 것이다 — 그것은 무너질 것이다."

볼셰비키는 특별히 여성 부서를 조직했고 여성이 러시아 사회가 퇴보하는 것에 반대하여 싸우도록 하는 데 목적을 둔 신문을 조직했다.

1920년대말에 스탈린주의의 승리로 혁명이 패배하게 되자 1917년 이후 획득한 성과들이 파괴되었고 여성은 다시 참혹하게 억압당하게 되었다.

낙태는 다시 범죄시되었고 이혼은 이제 대부분의 부유한 사람들만이 돈 주고 할 수 있었으며 아이를 다섯 이상 둔 여성에게는 메달이 수여되었다.

반혁명이 사회주의의 가능성을 완전히 없앴을 때 여성 해방의 가능성도 완전히 사라졌다.

우리의 미래를 쟁취하자

그러면 사회주의가 여성을 해방시키고 강간과 포르노와 성차별 사상이 확실히 사라지게 만들 수 있단 말인가?

물론 여성 억압의 모든 점들이 혁명이 일어난 첫 날부터 사라지지는 않을 것이다.

그러나 이윤추구가 아니라 인간의 필요에 바탕을 둔 사회라면 그 것은 여성 억압을 낳는 조건들을 제거하는 사회가 될 것이다.

엥겔스는 여성이 작업장에서 다시 핵심적인 역할을 맡게 되는 것이 야말로 그들이 해방되기 위한 전제 조건이라고 주장했다. 그것은 그 들에게 가정 안에 고립된 상황에서 벗어나 변화를 위한 투쟁에 집단 적으로 나설 기회를 제공할 것이다.

오늘날 영국에는 9백만 명 이상의 여성들이 직장에서 일하고 있다. 그들이 대중 투쟁으로 나아가게 되면 그들은 오늘날 남성을 사로잡 고 있는 성차별적인 헛소리들에 남성들이 맞서 분쇄하게 만들 것이 다.

개별적으로 떠맡겼던 재생산을 새로운 공동 생활 체제가 담당하 게 됨에 따라 새로운 해방 사상이 지배적이고 일관된 사상이 될 것이 다.

아이를 돌보는 일을 여성이 개인적으로 책임지는 것이 아니라 사회 전체가 책임지게 되면, 생물학적으로 여성이 남성보다 약하고 더 감 성적이라고 믿게 만드는 논거들이 제거될 것이다.

가사(家事)가 개별 가족의 부담이 되지 않고 사람들이 비좁은 집 에 바글대며 살지 않아도 될 때, 모든 생활 공간에서 여성이 완전하 고 동등한 역할을 하게 될 길이 열릴 것이다.

그렇게 되면 오늘날 사회를 지배하고 있는 성차별 사상은 무력한 소수에게나 맞는 것이 될 것이다.

오늘날 포르노는 번창하는 사업이다. 여성과 독립된 인간으로 관계 맺을 수 없는 남성의 비참함과 소외로부터 지배계급의 일정한 분파가 엄청난 이윤을 얻는다.

사회주의는 그런 자본가들이 그렇게 할 수 있도록 놔두지 않을 것이다.

남성이 자신을 해방시키고 자신을 둘러싼 세계를 변화시키기 위한 투쟁에 참여할 때, 그들은 더 이상 여성을 수동적인 성적 대상으로 보지 않을 것이다.

사회 전체가 여성의 경제적·사회적 평등을 중요한 것으로 생각하게 될 때, 젊은 여성이 어쩔 수 없이 포르노 작가들에게 자신의 몸을 팔거나 매춘행위를 하지 않게 될 것이다.

자본가들에게서 인쇄기들을 거두어들이게 될 것이고 매춘에 따른 포르노가 사회를 망치는 일은 더 이상 없게 될 것이다.

자본주의와는 달리 불평등한 정의에 바탕을 두지 않는 사회가 여성을 보호할 수 있게 될 것이다.

폭력을 휘두르는 사람에 대해서 형벌을 강화하고 더욱더 억압하게 되지는 않을 것이다 — 혁명 기간에 러시아 여성노동자들이 즉석에서 그들에게 성추행을 일삼은 감독관을 직접 재판했지만 말이다.

그들은 그 감독관들을 손수레에 밀어 넣고 많은 사람들이 보는 앞에서 강에다 내동댕이쳤다.

사회주의 사회에서는 얼마 되지 않아 그런 재판이 필요 없게 될 것이다. 사회주의 사회에서는 강간과 분쟁을 낳는 불평등과 빈곤과 소외와 환멸이 일소될 것이다.

바로 이런 것들이 사라지게 될 것이다.

엥겔스는 사회주의 사회에서 "새로운 것은 어떤 것일까?" 하고 물음을 던지고는 다음과 같이 말했다.

"새로운 세대가 성장하면 그 답을 얻게 될 것이다. 즉, 그들의 생활에 비추어 볼 때 돈이나 사회의 다른 권력 수단으로 여성을 굴복시킨다는 것이 무엇인지 이해할 수 없는 남성 세대, 경제적인 문제 때문에 자기 애인을 버리고 진정한 사랑이 아닌 다른 조건 때문에 자신을 남자에게 바친다는 것이 무엇인지 이해하지 못하는 여성 세대에 이르면 말이다."

"이러한 사람들이 사는 세상에서는, 그들은 다른 사람들이 그들이 해야 하는 의무라고 생각하는 것을 별로 가치 없는 것으로 생각할 것이고, 그들 자신의 실천을 하고 그에 따른 그들만의 여론을 가질 것이다. 바로 이것들이 그 목적일 것이다."

누가 성을 억압하는가

오늘날 성(性)은 모순에 차 있다. 많은 젊은이들이 성적인 자유를 원하고 또 그 가운데 일부는 그렇게 행동하기도 하지만, 여전히 성은 금기되어야 할 항목으로 남아 있다.

몇 년 동안 성에 대한 태도에 많은 변화가 있었다. 예컨대 요즘에는 '훌륭한' 여성은 성관계를 즐기지 않는다는 생각이 절대적인 가치관으로 받아들여지지 않는다. 여성도 자신의 의사에 따라 성관계를 즐길 수 있는 성적 존재라는 생각이 확산되고 있고 여성들은 성을 스스로 통제하려고 한다. 또, 혼전 성관계, 혼외 성관계, 피임, 낙태, 특히 동성애에 대한 공개적인 대화들이 이루어지고 있다. 예전에는 부끄러운 웃음으로 에둘러 표현하거나 금기시했던 것들이 세상 밖으로 나오고 있는 것이다.

그러나 개방되고 자유로운 성에 대한 기대가 이렇게 높아졌음에

이 글은 《사회주의 평론》 6호(1995년 11-12월)에 실린 것이다.

도 불구하고 여전히 성은 억눌려 있고 지배자들은 성을 통제하려고 한다.

오늘날 성은 왜 은밀하게 얘기될까? 성은 무엇에 의해 왜 억눌려 있을까? 지배자들은 성을 왜 통제하려고 할까?

성, 성관계는 은밀한 것인가?

사람들은 대개 성관계를 "그짓"이라고 말하고 남자 성기를 "그것" 혹은 "물건"이라고 말한다. 질이나 유방 같은 신체 부위나 발기, 사정, 콘돔, 애무, 오르가즘 등 성관계와 관련있는 모든 것에 대해서도 직접적인 언급을 회피한다. 브래지어, 팬티라는 말도 사용하기를 꺼려 "속옷"이라는 총칭을 사용하기도 한다.

올해 7월에 《섹스북》 광고에 출연한 이화여대 학생들은 "섹스"라는 표현을 썼다는 이유로 징계위원회에 회부되었다. 학교측은 "순결한 여대생들이 성교니 섹스니 하는 입에 담기 어려운 표현을 써서 학교의 명예를 실추시켰다."고 노발대발했다.

성을 은밀하게 감추어야 할 것으로 취급하면서 그 표현을 규제한 예는 무수히 많다.

권력의 새 주인이 된 뒤 부르주아지는 봉건 귀족들과는 다른 성도덕을 구축했다. 그것은 공적인 것에서 성을 제거하는 것이었다. 그들은 배(腹)라는 단어를 금지하고 "위(胃)"라고 말하도록 했고, 엉덩이라는 단어는 아예 없애려 했다. 임신했다는 단어도 사용하지 못하게 하고 대신 "희망에 차 있다"(세상에!)고 말하도록 했다. 나체, 반(半)나체를 묘사한 그림이나 조각 앞에 서는 것조차 불결한 소망이나 욕망을 표출하는 것으로 간주되었다. 1880년대까지 다리를 내놓는 옷을 입는 것이 금지되었다.

유럽에서는 여성들이 "넓적다리"라는 말을 입 밖에 내어서는 안 되었고 영국에서는 "발"이라는 단어를 입에 담는 것만으로도 정숙하지 못한 여성으로 취급되었다. 셔츠(shirt; 남성용 속옷 혹은 여성용 블라우스)나 코르셋(corset; 여자의 허리를 죄어 몸매를 아름답게 하는 속옷)이라는 단어는 아예 사전에서 사라졌다.

미국도 이에 뒤지지 않았다. 1909년에, 전직 판사 리차드 쉐드는 "금지된 책을 우송했다"는 혐의로 금고 2년형을 선고받았다. 《데카메론》* 한 권을 우송했기 때문이었다. 당시 미국 정부는 유럽의 근대문학 가운데 절반 가량을 외설로 취급했다. 십발가들과 상원의원 몇 명이 루즈벨트 대통령에게 감형을 청했다. 그러나 루즈벨트는 이렇게 잘라 말했다. "감형은 안 됩니다. 본인으로서는 그런 인간의 전 생애를 금고에 처할 수 없는 것이 오히려 비극입니다."

성을 터부시하는 것이 인격이나 도덕성의 성숙을 의미한 것은 절대 아니었다. 오히려 성을 공개적인 자리에서 내쫓고 은밀한 것으로 치부한 것은 부르주아들의 위선을 보여 줄 뿐이다. 세상 물정에 약삭빠르게 대처할 줄 알았던 한 유명한 성직자는 "순결하지 않은 것은

---

* 보카치오가 1353년에 쓴 작품. 전염병을 피하여 플로렌스를 도망쳐 나온 10명의 남녀가 10일간을 보내기 위해 만들어 낸 100 가지 이야기로 구성되어 있으며 성관계에 대한 묘사가 많다.

가능한 한 몰래 하라"는 것을 자신의 좌우명으로 삼았다. 이것은 모든 지배자들이 공유하는 좌우명이며 (스캔들에 휘말리지만 않는다면) 공개적인 자리에서 도덕군자연할 수 있는 비결이다.

이것은 옛날 옛적 얘기가 아니다. 성인군자(聖人君者)인 체하며 성 표현에 대해 온갖 규제를 하는 나라 가운데 둘째 가라면 서운한 게 남한이다.

작년 7월에 경찰은 〈펜트하우스〉 한국판에 대한 단속을 벌여 4백여 권을 압수하고 이 잡지를 보관하고 진열해 온 서점 주인 등 4명을 형사입건했다. 그러나 경찰이 압수한 것을 빼곤 발행 첫날 모두 매진되었다. 마광수 교수는 《즐거운 사라》를 써서 처벌되었고, 미란다 등의 연극도 외설시비에 걸려 유죄판결을 받았다.

성이 자연스러운 것임을 강조하는 귄터 아멘트 박사의 책 《섹스북》은 발간되면서부터 많은 논란을 불러일으켰다. 이 책은 불법서적은 아니지만, 합법적으로 출판하기 위한 상혼 — 군데군데 보기 흉한 빈칸 — 을 감수해야 했다. 사진이 들어 있어야 할 자리엔 대신 편집자의 주가 달려 있다.

> 이 자리에는 원래 여성의 성기를 클로즈업한 사진이 들어 있습니다. … 그런데 왜 뺐냐고요? 아마 방금 떠올린 여러분들의 생각대로일 겁니다. 참고로 말씀 드리면 우리 나라에서는 성기나 체모를 정면으로 드러내는 것을 법으로 금지하고 있습니다.*

------

* 귄터 아멘트, 《섹스북》, 박영률 출판사, 28쪽.

하다못해 배꼽티("보이네 패션")를 법정에 세우기도 했다. 작년 7월에 경찰은 배꼽티를 입은 10대 여성 두 명을 경범죄 혐의로 즉심에 회부했다. 경범죄 처벌법 1조 41항은 "공공장소에서 몸을 지나치게 노출하거나 가려야 할 곳을 가리지 않아 다른 사람에게 부끄러움이나 불쾌감을 줄 경우 처벌"하도록 규정되어 있다. 일단 두 여성에게는 무죄가 선고되었지만, 도대체 "가려야 할 곳"이 어디이고 그것은 누가 결정한단 말인가?

올해에는 '프렌치 키스' 영화 수입사가 열려고 했던 키스 대회가 경찰을 동원하겠다는 압력 때문에 무산되는 기막힌 일이 벌어지기도 했다. 사회의 기존 질서를 유지하려고 하는 지배자들은, 성이 개인의 침실을 벗어나 거리로 나오려고 하는 것을 법과 관념을 동원해 철저히 막으려 한다.

"애들은 몰라도 돼!"

성을 이렇게 은밀한 것으로 취급하는 사회가 성 지식을 다음 세대에게 가르칠 리 만무하다. 이 사회에서는 청소년들의 성도 억눌려 있다. 이미 20세기초에 프로이트가 '아이들은 성적 존재가 아니다'라는 널리 퍼진 환상을 산산조각냈음에도 불구하고, 아이들의 '순수함'과 '불결한' 성욕을 연관지을 수 없다는 헛기침 소리가 크게 울려 퍼지고 있다.

1951년에 킨제이는 자신의 보고서에서, 15세부터 성관계를 갖기 시작한 사람들이 가장 많고 이 때부터 대부분의 사람들이 정기적으로 자위행위를 한다는 것을 밝혔다. 오늘날 청소년들의 성경험 연령이 점점 낮아지고 있음에도 불구하고 여전히 중고등 학생들의 성행위는 탈선으로 간주되고 사회적인 지탄의 대상이 된다. 또 자위행위는 변태나 죄악으로 간주되어, 많은 부모들은 자위행위나 성기를 가지고 장난치는 것을 못하게 한다.

어린 아이들은 자신의 성과 성관계 일반에 대해서 많은 것을 배우지 못한다. 청소년들은 성에 대해 궁금해 하고 성교육을 받고 싶어 하지만 정부는 청소년들의 성교육에 대해 아무런 관심도 기울이지 않는다. 그들은 청소년들의 바람을 완전히 무시한다.

학교에서 배울 수 있는 것은 정자와 난자가 만나서 수정란을 만든다는 것뿐이다. 그런데 정작 정자와 난자가 어떻게 만나는지는 알려 주지 않는다. 게다가 거의 모든 설명은 생물학적인 것일 뿐 인간의 정서와 감정은 무시된다. 학교에서 받는 성교육은 성과 즐거움을 연관짓지 않는다. 많은 사람들이 일생 동안 자신의 신체에 대해 그리고 그것이 성관계에서 어떻게 변화하고 쾌감을 느끼는지에 대해 알지 못한다.

상대방 — 동성이든 이성이든 — 과 어떻게 성관계를 맺어야 하는지는 아무도 가르쳐 주지 않는다. 이 밖에도 자위행위, 오르가즘, 피임방법, 오랄 섹스(구강성교), 애널섹스(항문성교) 등등 청소년들이 알고 싶은 것은 많다. 그러나 1년에 한두 번 있는 성교육은 아이들을 몇 백 명씩 모아놓고 비디오를 보여 주는 게 고작인데, 그 내용은 십중팔구 낙태의 부도덕성에 대한 것이다. '한때 방황하던' 청소년의 무책임한 성관계가 얼마나 끔찍한 결과를 낳는지를 보여 주려는 것이다. 이런 성교육은 성에 대한 경멸감과 두려움을 가르치며, 임신의 위험을 경고함으로써 성관계를 규제하려고 한다. 이것은 교육이 아니라 위협이다.

자신과 상대방의 신체와 감정에 대해서 이해하지 못하는 상태에서 사회의 눈을 피해 서둘러 끝내야 하는 청소년들의 성관계 경험이 즐겁고 편안할 리가 없다. 성관계에 대한 두려움과 임신에 대한 불안감을 가져야 하고, 성관계에 대해 서로 의논하는 것은 익숙치 않아 할 수도 없을 뿐 아니라, 준비가 되지 않았을 때 어떻게 거부해야 하는지조차 알지 못한다.**

정부는 '노골적인' 성교육이 청소년들을 자극하고 탈선의 길로 안내한다고 주장한다. 진보적인 학자들조차 '범람하는 성'으로부터 청소년들을 보호해야 한다고 강조한다. 그러나 청소년들을 진정으로 불행하게 만드는 것은 성에 대해 아무것도 가르쳐 주지 않는 것이다. 얼마나 많은 십대들이 임신을 하고 낙태를 하는가? 그런데도 얼마나 많은 십대들이 콘돔을 어디에서 파는지, 어떻게 사용하는지조차 모르는가? 그리고 얼마나 많은 십대들이 자신의 성적 취향이 동성애인지 이성애인지 몰라 괴로워하는가? 또 얼마나 많은 십대들이 더러운

---

* 한 설문조사에 의하면 첫 성관계에서 피임을 하지 못한 여성은 54%였다.
그러나 월경주기 맞추기나 질외사정 등을 피임방법으로 취급하지 않고 — 여성들은 이런 피임법을 통해 임신의 불안감을 없앨 수 없다 — 또 조사대상자에 청소년들을 포함시킨다면 이 비율은 훨씬 높아질 것이다.

** 성관계를 자신이 통제할 수 있다는 자신감이 없는 여성들의 경우에 특히 더하다. 물론 성에 대한 지식이 자신감에 영향을 주지만, 이 사회에서 자신감은 대체로 지위, 돈 등에 의해 좌우된다.

창고나 뒷골목에서 후다닥 끝내야 하는 불안한 첫 성관계를 경험하는가? 또 얼마나 많은 십대들이 강간을 당하는가?

그런데도 정부는 이 모든 것을 인정하지 않으며 청소년들에게 피임법을 가르치려고 하지 않는다. 그들은 청소년들이 성관계를 가질 수 있다는 것을 아예 부정한다.

성교육을 받지 못하는 것은 가정에서도 마찬가지이다. 대부분의 부모들은 자식이 성에 대해 물어보면 난처해 한다. 한 설문조사에 의하면, "중학교 이후 가정이나 학교에서 성교육을 받은 적이 있습니까" 하는 질문에 70%가 "아니오"라고 답했다. 거의 모든 십대들은 성에 대한 정보를 친구들에게 듣거나 잡지, 소설, 비디오 등을 몰래 보고 얻는다. 늘 그런 것은 아니지만, 이 과정에서 완전히 잘못된 생각이나 편견 — 자위행위를 하면 머리가 나빠진다거나 동성애는 비정상이라거나 오랄 섹스가 변태라거나 또는 여성들은 강제적인 성관계에서 더 많은 쾌감을 느낀다는 등 — 을 배우기도 한다. 그러나 그것은 십대들의 잘못이 아니다. 그것이 틀린 것일망정 성에 대해 알 수 있는 길은 이 것뿐이기 때문이다. 어쨌든 그들이 공식·비공식 교육에서 가장 확실하게 배울 수 있는 것은, 성은 은밀한 것이며 공공연하게 말해서는 안 된다는 것뿐이다.

결혼을 통한 성관계만이 "좋다"

성을 규제하는 이유는 무엇일까? 몇 가지 사례를 살펴보면 그 이유를 대강 짐작할 수 있을 것이다.

프랑스 제2제정(1852~1870)의 위선적인 도덕의 가면은 매우 흉악했다. 나폴레옹 3세(루이 보나파르트)는 나체의 부도덕성을 단죄했고, 황제의 검열기관은 문학의 적나라한 성관계 묘사를 금지하고 서적을 압수했다. 가장 유명한 예는 귀스타브 플로베르의 소설 《보바리 부인》이 기소되어 논란을 일으킨 것이다. 황제의 검열기관은 "그녀는 그에게 몸을 맡겼다."는 구절이 "현세적, 종교적 도덕에 어긋나는 죄"이기 때문에 작가를 기소한다고 밝혔다.

그러나 《보바리 부인》이 기소된 진짜 이유는 다른 데 있었으며 그것이 더욱 중요했다. 시민적인 결혼생활에 불만을 품은 유부녀의 삶과 사랑을 세밀하게 묘사했기 때문이었다. 《보바리 부인》은 결혼을 통하지 않은 성관계, 그리고 사회에서 정상으로 여기는 결혼이 사람들을 파멸로 몰고 가고 있다는 것을 보여 수었다.

그 때로부터 불과 몇 십 년 전만 해도 성에 대한 엄격한 통제는 없었다. "피억압자들의 축제" 분위기가 이어질 동안 사회는 자유의 물결에 휩싸였고 성 관습도 이 물결을 타고 있었다.

나폴레옹 3세의 행동을 잘 이해하기 위해서는 그 배경을 알 필요가 있다. 이 시기는 산업혁명의 충격을 겪고 나서 자본주의 가족이 재구성될 무렵이었다. 이 때부터 국가는 결혼을 지상에서 가장 도덕적이고 아름다운 것으로 강조하고 성을 통제하기 시작했다. 그들은 관념을 퍼뜨리는 데 그치지 않았고 법적 처벌 조치들을 마련했다. 빈민법이나 보호법 등은 미혼모를 인정하지 않고 혼전 성관계를 금지하는 데 유용한 법이었다. 이 밖에도 결혼연령을 높이고, 간통이나 동성애를 규제하는 법률들이 생겨났다.

이렇게 국가가 성을 통제하는 것은 부르주아 가족의 표본을 노동 계급에게 강요하기 위해서였다. 〈가디언〉 지는 부르주아지의 사명에 대해 이렇게 외쳤다.

우리들의 사명은 종교와 도덕을 될 수 있는 대로 깊게 인간의 정조관에 심어주고 부모와 자식의 의무라는 숭고한 모범을 모든 이의 눈 앞에 보여주어 죄악을 증오하고 미덕을 사랑하도록 하는 데 있다.[*]

그 도덕이란 연애를 인정하되 개인적인 성애는 결혼에 의해서만 최고의 단계에 도달할 수 있다는 것이었다. 또 성관계는 성욕을 충족시키는 쾌락이 아니라 고상하고 영원 불변한 사랑에 의해서만 가능하다고 선언되었다. 이런 관념은 루소가 쓴 부르주아 연애관의 복음서, 《새 엘로이즈》에 잘 나타나 있다.

진정한 연애는 모든 결합 가운데서 가장 순결한 것이 아닐까요? 연애는 모든 감정을 고귀하게 하지 않을까요?

운명은 우리들을 억지로 갈라 놓을 수 있겠지만 우리들을 배반할 수는 결코 없어요. 우리들은 앞으로 기쁨도, 슬픔도 함께 나눌 거예요. 당신이 언젠가 나에게 말씀하셨듯이 서로 떨어져 있어도 행동을 같이 한다는 그 연인들처럼 우리들은 세상의 이쪽 끝과 저쪽 끝에 있어도 같은 것을 느낄

---

[*] 에두아르드 푹스, 《풍속의 역사 I》, 까치, 172쪽.

거예요.*

연애가 '관능적인 향락'과는 절연한, 순수하고 순결하게 타오르는 정신과 성애로 이상화된 것도 바로 이 때부터였다.

이런 "고결한" 음성은, 가족이 재확립되기 전 노동계급의 상태에 대한 지탄과 함께 강화되었다. 1866년에 영국의 의회조사단은 다음과 같이 보고했다.

어린 시절부터 천박한 이야기를 줄곧 귀로 듣고 지저분하고 음탕하며 수치심을 찾을 수 없는 습관이 몸에 배어 무지하고 야만적으로 자라난 어린이들은 범죄인, 불량배, 방탕아가 될 것이다. 타락의 놀라운 원인은 주택 상태에 있다.

또 한 경찰관은 이렇게 말했다.

그들은 마치 돼지처럼 생활을 하고 있다. 다 큰 아들, 딸, 어머니, 아버지가 뒤섞여 함께 자고 있다.

"죄악을 증오하고 미덕을 사랑"하는 세상을 만드는 것이 부르주아지의 목적이 아니었음을 입증하는 것은 그다지 어렵지 않다. 노동자계급의 도덕적 타락을 지탄한 바로 그 의회는 야만적인 약탈을 공인

---

* 같은 책, 167~168쪽.

하는 기구였다. 영국의회는, 노예무역의 전성시대에 토인사냥과 머리 껍질 벗기기를 "하느님과 자연이 우리들에게 내려 주신 수단"이라고 선언했다. 그들의 목적은 언제나 도덕이 아니라 이윤이었다.

부르주아들이 노동계급의 가족을 재확립한 것은 노동력 재생산을 안정적으로 이루고 노동자 계급에 대한 이데올로기 통제를 강화하기 위해서였다. 부르주아들은 이제는 해체된 낡은 사상들을 재구성하여 새로운 착취질서를 유지하는 데 이용하고자 했다. 거대한 규모로 형성되고 있는 노동계급을 두려워했기 때문이다. 사장들이 노동자들을 강력히 통제하고 싶어 하면 할수록 국가는 성문제에 더욱 깊숙히 개입했다.

20세기 들어 사회는 계속 변했고 성적 자유에 대한 욕구도 점점 늘어 났다. 그러나 국가는 성에 대한 통제의 고삐를 놓지 않았다.

미국에서는 금주법(1920~1933)이 시행되기 전까지 혼전·혼외 성관계를 처벌하는 엄격한 규정이 있었다. 중서부의 어떤 법률 조항에 따르면 "처녀를 교묘히 침대로 유인한 남자는 누구라도 5 년의 징역형, 유혹을 꾀하기만 해도 2 년 반의 징역형"에 처해졌다. 동성애는 무겁게 처벌되었다. 심지어 부부의 성관계에도 개입했는데 애널섹스나 오랄 섹스는 처벌의 대상이었다. 채플린의 부인이 1966년에 쓴 책 《채플린과 나의 생활》을 보면, 캘리포니아 주에 오랄 섹스를 금지하는 법이 있었다는 것을 분명히 알 수 있다. 캘리포니아 주의 형법 제 28조 a항은 "사람의 입이 다른 사람의 성기에 결부되는 행위를 범한 사람은 누구나 15 년까지의 금고형에 처한다."고 되어 있다.

이탈리아의 무솔리니는 이미 미국과 유럽에서 널리 사용되고 있었던 콘돔과 페서리(여성용 콘돔)의 사용조차 법으로 금지시켰다. 그의 혼인법은 이혼도 별거도 허용하지 않았다. 경찰은 혼외 성관계의 현장이 발각된 남녀를 "사회에 적대적인 개인"으로 단죄하고 구속하였다. 독신 남성에게는 결혼을 강요하기 위해 "독신세"가 도입되었다. 동성애를 비롯하여 결혼을 통하지 않은 성관계의 가능성은 완전히 금지되었다. 모든 사람들은 사회적 통제와 편견 때문에 결혼이라는 방식을 택하지 않을 수 없었다.

독일의 히틀러는 "결혼의 신성함"과 "가정생활의 청결성"을 강조했다. 또, 여성의 사명은 "임신준비를 갖추고, 임신의 의무를 충실히 하여 아이를 낳아 기르는 여자"가 되는 것이라고 역설했다.

남한의 지배자들도 성을 규제하고 가족을 유지하기 위한 노력을 게을리 하지 않았다.

찬반논란이 많았던 간통에 대한 처벌은 혼외 성관계를 금지한다. 낙태에 법적인 허용조건(사실은 제한조건)을 붙여, 낙태의 적절성 여부를 여성 자신이 아닌 국가가 판단하도록 만든 법률도 성을 통제하는 한 방식이다. 법적인 처벌이 명시되어 있지 않은 몇몇 경우는 허용의 의미가 아니라 사회적인 존재 자체를 아예 부정하는 것이다. 예를 들어 미혼모에 대한 처벌규정은 없지만 동시에 그에 대한 사회적 보장도 없다. 정상적인 존재임을 인정하지 않음으로써 사회의 외곽으로 밀어내 버리는 것이다. 동성애자들도 이와 비슷한 처지에 있다.

또 부르주아적 가족의 이상을 노동계급에게 심기 위해 노동계급의 "성적 문란"을 경고하기도 한다. 김영삼의 측근으로 잘 알려진 서석재 의원은 11대 국회(1980~1984년)에서 "구로공단 노동자 50%가

혼숙을 하고 있다.'"고 주장했다. '문란한' 노동계급을 부르주아 가족의 이상으로 교화할 필요가 있음을 강변했던 1866년 영국 의회조사단의 유령이 1980년대의 남한에서 떠돌고 있었던 것이다.

그렇다면 저들은 도덕군자인가? 지배자들은 언제나 자신들이 피지배자들보다 도덕적으로 우월하다는 것을 강변하면서, 노동계급과 청소년들의 '방종'에 일침을 놓기 위해 성을 통제했다. 그러나 억압적 통치 아래서조차 고위 통치자들의 섹스 스캔들은 꼬리에 꼬리를 물고 터졌고, 대통령의 혼외 성관계는 마치 서동요처럼 국민들의 입에서 입으로 전해져 퍼지곤 했다.

저들이 도덕성을 들먹이는 것은 단지 위선에 불과하다. 1986년 권인숙 씨의 부천경찰서 성고문 사건이 들어났을 때 저들의 위선이 완전히 폭로되었다. 공안당국은 도덕성을 앞세워 "급진세력들은 성을 투쟁의 수단으로 사용하고 있다."고 공격했다. 당시 민정당 김중위 위원은 "부천서 사건에 대한 수많은 비도덕적 유인물들을 부녀가 같이 보고 부자가 같이 읽는 국민적 포르노 현상을 왜 법무장관은 방치하고 있는가'"" 하고 따지기까지 했다. 그러나 얼마 되지 않아 성고문의 진실이 드러났다.

저들의 위선은 새삼스러울 것이 없다. 그런데도 지배자들은 성 도덕을 계속 강조한다. 진정한 문제는 보통 사람들이 지배자들이 요구하는 '높은 수준'으로 살 수 없다는 것이 아니라, 그들이 강요하는

---

*   참글출판연구실, 《밥먹고 합시다》, 이웃, 21쪽.

** 같은 책, 128쪽.

것이 높은 수준이기는커녕 완전히 틀렸다는 것이다. 그들의 성 도덕은, 성이 인간의 기본적인 필요라는 생물학적이고 사회적인 사실을 부인하고 억누르는 완전히 잘못된 것이다.

저들이 성을 통제하려고 하는 것은 단지 경제적 이익 — 노동력 재생산 — 과 노동자들에 대한 이데올로기적 통제를 위해 가족을 강화하기 위해서일 뿐이다.

일부일처제는 인간 본성인가

많은 사람들은 성 억압이 체제의 이익과는 무관하다고 생각한다. 그것이 신의 계율이라고 생각하는 사람들도 있고, 남성이 여성의 성을 억압한다고 생각하는 사람들도 있다. 그러나 성 억압으로부터 진정으로 벗어나려면 누가 성을 억압하는지를 분명히 알아야 한다.

가장 널리 퍼져 있는 잘못된 생각은, 결혼 외의 성관계를 허용하지 않는 것이 인간 본성이라는 것이다. 그렇지 않고서야 어떻게 인간의 모든 역사를 통해 일부일처제가 살아 남을 수 있었겠냐는 것이다. 그들은 일부일처제야말로 인간이 짐승과는 다른 '원숙한' 도덕성 — 한 여성과 한 남성의 영원한 사랑 — 을 깨우친 결과라고 주장한다. 그렇기 때문에 결혼을 전제로 하지 않은 성관계는 반인륜적 행위이며, 성관계는 결혼으로 맺어진 두 남녀의 사생활에서나 가능한 것이 된다. 말하자면 오늘날의 성 도덕이 인류가 생겨난 이후 변함 없이 계속되어 왔다는 것이다.

그러나 일부일처제가 인간본성적인 것이라면 세상에는 본성을 지닌 인간은 한 명도 존재하지 않을 것이다. 인류 역사에서 일부일처제가 진정으로 지켜진 사회는 없었다. 더구나 그것이 유지될 수 있었던 것은 영원한 사랑에 의해서가 아니라 다른 이유 — 특히 돈 — 들에 의해 강제되었기 때문이다.

일부일처제는 인간 본성이나 도덕성에 기반한 제도가 아니라 사회적 요구에 의해 발생했다. 인류가 잉여 식량을 생산할 수 있게 되자 이를 바탕으로 소수가 다수를 종속시키는 계급사회가 등장했다. 계급착취에 바탕을 둔 사회로 이행하자, 잉여생산물을 통제하기 위해 소수에게 무장력(국가)과 일부일처제를 통한 상속제도가 필요했다.

계급사회가 되기 전 — 인류 역사에서 90%를 차지한다 — 에 여성들은 평등한 대우를 받았으며 원하는 상대와 자유롭게 성관계를 가질 수 있었다. **일부일처제는 사회의 특정 생산양식을 유지하기 위해 만들어 낸 제도에 불과하다.** 이때부터 여성의 성은 상속자를 낳기 위한 수단으로서 통제되었고 적자를 낳는데 위협적인 요소 — 예컨대 혼외 성관계 — 는 법적으로 처벌 받았다. 이렇게 가족과 여성 억압은 계급사회의 산물이었다. 고대 그리스인들은 이것을 시인했다.

일부일처제를 최초로 발전시켰던 그리스인도 자식을 낳는 것을 일부일처제의 유일한 목적이라고 공적으로 인정했다. 이 때문에 그리스인은 일부일처제를 남녀의 화해의 결과라든가 결혼의 최고의 형태라고 생각하지는 않았다. 그렇기는커녕 그들은 일부일처제를 "그 이전에는 (인간의) 역사에

서 한 번도 알려진 적이 없는, 남녀의 투쟁의 선언"이라고 했다.*[강조는 인용자]

인류는 더 많은 시간 동안 일부일처제에 대해 몰랐을 뿐 아니라, 일부일처제 자체도 늘 같은 방식으로 유지되지는 않았다. 계급이 출현한 이후에도 생산양식에 따라 사회가 인정하는 성습관에는 많은 변화가 있었다. 오늘날 인간의 본성에 비추어 대대로 계속되어 왔으리라고 여겨지는 것들은 대부분 부르주아 계급이 만들고 산업혁명 직후에 강화된 것들이다.

예컨대 모성애는 아주 중요한 것이어서 어머니가 아이들을 직접 기르지 않고 다른 사람의 손에 맡기는 것은 반인륜적이라는 생각은 귀족사회에서 인정되지 않았다. 귀족들은 자식을 낳자마자 다른 사람에게 맡겼다. 자식을 키우는 것이 부모의 가장 높은 도덕적 의무라는 생각은 그 후에 생겨났다.

또 자식의 수에 대해서도 생각이 많이 변했다. 노동력 재생산을 주로 노예전쟁에 의존했던 고대 그리스 사회에서는 자식을 많이 낳는 것을 미덕으로 여기지 않았다. 그들에겐 상속자만 있으면 됐고 상속자 수도 많지 않은 것이 낫다고 생각했다. 자식이 많아야 한다는 생각은 자식이 곧 일손(노동력)이었던 봉건시대가 되어서야 생겨났다.

---

* 에두아르드 푹스, 앞의 책, 13~14쪽.

문화적 전통 때문에?

성적인 보수주의가 문화적 전통 때문이라는 생각도 많은 사람들이 받아들인다. 특히 폐쇄적이고 권위적인 이 나라에서 이런 생각이 널리 퍼져 있는 것은 이해할 만하다. 그러나 독자들은 이것이 그릇된 통념이라는 사실을 이 글을 읽는 과정에서 어느 정도 느꼈을 것이다. 아니, 영국이 그랬어? 프랑스도 그랬단 말야? 미국이 알아 주는 보수주의 국가였다니 … .

물론 나라나 지역마다 성 억압의 정도는 차이가 있다. 어떤 나라에서는 미혼모에 대한 지원이 이루어지기도 하고, 어떤 나라에서는 동성애에 대한 법적 처벌이 존재하기도 한다. 또 해변가에서 여성이 가슴을 드러내고 있는 것이 하나도 이상할 것이 없는 나라도 있고, 길가에서 키스하는 것조차 허용되지 않는 나라도 있다.

이런 차이는 왜 생겼을까? 많은 사람들은 이것을 문화적인 차이라고 생각한다. 서양은 개방적이고 동적이며 동양은 폐쇄적이고 정적이라든지, 혹은 각 나라마다 종교적인 차이가 있다든지, 국민성이 다르다는 것 등등을 근본으로 여기는 것이다.

그러나 흔히 알고 있는 것과는 달리 세계 모든 나라에서 성 관습의 변화는 비슷하게 진행되었고 **변화의 원동력은 근본으로 동일했다.**

잉여생산물이 생기고 계급이 출현했을 때 일부일처제가 생겨났고, 노동력이 집단 내부에서 재생산되어야 할 필요성이 생겼을 때 피착취 계급도 가족을 형성할 수 있게 되었다. 이 때 가족은 사유재산에 기초한 생산 단위였다. 가족생활은 공동노동에 기반을 두고 있었다.

생산수단이 소수에게 집중되고 피착취계급에게는 노동력만이 남았을 때, 공동노동에 기반했던 가족은 해체되었다. 이들은 자신에게 남은 단 한 가지 — 노동력 — 를 팔아 생계를 유지하기 위해 뿔뿔이 흩어졌다. 봉건제가 해체되고 자본주의가 막 성립되던 시기 — 르네상스 시대로 알려진 — 에 성 관습은 이전에 비해 놀랍게 자유로워졌다.

무엇보다 1649년, 1688년, 1789년 혁명의 물결이 이런 변화를 가능케 했다. 부르주아 혁명은 자유를 강조했으며 인신적인 구속으로부터 벗어날 수 있다는 자신감이 넘쳐 흘렀다. 또 다른 중요한 이유는 가정과 일터가 분리된 것이다. 남성, 여성, 그리고 아동들까지 자신의 노동력을 팔아 스스로 생계를 책임졌고 봉건제 때와 달리, 노동하는 시간 이외에도 가족의 간섭으로부터 벗어날 수 있었다.

산업혁명의 비참함을 경험한 후 노농계급의 가속이 재확립되었다. 그러나 이것은 공동노동에 기반했던 옛 가족과는 전혀 달랐다. 일터와 가족은 분리되어 있었고 가족은 사회의 생산과 동떨어진 개인의 독립된 영역이 된 듯했다. 앞에서 설명한 프랑스 제2제정의 위선은 이때부터 시작되었다. 가족을 형성하지 않은 사람은 사회의 가장자리로 밀려났고 가정 밖에서 이루어지는 성관계는 죄악으로 여겨졌다.

요컨대 자본주의가 세계체제이므로, 오늘날 자본주의 가족으로부터 비롯된 성 관습은 세계 모든 나라가 근본으로 공유하고 있다. 어떤 사람들은 이 과정이 서구에나 해당되는 얘기라고 주장할 것이다. 물론 이것은 반 정도 맞는 얘기이다. 뒤늦게 출발한 자본주의 국가들은 르네상스와 산업혁명 시기의 성 관습의 변화를 서구 유럽과 동일하게 겪지 않았다. 그러나 이 나라들은 이 과정을 압축하여 경험하거나 건너뛰어서 자본주의 가족을 급속하게 형성했다. 그리고 오늘날 성 억압은 급격하게 형성되었든 완만하게 형성되었든 자본주의 가족에 뿌리를 두고 있다.

오늘날 많은 사람들이 성 억압의 주범으로 자본주의와 그 가족이 아니라 구래의 사상을 지목하는 이유는, 아마도 자본주의 토양이 제공하는 성적 자유의 가능성과 이 사회에서 요구되는 성 도덕 사이의 간극 때문일 것이다. 그러나 성 억압이, 뒤늦게까지 살아남아 자본주의에서 살고 있는 사람들을 괴롭히는 봉건 사회의 유령이라고 생각한다면, 성 해방과 자본주의 체제에 맞선 투쟁이 아무런 연관도 없다고 생각하게 된다.

성적인 보수주의를 가부장적인 유교 전통에서 찾는 것과 같은 혼란은 모든 나라에 존재한다. 가톨릭, 개신교, 근본주의, 게르만 민족성 등등 이루 헤아릴 수 없는 많은 요소들이 성 억압의 원인으로 지적되었다. 그러나 이것은 주객이 전도된 설명이다. 오늘날 종교나 민족성이 사회를 운영하는 동력의 중심을 이루고 있지 않다. 이것들은 자본주의에 의해 약간 변형된 형태로 차용되고 있을 뿐이다. 오늘날 그들이 강조하는 성적인 도덕성은 신이나 영주를 위해 봉사하는 것이 아니라, 일부일처제 가족을 강제하고 성을 통제함으로써 경제적으로 이득을 보는 자본주의에 봉사하고 있는 것이다.

각 나라마다 또 시기마다 성 억압의 정도에 차이가 있는 것은, 문화적 전통보다는 경제적·정치적 상황의 차이 때문이다. 예컨대 1950년대는 냉전 때문에 보수적 정서가 지배적이었다면, 냉전이 물러가고 장기 호황을 누리던 1960년대에는 성에 대한 개방적 태도가 확산되었다.

또 무솔리니, 히틀러, 스탈린은 사회에 대한 권위적인 통제권을 유지하지 위해 가족을 강화하고 성을 완전히 억눌렀다. 1970년대 중반까지 포르투갈이나 스페인의 독재 정권, 그리고 지금까지도 반동적인 정부들은 성을 감추려고 한다. 남한도 이런 나라 가운데 하나이다.

성욕을 가진 남성은 모두 억압자?

마지막으로 다루어야 할 것은 성 억압의 뿌리에 대한 페미니스트들의 잘못된 생각이다. 이들은 성 억압이 남성들의 음모라고 수상한다. 이들은 성 억압의 원인을 남성과의 개인적인 관계에서 찾는다. 모든 남성이 자신의 상대방(애인이나 부인)을 억압한다는 것이었다.

이들은 "개인적인 것이 정치적인 것이다."라는 구호를 내세웠다. 이 글에서도 설명해 왔듯이 계급사회에서 성 억압은 그 사회를 유지하는 데 이바지한다. 이 구호가 그런 의미라면 반대할 이유가 조금도 없다. 그러나 이들이 주장하는 핵심은 개인적으로 맺어진 남녀 사이 — 주로 성관계 — 에 억압관계가 존재하며 여성은 상대 남성에 의해 억압당한다는 것이었다.

수잔 브라운밀러는 《성폭력의 역사》에서 성행위 자체가 남성 지배를 이해하는 열쇠라고 주장했다. 또 케이트 밀렛은 《성의 정치학》에서 남성의 성욕은 힘과 지배의 표현이라고 강조했다. 최근 대학생들 사이에서는 마치 케이트 밀렛의 《성의 정치학》에 근거해야만 성 해방을 주장할 수 있다는 착각이 퍼지고 있는 듯하다. 그러나 케이트 밀렛은 특정 사회의 생산양식과 성 억압의 관계라는 복잡한 문제를 기껏해야 남성의 폭력성으로 단순화하여 설명하고 있을 뿐이다.

여기에서는 그들의 주장의 배경이 되고 있는 후기 자본주의의 성 억압의 변화를 살펴보면서 여성의 성이 누구에 의해 억압당하고 있는지 살펴보겠다.

여성이 남성에 비해 성적인 규제를 많이 당한다는 것은 의심할 여지가 없는 사실이다. 여성에 대한 성적인 편견은 무수히 많다. 성관계의 목적은 자식을 낳는 것이므로 훌륭한 자식을 낳기 위해서는 성적 쾌락을 즐겨서는 안 된다, 성관계에서 소극적이고 상대방에게 의존적이어야 한다, 성에 대해서는 알려고 해서도 안 된다, 성욕을 표출해서는 안 된다. …

이런 것들은 모두 가족에서 여성이 하는 역할들과 관련이 있다. 자본주의 가족은 개인적인 성애에 바탕을 두고 있지만, 일단 구성된 가족은 노동력 재생산이라는 의무를 강요 받는다. 여성은 직장에 다니더라도 가사노동과 육아를 담당해야 한다. 요즘엔 많은 남녀가 연애를 하고 자신이 원하는 사람과 결혼을 하지만, 사회 전체에 만연되어 있는 남녀의 역할이나 가족의 역할을 피할 수는 없다.

여성에 대한 편견들이 전혀 아무런 변화 없이 유지되고 있는 것은 아니다. 최근에 가장 광범하게 퍼져 있는 관념은 여성에게 성적인 매력이 있어야 한다는 것이다. 이런 생각은 서구에서 제2차세계대전 이후에, 이 나라에서는 최근 10여 년 전부터 급격하게 퍼지기 시작했다. 거의 모든 회사들은 상품을 팔아먹기 위해 여성의 신체를 악용하거나 여성을 단순한 성관계의 대상으로 묘사한다. 여성잡지들은 성적 매력을 키우기 위한 방법들로 가득 차 있다.

이것은 사회적 변화에 영향을 받은 것이었다. 자본주의가 발전하면서 더욱 많은 미혼·기혼 여성들이 직장에 다니게 되자 여성들은 자신의 신체에 대한 결정권을 갖고 싶어 했다. 직장에서 남성과 동등한 권리를 요구하기 시작한 여성들은 성적인 편견도 받아들이려 하지 않았다. 특히 출산을 조절할 수 있는 피임법의 발달은 출산이 아니라 즐거움을 목적으로 하는 성관계의 가능성을 열어 놓았다. 성행위에 대한 관심도 높아져 부부 사이에서도 성관계가 한층 더 중요한 자리를 차지하게 되었고, 오랄 섹스와 다양한 체위를 즐기게 되었다. 또, 혼전 성관계에 대한 부정적인 반응도 전보다 많이 줄었다.

그러나 이런 변화를 통해 성 해방이 이루어지지는 않았다. (물론 성 해방의 가능성이 그 어느 때보다도 높아졌다.) 자유로움을 원하고 성에 대한 결정을 스스로 내리고 싶어 하는 많은 여성들의 바람이 성을 거래수단으로 만드는 체제에 의해 여지없이 짓밟히고 있기 때문이다.

지배자들은 성관계에 대한 관심을 그들의 방식으로 사회화하려 했다. 남녀 사이에서 성관계가 중요해졌다는 것을 인정하되, 그것을 남성과 여성 사이의 불평등한 관계 속에 그대로 쑤셔 넣었다. 이렇게 되자 성관계는 여성의 삶의 일부가 아니라 남편과 그가 벌어 오는 임금을 붙잡는 수단이 되었다.

여성을 성적인 대상으로 여기는 것은 이런 방식으로 사회적인 불평등과 연결되어 있다. 독일의 한 사장의 말을 들어 보라.

"무엇을 원하는가? 임금인상이라고? 하지만 당신은 스커트 밑에 분명히 자본을 가지고 있을 텐데"[*]

여성이 성적 존재라는 것이 인정되더라도, 불평등이 존재하는 사회에서는 남성과 여성의 불평등이 성관계에 투영될 수밖에 없다. 부부나 동거인, 애인 사이의 성관계에서 여성은 거절할 권리가 없다는 식의 생각이 자리잡는다.

그러나 이것이 남성들의 탓일까? 페미니스트들은 남성들이 성관계를 통해 여성에 대한 억압을 영구화하고 있다고 생각하고, 남성들의 성욕이 지배의 표현이라고 주장한다. 이들은 사회의 이중적 규범이 남성들에게만 성적인 자유를 허용하고 있다면서, 남성들에게도 여성에게 적용되는 엄격한 규범이 적용되어야 한다는 어처구니없는 보수적 결론을 끌어내기도 한다.

모든 남성들이 성욕을 가지고 있지만 그들 가운데 권력을 가지고 있는 사람은 극소수에 불과하다. 오히려 대부분의 남성들 역시 성적으로 억눌려 있다. 어린 아이 때부터 성기를 가지고 노는 장난이나 자위행위는 부모로부터 엄격하게 금지 당하고, 자신과 상대의 신체에 대해 잘 알지 못한 상태에서 성관계를 잘 주도해야 한다는 강박관념을 가지고 있다.

물론 많은 남성들은 여성을 성적인 대상으로 여긴다. 그러나 이것

---

* 파울 프리샤우어, 《세계 풍속사(하)》, 까치, 342쪽.

은 그들이 권력을 가졌기 때문이 아니라 그렇게 사회화되었기 때문이다. 그들은 이것으로부터 아무런 이익도 얻지 않는다. 마치 여성들이 가정에서 자식들에게 엄격한 성 역할을 가르치는 것을 통해 아무런 이익을 얻지 못하는 것과 마찬가지로.

가족이 성을 억압하는 기초 단위가 되는 이유는 부부 사이에, 부모와 자식 사이에 권력 관계가 존재하기 때문이 아니다. 가족이 사생활의 유일한 장소가 되었기 때문이다. 자본주의 이전 사회에서 공적인 생활과 구분된 사생활은 존재하지도 않았다. 개인적으로 맺어진 관계가 곧 생산의 단위였던 것이다. 그러나 자본주의에서는 생산이 사회적으로 이루어졌고, 사회적 노동과는 다른 새로운 삶의 영역 ─ 사생활 ─ 이 중요하게 생각되었다.

대부분의 사람들은 사회적 생산활동에서 아무런 통제권도 갖고 있지 못하다. 자신의 생산물도 소유하지 못한다. 오로지 생산활동 이외에서만 자신을 발견할 수 있다. 성관계는 여기서 아주 중요한 요소가 된다. 그런데 사회가 요구하는 바 ─ 성 역할, 정상적인 가족 ─ 에 따르지 않는다면, 그 ─ 동성애자·미혼모·독신 노동자들 ─ 는 생산활동 이외의 곳에서마저 소외를 겪게 된다. 때문에 많은 동성애 노동자들은 원치도 않는데 '정상적인 가족'을 꾸리고 한평생 자신을 억누르며 살고 있다.

이런 위협 속에서 자유의사로 포장된 가족들이 꾸려진다. 사람들은 가족을 자신이 통제할 수 있는 유일한 공간으로 여긴다. 그러나 그(녀)가 통제할 수 있는 범위는 이미 정해져 있다. 사회가 공인하는 성 역할과 정상적인 가족의 경계를 넘어서는 안 되는 것이다.

좀 더 자유롭고 만족스러운 성관계에 대한 여성의 욕구는 자본주의, 그리고 자본주의 가족과 조화를 이룰 수 없다. 자본주의 가족이 성애를 중요하게 생각하기는 하지만 동시에 성 역할을 고수하고 있기 때문이다. 이것은 남녀나 부모 자식 상호간의 문제가 아니라, 대다수의 남성과 여성 노동자를 착취하고 여성을 억압하는 사회의 불평등이 개인 사이의 관계에까지 영향을 주기 때문이다.

성 해방과 사회주의

오늘날 성은 수면 위로 떠오르고 있다. 동성애자들이 사회에 자신의 모습을 드러낸 것이나, 여성도 출산을 목적으로 하지 않는 성관계를 즐길 수 있다는 생각이 받아들여지고 있는 것은 분명 진일보한 것이다. 얼마 전 연세대학교에서 열린 성정치문화제처럼, 은밀하게 감추어졌던 성이 공공연히 얘기되는 것은 아주 좋은 일이다. 사회주의자들은 낙태, 피임에 대한 정보가 더 많이 알려지고, 청소년들의 성이 제약되지 않고, 성에 대한 표현이 규제 당하지 않고, 남녀 동성애자들이 공공연히 자신의 성적 취향에 대해 말할 수 있기를 바란다.

다른 한편 좀 더 공개적이고 자유로운 성에 대한 바람을 억누르려는 시도들도 꾸준히 계속되고 있다. 통일교(원리연구회)는 혼전·혼외 성관계에 반대하고 이상적인 가족을 주장하며 '순결과 참가정' 운동, 낙태반대 캠페인을 벌이고 있다. 영국에서 복음주의자들이 가족생활 운동을 자코뱅주의와 사회반란을 막는 방파제로 생각했던 것처럼, 성을 통제하고 가족을 강화하려는 운동은 체제를 유지하는 것과 긴밀한 관계를 가지고 있다. 그런데도 총여학생회나 동아리 연합회 들이 원리연구회의 강연을 후원하고 있다는 것은 안타까운 일이 아닐 수 없다.

정부는 가장 성적으로 보수적인 집단이다. 그들은 가족을 강화하려는 움직임에서 항상 주도적이다. 남녀의 사회적인 불평등을 공고화하고 성을 통제하는 것이 지배자들에게 실질적인 이익을 주기 때문이다. 1993년 국정감사에서 울려 퍼졌던 다음과 같은 말은 그들이 성 역할을 확고히 하고자 한다는 것을 보여 준다. "남녀 동등임금을 요구하는 것은 노동 현장의 갈등을 유발한다. 여성의 중요한 역할은 남편을 내조하고 자녀를 기르는 일이다."

지배자들은 범죄가 일어날 때마다, 범죄자들이 결손가성 출신이있다는 것을 강조한다. 정상적인 가족 밖에 있는 사람들은 범죄인이거나 불량배, 방탕아라는 생각을 퍼뜨리는 것도 가정을 강화하기 위한 한 방편인 것이다.

이처럼 체제의 질서를 유지하고자 하는 집단들이 성적인 보수주의를 부추기는 것에 반대해야 한다.

성 해방은 사회적인 불평등에 맞선 투쟁의 연장에서만 쟁취될 수 있다. 착취와 억압 질서를 그대로 유지하고 있는 상태에서 성의 개방은 근본으로 제약되고, 결국엔 모순에 부딪힐 수밖에 없다. 사회의 통제권을 쥐고 있지 못한 대다수의 사람들은 자신의 성에 대한 통제권도 가질 수 없기 때문이다.

그러므로 성 해방을 주장하는 사람들이 체제를 근본적으로 변화시킬 수 있는 노동계급의 투쟁에 관심을 두지 않고, 오로지 개인적인 생활의 변화만을 추구한다면 성 해방은 이루어질 수 없다.

사람들은 성적 취향(동성이든 이성이든)이 어떠하든 간에, 성관계가 출산을 목적으로 하든 안 하든 간에 그리고 상대와의 관계가 어떠하든 간에 가능한 한 만족스럽고 자유로운 성을 즐길 수 있어야 한다. 이것은 대중이 경제적 억압, 사회적 소외, 종교적 편견으로부터 자유롭고, 불평등과 계급과 이윤의 지배로부터 해방될 때 가능하다.

오늘날 여성은 왜 억압받는가?

오늘날 여성들이 차별 받는다는 사실을 발견하기란 그리 어렵지 않다. 여성들은 가정과 직장, 학교 등 곳곳에서 억압과 차별을 받는다.

여성은 가정에서 아이와 환자, 노인 들을 돌보는 일을 대부분 떠맡고 있다. 여성은 같은 일을 하더라도 여전히 남성보다 낮은 임금을 받는다. 여성 임금은 남성 임금의 62퍼센트 가량에 지나지 않는다.

드라마, 광고, 소설 등은 여성을 상투적인 이미지로 그릴 때가 많다. 오늘날 많은 여성들이 생계를 위해 집 밖에서 노동을 하고 있으나 여전히 여성은 주로 아내와 어머니로 그려진다.

그러나, 남성이 가족을 부양하고 여성은 집에서 남편과 아이들을 돌보는 '전형적인' 가족은 이제 그리 많지 않다. 오늘날 많은 여성들

정진희. 격주간 〈다함께〉 64호, 2005년 9월 28일. https://wspaper.org/article/2499.

이 집 밖의 노동에 참가하고 있다. 노동인구의 41퍼센트가 여성이다. 그리고 여성 노동자는 대부분 기혼 여성이다.

여성들이 집 밖에서 일하게 되면서 여성들의 태도는 더욱 독립적으로 바뀌었다. 이것은 결혼과 성, 출산에 대해 여성들이 보이는 태도 변화에서 잘 드러난다.

오늘날 많은 여성들은 결혼이 더는 필수라고 생각하지 않는다. 50대를 제외한 전 연령대에서 결혼을 꼭 해야 한다고 생각하는 여성은 최고 16.9퍼센트를 넘지 않는다(통계청, 2002).

결혼을 늦게 하는 추세가 뚜렷하며, 이혼이 증가하고 있다. 또, 한 부모 가정과 독신도 늘어나고 있다. 출산율은 급감해 여성이 낳는 아이 수는 이제 평균 1명밖에 되지 않는다(1960년대에는 6명이었다).

오늘날 여성들은 임신과 양육으로 학업을 중도에 포기하거나 직장을 그만두고 싶어하지 않는다. 더 많은 교육을 받고 더 나은 직장에서 장기간 근무하기를 원한다. 그리고 존중 받으며 사회에서 더 능동적인 구실을 하고 싶어한다.

하지만 현실은 여전히 이러한 여성들의 열망과는 거리가 멀다. 이것은 무엇 때문인가?

오늘날 여성이 억압받는 근본적 이유는 여성들이 가정 안에서 하는 구실 때문이다. 여성들이 개별 가정에서 청소, 요리, 빨래, 육아 등을 하는 데서 억압이 비롯한다.

여성들이 개별 가정에서 무보수로 하는 이러한 일은 자본주의 체제가 굴러가는 데 필요한 노동력을 재생산하는 데서 아주 중요한 구실을 한다. 현재의 노동자들을 먹이고 돌봐 건강을 유지하는 일뿐 아니라 다음 세대 노동자들이 노동시장에 들어갈 때까지 교육하고 사회화하고 기술을 가르치는 일 등을 하는 데서 가족의 구실은 중요하다.

이론상으로, 자본주의는 가족 없이도 유지될 수 있다. 자본주의에 필요한 노동력 재생산이 꼭 가족 제도를 통해서만 가능한 것은 아니다.

하지만 현실에서 자본주의는 노동력 재생산 비용을 개별 가족에 떠넘기는 데 크게 의존한다.

여성이 개별 가족에서 청소, 요리, 빨래, 육아 등을 담당하는 것은 사회 전체에서 여성의 지위를 이등 시민의 지위로 격하시킨다. 가족에서 여성이 하는 구실 때문에 여성의 본분이 개별 가족에 필요한 서비스를 제공하는 것이라는 관념이 생겨나기 때문이다.

그리하여 여성들은 집 밖의 노동에 참가할 때조차 남성과 동등한 대우를 받지 못하고 각종 차별을 받는다. 차별 임금, 특정 직업이나 직책에서 여성 배제, 직장과 가정 일을 병행하는 '이중 부담'등은 오늘날 많은 여성 노동자들이 경험하는 억압의 현실이다.

여성 차별주의자들은 흔히 생물학적 차이를 내세워 가정 내 불평등을 비롯한 각종 여성 억압을 정당화한다. 그러나, 여성이 아이를 낳는다고 해서 여성이 주로 아이를 키워야 할 이유는 전혀 없다. 초기 인류 사회에서 아이는 여성만이 아니라 모든 공동체 성원이 함께 키웠다. 하물며 과학 기술이 발전한 21세기에 여성만이 아이를 돌봐야 할 이유가 어디 있는가?

선진국이나 우리 나라처럼 공업이 발전한 사회에서는 여성들 어깨에 놓인 무거운 짐을 제거할 수 있는 수단들이 많이 있다. 보육 시설, 유아 학교, 공공 식당, 공공 세탁소 등을 통해 가사와 양육을 사회가 책임질 수 있다.

문제는, 자본주의에서는 이윤이 우선이기 때문에 이런 일들이 대규모로 추진되지 않는다는 것이다.

여성 해방은 가사와 양육을 사회가 책임지는 대대적인 변화가 있을 때 가능하다. 이것은 이윤이 아니라 사람들의 필요를 우선에 놓는 완전히 새로운 사회에서 가능하다.

착취와 억압이 아니라 연대와 우애가 특징이 되는 사회에서 여성은 존중 받고, 사회에서 능동적 구실을 하도록 고무 받을 것이다.

현모양처를 강요하는 사회

지난 수십 년 동안 여성들의 삶은 크게 변해 왔다. '여풍당당'이니 '여성시대'니 하는 말은 과장이지만, 오늘날 여성들이 사회 곳곳에서 두각을 나타내는 현실을 어느 정도 반영한다. 이에 따라 여성을 어머니와 아내로만 여기는 성별 고정관념도 바뀌고 있다.

그러나 기성 체제는 완고하게 전통적 여성상을 우리에게 강요한다. 지난 11월 초 한국은행이 내년 상반기에 발행할 5만 원권 화폐 도안에 들어가는 인물로 신사임당을 선정해 발표한 것이 단적인 예다.

그동안 한국은행의 새 화폐 도안 계획은 많은 사람들의 기대를 모았는데, 사상 최초로 여성이 지폐 도안에 들어갈 예정이었기 때문이다. 그런데 막상 뚜껑을 열고 보니 그 여성은 바로 '현모양처'의 대명사인 신사임당이었다.

정진희. 〈맞불〉 68호, 2007년 12월 6일. https://wspaper.org/article/4844.

역사적 인물로서 신사임당이 정말 현모양처였는가 하는 점은 논란거리다. 어떤 여성학자들은 신사임당이 19년간 친정 부모를 모시며 남편을 처가살이시켰다는 점 등을 들며 신사임당을 전형적인 현모양처로 묘사하는 것은 각색이라고 주장한다.

그러나 1970년대에 박정희 정부가 신사임당을 유명한 성리학자 율곡 이이를 훌륭하게 키워낸 어머니로 교과서에 소개하면서부터 신사임당은 현모양처의 상징이 됐다. 이것은 한국은행이 신사임당 선정을 통해 "교육과 가정의 중요성을 환기하"는 "효과를 기대"하는 데서도 드러난다.

여성차별 기획

터무니없게도, 한국은행은 신사임당 선정이 "우리 사회의 양성평등 의식 제고와 여성의 사회참여에 긍정적으로 기여"한다고 주장했다.

많은 여성단체들이 공동성명을 내며 반발한 데서 알 수 있듯이, 한국은행의 이번 결정은 성별 고정관념을 부추기는 "구시대의 여성차별 기획"이다. 한국은행은 신사임당을 이렇게 소개했다.

"남편 이원수를 격려하여 벼슬길로 나아가게 하고 항상 정도를 걷도록 내조하는 등 높은 덕과 인격을 쌓은 어진 아내의 소임을 다"했고, "사랑과 엄격한 교육으로 네 아들과 세 딸을 모두 훌륭하게 길러 냈"다. "특히 … 셋째 아들 이이를 조선의 대학자로, 맏딸 매창과 넷째 아들 이우를 시·그림에 뛰어난 예술가로 성장시켜 영재교육에 남다른 성과를 보여 주었다."

한국은행뿐 아니라 각종 신문, 잡지, 드라마, 광고 등에서도 늘 어머니와 아내로서 헌신하는 여성상을 예찬한다.

이런 여성상은 여성들의 실제 삶과 맞지 않다. 한국은행의 망상과 달리, 오늘날 대다수 여성들은 집 밖에서 노동을 하며 살아간다. 임금노동에 종사하는 여성은 현재 6백40만 명 가량으로 전체 노동자의 42퍼센트를 차지한다. 그리고 여성 노동자들 중 다수는 기혼 여성이다.

그럼에도 전통적 여성상에 대한 강조는 여성들에게 엄청난 압박감을 준다. 남편과 자녀의 뒷바라지보다 자아 실현을 우선시하는 여성, 자아 실현을 위해서 '심지어' 결혼을 거부하는 여성들은 '이기적'이라고 비난받게 된다.

전통적 여성상을 강조하는 것은 여성의 노동을 가치절하 하는 원인이 되기도 한다. 많은 여성들이 생계를 위해 일하지만 여성의 노동은 가계를 보조하는 것쯤으로 여겨진다. 여성 노동이 '부차적'이라는 생각은 여성들에게 터무니없이 낮은 임금을 주는 것을 정당화한다.

여성 임금이 남성 평균임금의 64퍼센트밖에 되지 않는 것은 바로 이 때문이다. 뉴코아·이랜드 투쟁 과정에서 이들 여성들의 임금이 70~80만 원밖에 안 된다는 사실이 알려지자 놀란 사람들이 많다. 그런데 여성 노동자 다섯 명 중 한 명은 한 달에 채 65만 원도 안 되는 저임금을 받고 있다.

여성 가장

가장은 으레 남성이라고 여기는 통념과 달리, 오늘날 여성 가장이 갈수록 늘어나고 있다. 여성 가구주는 전체 가구주의 20퍼센트를 넘어섰다. 하지만 여성 임금이 이렇게 낮다 보니, 여성이 가장인 가구는 빈곤의 나락에 떨어지기 십상이다. 여성가장 가구의 6분의 1이 최저생계비도 안 되는 돈으로 생활하고 있다.

전통적 여성상은 육아와 자녀교육 부담을 순전히 개별 가족, 특히 여성들의 책임으로 떠넘긴다. 오늘날 입시 경쟁이 강화하면서 유능한 자녀교육자로서 여성상이 더욱 강조되고 있다.

하지만 오늘날 "영재교육에 남다른 성과"를 보여 주려면, 사실 '대치동 입시전문가 엄마'가 되지 않으면 안 된다. 이것은 누구보다도 노동계급 여성들을 더욱 가혹하게 옥죄는 압박이다. 생계비를 벌기 위해 바둥거리는 노동계급 여성들이 어찌 강남의 '입시전문가 엄마'를 따라잡을 수 있으랴.

개인들이 짊어지는 양육비 부담은 갈수록 증가하고 있다. 출생부터 대학 졸업까지 자녀 1명에게 들어가는 총양육비는 지난해 평균약 2억 3천2백만 원(한국보건연구원)이었다.

값싸고 믿을 만한 보육시설이 부족해 어린 자녀를 둔 여성은 자식의 미래를 위해 직장을 포기할지 말지 심각하게 고민하고, 그 중 일부는 울며 겨자 먹기로 '전업주부'가 된다.

그러나 자식이 커가면서 늘어나는 교육비 때문에 '전업주부들'은 쥐꼬리만 한 임금을 받으며 다시 청소부로, 가사도우미로, 텔레마케터로, 보험모집원으로 나선다.

남녀평등을 약속하는 정부가 국책은행을 통해 여성차별 관념을 퍼뜨리는 이유는 간단하다. 가사와 양육에 들어가는 막대한 부담(돈, 시간, 에너지)을 개별 가정의 여성들에게 떠넘기고, 여성들이 노동시장에서 겪는 차별(임금, 불안정 고용, 승진 누락 등)을 정당화하기 위해서다.

바로 이것이 21세기에도 여전히 현모양처 상이 여성들에게 강요되는 까닭이다.

엥겔스와 여성 억압의 기원

여성 억압은 가장 뿌리 깊고 오래된 천대이기 때문에 영원불변한 인간 본성의 일부로 여겨지기 십상이다. 여성은 언제부터 억압받기 시작했을까? 여성 억압은 정말 인간 본성의 일부일까?

이러한 질문에 대한 많은 역사가들과 여성학자들, 남성 우월주의 자들의 대답은 한 가지 점에서 일치한다. 그 원인이 생물학적 이유이든 남성의 심리이든 여성 억압은 항상 존재해 왔다는 것이다.

어린 시절 보던 만화영화에서 여성의 머리채를 휘어잡고 동굴을 돌아다니는 털복숭이 네안데르탈인의 익숙한 이미지 또한 이런 가정에 기초해 있다.

그러나 마르크스와 엥겔스의 대답은 달랐다. 인류 사회에서 여성 억압은 늘 존재하지는 않았고, 계급사회 발전과 함께 나타난 현상이라는 것이다. 사실, 초기 인류 출현 이후 2백만 년 중 95퍼센트에 이

이예송. 〈맞불〉 74호, 2008년 1월 31일. https://wspaper.org/article/4984.

르는 기간 동안 여성 억압은 존재하지 않았다.

마르크스와 엥겔스에게 '천성적인 것'은 없었다. 여성 억압은 사회의 물질적 역사에서 비롯한 것이다. 프리드리히 엥겔스는 "유물론적 관점에 따르면, 역사를 결정하는 요인은 직접적 생활의 생산과 재생산이다. … 그 하나는 생계수단, 즉 의식주의 생산과 이에 필요한 도구의 생산이고, 다른 하나는 인간 자체의 생산, 즉 종족의 번식이다" 하고 말했다.

이러한 엥겔스의 관점을 집대성한 저작이 바로 1884년 출판된 《가족, 사유재산, 국가의 기원》이다. 미국 인류학자 모건의 연구를 바탕으로 쓰여진 이 책은 1백 년이 지난 지금까지도 여성 억압에 관한 가장 중요하고 논쟁적인 저작이다.

계급사회

엥겔스는 현대 사회의 손길이 닿지 않은 계급 이전 사회들에 관한 연구를 보면서, 이들 사회에서 삶의 방식과 남녀관계, 가족 구조가 자본주의의 그것과는 완전히 다르다는 점을 발견했다.

모건이 '야만'이라고 부른 시대를 엥겔스는 '원시 공산주의'라고 불렀다. 인류는 소규모 공동체를 이뤄 살았고, 현재의 일부일처제 같은 가족 제도는 존재하지 않았다. 공동체 구성원들은 계급 없이 서로 평등한 지위를 누렸다. 이것은 남녀 간에도 마찬가지였다.

성별 노동분업은 존재했지만, 이 때문에 여성이 차별 받지는 않았다. 여성은 주로 채집을 담당했는데, 이를 통해 생산에 크게 기여할 수 있었기 때문에 여성의 지위는 높았다.

엥겔스의 책이 출판된 이후 이뤄진 인류학자들의 연구로, 초기 인류와 선사시대에 대한 지식이 확장됐다. 엥겔스가 《가족, 사유재산, 국가의 기원》에서 제시한 여러 예와 가정들은 이후 연구자들에 의해 틀린 것으로 증명됐다.

이것은 단순히 엥겔스 개인의 오류라기보다는 당시 인류학적 지식의 한계에서 비롯한 것이었다. 다윈의 《종의 기원》이 발간된 것이 겨우 1859년이었고, 1856년까지는 초기 인류의 유골조차 발견되지 않았다.

그럼에도, 가족과 여성 억압이 계급사회의 결과물이라는 엥겔스의 핵심 주장은 여전히 유효하다. 초기 인류 사회의 구성원들이 평등하고 호혜협력적이었다는 것은 엥겔스 이후 채집·수렵사회들을 연구한 여러 인류학자들에 의해 거듭 뒷받침됐다.

인류학자인 엘리너 리콕은 현존하는 채집·수렵 사회에 관해 다음과 같은 사실을 발견했다. "사적인 토지 소유도 없었고 성별분업을 제외하면 노동분업도 없었다. 사람들은 스스로 자신들이 맡고 있는 활동을 결정했다. 집단 활동은 무엇이든 합의해서 결정했다."

또 다른 인류학자인 리처드 리는 자신이 연구한 칼라하리 사막의 쿵족('부시맨')이 "매우 평등주의적인 부족"이라는 연구 결과를 발표했다. "쿵족은 이런 평등을 유지하기 위해 중요한 문화적 관습을 발전시켰다. 쿵족은 불손하고 교만한 사람들을 견제하고 불행을 당한 사람들이 제자리를 찾도록 도와 준다."

"여성의 세계사적 패배"

여성과 남성이 평등한 지위를 누리던 '원시 공산주의' 사회가 존재했다는 엥겔스의 주장은 여성 억압이 "인간 본성"의 결과라는 주장에 대한 통쾌한 반박이었다. 그렇다면 여성 억압은 어떻게 해서 생겨났을까?

약 1만 년 전부터 인류 역사상 최초로 농업에 기반을 둔 정착 생활이 시작됐다. 이것이 자동으로 여성의 지위를 하락시킨 것은 아니었다. 이 당시 농경에 사용된 도구들은 괭이처럼 가벼운 것이었기 때문에 여성들도 농경에 참여할 수 있었다.

그러나 그 뒤 쟁기의 발달과 더불어 더 복잡한 생산 체계와 분업이 등장하면서 여성의 지위에 큰 변화가 일어났다. 생산성 향상을 낳았던 이러한 발전은 처음에는 사회 공동체의 모든 구성원들에게 이로운 것이었다.

그러나 점차 생산을 지휘하고 관할하던 소수에게 잉여가 집중되면서 불평등이 생겨나고 계급이 등장했다.

무거운 쟁기를 사용하고 소와 말을 기르는 더 발달된 농경사회에서 여성들은 더는 아이들을 기르고 젖을 물리면서 일을 할 수 없었다. 아이들은 밭일을 도울 수 있는 중요한 노동력이었다. 여성들이 더 많은 아이를 낳는 것이 사회 전체에 이롭게 작용하면서 여성의 역할은 주로 재생산 영역에서 이뤄지게 됐다. 여성은 사회의 주된 생산에 참여하지 못하게 됨으로써 영향력이 하락했다.

계급사회가 발전하면서 개인 재산을 세습하는 장치로써 일부일처제 가족제도가 발전했다. 여성은 가정에서 남편에게 종속된 지위로 전락했고, 여성을 열등한 존재로 여기는 관념이 사회 전체에 널리 퍼졌다. 엥겔스는 이러한 과정을 "여성의 세계사적 패배"라고 불렀다.

여성 억압이 계급사회의 등장에 따른 결과라는 엥겔스의 주장이 지닌 실천적 함의는 매우 중요하다. 엥겔스는 여성 억압을 낳은 사회적 조건을 분석함으로써 억압을 없앨 수 있는 전략 — 현존하는 계급사회를 폐지하는 것 — 을 내놓았다.

이것은 오늘날 대다수 페미니스트들이 받아들이고 있는 가부장제 이론과는 사뭇 다른 결론이다. 가부장제 이론은 여성 억압이 인류 역사에서 언제나 존재해 왔다고 보기 때문에, 억압을 끝장낼 수 있는 방법을 제시하지 못한다. 기껏해야 현존 사회 내에서 억압을 완화하는 데 그치거나 '남성과 단절한 공동체'라는 실현 불가능한 대안만 제시할 수 있을 뿐이다.

엥겔스가 《가족, 사유재산, 국가의 기원》을 썼던 때는 성과 결혼, 가족에 대한 보수적 관념이 지배적이던 시대였다. 당시는 결혼한 부부가 임신을 목적으로 하지 않는 성관계를 갖는 것조차 비난받았다. 남성과 여성의 성 행동에 대해 지독한 이중 잣대가 적용됐다.

부르주아 가족제도의 위선을 폭로하고 여성 해방의 전망을 밝힌 《가족, 사유재산, 국가의 기원》은 무척 선구적인 저작이 아닐 수 없다. 오늘날에도 수많은 여성을 짓누르고 있는 억압을 깨뜨리고자 하는 사람들에게 엥겔스의 고전은 무한한 영감을 줄 수 있을 것이다.

마르크스주의 여성 해방론은 계급 환원론인가

마르크스주의는 여성 차별이 계급 차별과 떼려야 뗄 수 없는 긴밀한 관계이며, 계급 차별에 맞서는 투쟁 과정에서 여성도 해방될 수 있다고 주장해 왔다.

하지만 오늘날 이런 목소리는 진보운동에서 극소수다. 오히려 "성별과 계급 문제를 분리, 대립, 택일해서 생각하는 것을 좋아한다."(정희진, 《페미니즘의 도전》) 한국에서 사회주의를 표방하는 단체들조차 대부분 이런 견해를 어느 정도 받아들인다.

여기에는 마르크스주의가 여성 차별을 곧바로 계급 문제로만 환원하기 때문에 사실상 차별문제의 중요성을 무시하거나 여성 차별에 맞서는 데 무능하다는 생각이 깔려 있다.

스탈린주의의 유산은 이런 오해를 일반화했다. 옛 소련 체제는 전혀 여성 해방의 모델이 될 수 없었다. 여성은 아이 낳는 도구로 취급

최미진. 〈레프트21〉 34호, 2010년 6월 17일. https://wspaper.org/article/8291.

됐고, 여성을 때리는 채찍이 부활했다. 노동시장에서 성차별도 여전했다.

옛 소련 체제는 '마르크스-레닌주의'의 이름으로 여성 차별적 정책을 합리화했다. 일단 산업화하면 노동자들이 해방되고, 그리 되면 여성 차별도 해결될 거라는 조야한 경제결정론이 마르크스주의로 둔갑했다.

이 때문에 마르크스주의도 도매금으로 비난받았다. 한국의 주요 여성단체 리더들도 1980년대까지는 계급 철폐와 같은 사회관계 전체의 변혁과 여성운동의 과제를 일치시켰지만, 1991년에 옛 소련이 붕괴하자 계급 정치를 멀리하기 시작했다.

다른 한편, 억압 문제를 도외시하는 노동자주의(이들 중 일부는 마르크스주의를 표방하기도 한다)도 마르크스주의에 대한 오해를 증폭시키는 데 일조했다.

그러나 이런 경향들은 마르크스주의 여성 해방론과 거리가 멀다.

마르크스는 노동자들이 피억압자의 눈으로 세계를 보고 억압에 맞서 싸워야 한다고 강조했다. 1917년 러시아 혁명을 주도한 레닌도 노동자 계급이 "민중의 호민관"이 돼야 한다고 주장했다. 그는 작업장 문제에만 시야가 갇혀 있는 경제주의자들과 투쟁하면서 노동자들이 차별에 맞선 투쟁에도 적극 참가해야 한다고 강조했다.

볼셰비키는 혁명을 주도하면서 자본가들의 이익을 위해 사용되던 부를 여성 해방을 위해 적극 투자했다. 그래서 식당 시설이 사회화됐고, 이혼의 자유, 낙태권 보장 등이 이뤄졌다(혁명이 국제적으로 고립되고 스탈린주의가 혁명의 성과를 파괴하면서 나중에 이런 조처들이 후퇴했다).

탈출구

마르크스주의는 여성 차별을 계급 착취로만 환원하지 않는다. 마르크스 자신도 계급 착취만이 아니라 소외·억압 문제를 중요하게 다뤘고 궁극으로 인간해방을 추구했다.

그러나 그와 동시에, 마르크스주의는 계급 착취와 여성 차별이 "별개의 영역"이 아니라 긴밀한 연관성이 있다는 점을 강조한다.

마르크스주의는 차별의 뿌리가 계급 지배라고 분석한다. 엥겔스는 인류학적 연구 결과를 바탕으로 계급 발생 이전의 사회에서 여성 차별이 존재하지 않았다는 점을 밝혔다. 소수가 생산수단을 독점하고 다수를 착취하는 과정에서 비로소 남녀 차별이 발생했다.

계급 사회인 자본주의에서 자본가들은 여성 차별을 통해 여성을 양육과 가사에 묶어 둠으로써 노동력 재생산 비용을 절감한다. 그래서 여성을 열등한 존재로 묘사하고 여성들에게 가족을 위해 헌신하라고 강요한다. 따라서 계급 차별에 반대하는 운동과 여성 차별에 맞서는 투쟁은 결합돼야 한다.

마르크스는 또 여성 차별을 비롯해 모든 차별이 노동계급을 분열시켜 계급 착취를 가린다는 점에 주목했다. 남성 노동자들이 여성을 열등하게 여기고, 여성들은 남성을 억압자로 여기는 상황은 계급 지배에 대한 노동계급의 저항에 걸림돌이 된다. 그래서 여성 차별은 남성 노동자의 이익도 저해한다.

한편, 같은 여성일지라도 계급에 따라 억압의 정도가 다르다. 부자 여성들도 차별을 받지만, 노동계급 여성보다 훨씬 더 많은 탈출구를 갖고 있다. 가사도우미나 유모를 둬 집안일과 양육 부담을 덜 수 있다. 값싼 무허가 낙태 시술로 죽어간 여성들 중에 부자 여성은 없었다. 오히려 여성 차별에서 기득권을 누리는 자본가 계급의 여성들은 여성 차별적인 자본주의 체제를 수호하는 편에 서 왔다.

마르크스주의는 모든 억압에 단호히 반대하지만, 그와 동시에 노동계급의 전략적 중요성을 강조한다. 노동계급이야말로 여성 차별을 철폐하는 실질적인 힘을 제공할 것이기 때문이다.

서구에서 여성의 참정권, 낙태권은 노동계급의 거대한 반란 속에 성취될 수 있었고, 가장 멀리 나아간 노동계급 혁명인 1917년 러시아 혁명은 어떤 자본주의 사회에서도 성취한 적 없는 여성 해방 조처들을 추진할 수 있었다. 한국의 여성운동도 1987년 항쟁과 그 여파로 생긴 대규모의 노동계급 각성과 투쟁 속에서 탄생할 수 있었다.

이처럼 세계를 멈추고 이윤에 타격을 줄 수 있는 노동계급 특유의 힘이 여성 차별을 철폐하는 데 사용돼야 한다.

샐리 캠벨 칼럼
여성 차별은 당연한 것도 영원한 것도 아니다

여성 차별은 가장 뿌리 깊은 천대(억압)이다. 그것은 보통 생물학적·심리적·보편적 차이에서 비롯한 것으로, 그래서 영원한 것으로 여겨지곤 한다. 이런 관점은 우리가 여성 차별을 이해하고 맞서 싸우는 방식에 영향을 미친다.

마르크스주의자들은 여성 차별 문제를 유물론적 관점에서 다룬다. 프리드리히 엥겔스는 "유물론적 관점에 따르면, 역사를 결정하는 요인은 직접적 생활의 생산과 재생산이다. ⋯ 그 하나는 생계수단, 즉 의식주의 생산과 이에 필요한 도구의 생산이고, 다른 하나는 인간 자체의 생산, 즉 종족의 번식이다" 하고 말했다.

인류는 환경과 상호작용하면서 주변 세계를 변화시키고 그 과정에서 자신도 변한다.

인류와 다른 동물의 차이점은 세계의 어느 곳에든 적응할 수 있다

샐리 캠벨. 〈맞불〉 29호, 2007년 1월 23일. https://wspaper.org/article/3794.

는 것과, 욕구를 충족하기 위해 사회적으로 협력한다는 것이다.

엥겔스는 인류 역사의 대부분 기간 동안 사람들의 사회 편제 방식이 계급 억압적이지도, 지배와 차별이 분명하지도 않았음을 증명했다.

인류 최초의 조상은 가장 이르게 잡아도 2백만 년 전에 나타났고, 호모 사피엔스의 존재 기간은 기껏해야 20만 년에 불과하며, 농업은 겨우 1만 년 전에야 시작됐다.

원시 공산주의

따라서 인류 역사에서 95퍼센트의 기간 동안 '재산'이라는 말은 의미가 없었다. 사람들은 소규모 공동체를 이루었고 비교적 평등했다. 엥겔스는 이를 "원시 공산주의"라고 불렀다. 그 때는 일부일처제를 바탕으로 부부와 그 자녀로 이뤄진 핵가족 개념이 존재하지 않았다.

엥겔스는 이런 공동체 사회에서 사람들 사이에 분업이 존재했지만, 한 집단이 다른 집단을 구조적으로 지배하지는 않았다고 주장했다. 여성은 계급사회의 등장 뒤에 사회적으로 열등한 존재가 됐다.

원시 공산주의 사회에서 남성과 여성 사이에 노동분업이 있었지만 남성이 특권을 누리지는 않았다.

여성은 주로 채집자였는데, 종종 남성보다 권위가 있었다. 공동체가 영양을 섭취하는 주요 원천이 채집 활동이었기 때문이다.

이런 상황은 좀더 선진적인 농업이 발전하면서 변했다. 쟁기의 발명으로 공동체의 당장의 필요보다 더 많이 생산할 수 있게 된 것이다.

그래서 이런 '잉여'를 관리하는 특권층이 생겨났다. 그와 동시에, 여성의 사회적 구실도 완전히 변했다.

사유재산

수렵·채집 사회와 원예 사회에서 여성은 재생산에서 자신의 구실을 하면서도 생산자 구실도 할 수 있었다. 그러나 심경(深耕)과 가축의 사용으로 상황이 변했다. 임산부나 어린이를 돌봐야 하는 여성은 이런 작업을 하기 쉽지 않았고, 점차 남성에 종속됐다.

농업이 발달하자 일손도 더 많이 필요했다. 수렵·채집 사회에서는 자원 고갈을 피하기 위해 아이의 수를 제한했지만, 농업의 경우에는 더 많은 아이들이 밭일을 도우면 그만큼 더 생산적이었다. 그래서 남성은 생산을 전문적으로 담당하게 됐고, 여성이 주로 할 일은 아이 낳는 것으로 바뀌었다.

생산성 향상은 공동체의 모든 구성원들에게 이득이었다. 그러나 소수가 잉여를 통제하자 불평등과 계급이 생겼다. 사회가 '공적' 영역과 '사적' 영역으로 구분됐고, 여성은 주로 '사적' 영역을 담당했다.

사적 가족은 개인 재산이 세대를 거쳐 세습되는 장치가 됐다. 이것은 여성 지위의 최종적 격하를 가져 왔다. 남성은 경제적 구실 때문에 가장(家長)이 되고, 자신의 재산을 아들에게 상속했다. 엥겔스는 "모권의 전복은 여성의 세계사적 패배였다. 남성은 가정에서도 지배권을 장악하게 됐다. 여성은 노예 같은 존재로 전락했다"고 지적했다.

따라서 가족은 계급 발전의 결과지 영원한 '자연적' 위계질서가 아니다.

자본주의의 도래와 함께 생산의 목적이 점차 사용에서 교환으로 바뀌자 가정은 생산 단위에서 소비 단위로 변했다.

엥겔스의 주장은 경제의 변화가 계급사회와 억압과 차별을 낳았음을 증명했다. 이는 인류가 오늘날 그런 분열을 어떻게 극복할 수 있는지를 보여 주기도 한다.

샐리 캠벨 칼럼
여성의 삶은 변했지만 여성 해방은 아직 멀었다

나는 지난 칼럼에서 핵가족 이데올로기를 다뤘다.

먼저, 많은 노동계급 여성은 광산보다는 가정에서 지내는 것이 훨씬 낫다고 생각했다.

섬자 '가정주부'라는 관념, 따라서 여성이 '공적 영역'에서 물러나는 것이 미화와 선망의 대상이 됐다.

그러나 자본주의는 불안정하고 모순된 체제다. 바깥 세상의 스트레스에서 벗어난 가정은 존재할 수 없다.

우리가 피하고 싶은 것들 ― 경제적 궁핍, 사회적 긴장, 불평등, 착취 ― 이 가족 관계에도 스며든다.

20세기 동안 가족은 두 번의 세계대전을 겪었다. 세계대전 동안 여성은 대거 작업장에 진출했다가 남성들이 전장에서 돌아오자 가정으로 복귀했다. 또, 가족은 대량 실업과 산업의 붕괴를 겪었고, 특

샐리 캠벨. 〈맞불〉 31호, 2007년 2월 6일. https://wspaper.org/article/3853.

히 지난 30년 동안 많은 여성이 상용 노동자들이 됐다.

영국에서는 5세 이하 자녀를 둔 여성의 절반이 일하고, 막내아이가 11~15세인 여성의 80퍼센트가 일한다.

그리고 여성의 출산율이 낮아지고 있다. 최근의 연구를 보면, 젊은 영국 여성의 20퍼센트는 자녀가 없다. 피임약의 도입 같은 사회 변화들 때문에 여성에게 기대하는 것도 변했다.

여성 해방 운동 덕분에 여성의 지위가 향상됐다.

이런 변화들 때문에 핵가족 관념이나 여성의 바람직한 행동에 관한 사회적 편견이 도전받았다.

변화

그러나 가족은 여전히 강력한 이상이자 염원의 대상이다.

여성 삶의 변화는 모두 상당한 대가를 치렀다. 모든 노동자들의 노동조건이 악화하던 때 여성이 대거 일자리에 진출했다. '노동 유연화'로 교대 근무와 임시직이 확산했다.

오늘날 남성과 여성은 30년 전보다 노동시간이 길고, 어린 자녀가 있는 남성의 노동시간이 가장 길다.

복지국가[사회보장 제도]가 후퇴해, 여성이 다른 사람을 돌봐야 하는 일이 더 늘어났다. 보육 비용이 터무니없이 비싸서 여성의 13퍼센트만이 그것을 이용하고 있다.

아이를 가지려는 여성들은 여전히 해고나 휴직 등 때문에 "경력에

흠이 가는 것"을 감수해야 한다. 고용 시장에서의 심각한 성별 분업도 여전해, 여성은 소매업·콜센터·돌봄노동 등 더 낮은 임금을 받는 일자리에 집중돼 있다.

이런 요인들 때문에 여성의 평생 소득은 남성보다 51퍼센트나 낮다.

1960~70년대 동안 투쟁의 목표였던 성(性) 해방은 성의 상품화로 귀결됐다. 아리엘 레비는 최신작 《완고한 여성 우월주의자 벽창호들》에서 이를 "외설 문화"로 묘사했다.

이러한 이미지들은 성 해방은커녕 여성이 성적 대상이라는 관념을 강화한다. 게다가 이제 여성은 성공한 직장인, 헌신적인 어머니, 뛰어난 요리사 구실까지 해내야 한다.

자본주의는 여성 개인의 어깨에서 이런 부담을 모두 덜어낼 수 있는 가능성['현실'과는 구별된다 — 옮긴이]을 만들어냈다. 부상 보육이 가능한 사회가 됐다.

괴리

그러나 오늘날 자녀 양육비의 93퍼센트를 부모가 떠맡고 있다.

국가와 언론이 이데올로기로써 가족을 뒷받침한다. 여성은 집에서 아이를 돌보면 무능력자 취급을 받고 직장에 나가면 나쁜 엄마 취급을 받는다.

엄청난 변화에도 불구하고 여성 억압의 근원은 고스란히 남아 있다. 사회화한 생산과 개별 가정에 맡겨진 재생산 사이의 모순은 여전히 남아 있다.

우리는 계급 사회의 형성과 함께 시작된 심원한 괴리를 끝내야 한다. 그것은 바로 생산자 대중과 그들이 생산한 생산물 사이의 괴리다.

그러한 괴리를 끝장낼 때에만 우리는 다른 괴리들 — 생산과 재생산 사이, 여성과 남성 사이의 — 에서 벗어날 수 있을 것이다.

마르크스주의자인 프리드리히 엥겔스는 미래 사회의 남녀 관계에 대해 이렇게 말했다.

"그것은 새로운 세대가 자란 뒤에야 결정될 것이다. 그 세대의 남성은 돈이나 사회적 권력 등의 수단으로 여성의 복종을 매수하는 일이 결코 없을 것이고, 여성은 진정한 사랑이 아닌 이유로 남성에게 복종하거나 경제적 어려움을 두려워해서 사랑하는 사람과 헤어지는 것을 상상도 못할 것이다.

"일단 그런 사람들이 자라나면, 지금 우리가 그들의 의무라고 여기는 일들에 그들은 조금치도 신경쓰지 않게 될 것이다."

왜 성은 상품이 되는가?

현대인들의 성은 커다란 모순에 빠져 있다. 한편에서 성을 개인의 침실 밖에서는 얘기해서는 안 되는 수치스러운 것으로 여기는 보수적 성관념이 여전히 커다란 영향력을 발휘하고 있다. 다른 한편에서 성은 오늘날 누구나 쉽게 사고 팔 수 있는 공공연한 상품이 됐다.

오늘날 성관념은 빠르게 변하고 있고, 이러한 변화는 언제나 그렇듯 젊은층에서 두드러진다. 보수적인 성관념에 따라 순결을 강요받고 성표현을 억압당하는 데서 벗어나 성에 대한 더 솔직하고 개방적인 태도가 확산되는 것은 긍정적인 현상이다.

하지만 성개방 추세는 갈수록 성이 상품화되는 현상과 맞물려 일어나고 있다. 성 상품화의 전통적 형태인 성매매가 여전히 번성하고 있지만 성의 상품화는 이보다 훨씬 더 넓은 범위에서 일어난다.

———

정진희. 격주간 〈다함께〉 43호, 2004년 11월 13일. https://wspaper.org/article/1631.

대표적으로, 1970년대 이후 포르노 산업은 많은 규제에도 불구하고 거대한 성장을 했다. 1997년 미국에서 포르노 산업 규모는 총 42억 달러(4조 6천5백억 원)에 달했고, 일본은 연간 1백억 달러(11조 7백20억 원)로 추정되기도 했다.

우리 나라를 비롯한 많은 나라에서 포르노를 엄격히 규제하지만, 포르노와 주류 문화를 구분하는 기준은 언제나 모호하다. 성을 노골적으로 묘사하는 경향이 주류 영화와 상업광고 등에서 갈수록 증가하면서 그 둘을 엄격히 나누기란 갈수록 힘들어지고 있다.

게다가 성적 이미지를 상품 판매에 이용하는 방식은 더욱 광범하게 일어나, 상품의 종류와 무관하게 광고에서 벗은 몸(주로 여성의 몸이지만 남성의 몸도 이따금 볼 수 있다)을 보는 일은 자연스러운 일이 됐다. 전통적인 여성상을 강조해 온 주방과 가전제품 광고에서 조차 여성은 단지 조신한 주부로만 그려지기보다 성적 매력이 넘치는 유혹적인 여성으로 그려지곤 한다.

이런 상황은 성 해방을 나타내기보다는 낡은 여성차별 관념이 새로운 옷을 입는 것일 뿐인 경우가 흔하다. 광고에서 여성의 몸은 상품 판매를 위한 한낱 눈요깃거리에 지나지 않고, 각종 TV 프로그램이나 영화나 잡지 등에서 여성의 신체를 모욕적인 방식으로 묘사하는 경우는 다반사다.

그러나 문제가 되는 것은 여성 차별만이 아니다. 성이 상품화되는 것은 성을 더 넓은 인간 관계로부터 분리시켜 그 근원에서 소외시킨다. 이것은 상업적 섹스의 경우 명백하지만 돈이 오가지 않는 경우에도 성의 소외를 피하기는 어렵다.

성이 상품화되는 사회에서 사람들은 서로를 인격을 가진 존재로 여기기보다 단순히 성적 대상으로만 여기기가 매우 쉽다. 성이 상품화하면서 성이 왜곡되는 현상은 이성 간이든 동성 간이든 결혼한 관계든 아니든 모든 사람들의 관계에 깊은 영향을 끼친다.

성이 사람들 스스로의 통제에서 벗어나 상품 시장의 변덕에 맡겨지면서 사람들을 옥죄는 양상은 오늘날 더욱 두드러진다. 성적 만족에 대한 대중의 기대가 증대하면서 성은 현대인들의 최대 관심사 가운데 하나가 됐지만, 사실 기대를 충족시키는 경우는 많지 않다.

오히려 성을 단순히 성적 기교로만 취급하는 기계론적 사고가 확산되면서 현대인들은 그 어느 때보다 자신들의 성적 능력에 대해 더 많은 고민을 안게 됐다. 많은 남성들은 자신이 종마 같은 성적 능력을 보여 줘야 한다는 압력에 시달리고, 여성들은 애인이나 남편을 다른 사람에게 빼앗기지 않으려면 섹시하게 보여야 한다고 요구받는다.

자신들의 성적 매력에 대해 전전긍긍하는 사람들이 늘어가고, 그리하여 성 상품 시장은 성형 수술, 패션, 화장품 산업 등과 함께 팽창한다.

성의 상품화가 자본주의에서 시작한 것은 아니지만, 성의 상품화가 이토록 광범하게 일어나는 것은 분명 자본주의적 현상이다. 자본주의는 돈이 되면 무엇이든 상품으로 만드는 속성을 갖고 있다. 먹고 살기 위해서 사람들은 노동력을 고용주들에게 팔아야만 하고, 인간의 친밀한 감정이나 생각도 상품으로 바뀐다. 심지어 자본주의는 자본주의에 저항하는 정신조차 상품화한다.

이런 상황에서 자본주의 체제를 공격하지 않은 채 체제의 한 증상인 성의 상품화만 없앨 수는 없다. 물론, 우리는 성 상품화 과정에서 나타나는 문제들 — 여성 차별, 성적 착취와 억압 등 — 에 대해 비판해야 한다.

그러나 이것은 국가 규제를 요구하는 것이 아니라 성 상품화를 낳는 체제에 도전하는 것으로 나아가야 한다. 체제에 대한 도전을 회피한 채 성 상품화만 공격해 국가 규제를 요구하게 되면 보수적 성관념을 강화하는 데 쉽게 이용된다. 성매매 금지 운동은 성 산업이 아니라 성매매 행위자 개인들에 비난의 화살을 돌려 경찰력 증대에 이용돼 왔다.

포르노 금지 운동은 자본주의 국가의 검열 강화에 이용돼 왔고 지배계급이 노동계급의 일상 생활을 통제하는 데 이용돼 왔다.

이윤을 위해 모든 것을 상품으로 만들어 우리를 쥐어짜고, 계급 불평등과 여성 억압을 구조화하는 체제의 근본 변혁만이 진정한 성 해방의 가능성을 활짝 열어젖힐 것이다.

'성 노동', 억압, 자본주의

'성 노동자' 조직의 출범으로 '성 노동'을 둘러싼 논쟁이 뜨겁다. 압도 다수의 페미니스트들은 '성 노동'이라는 용어를 사용하는 것을 불쾌하게 여긴다. 성매매는 범죄이지 노동이 될 수 없다는 게 흔한 반응이다.

그래서 '성 노동' 인정을 요구하면 곧 성매매를 긍정하는 성차별주의자들로 몰리기 십상이다. 〈한겨레〉 7월 18일치에 실린 페미니스트 정희진 씨의 칼럼은 이런 생각을 보여 주는 한 사례다. 그녀는 지난 6월 29일 '전국 성 노동자의 날' 행사에서 '성 노동자' 운동을 지지한 일부 좌파를 겨냥해 "'성 노동'이라는 말에 깊이 침윤된, '진보' 진영의 성차별, 계급 차별 의식"을 비판했다.

'성 노동' 주장에 거부감을 느끼는 것은 이해할 만하다. 사회운동가라면 여성들이 돈 때문에 자신의 성을 파는 현실에 비애를 느끼지

정진희. 격주간 〈다함께〉 60호, 2005년 7월 20일. https://wspaper.org/article/2341

않을 수 없다. '성 노동' 인정을 요구하는 사람들 가운데 성 판매를 긍정적 현상으로 묘사하는 사람들이 더러 포함(대표적으로 포주가 그렇다)돼 있다는 사실도 거부감을 갖게 한다.

그러나 좌파적 관점에서 '성 노동' 인정 문제는 포주나 일부 자유주의자들의 시각과는 다르다. 마르크스주의자들은 성 판매 여성들이 성매매 과정에서 겪는 착취와 억압, 소외를 무시하지 않는다. 마르크스주의자들은 성매매가 지속돼야 할 긍정적 현상이 아니라 오히려 성매매가 사라지기를 바란다.

'성 노동자' 운동에 대한 지지는 자본주의에서 생계를 위해 자신의 성을 판매할 수밖에 없는 사람들의 비참한 처지를 이해하는 데서 출발한다. 그것은 성 판매자들에 대한 억압에 반대하는 것이다.

성매매방지법 시행 이후 성매매가 줄었다는 정부의 주장은 신빙성이 없다. 강화된 단속으로 집창촌 수는 크게 감소했지만, 경찰도 인정하듯이 단속은 언제나 성매매를 음성화할 뿐이다.

성을 판매해야 하는 사회적 조건 — 가난이 주된 요인이다 — 이 존재하는 한, 어떤 법률적 억압으로도 성 판매는 사라지지 않는다. 좋든 싫든 존재하는 현실을 무시한 채 도덕만을 앞세우게 되면 성 판매자들에 대한 억압에 뜻하지 않게 동조하는 결과를 빚게 된다.

성 판매자 처벌에는 반대('비범죄화')하고 성 구매자나 포주에 대한 처벌을 강화하자고 주장하는 페미니스트들이 많다. 정희진 씨의 '성 노동자' 운동 비판도 성 구매자들을 처벌하지 말자('비범죄화')는 주장을 표적으로 삼고 있다.

물론, 처벌을 포함해 포주의 활동을 규제하는 것은 필요하다. 포주는 자신의 성을 판매하는 사람들이 아니라 성 판매자들을 쥐어짜 이득을 보는(그 정도는 차이가 있지만) 성 착취자들이다. 포주들이 절박한 처지에 놓인 여성들의 처지를 이용해 그들을 채무 노예로 만들곤 하는 것을 무시할 수는 없다.

그러나 포주가 아닌 성 구매자까지 처벌해야 한다는 주장은 지나친 것이다. 많은 페미니스트들은 성 구매자들을 강간범과 똑같이 취급하는데 이것은 잘못이다. 성매매가 진정한 '자유 노동'인 것은 전혀 아니지만, 그렇다고 '성폭력'인 것도 아니다. 성매매는 말뜻 그대로 성이 사고 팔리는 현상이다.

성 구매자들을 처벌해야 한다는 주장은 성매매가 남성들의 욕구 때문에 생긴다는 생각에서 비롯한다. 그래서 '성 노동'을 인정하는 것은 '남성의 성적 지배'를 인정하는 것이라 한다. "가장 낮은 계급의 남성이라 할지라도, 성 판매 여성에 대해서만큼은 '지배자'가 될 수 있으며, 섹스를 통해 주체가 될 수 있"다는 정희진 씨의 주장이 전형적이다.

성 판매 여성들은 '남성 권력'의 희생자이고 성 구매 남성들은 '지배자'라는 주장과 달리, 성 판매자와 구매자 모두 대부분 가난과 억압에서 비롯한 희생자들이다. 보통 성 판매자들의 처지가 더 비참할 테지만, 성 구매자 역시 소외를 피할 수 없다.

흔히 성 구매자들을 남성이라고 가정하지만 오늘날 적잖은 여성들도 성을 산다. 만족스러운 성관계에 대한 사람들의 욕구는 증가하고 있지만, 성에 대한 보수적 태도 — 이성애나 결혼 제도를 통한 성관계가 정상적이라는 통념 — 는 대다수 나라들에서 여전히 강한 영향력을 발휘하고 있다.

성매매는 개별 남성들의 욕구 때문에 생겨나는 게 아니다. 고대 로마 시대부터 오늘날에 이르기까지 성이 억압받는 사회에서 상업적 섹스는 늘 존재해 왔다. 특히 자본주의에서 성의 상품화(성매매는 그 일부일 뿐이다)는 그 전 어느 시대와도 비교가 되지 않을 만큼 광범하게 일어나고 있다.

이런 사회에서 만족스러운 성관계를 누릴 수 없는 사람들이 — 단지 장애인들만이 아니라 기혼자들, 성 소수자들 또는 그 누구든 성적으로 억압받는 수많은 사람들 — 성을 구매하는 것은 어찌 보면 '자연스러운' 일이다.

물론 성을 구매하는 사람들(남성이건 여성이건)의 성 의식은 왜곡돼 있다. 그러나 이러한 왜곡은 그들의 본능이 아니라 자본주의 체제에 그 원인이 있다. 한편에서는 가난과 억압 때문에 자신의 성을 판매할 수밖에 없는 사람들을 광범하게 양산하고, 다른 한편에서는 성을 억압해 상업화된 성을 사도록 부추기는 사회가 문제의 근원이다.

평등하고 자유로운 성은 경제적 불평등과 성적 억압과 여성 억압이 구조화된 사회에서는 불가능하다. 이런 근본적인 문제를 회피한 채 성매매를 법적 금지를 통해 없앨 수 있다는 생각은 착각이다.

자본주의 국가의 억압을 통해 성매매를 근절할 수 있다는 생각은 그 의도와 무관하게 지배자들의 사회 통제에 이용될 수 있다. 역사적으로, 성매매 금지를 요구한 페미니스트들의 운동은 종종 성 보수주의자들과 동맹을 맺었고, 결국 보수주의를 강화하는 것으로 귀결

되곤 했다.

성매매가 없어진 세계는 가능하다. 그러나 이것은 우리가 세계적 규모에서 벌어지고 있는 빈곤과 성 억압과 여성 차별에 맞서 싸우는 거대한 운동의 일부가 될 때 가능하다.

언어와 여성 차별

언어는 현대의 많은 사회 이론들이 그러하듯 페미니스트들의 주요 관심사다. 페미니스트들이 언어에 주목하는 데는 여러 이유가 있지만, 한 가지 공통된 생각 또는 경험이 깔려 있다. 바로 언어가 여성 차별과 밀접한 관계가 있다는 것이다.

실제로 우리는 여성 차별적 언어를 쉽게 접할 수 있다.

'쭉쭉빵빵' '꿀벅지' '짝퉁녀' '하자녀'같이 여성의 신체를 선정적으로 묘사하거나 외모를 이유로 여성을 비하하는 단어들이 대중매체에서 흔히 사용된다. '밥순이' '부엌데기'처럼 여성의 가사노동을 폄하하면서 여성을 비하하는 표현도 있다. '처녀작' '처녀 출항'처럼 순결 이데올로기에 기반한 단어들도 있다. 성폭행범을 '빨간 모자' '발바리' '산 다람쥐'같이 귀여운 속칭으로 부르는 것도 여성 차별적이다.

여성 비하적 단어를 사용하지 않아도 맥락에 따라 얼마든지 여성

정진희. 〈레프트21〉 35호, 2010년 7월 1일. https://wspaper.org/article/8339.

차별로 간주될 수 있는 표현도 많다. '똥차 빨리 치워야 새 차가 지나가지'(친척들이 동생 앞에서 결혼하지 않은 언니를 가리켜), '뱁새가 황새를 쫓아가려다 가랑이가 찢어진다'(뱁새가 여성, 황새가 남성을 가리킬 경우) '아직도 (회사) 다녀?'(과장이 임신하거나 나이든 여직원에게 말할 때) 등등.

여성에 대한 반감이나 편견을 조장하는 언어가 하도 많아서 여기서 일일이 열거하기 어렵다. 여성단체들이 미디어 모니터링 결과를 발표하는 것을 보면, 우리 사회에 얼마나 많은 성차별적 언어가 있는지 알 수 있다. 논란의 소지가 있는 표현들도 일부 포함되기도 하지만, 무지하게 많은 성 차별 언어가 있다는 것만은 분명하다.

언어 개혁

이런 현실 때문에 언어 개혁이 이따금 화두로 떠오르는데, 이를 이루기 위해 페미니스트들이 사용하는 방식은 다양하다. 공공기관이나 언론사에 차별적이지 않은 언어 사용을 촉구하거나 심지어 행정조처를 국가에 요구할 수도 있고, '여성적 글쓰기'를 통해 '여성주의 언어'를 확산하는 것을 꾀할 수도 있다.

평등과 해방을 바라는 사람이라면 성 차별적이지 않은 언어 사용의 필요성에 마땅히 공감해야 한다. 성 차별적 언어는 여성의 자긍심을 짓밟고, 여성에 대한 편견이나 부정적 시각을 강화한다.

그런데 문제는 성 평등한 언어 사용 그 자체에 집착하는 경향이 존재하는 것인데, 이는 종종 생경한 단어를 만들어내고 이를 쓰지 않는 사람들을 비판하는 것으로 나타난다. 이를테면 일부 페미니스트들은 '미혼'이라는 말을 쓰는 사람들을 '성 차별'로 비판한다.

주장인즉슨, '미혼'은 아직 결혼하지 않은 사람을 뜻하는 말로, 언젠가는 결혼을 해야 한다는 관념이 전제돼 있다. 반면, '비혼'은 결혼 대신 대안적 삶의 방식을 추구하는 사람들을 가리키고, '비혼'을 쓰는 것이 '정치적으로 올바르다'.

그러나 '미혼'이라는 용어 사용 자체가 결혼하지 않은 사람들에 대한 편견을 부추긴다는 생각은 과도하다. 많은 사람들이 결혼을 하는 것이 '정상'이라는 관념을 갖고 있긴 하지만, '미혼'이 꼭 그런 의미를 담고 사용되지는 않는다.

'비혼'이라는 단어를 배타적으로 고집하는 경향에는 언어의 힘에 대한 과도한 의미 부여와 라이프스타일 정치가 깔려 있다. '정치적으로 올바른' 언어 사용을 통해 여성 차별을 없앨 수 있다는 생각과 결혼 거부 같은 대안적 라이프스타일 추구를 통해 해방을 이룬다는 관념이 맞물려 있는 것이다.

언어가 사회적 의식을 결정한다는 생각은 페미니스트들이 흔히 받아들이는 생각인데, '가부장적 사회'에서 언어를 '남성 지배'의 기제로 보고 '남성 중심적 언어 해체'를 중요한 실천으로 여기는 페미니스트들이 상당수 존재한다(주로 학술적 페미니스트들에게서 이런 경향이 두드러진다).

그러나 언어 전반을 남성이 만들고 통제한다는 주장은 진실이 아니다. 일부 남성(본질적으로 지배계급 남성)들은 언어의 일부 측면에서 큰 영향력을 행사할 수 있지만, 모든 남성들이 그런 것은 아니다. 언어의 본질은 인간의 실천 — 비록 종속적 구실일지라도 여성, 어린이, 흑인, 유대인 등의 사회적 실천을 포함한다 — 을 통해 역사적으로 진화하는 것이다.

한편, 언어가 사회적 의식을 결정한다는 생각은 지나치게 단순한 생각이다. 물론 언어는 의식 형성에서 중요한 구실을 한다. 언어를 둘러싸고 이데올로기 투쟁이 벌어지는 까닭이다.

그러나 사회적 의식을 형성하는 것이 단지 언어이거나 주로 언어인 것도 아니다. 사회적 존재(환경과 인간의 신체적·심리적 필요, 사회적 관계의 복합)와 인간 사고와 언어 간에 복잡한 상호작용이 일어난다. 이러한 상호관계에서 사회적 존재가 가장 큰 영향을 끼친다.

개방적 성 의식의 확산은 단순히 지식인들이 긍정적 성 표현을 많이 사용한 결과가 아니라 여성의 유급 고용과 교육 기회 확대, 피임과 낙태술의 발전으로 낡은 성 관념에 치명적인 균열이 생겼기 때문이다. 여성운동의 성장은 여성의 자의식 변화를 반영하는 동시에 촉진하는 구실을 했다.

언어의 발전은 사회의 근원에 있는 모순과 충돌을 반영하는 사회의 발전에 매여 있다. 따라서 부정적 이미지의 언어를 긍정적 이미지나 중립적 의미를 담은 언어로 바꾼다 해도 만약 현실이 바뀌지 않으면 새로운 이름이나 서술은 곧 옛 의미와 함축을 띠게 된다.

이를테면 '매춘 여성'을 '성매매' 여성으로 부르게 됐다 해서(심지어 '성노동자'로 부른다 해도) 성매매 여성에 대한 세간의 부정적 인식은 크게 바뀌지 않는다. '가사노동'을 '돌봄노동'으로 부른다고 해서 이윤 중심이고 성 차별적인 사회에서 가정주부의 가사노동을 평가절하하는 관념이 사라지지는 않는다.

성 차별 언어를 바꾸는 것은 여성 차별의 현실을 바꾸기 위한 대규모 투쟁이 뒷받침될 때 가장 효과적일 수 있다. 미국에서 '깜둥이'를 '흑인'으로 바꾼 것은 1960년대 대규모 민권투쟁이 미국 사회를 뒤흔든 결과였다. 한국에서도 1980년대 이후 민주화 운동과 여성 운동의 성장 덕분에 공식 언어가 개선됐다. 1998년 '결손가정'이 '한부모가정'으로, 2004년 '윤락녀'가 '성매매 여성'으로 바뀌었다.

물론 성 차별 언어는 여전히 만연하다. 그러나 여성 차별적 현실에 맞서는 투쟁이 크게 성장하면 사람들의 의식은 바뀌고 개인들의 언어 사용에서도 변화가 나타날 것이다. 노동계급과 천대받는 대중이 착취와 여성 천대 모두에 맞서는 사회 혁명을 시작한다면, 여성 차별적 언어도 사라지기 시작할 것이다.

성차와 여성 차별

타고난 여성성과 남성성이 있는가? 성차가 여성 차별의 원인인가? 성차를 어떻게 볼 것인가는 여성운동의 오랜 쟁점이다.

여성이 남성과 다른 신체 기능과 구조를 가지고 있다는 점에서 성차는 있다. 그런데 이런 차이 이상의 성차가 존재한다는 관념이 널리 퍼져 있다.

남녀의 차이를 과장해 여성의 신체가 더 열등하다거나, 여성과 남성이 심리적으로 다른 본성을 지니고 있다거나, 여성과 남성의 사회적 구실이 달라야 한다는 것 등이 '상식'처럼 돼 있다.

19세기에는 여성이 생물학적으로 열등하다는 점을 증명하려는 과학 연구들이 유행했다. 여성은 남성보다 지능이 낮다, 여성은 호르몬 변화 때문에 중요한 일을 수행할 수 없다, 여성은 수동적이다 등등. 프로이트는 심리학적으로 여성을 남성 성기가 없는 불완전한 존

———

최미진. 〈레프트21〉 36호, 2010년 7월 15일. https://wspaper.org/article/8398.

재로 묘사하기도 했다.

그러나 오늘날에는 이런 연구 자체가 여성의 열등성을 '입증'하려고 주관적으로 설계됐고, 정반대의 사실을 입증해 주는 연구 결과들도 많다는 사실이 널리 알려져 있다. 많은 페미니스트들은 고정된 성차가 존재한다는 관념에 도전했고, 여성은 남성과 다르게 길러질 뿐이라고 주장했다.

실제로 오늘날 많은 여성들은 남성만큼 사회활동에 적극 참가하고, 일이나 학업에서 남성을 뛰어넘는 성취도를 보여 주는 여성들도 늘고 있다. 여성에게 금기시됐던 영역에 진입하는 일도 늘어나고 있다.

여자라면?

그럼에도 여성과 남성의 본성이 다르다는 생각은 여전히 꽤 영향을 미치고 있다.

《화성에서 온 남자, 금성에서 온 여자》같이 여성과 남성이 마치 다른 행성에서 온 것처럼 다른 본성을 가진 인간이라고 주장하는 책이 베스트셀러가 되고, 대중매체에서는 모성애가 여성의 본능이라고 강조하며 우리의 눈물샘을 자극한다.

이제 여성은 자기 일을 잘하고 똑똑해야 하지만, 동시에 섬세하고 배려심 강하고 감성적이고 보살핌에 능해야 한다.

아이를 사랑스럽게 여기는 것은 여성만의 특징도 아니고 모든 여성이 출산과 양육을 최우선하는 것도 아니지만, 여성들 대다수가 자신의 아이에게 강한 애정을 느끼는 것은 사실이다. 그러나 위선적이게도 지배자들은 모성을 그토록 강조하면서 정작 출산과 양육에 대한 투자에는 인색하기 짝이 없다.

여성의 사회진출이 활발한 오늘날에도 여전히 좀더 세련된 방식으로 '여자라면 이래야 한다, 저래야 한다'는 식의 여성성이나 모성이 강조되는 이유는, 여성 개인에게 육아의 짐을 전가하고 여성차별을 유지하려면 성차가 자연스럽게 받아들여지는 것이 필요하기 때문이다.

한편, 페미니즘 내에도 성차를 적극 인정하자는 주장이 있다. 다만 이들은 여성성이 더 우월하므로 여성성을 더 발전시켜야 한다고 주장한다.

이들은 여성들이 돌봄과 평화를 중요시하고, 감수성, 배려, 의사소통이 뛰어난 반면, 남성들은 폭력적이고 공격적인 성향을 지니고 있다고 말한다. 그래서 전쟁과 자본주의는 남성성의 산물이라는 식으로 주장한다.

이런 주장은 여성성에 긍정적 가치를 부여해 여성이 열등하다는 보수적 관념에 도전하는 데 사용될 수도 있지만, 다른 한편 성차를 둘러싼 고정관념을 강화할 수 있다.

UN의 이라크 제재로 이라크 어린이 50만 명이 죽은 것을 두고 "그럴 만한 가치가 있다"고 말한 전(前) 미 국무부 장관 매들린 올브라이트나 파병을 촉구하며 호전적 발언을 일삼는 여성 국회의원 송영선은 여성성이 고정된 실체가 아님을 보여 준다.

반대로, 전쟁과 환경파괴 등 자본주의가 낳은 괴물에 맞서 여성과 함께 투쟁해 온 수많은 남성들이 있다. 이처럼 문제의 본질은 성별에 있지 않다.

그런데 남성성이 문제를 낳는다고 여기는 태도는 남성들과의 연대를 소홀히 여길 수 있다. 이런 태도는 무엇보다 이윤에 타격을 줘 자본주의의 핵심적 문제들에 가장 효과적으로 도전할 수 있는 세력인 노동계급 남성과 여성을 단결시키려는 노력에 무관심할 수 있다.

여성들이 단일한 집단이라는 주장을 비판하며 여성들 내의 차이에 더 주목하는 페미니즘도 있다. 포스트모더니즘과 후기구조주의는 '여성범주 자체를 해체'하고 여성이 하나의 집단이 아니라는 점을 강조했다. 스테디셀러인 《페미니즘의 도전》의 저자 정희진도 이런 관점을 받아들이는 듯하다.

포스트모더니즘에 따르면, 같은 여성 내에서도 성·인종·계급·장애·성지향·민족·직업 등 다양한 정체성이 공존하기 때문에 이 문제들 중 어느 것을 핵심으로 꼽을 수 없다.

여성이 모두 균일한 집단이라는 주장도 틀렸지만, 여성이 모두 다 다르다는 포스트모더니즘도 억압에 맞서 싸우기에 효과적인 사상이 되지 못한다. 포스트모더니즘이 제기하는 '차이의 정치'에서는 모든 억압이 개인마다 다르고 상대적이다. 따라서 억압에 맞선 효과적인 투쟁 전략(단결)을 세울 수 없다.

다른 한편, 성에 따라 심리적 본성이나 사회적 구실이 다르다는 주장에는 반대해야 하지만, 동시에 신체적 차이를 무시하고 여성을 차별받는 상태로 두는 것에도 반대해야 한다.

여성이 출산할 수 있는 몸을 가지고 있다는 사실이 사회적 차별 사유가 되지 않도록 해야 한다. 여성의 생리·출산휴가와 육아휴직을 충분히 보장해야 하고, 휴가를 사용했다는 이유로 차별을 받아서는 안 된다. 또, 여성에게 육아 부담을 떠넘기지 말고 양육을 사회가 책임져야 한다.

마르크스주의는 여성이 육아와 집안일에서 해방되고 남성들과 동등하게 사회활동에 참가하는 것이 여성 해방의 출발점이라고 본다. 자본주의는 이미 양육과 가사노동을 사회화할 수 있는 물질적 조건을 갖추고 있다. 다만 이것이 여성들을 위해 사용되지 않을 뿐이다.

여성이 신체적 차이 때문에 차별받지 않고, 여성에게 고정된 성 역할을 강요하지 않는 사회를 위해 투쟁해야 한다.

마르크스주의는 여성 차별을
어떻게 설명하는가?

마르크스주의는 경제 문제나 노동자 문제에만 관심 있지, 여성 차별 문제를 무시하고 설명하지도 못한다는 오해가 많다. 이런 오해가 퍼진 주된 이유는 옛 소련이나 현 북한 같은 이른바 '사회주의' 사회에서도 여성 차별이 존재했기 때문이다. 또, 마르크스주의를 자처하는 스탈린주의 조직들이 차별 문제에 진지한 관심을 보이지 않았기 때문일 것이다. 그러나 옛 소련과 현 북한은 진정한 사회주의 사회가 아니고, 스탈린주의가 진정한 마르크스주의인 것도 아니다. 인간 해방의 이론으로서 마르크스주의는 여성 차별을 설명할 수 있을 뿐 아니라 여성 해방을 위한 가장 효과적인 이론적 무기다.

마르크스주의 여성 해방론을 얘기하기 전에 오늘날 여성 차별을

————
이현주. 〈노동자 연대〉 143호, 2015년 2월 28일. https://wspaper.org/article/15511.

설명하는 데 가장 널리 받아들여지고 있는 이론인 가부장제 이론을 먼저 살펴보는 게 좋겠다.

"가부장"은 전근대 사회에서 가장권(가족을 통솔하고 재산 따위를 관리하는 권한)의 주체로서, 가족에 대해 절대 권력을 가진 사람을 가리키는 말이다. 즉, "가부장제" 자체는 역사적으로 특정한 시기의 가족 형태를 뜻하는 것이다.

그러나 오늘날 가부장제 개념으로 여성 차별을 설명하는 사람들이 이 뜻을 그대로 사용하는 경우는 없다. 대체로 가부장제는 "남성 지배 시스템" 또는 "여성 차별적 문화와 제도"를 뜻한다. 가부장제라는 말이 이렇게 느슨하게 사용되기 때문에, 영국의 혁명적 사회주의자 린지 저먼은 "[가부장제가] 모든 사람들에게 모든 것을 뜻할 수 있다는 점이 가부장제 이론의 매력"이라고 지적했다.

물론 가부장제 이론의 고유한 문제의식도 있다. 핵심은 여성 차별이 남성 지배의 결과이고, 이것은 사회가 어떤 생산양식에 토대를 두고 있냐는 문제와는 관련이 없다는 것이다. 다시 말해, 어떤 사회에서든 여성은 남성의 지배를 받았고, 혁명적 사회 변화가 일어나도 남성 지배는 지속된다. 그러므로 여성 해방을 위한 투쟁은 노동계급 혁명과는 전혀 별개의 것이거나, 별개의 것이어야 한다.

가부장제 이론은 현실에 꼭 들어맞는 것처럼 보인다. 대체로 남성은 여성보다 더 나은 처지에 있고, 여성에 대한 폭력의 가해자는 거의 다 남성이다. 육아와 가사를 담당하는 것도 주로 여성이다. 그렇다 보니 여성 차별은 남성 때문이라는 주장이 심정적인 공감을 얻기가 쉽다.

그러나 가부장제 이론의 기초는 아주 취약하다. 만약 여성이 늘 남성에 의해 천대받아 왔다면 왜 그런지, 어떤 식으로 남성이 여성을 종속시킬 수 있었는지에 대해 답할 수 있어야 한다. 그러나 이 물음에 대한 가부장제 이론의 대답은 분명하지 않다. 일부 페미니스트들은 "남성 때문"이라고 분명하게 대답할 것이다. 즉, 남성은 남성이기 때문에 여성을 천대한다는 것이다. 이런 대답은 여성과 남성의 생물학적 차이가 남성의 여성 지배를 낳았다는 생각으로, 사실상 생물학적 결정론이다.

그러나 인류 역사를 보면, 남녀의 생물학적 차이가 반드시 남성의 여성 지배를 낳았던 것은 아니다. 인류 역사의 대부분(적어도 95퍼센트 기간) 동안 여성과 남성은 분업을 하면서도 평등하게 살았고, 여성에 대한 체계적 차별은 존재하지 않았다. 따라서 남성과 여성의 생물학적 차이 자체가 여성 지배를 낳는다는 생각에는 근거가 없다.

남성의 이득?

'남성이 왜 여성을 천대하는가' 하는 물음에 대해 "남성이 여성 차별로 득을 보기 때문"이라는 답변이 있다. 이런 주장은 "특권 이론"으로 불리면서 최근에 유행하고 있다.

그러나 '남성이 여성 차별로 득을 보는가'에 마르크스주의자들은 단연코 '아니오'라고 대답한다. 대체로 남성이 여성보다 나은 처지에 있는 것은 사실이다. 하지만 이것이 곧 보통의 남성 노동자들이 여성

차별로 이득을 얻는다는 걸 뜻하는 건 아니다. 마르크스주의는 여성 차별로 이득을 얻는 것은 지배계급이지, 남성 일반이라고 보지 않는다.

가령 여성의 임금이 적다고 해서 노동계급 남성들이 이득을 얻는 것은 아니다. 오히려 여성의 낮은 임금은 남성 노동자들의 임금인상을 막기 위한 압력으로 작용하므로 남성 노동자들에게도 손해다.

크게 보면 여성 차별은 노동계급을 분열시켜서 서로 탓하게 만들고, 이것은 자본가 계급에 맞서는 노동계급의 힘을 약화시킨다. 이런 분열로 남성 노동계급은 결코 이득을 얻을 수 없다.

가정 내에서는 어떤가? 가정 내에서 여성은 남성보다 가사와 육아에 훨씬 많은 책임을 지고 있다. 따라서 남성 노동자들이 여성 차별로 이득을 얻는 것은 아닐까?

많은 가정에서 남녀간 불평능이 존재한다는 점은 부정할 수 없는 사실이다. 그러나 이 문제에서조차 남성 노동자가 얻는 이익은 그리 대단하다고 할 수 없다. 여성이 육아와 가사의 책임을 맡아야만 하는 현실의 이면에는 남성 노동자가 부양자 구실을 해야만 하는 현실이 있다. 그러다 보니 대체로 남성 노동자는 여성 노동자보다 더 오래 일하고, 또 더 먼 곳으로 직장을 다니는 경향이 있다. 그래서 맞벌이 부부의 하루 24시간을 살펴보면, 남성 노동자는 휴식을 취하고 여가를 즐기는 데에 여성 노동자보다 고작 하루에 한 시간 정도만 더 쓴다(통계청).

이것은 여성이 가사와 육아를 주로 책임지는 상황에서 남성 노동자가 약간의 득을 보긴 하지만, 그렇다고 해서 특권적 지위를 누린다고는 할 수 없음을 뜻한다. 1시간가량의 추가적 여가 시간은 대단한 이득이라고 할 수 없고, 또 남성 노동자가 지금의 상황을 유지하는 데 사활을 걸 만한 물질적 기초도 되지 못한다.

여성의 가사와 육아로 남성이 득을 본다는 주장은 오늘날의 변화된 현실과도 맞지 않다. 오늘날 전체 가구의 4분의 1가량이 1인 가구다. 혼자 사는 이들은 남성이든 여성이든 집안일을 스스로 해야한다. 그렇다면, 혼자 사는 남성은 여성 차별이 유지되는 것에서 득을 보지 못하고 오로지 여성과 함께 사는 남성만이 여성 차별로 득을 보는 것일까?

무엇보다 가사와 육아의 성격이 무엇인지가 중요한 문제다. 가정 내에서 이뤄지는 일 가운데 여성에게 가장 큰 부담이 되는 일은 육아다. 그런데 여성이 아이를 기르는 데 쏟는 시간은 노동력의 안정적 재생산이라는 자본주의 체제와 자본가 계급의 필요를 충족시키기 위한 것이지, 남편 개인을 위한 것이라고 볼 수 없다.

이처럼, 남성이 여성 차별에서 이득을 얻는다는 주장은 물질적 현실에 근거를 둔 주장이 못 된다.

여성 차별의 기원

마르크스주의는 여성 차별이 매우 뿌리 깊고 오래됐을지라도 그것이 결코 보편적이거나 영원한 것이 아니라는 사실에서 출발한다. 인류 역사의 대부분(적어도 95퍼센트 기간) 동안 남성과 여성은 대체로 평등하게 살았고, 여성 차별은 계급사회가 발전하면서 비로소 생겨난 비교적 근래의 현상이다.

이 주제에 관한 중요한 저작 하나는 엥겔스의 《가족, 사유재산, 국가의 기원》이다. 이 책에서 엥겔스는 남성의 지배와 여성의 종속이 불변의 진리가 아니라 역사의 특정 시기에 발전한 것임을 논증했다.

엥겔스는 계급 발생 이전의 종족 사회들을 연구한 인류학적 자료들을 근거로 이런 주장을 펼쳤다. 원시 공산주의 사회라고 불리는 이런 사회에서는 여성이 열세에 있지 않았다. 남녀 사이의 분업이 존재했지만, 이 때문에 여성이 차별받지는 않았다. 여성은 주로 채집을 맡았고 남성은 주로 수렵을 맡았다. 수렵은 가장 영양가 있는 식량을 공동체에 제공했고 채집은 가장 믿을 만한 고정적 식량을 제공했다. 이런 상호의존 때문에 이 사회에서는 공유·연대·평등이 중요한 가지였다. 그리고, 여성이 생산에 크게 기여했기 때문에 여성은 공동체 내에서 중요한 결정권을 행사할 수 있었다.

그러나 약 1만 년 전 농경 사회가 시작되면서 중대한 변화를 겪었다. 농업이 발전하고 잉여를 축적하기 시작하면서 많은 변화가 생겼다. 농업에 기반을 둔 정착 사회에서는 아이를 많이 낳는 것이 중요해졌고, 잉여를 지키려는 목적에서 전투 행위들이 생겨났다. 농업에서 무거운 쟁기 같은 것을 사용하는 일이 늘어나면서, 아이를 낳고 젖을 먹여야 하는 일은 생산에서 점점 더 부차적인 지위로 밀려났다. 여성이 재생산에서 하는 구실이 역사의 어느 순간에 여성에게 불리하게 작용하기 시작했던 것이다.

잉여가 발생하자 그것을 관리하는 특권 관료층이 생겨났고, 잉여의 소유권이 마침내 인정되면서 그 상속이 중요해졌다. 지배계급 가족에서 아이가 어떤 남성의 아이인지가 중요해졌고, 그래서 일부일처제나 일부다처제가 생겨나고 여성의 성을 통제해야 할 필요성도 생겼다. 이렇게 계급사회가 등장하면서 "여성의 세계사적 패배"도 함께 나타났다.

엥겔스가 내놓은 근거(주로 루이스 헨리 모건의 조사 연구)의 일부는 인류학적으로 부정확한 것으로 드러났다. 그러나 최근의 일부 인류학적 연구와 증거들도 엥겔스의 주장을 뒷받침함으로써 엥겔스의 기본 명제가 여전히 유효함을 보여 줬다. 가령 남아프리카 지역의 쿵족(!Kung) 사회를 조사한 퍼트리샤 드레이퍼의 연구(1988)와 북미 원주민의 하나인 이로쿼이족 여성을 조사한 주디스 K. 브라운의 연구(1975) 등이 그것이다. 또, 좀 더 일반적인 이블린 리드의 연구(1975)도 있다.

그런데 왜 생산력 수준이 매우 높은 현대 자본주의 사회에서도 여성 차별은 여전히 지속되는 것일까? 오늘날은 기술이 발전해서 육체적 힘이 생산에 미치는 영향이 거의 무의미해졌고, 여성들이 노동시장에 대거 진출해 있기도 하지 않은가.

오늘날에도 여성 차별이 지속되는 이유는 자본주의에서 가족이 하는 구실과 관련돼 있다. 흔히 사람들은 가족을 몇몇 가족 구성원들의 사적 공간이라고 생각한다. 그러나 사실 가족의 기능과 형태는 그 사회에서 생산이 이뤄지는 방식과 매우 긴밀하게 연관돼 있지, 이것과 떨어져서 존재한 적은 없었다.

자본주의에서 가족의 구실은 무엇보다 노동력의 재생산이다. 자본주의에서는 노동자들이 다음날 다시 일터로 나올 수 있게 하고, 미래에 노동자가 될 아이들을 잘 기르는 일이 매우 중요하다. 이런 일이 이뤄지는 곳이 바로 가족이다. 자본가들은 노동력 재생산을 개별 가족에, 특히 가정 내 여성의 무보수 노동에 의존함으로써 비용을 크게 절약할 수 있다.

물론 현실에서 사람들이 가족을 꾸리는 게 자본가들의 음모 때문은 아니다. 또, 결혼하는 커플들이 결혼식장에 들어서면서 "이제부터 노동력 재생산 임무를 열심히 해야지!" 하고 다짐하는 것도 아니다. 남성과 여성 노동자들 모두 스스로 가족을 꾸린다. 사람들은 경쟁적이고 척박한 이 세계 속에서 가족이 하나의 안식처가 되기를 염원한다.

그렇다고 해서 가족을 순전히 자발적인 제도로 봐서는 안 된다. 노동력 재생산이라는 가족의 구실은 자본주의 숙석을 위해 아주 중요하다. 이 때문에 자본가들은 오늘날 많은 여성들이 가정 밖으로 나와서 노동을 하고 있음에도 여전히 여성이 가사노동의 1차적 책임자(반대로 남성은 가정의 부양자)라는 관념을 고무한다.

가정 내에서 여성의 구실은 가정 바깥에서 여성에 대한 온갖 차별과 천대로 이어진다. 특히, 여성이 대체로 부양자가 아니라는 관념은 여성이 노동시장에서 받는 저임금을 정당화한다.

다른 한편, 가족제도는 이데올로기적으로도 자본가 계급에 유용하다. 가족제도는 더 광범한 계급 연대를 가로막는 가족주의 세계관을 고무할 수 있고, 노동자들로 하여금 힘겨운 노동도 기꺼이 참아내도록 할 수 있기 때문이다.

요컨대, 마르크스주의는 여성 차별의 기원을 계급사회의 발전과 연결지어 설명한다. 그리고 자본주의가 보편화된 오늘날에도 여성 차별이 유지되는 이유가 자본주의적 착취와 축적의 필요 때문이라고 설명한다. 따라서 계급사회를 공격하지 않고서는 여성 차별을 끝장낼 수 없다고 본다. 즉, 지금의 계급사회인 자본주의를 혁명적으로 극복한 사회로 나아가야 하는 것이다. 그렇다면, 계급 해방을 위한 투쟁과 여성 해방을 위한 투쟁은 떼려야 뗄 수가 없는 문제들이다. 그리고 여성 해방은 노동계급의 일부인 남성 노동자와 여성 노동자가 단결해 함께 체제에 맞서 싸워야만 쟁취할 수 있다.

계급투쟁과 거리 두기

이런 마르크스주의적 주장은 가부장제 이론에서 이끌어 낼 수 있는 결론과는 사뭇 다른 것이다. 생물학적으로 이미 정해진 남성과 여성이라는 차이가 여성 차별을 규정한다는 생각이 가부장제 이론의 핵심 아이디어다. 그러나 '여성을 억압하는 남성'이라는 생각을 받아들이면, 당연히 남성 노동자들도 적어도 어느 정도 여성을 억압하는 사람들이 된다. 이는 남성 노동자들이 여성 해방을 위한 투쟁에 나설 수 없음을 뜻하는 것이다. 그러면 계급투쟁에서 거리 두는 게 당연한 논리적 귀결이 될 것이다. 설령 노동운동 내에 있더라도 남성 노동자들이 주종을 이루는 산업부문이나 업종 부문의 노동자 운동과는 서먹서먹한 관계에 있게 되는 결과를 낳는다. 이런 소원한 방식은 스스로 주변화되는 것을 부추기고, 남녀 노동계급의 단결이 아니라 분열을 일으키는 방식이다. 이런 전략으로는 결코 여성 해방을 쟁취할 수 없다.

계급투쟁을 뒷전에 놓다 보면 가부장제 이론가들이 자신들의 의제를 노동운동에 강제할 수 있는 힘도 잃게 된다. 그러다 보니 가부장제 이론가와 특권 이론가들은 계급 협력적인 실천으로, 사회민주주의 정당에 기대는 데로 나아갔다. 또는 아예 거대한 변화는 불가능하거나 중요하지 않다고 보고 개인적으로 생활 방식(라이프스타일) 바꾸기에 힘쓰는 데로 나아갔다. 그러나 둘 중 어느 경우도 자본주의에 대한 심대한 도전은 되지 못한다.

마르크스주의는 차별을 겪는 사람들만이 문제를 제대로 인식하고 해결할 수 있다는 경험주의적 접근을 거부한다. 여성들이 단지 차별에 맞서 투쟁하는 것만으로는 여성 차별을 극복할 수 없다. 모든 세급의 여성들이 (많거나 적게) 차별받고, 마르크스주의자들은 어떤 계급 여성이 겪는 차별이든 반대해야 한다. 하지만 차별을 없애는 열쇠는 여성들만의 연대가 아니라 여성 노동자들과 남성 노동자들이 자본주의에 맞서 함께 계급으로서 투쟁하는 데 있다.

실제의 역사를 보면, 노동계급의 거대한 반란이 벌어졌을 때 여성들의 권리도 가장 크게 신장됐음을 알 수 있다. 가장 극적인 사례는 1917년 러시아 혁명이다. 당시 러시아 사회는 매우 여성 억압적이고 후진적이었음에도 노동계급 혁명은 당시 어떤 자본주의 사회에서도 성취한 적이 없는 여성 해방 조처들을 추진했다. 예컨대, 공동 식당과 공동 세탁소, 공동 보육시설을 만들어 개별 가족(여성)이 떠맡던 일들을 사회화했고, 낙태와 피임, 이혼의 완전한 자유를 보장했다. 이런 조처들은 지금의 한국 상황에 비춰 보더라도 매우 급진적인 조처들이다.

물론 이런 일들은 러시아 혁명이 국제적으로 고립되고, 스탈린이 이끌던 신흥 관료층이 혁명의 잔재를 파괴하며 새로운 축적 몰이에 노동계급의 필요를 종속시키면서 후퇴하게 됐다. 그러나 러시아 혁명 처음 몇 년 동안의 경험은 혁명적 변화만이 여성 해방을 쟁취하는 유일한 수단임을 힐끗 보여 줬다. 그리고 거대한 변혁을 이뤄내는 과정에서 남성과 여성 노동자들 모두 기존의 차별적이고 후진적인 의식을 떨쳐버릴 수 있음도 보여 줬다.

노동계급의 혁명만이 여성 해방을 쟁취할 수 있다는 주장을 여성 해방을 위한 투쟁을 일절 혁명 뒤로 미루자는 주장으로 오해해서는 안 될 것이다. 혁명가들은 개혁과 혁명을 대립시키지 않는다. 로자 룩셈부르크가 말했듯이, 혁명가들은 혁명이라는 목표를 가지고 있기 때문에 개혁을 위해 가장 열심히 투쟁하는 투사들이다. 실제로 클라라 체트킨과 알렉산드라 콜론타이 등 혁명가들은 여성의 선거권이나, 동일임금, 낙태권 쟁취를 위해 가장 앞장서서 싸워 왔다.

자본주의의 근본적 변혁이 여성 해방을 이루는 데 필수적이긴 하지만 이런 전복이 자동으로 이뤄지지는 않을 것이다. 남녀 노동계급의 단결을 도모하고, 투쟁이 혁명적 방향으로 향하도록 하려면 사회주의자들의 조직이 반드시 필요하다.

제2장 가족

샐리 캠벨 칼럼
자본주의와 가족

나는 지난 칼럼에서 여성 차별의 기원을 이해하는 데 가족의 형성이 핵심적이라고 주장했다. 이번 칼럼에서는 자본주의 탄생과 함께 가족의 구실이 어떻게 변했는지 살펴보겠다.

산업 자본주의 전에 존재한 농민 가족은 생산 단위였다. 남성은 가정의 우두머리이지만 여성과 자녀들도 집에서 생산 활동에 종사하며 가계 소득에 기여했다.

여성과 자녀들은 가족 농경지에서 일하고 가축을 돌봤다. 여성은 당시 사회의 핵심 경제 단위인 집단적 촌락 생활에서 중요한 구실을 했다.

산업혁명은 이런 생활 방식을 완전히 파괴했다. 노동 대중은 토지에서 쫓겨나 새로 등장하는 도시들로 몰려들었다.

역사상 최초로 자본주의는 생산수단을 전혀 통제하지 못하는 노

샐리 캠벨. 〈맞불〉 30호, 2007년 1월 30일. https://wspaper.org/article/3824.

동계급을 만들었다. 이 새로운 계급의 구성원들은 임금을 벌기 위해 다른 사람을 위해 노동해야 했다.

옛 사회적 연계들이 파괴되고, 한동안 노동자의 가족도 해체되는 듯했다.

부부와 자녀들은 모두 공장과 광산 등에서 끔찍한 노동조건 아래 일했다.

엄청나게 많은 여성이 방직 공장에서 일했다. 1856년에 방직업 노동자의 57퍼센트가 여성이었다. 아이들은 17퍼센트였다.

여성은 종종 최악의 노동조건에서 가장 힘든 일을 했다. 1850년대에 올덤에서는 여성 8명 중 1명이 25~34세 사이에 죽었다.

자본주의의 이런 야만성 때문에 노동자들은 가정에서 피난처를 찾으려 하거나 고된 일에서 잠시나마 해방되기를 바랐다. 노동자들은 남성이 아내와 자녀 부양 비용을 감당할 수 있는 '가족임금' 지급을 요구하는 운동을 시작했다.

일부 페미니스트들은 그런 요구가 순전히 남성에게 유리한 것이었다고 주장한다. 남성이 가정에서 여성을 계속 억압하려 했다는 것이다.

그러나 가족임금 덕분에 남성 한 명의 임금으로 한 가족이 생활할 수 있었다. 그 전에는 같은 액수의 임금을 벌기 위해 일가족 서너 명이 일해야 했다. 그래서 가족임금 덕분에 여성과 아이들이 힘든 노동에서 벗어날 수 있었다.

산업 자본주의의 가혹한 현실에서는 가정에 고립되는 것이 일과 자녀 양육을 함께 하는 것보다 나았다.

대다수 여성에게는 '믿을 만한 밥벌이꾼'을 남편으로 삼는 것이 안정된 생활을 누릴 수 있는 가장 확실한 방법으로 보였다.

'사적 가족'

그러나 이런 '사적(私的) 가족'이 자본주의의 특징이 된 것은 단지 아래로부터의 압력 때문이 아니었다. 자본가 지배계급은 '가정 가치관'을 노동자들에게 주입하기 위해 이데올로기 전쟁을 벌였다. 그리고 차세대 노동자 양육 부담을 노동자들에게 공짜로 전가했다.

노동자들을 위한 주택이 건설됐다. 이것은 과거의 낡고 허름한 오두막들보다 크게 나아진 것들이었다. 그러나 이런 주택들은 핵가족 구조에 맞게 건설됐다.

이런 집은 보통 분리된 침실들과 부엌으로 이뤄졌고, 어떤 경우에는 울타리로 둘러싸인 앞마당이나 작은 정원도 있었는데, 이것은 부모 두 명과 자녀 몇 명이 살기에 알맞은 크기였다. "남성의 집은 그의 성(城)이다" 같은 말이 등장했다.

물론 많은 노동계급 여성은 여전히 가정 밖에서 일했지만, 이제 가정주부가 여성의 주된 구실이 됐다.

이와 함께 현모양처의 전형적 특징 — 헌신성·수동성·순종성 — 이 나타났다.

다시 한 번 여성의 기여가 평가절하됐다. 모든 것을 화폐단위로 평가하는 사회에서 가정에서 여성이 공짜로 하는 노동은 무가치해 보였다.

노동계급 남성은 자본주의의 사적 가족 형성의 주된 수혜자가 아니었다. 남성이 밥벌이꾼 구실을 하는 것은 쉬운 일이 아니었다.

남성이 자신의 가족을 부양하지 못하면 그는 가족뿐 아니라 사회에서도 무시당할 수 있었다.

산업 자본주의의 끔찍한 현실에서 가족은 노동자들이 쟁취한 피난처이자 지배계급의 경제적·이데올로기적 수단이 됐다.

제2차세계대전 이후 점점 더 많은 여성이 일자리를 얻으면서 여성의 기대 수준도 다시 높아졌다.

다음 칼럼에서는 이런 변화가 이상적인 가족상과 오늘날의 여성해방 가능성에 어떤 영향을 미쳤는지 살펴볼 것이다.

가족은 영원한가?

아마도 가장 널리 퍼져있는 지배 이데올로기는 가족제도가 '영원불변'한 '신성불가침'의 영역이라는 것일 테다. 분명 대다수 사람들이 결혼을 하고 가족의 테두리에서 살아가고 있다. 오늘날 가족 밖에서 생활하는 사람이 점점 많아지지만, 여전히 가족의 가치는 모든 사람들에게 절대적 영향력을 미친다.

이러한 가족 가치는 각국의 정치가들이 사용하는 주된 구호가 되고 있다. 레이건은 동성애자들에 대한 탄압을 "전통적인 가족가치관을 수호하기 위해서"라고 정당화한 바 있다. 김영삼도 "국가경쟁력"을 위해 "가족의 경쟁력"을 말한다. TV에서는 매일 화목한 가정이 방영되고 훌륭한 남편, 착한 아내를 만들어낸다.

마르크스는 "일상적 시기에 지배적인 사상은 지배계급의 사상"이라고 지적했다. 대다수 노동자들은 안정적인 가족을 꾸리는 것을

정진희. 이 글은 《사회주의 평론》 2호(1995년 3-4월)에 실린 것이다.

삶의 목표로 추구하고 있다. 특히 여성에게는 자신의 일보다 결혼이 더욱 중요한 삶의 목표로 설정된다. 이런 생각이 현실과 완전히 부합하지 않는다 하더라도 여전히 가족은 대다수 남녀 모두에게 중요한 일부로 여겨진다.

오늘날 여성 억압을 해명하는 많은 논의의 중심에는 가족제도가 놓여 있다. 대부분의 페미니스트들은 자신의 글에서 여성의 억압을 폭로하고 있다. 그러나 그들은 한결같이 여성들을 소외당하고 희생당하는 '무력한' 처지로 묘사한다. 때문에 우익 성차별주의자들에 대한 통렬한 고발에도 불구하고, 여성을 남편과 아이들을 위해 존재하는 주부로 여기는 우익들의 태도를 극복하지 못한다.

최근 페미니스트들의 저작들 대부분은 주부로서 여성들의 삶의 질을 높이는 문제에 초점을 맞추고 있다. 한때 '마르크스주의자'였던 사람들조차 "자본주의 발전으로 여성들이 대거 노동시장으로 진출했음에도, 여성들의 처지는 나아지지 못했다"며 페미니즘을 받아들이고 있다. 요컨대 마르크스주의는 계급착취에 관련된 문제는 설명할지언정, 여성 억압에 관련된 논의에는 둔감하다는 지적이다.

자본주의 사회에서 노동의 성격과 여성의 처지에 대해 비교적 사실적으로 접근하는 서진영 씨조차, 여성 해방의 목표를 다음과 같이 말하고 있다.

여성 해방은 무슨 일벌레를 만드는 데에 목표를 두고 있지 않다. 일벌레는 가사 노예와 마찬가지로 비인간적인 것이다. 여성 해방의 목표는 가정을 희생시켜 직업적 성공을 얻는 데 있는 것이 아니라, 노동과 가정의 조화에 있으며, 인간 개개인이 노동을 통해서뿐 아니라, 가족 관계를 통해서 자기 자신을 실현하고 인성을 전면적으로 발달시키도록 하는 데 있다.*

마르크스주의에 작별을 고했던 사람들은 각기 다른 계기가 있었겠지만, 한결같이 오해하고 있는 게 있다. 자본주의의 발전을 여성 해방의 발판으로 보았던 고전 마르크스주의 전통 — 마르크스, 엥겔스, 레닌, 클라라 체트킨, 콜론타이 등 — 을 '경제주의'라고 여기는 것이다. 쉽게 말해서 여성들의 사회적 진출은 증대했지만, 여성들의 삶은 별반 달라지지 않았다는 것이다. 오히려 여성들은 이중부담을 안게 되었는데, 고전적 전통은 노동의 측면만을 부각시켜 한쪽 — 노동해방 — 을 두드리면 다른 한쪽 — 여성 해방 — 은 자연히 해결되리라고 지나치게 낙관(무관심)했다는 것이다. 마르크스와 엥겔스가 말한 "가족의 소멸"은 실제로는 일어나지 않았다고 말하면서 이러한 주장을 했다. 자세한 설명은 뒤에서 다시 다룰 것이다.

이들은 자본주의를 총체적인 것으로 바라보지 않는다. 앞서 인용한 서진영 씨의 글에서 나타나는 것처럼, 페미니스트들은 가정과 노동의 세계를 철저히 분리시키고 있다. 따라서 노동의 세계에서는 자본주의의 법칙이, 가정의 영역에서는 '가부장제'의 원리가 지배한다고 본다. 그들의 분석은 자본주의가 가족과 노동을 분리시킨 현상에 속아 두 영역을 대등하게 취급하는 잘못을 범하고 있다.

그러나 자본주의의 발전은 여성들의 삶을 엄청나게 변화시켰다.

---

* 서진영, 《여자는 왜?》, 동녘, 1994, p.203.

이것은 여성들이 일하는 곳에서 한층 두드러진다. 1992년 통계에 의하면, 3백8십여만 명의 여성들이 각종 임노동에 종사하고 있다.[*] 이 가운데 기혼 여성이 압도적(84.4%)이다.[**] 여성들의 모습을 주부로만 그리는 것은 더 이상 설득력이 없다. 그런데, 페미니스트들은 여성들이 노동력 시장으로 편입된 것을 여전히 부차적으로 취급하면서, 주로 가정 내에서 여성의 모습에 초점을 둔다. 물론 자본주의의 발전이 그 자체로 여성 해방을 가져오지는 않았다. 그러나 여성들이 전통적인 가정을 떠나 집단적 노동에 결합하면서 결혼과 성, 가족에 대한 사회적 관념에 많은 변화를 가져온 것이 사실이다.

우리가 이러한 변화에 주목해야 하는 이유는, 고전 마르크스주의자들이 여성들이 노동에 참여할 필요성을 말했던 것과 같은 맥락이다. 즉, 마르크스주의자들에게 착취는 단지 착취만을 의미하지 않는다. 오히려 자본주의가 자신의 부를 쌓아 올리는 방식이 자신의 무덤을 팔 계급 즉, 노동자 계급을 창출한다는 것이다. 그리고 여성들도 노동자 계급의 일부로서 참여하여 착취와 억압 모두에 맞서 싸울 수 있다.

여성들의 삶은 많이 변화했지만, 여성 억압은 여전히 자본주의의 주요한 특징을 이루고 있다. 여성 억압이 계속 존재하는 이유를 더 구체적으로 살펴보기 위해서는 가족의 역사를 살펴보아야 한다. 자본주의 사회에서 생산은 점차 사회화되었지만, 노동력 재생산은 여

---

[*] 통계청, 1993년 발표, 장하진, '여성노동정책의 현황과 전망', 《한국 사회개혁의 과제와 전망》, 새길, 1994, p.333에서 재인용.

[**] 여성개발원, '여성의 취업 실태', 1992, 앞의 책, P.337에서 재인용.

전히 개별 가정의 책임으로 남아 있다. 자본주의 사회에서 여성 억압은 개별화된 가족에 뿌리를 두고 있다. 하지만 우리는 가족제도를 불변하는 무엇이 아니라, 변화·발전하는 과정으로 보아야 한다.

가족은 변화하지 않는가?

가족을 초역사적인 제도로 보는 전통은 뿌리 깊다. 지배자들은 현존하는 가족제도를 남녀간의 애정에 기초한, 인간의 본성에 맞는 가장 도덕적이고 필수적인 제도라고 주장해 왔다. 그러나 이것은 사실이 아니다. 인류 역사의 대부분을 차지한 원시 공산주의 사회에서 남녀간의 관계는 아주 자유로웠다. 또 이성애(異性愛)도 결코 보편적인 형태가 아니었다. 레즈비언이라는 말은 '레스보아'라는 섬의 이름이 그 기원인데, 그 섬은 모든 여성들의 동성애로 유명했다. 고대 노예제 사회에서도 동성애는 이성애보다 더 아름다운 사랑으로 여겨졌다. 그리고 원시 사회에서는 육아가 개별 가정의 책임으로 떠넘겨지는 것이 아니라 공동체의 책임이었다.

일부일처제는 인간본성이 아니라 경제적 조건에 기초하여 발생했다. 즉, 그것은 원시적·자연발생적 공동 소유에 대한 사적 소유의 승리를 기초로 하여 성립된 최초의 가족형태였을 뿐이다.

엥겔스는 《가족, 사유재산 및 국가의 기원》에서 고대사회에 대한 광범한 연구를 통하여, 남성이 지배하는 가족 형태의 등장을 사유재산의 발생에 따른 계급분화와 연결짓고 있다.

그러나 엥겔스의 주장은 페미니스트들에 의해 자주 잘못 이용되어 왔다. 많은 페미니스트들은 사실상 가족의 기원에 관한 엥겔스의 주장을 거부한다. 그들은 사유재산 발생 이전에 성별분업이 더 근본적이며, 이것이 여성 억압을 낳았다고 주장한다. 하지만 엥겔스가 "여성의 세계사적 패배"를 말할 때 그가 바라본 것은 가족 내 분업이 아니었다.

> 가족 내의 분업은 전과 다름이 없었다. 그러나 이제는 오직 가족 밖에서의 분업이 달라졌기 때문에 가족 내의 분업이 종래의 가정 내의 관계를 완전히 전복시켰다.[*]

> 어쨌거나 성별분업이 계급발생보다 더 근본적이라면, 도대체 여성해방이 가능하기나 할까?[**]

고대 노예제 사회에서의 가족

가족 그 자체는 계급 발생의 결과로 출현하였지만, 그 형태는 계급사회 내부에서도 변해 왔다. 많은 마르크스주의자들과 페미니스트

---

[*] 엥겔스, 《가족, 사유재산 및 국가의 기원》, 아침, 1989, p.182.

[**] 여기서는 가족의 기원에 관련된 논의를 길게 할 여유가 없다. 자세한 것은 《국제사회주의》 3호에 실린 '여성 해방이 가능한 단 하나의 길'을 참조하시오.

들이 가족의 기원에 관해 토론해 왔지만, 종종 토론과 이해로 그쳐 버렸다. 그리하여 가족이란 한번 확립되면, 영원히 지속되는 가부장 제도라는 것 외에는 아무런 할 말이 없는 것처럼 여겨지게 되었다.

그러나 가족의 모든 측면들 ─ 결혼, 가정, 아이를 낳고 기르는 일, 개인적 관계들 그리고 도덕적 태도 등 ─ 은 역사에서 엄청난 변화를 겪어 왔다. 두 가지 점이 특징적이다.

우선 가족은 생산양식의 변화에 따라, 즉 한 계급이 생산한 생산물을 다른 계급이 통제하는 각각 다른 체제들 ─ 노예제, 봉건제, 그리고 자본주의 ─ 에 따라 변화한다. 다른 하나는 같은 사회 내에서도 계급적 위치에 따라 가족의 형태가 달랐다는 점이다.

현존하는 핵가족 형태 ─ 남편과 부인, 아이들로 구성되는 ─ 가 전인류의 보편적 제도였다는 지배적인 생각과는 달리, 노예제 하에서는 오직 노예 소유주들만이 가족을 꾸릴 수 있었다. 노예들은 노예주의 재산으로서 그 가족에 편입되었고, 결코 결혼하는 것이 허락되지 않았다. 만약 여자 노예들이 아이를 낳으면, 그들은 아이의 아버지가 동료 노예이든 아니든간에 노예주의 사유재산이 되었다. 주인은 그들을 자기 집에서 부리거나 파는 것을 선택할 수 있었다.

노예주들과 자유민들의 가족은 엄격히 통제되었다. 고대 아테네에서 자유민들의 부인과 딸 들은 집밖으로 나가는 것이 제한되었다. 집 밖으로 나가는 일들 ─ 장보기, 세탁, 물긷기 등등 ─ 은 여성 노예들이 하였다. 만약 너무 가난하여 노예들을 부릴 수 없기 때문에 자유민들의 아내나 딸 들이 직접 공공장소에 나와 장사를 하거나 다른 가족들의 아이들을 돌보는 일들을 하게 된다면, 그 가족의 지위는 심각하게 하락한다. 그들의 아들은 땅을 소유하거나 정치생활에 참여하는 시민의 특권을 물려받지 못하게 되었다.[*]

아테네에는 많은 창녀들이 있었는데, 국가 소유의 매춘굴에서 일하는 보통 창녀들과 아테네 지배자들을 위한 파티에 참가하는 교양있는 고급 매춘부가 있었다. 그들이 종종 사회의 가치있는 일부로 여겨졌지만, 부유하게 성장하고 그들 자신의 자식을 길렀을지라도 가족의 일부는 아니었다고 노라 카린(Norah Carlin)은 말한다. 가족을 갖는다는 것은 재산, 노예 소유, 시민권과 결부된 일종의 특권이었다.

봉건제 사회에서의 가족

봉건제는 토지를 소유한 영주와 귀족 계급과 그를 위해 일하는 농노들로 이루어진 착취질서였다. 봉건제에서 노동은 오늘날의 노동과는 판이하게 달랐다. 서부 유럽과 중부 유럽의 농지는 대부분 '장원'이라고 하는 단위들로 나뉘어져 있었다. 각 장원마다 영주가 있었는데, 토지는 영주만을 위해 경작되는 직영지가 있었고 나머지는 많은 농노들 사이에 분할되었다. 소작인은 자기의 보유지에서뿐 아니라 영주의 직영지에서도 노동을 했다. 이 때 농민은 노예와는 달리 가족을 꾸릴 수 있었다.

레오 휴버만은 농노와 노예의 차이를 다음과 같이 설명했다.

---

[*]   Norah Carlin, 'An unnatural practice', *Socialist Review* January 1983, p.19.

소유자의 뜻에 따라 흑인 노예 가족이 해체되는 것과 같은 일은 농노의 가족에게는 일어날 수 없었다. 농노는 영주의 뜻과는 상관없이 자기 가족을 완전히 보전할 권리를 가지고 있었다. 노예는 어느 때나 어디서나 팔고 살 수 있는 하나의 재산이었지만, **농노는 자기의 토지로부터 떨어져서 팔릴 수 없었다.** 영주는 자기가 보유하고 있는 장원을 다른 사람에게 양도할 수 있지만, 그것은 단지 농노가 새로운 영주를 맞게 된다는 것을 의미할 뿐이었다. … 이것은 노예가 누려 보지 못했던, 일종의 농노를 위한 안전판이었기 때문에 매우 중요한 차이점이었다. 농노는, 아무리 나쁜 대우를 받는다고 하더라도, 가족과 집을 가졌으며 얼마간의 토지를 사용할 권리가 있었다.[*] [강조는 인용자]

중세의 귀족 가족은 확대된 친족집단이었다. 이것은 가정이 아니라, '귀족 가문'으로 항구적으로 같이 살지 않는 광범한 혈연집단이었다. 그것은 여성까지 포함하여 전체 구성원들이 하나의 이해관계 — 재산과 정치권력을 상속받기 위한 — 를 가지는 권력과 재산의 단위였다. 소영주는 대영주의 가신이었는데, 그들의 가족들은 군사

---

[*] 리오 휴버먼, 《경제사관의 발전구조》[《자본주의 역사 바로알기》, 책갈피], 청하, 1982, pp.15~16. 이 책은 봉건제에서 자본주의로의 발전을 구체적으로 분석한 아주 훌륭한 책이다. 제목은 거창하지만, 내용은 너무 쉽고 재미있다. 이 책은 "경제제도의 발달이라는 견지에서, 일정한 교의가 왜 일정한 시기에 태어났는가, 그리고 그 구조의 양태가 변했을 때 그것이 어떻게 발전되고, 수정되고, 타파되었던가"를 설명하고 있다. 가족의 역사도 이 속에서만 파악할 수 있으니, 좀더 심화시켜 보려면 이 책을 참고하길 바란다. 원래의 내용을 축약하여 출판한 《노동의 역사》(현장문학사)를 보는 것도 좋다.

적 지원과 보호라는 유대로 상호연관되어 있었다. 그들은 대영주와 가신의 위계제라는 직접적인 관계를 통해 토지재산, 군사력, 그리고 정치적 영향력을 행사하였다. 가족은 전쟁과 함께 재산과 권력을 추구하는 또 하나의 수단이었다.[*]

서유럽에서 농민 가족은 소규모 핵가족 형태가 일반적이었으나, 동유럽과 남유럽은 확대가족이 일반적이었다.[**] 농민 가족은 형태는 서로 달랐지만 봉건사회에서 같은 역할을 담당했다. 그들은 자신의 생계를 위해서뿐 아니라, 영주들의 요구에 따라 직영지에서 일하고 지대를 납부해야 했다.

가족의 역할과 형태는 해당 사회의 생산양식의 변화를 분석함으로써만 올바로 이해할 수 있다.

자본주의와 가족

자본주의의 등장

자본주의는 역사상 그 어떤 체제보다도 역동적이다. 자본주의 사회와 이전 사회를 근본적으로 구별하는 것은 자본주의의 추진력이다. 자본주의에 앞서 존재했던 계급사회는 지배자들의 소비를 위하여 다수 노동대중이 착취당하는 체제였다. 지배자들이 착취할 때 생

---

[*]   N Carlin, 앞의 책, p.19.

[**]   같은 책, p.20.

기는 한계는 마르크스의 말처럼 "그들의 위장의 한계"에 의해 결정되었다. 그러나 자본주의는 다수 자본 — 오늘날에는 사적 자본과 국가자본이 결합되어 — 의 경쟁을 통해 끊임없이 축적하는 체제이다. 따라서 자본주의는 나날이 낡은 생산방식을 변화시켜야 하는데, 이것은 기존의 생산관계 더 나아가 사회관계 전반을 완전히 혁신했다.

영국에서는 농민의 가부장 가정이 산업혁명의 등장과 더불어 사라졌다. 자본주의는 생산력을 높게 발전시켰는데, 이러한 생산력 발전은 봉건적 토지 소유관계의 속박을 철폐시켰다. 자본주의는 봉건제의 인신적 속박으로부터 노동력을 해방시켰을 뿐 아니라 생산수단으로부터 분리시켜 임노동자를 만들었다. 이것은 농민 가족과 도시 장인 가족을 철저히 해체시키는 과정이었다.

마르크스와 엥겔스가 '가족의 해체'를 말한 것도 19세기 영국 노동계급 가족의 현실이 매우 불안정했기 때문이다.

사회질서는 노동자의 가정생활을 거의 불가능하게 한다. 노동자의 집은 불편하고 더러워서 밤새 편히 쉬기도 힘들다. 가재도구는 다 낡았고 빗물이 새며 따뜻하지도 않고 공기가 오염되어 있는 방에서 사람들이 떼지어 살고 있다. 남편은 하루 종일 일하고 부인이나 큰아이도 다른 곳에서 일한다. 그들은 아침이나 저녁에만 만난다. 모두들 술이나 마시고 싶어한다. 이러한 상태에서 어떠한 가정생활이 가능할 것인가?'

---

* 엥겔스, 《영국 노동계급의 상태》, 세계, 1988, p.168. 이 책은 당시 노동계급이 처한 물질적 조건에 대한 구체적 사례를 통해, 자본주의가 낳은 고통에 대한 맹렬한 공격을 담고 있다. 노동자 계급 가족 구성원 모두가 가난과 질병, 범죄 등으로 얼

19세기 기술의 진보로 전통적으로 남성의 영역이었던 수직기 직조는 심각한 타격을 받게 되었고, 이는 가족 내 전통적인 분업에 근본적인 영향을 미쳤다. 공장주들이 남성보다 적은 임금으로 고용할 수 있는 여성이나 아이들을 선호했기 때문이다. 특히 1820년대 동력 직조기의 출현으로 남성은 경제적으로 더욱 주변화되기 시작했다.[*]

　　그 결과 전통적인 성별분업과 아버지와 자녀의 관계가 완전히 바뀌었다. 엥겔스는 어린이들이 가족의 생활비를 벌게 되면서, "한마디로 어린이들은 부모로부터 스스로를 해방하고 부모들의 집을 단순히 하숙집으로 생각하게 된다"고 적고 있다. 또한 부인이 가족을 부양하고 남편은 집에서 어린애를 돌보거나 방과 부엌을 청소하는 일이 아주 빈번해졌음을 지적하고 있다. 멘체스터에만 가사노동을 하는 남자들이 수백 명 존재했다. 이에 대한 노동계급의 반응을 엥겔스는 다음과 같이 말하고 있다.

　　다른 사회적 조건은 변하지 않은 상황에서 이러한 가족 내 역할의 변화 때

마나 황폐해졌는지 아주 생생하게 묘사하고 있다. 가혹한 공장 조건들은 특히 여자와 아이들의 건강에 치명적 영향을 끼쳤다. 여성노동자들은 다른 여자들보다 난산과 유산을 경험하는 일이 많았다. 해고의 위협으로 해산 전날까지 일을 하거나, 공장 안의 기계들 사이에서 애를 낳는 경우도 드물지 않았다. 해산 이후에도 대부분은 8일 후에, 심지어 3~4일 후에 다시 공장에 나와 온종일 일을 해야만 했다. 당시 부르주아 공장조사위원회 보고서를 보면, 보통 8~9세, 심지어 5살짜리 어린이도 고용되어 하루 14~16시간 동안 착취를 당했다. 어린이들이 기계에 끼어 사망하는 경우는 매우 빈번했다.

[*]　린지 저먼, 《여성 해방의 정치학》, 여성사[《여성과 마르크스주의》, 책갈피], 1994, p.33.

문에 생기는 노동자들의 분노가 어떠한 것인가는 쉽게 상상할 수 있다.[*]
[강조는 인용자]

따라서 당시 노동자 투쟁의 주된 요구가 공장생활의 참혹함으로부터 가족을 보호하려는 것이었다는 사실은 전혀 놀랄 일이 아니다.

한편 자본가들도 더 이상 기존의 방식처럼 절대적 노동력 착취에만 의존할 수는 없었다. 왜냐하면, 마르크스가 말했듯이 절대적 착취 방식에는 근본적인 한계가 있기 때문이다. 전체 자본의 입장에서 본다면, 그러한 상태는 안정적 축적을 위한 기반 — 노동력 재생산 — 이 무너짐을 의미했다. 게다가 1830년대와 1840년대 영국을 뒤흔든 거대한 차티즘 운동으로 지배계급은 노동계급에 대한 두려움으로 몸을 떨어야 했다. 결국 노동계급의 가족은 19세기말이 되면 다시 확립되기에 이른다.

가족의 재확립

자본주의 대규모 생산이 소규모 생산방식을 정복함에 따라 가족의 역할에도 변화가 왔다. 전(前)자본주의 사회에서 가족은 생산과 소비의 단위였다. 그러나 생산이 가족에서 공장으로 옮겨짐에 따라, 자본주의의 가족은 더 이상 생산의 기본 단위가 아니라 소비의 단위가 되었다. 새롭게 확립된 노동계급의 가족 — 남편과 아내와 자녀들로 구성된 — 은 자본주의에 여러 모로 이익을 주었다.

---

[*] 엥겔스, 앞의 책, p.184.

당시 국가는 노동자들의 물질적 욕구 충족과 미래의 노동자 양육을 위해 투자할 자원을 갖고 있지 않았다. 우선 가족은 초기 자본주의가 내몰렸던 축적의 위기에 대한 값싼 해결책이 되었다. 게다가 '가족임금제'라는 사상은 여성들의 노동력을 저임금으로 착취하는데 이용되었다.

노동계급을 통제한다는 정치적 이점 또한 중요했다. 당시 만연했던 빈곤과 질병, 재해 등으로 노동계급의 거대한 정치적 도전에 직면한 지배계급은 젊은 노동자들을 가족이라는 틀로 묶어둘 필요가 있었다.

가족제도의 존속을 바랐던 것은 자본가들만은 아니었다. 그러나 일부 페미니스트들이 말하듯이 남성노동자들이 여성을 가정에 묶어두기 위해 자본가와 공모한 것은 아니었다. 공장생활의 끔찍함 때문에 여성들은 기회만 있다면 공장을 떠나고 싶어했다. 당시 노동계급의 남성과 여성들은 가족 이외의 대안을 찾을 수 없었기 때문에 그것을 받아들였던 것뿐이다. 남성·여성 노동자 모두 가족(그리고 가족임금)이 자신들의 처지를 좋게 변화시켜 주리라고 기대했다. 그러나 '가족임금' — 한 명의 남성 가장이 다른 가족성원들을 먹여 살릴 수 있을 만큼의 임금을 준다는 — 은 실제로는 대다수 노동자들에게 지급되지 않았다. 19세기를 통틀어 '가족 임금'에 가까운 임금을 받았던 남성노동자는 극소수에 불과했다.[*]

영국에서 가족임금제가 추진된 배경은 특별히 19세기 초반의 전반적인 임금 상황과 관련이 있다. 생산에서 기계가 대규모로 도입되어 모든 가족 구성원이 노동을 하게 된 결과, 노동력의 대대적인 가치저

---

[*] 린지 저먼, 앞의 책, p.53.

하가 일어났다. 실제로 노동자들은 여성과 아동노동의 고용으로 증폭된 경쟁이 제한되기를 바랐다. 그러나 남성 노동자들이 자본가와 손잡고 의도적으로 여성을 노동시장에서 배제하려는 것은 아니었다. 노동계급 가족의 재확립에 여성들도 기꺼이 참여했다는 것은, 그것이 전반적인 노동자 계급 생활수준의 보호와 연관되어 있었음을 말해 준다. 가족은 생계수단을 벌 수 없는 사람들 — 노약자나 병자, 불구자 등 — 을 돌보아 줄 수 있는 유일한 대안이기도 했다.

이런 당시의 조건을 충분히 이해하는 것이 중요하다. 물론 가족임금제는, 린지 저먼의 말처럼, 노동계급의 문제를 실질적으로 해결해 주는 대안이 아닌 일종의 '후퇴'였다. 그것은 이후에 '여성이 있을 곳은 가정'이라는 식의 이데올로기가 강화되는 결과를 낳았다.

가족임금제와 법률이 여성을 임노동과 노동시장에서 물러나게 하는 데 실패했지만, 19세기 후반 영국에서 가족은 오히려 '강화'되었다. 이유는 복합적인데, 이 경향은 자본주의의 구조변화, 노동계급 운동의 변화와 함께 일어났다. 첫째는 노동계급 최초의 중요한 정치적 운동이었던 차티스트 운동의 패배였다. 그 운동이 한창 전개될 때 여성들은 적극 참여했으나, 운동의 쇠퇴는 여성의 정치활동에 악영향을 주었다. 이것은 1850~1860년대에 두드러진 노동계급 운동 내부의 일련의 변화에 의해 더욱 심화되었다. 린지 저먼은 "숙련 노동자 조합의 강화(이들은 미숙련, 이민, 여성 노동자들을 조직하기를 거부했다), 랭카셔와 중부 스코틀랜드 지역의 오렌지 로쥐(Orange Lodge)와 같은 협동조합의 발달, 그리고 노동계급의 뿌리깊은 정치적 보수주의 등이 그 시기의 특징이며, 특히 19세기 후반부에 두드러졌다."고 적고 있다. 또한 전통적으로 여성들이 많이 고용되었던 직물업은 새로이 발전하고 있던 조선업이나 중장비 공업과 같은 비교적 숙련된 기술을 요하는 산업에 주도권을 내주게 된다. 새로 발전된 산업 부문은 오랜 기간에 걸친 도제제도와 기술체계를 갖고 있었으므로 거의 남성이 독점하였다. 또한 당시 거의 남성들로 이루어진 석탄업도 비교적 중요하게 성장하고 있던 산업이었다.

1914년 이전에 영국 수출품의 "거의 75%는 석탄, 면화, 철과 강철, 그리고 기계로 이루어져 있었다. 이는 국민생산의 절반을 차지했으며, 노동인구의 약 4분의 1이 이 부문에 고용되었다."**

이렇게 하여 남성들은 생계 유지자로, 여성들은 집안의 일을 돌보며 편안하고 안락한 가족을 꾸민다는 이데올로기가 정착되었다. 물론 이것은 노동계급 가족의 실제 현실과는 거리가 멀었다.

가족이 점차 '강화'되도록 작용했던 또 다른 요인으로는 국가의 개입을 꼽을 수 있다. 노동계급 가족의 생활에 대한 자본주의 국가의 개입은 현대 자본주의에서 더 잘 드러난다.

오늘날의 가족

초기 자본주의에 해체되는 경향을 띠었던 가족은 자본주의가 세

---

*   같은 책, p.57.

**   Gittins, *Fair Sex*, p.38. 린지 저먼, 같은 책, p.57에서 재인용.

계적 차원으로 확대되면서 소멸되지 않고 재확립되었다. 이 과정에서 두드러지는 것은 가족 생활에 대한 국가의 개입이 점차 증대했다는 것이다.

물론 초기 자본주의에서도 국가가 노동력 확보를 위하여 '빈민법' 등을 통해 가족과 사회생활에 대한 통제를 행한 바 있다. 그러나 후기 자본주의에 이르면 자본의 규모가 비대해짐에 따라 경제에 대한 국가의 직접적 개입이 두드러진다. 경제에 대한 개입은 다른 사회적 영역들에 대한 통제와 맞물려 진행되었다. 이러한 현상은 선진 자본주의뿐 아니라, 남한과 같이 뒤늦게 출발한 자본주의에서도 마찬가지다. 국가가 자본축적에 더 깊숙히 개입하면서, 여성들의 삶의 변화와 함께 가족의 형태나 역할도 변화하였다.

남한의 자본축적 과정은 60년대말부터 국가 주도로 급속하게 진행되었다. 경제개발계획과 더불어 '한 가족 두 자녀 갖기 운동'으로 대표되는 가족계획 사업이 진행되었다. 국가는 낙태를 암묵적으로 인정하고 불임시술을 무료로 해 주는 등 피임을 적극 권장했다. 이 결과 출산율이 급격히 감소하게 되었다.[*]

이것은 한편으로는 여성노동력에 대한 필요 때문이었다. 70년대 주력 업종이었던 신발과 섬유업에는 주로 미혼의 여성 노동자들이 고용되었는데, 이들의 저임금은 전체 노동력의 가치를 낮게 유지할 수 있게 했다. 또한 자본주의의 구조개편에 따른 사무·서비스직의

---

[*] 피임은 1960년 9%에서 1987년 70%로 증가했다. 그리고 평균 합계출산율은 1960년 6%에서 1984년 2.1%, 1990년 1.6%로 격감했다. 경제기획원(1990), 변화순, '여성과 정책', 《여성과 한국사회》, 사회문화연구소, 1993, p.406에서 재인용.

확대는 미혼뿐 아니라 기혼 여성노동자들을 대거 흡수하였다.

다른 한편으로 자본주의의 발전은 더 숙련된 노동자들을 필요로 하는데, 대중교육에 대한 투자가 증가함에 따라 '아동기'가 확대된 것과 관련이 있다.[*] 흔히 출산율의 감소를 가족의 중요성이 축소되고 있는 근거라고 말하는데 사실은 그렇지 않다. 오히려 어린이의 길어진 '아동기' ― 전(前)자본주의 시대나 초기 자본주의에서는 7~8세만 되면 일을 했던 것과 달리 ― 로 인해 가족은 장기간 자녀들의 교육에 매달리게 된다. 최근 한 언론보도에 의하면 남한의 사교육비는 무려 17조원에 달한다.[**] 모든 계급을 망라해 확대된 교육 때문에 가족의 재정적인 부담은 더욱 증가하였다. 노동계급의 가족에게는 그 짐이 훨씬 더 무겁다. 노동계급은 수입의 많은 부분을 저축하는데, 저축의 이유는 주택마련과 자녀의 교육비 때문이다. 전체 생활비 가운데서 교육비가 차지하는 비중은 20% 내외로 다른 생활비에 비해

---

[*] 　일본의 경우 1960년의 고교 진학률은 남자가 59.6%, 여자가 55.9%였는데 1980년에는 남자 93.1%, 여자 95.4%로 증가하였다. 이러한 대중교육의 확대는 전후 부흥기의 노동력 부족을 부채질하여, 더 많은 여성노동력을 필요로 하게 되었다. 우에노 치즈코, 《가부장제와 자본주의》, 녹두, 1994, p.215.
　　　이 나라도 예외는 아니다. 1966년 중학교 취학률은 남자 59.25%, 여자 40.4%였으나, 1990년에 이르면 중학 취학률이 남녀 모두 거의 100%에 이르게 된다. 또한 고등학교 진학률도 약 90%(남자 94.5%, 여자 88.1%)에 달한다.(문교부, 《문교통계연보》) 김혜경·오숙희·신현옥, '자본주의적 산업화와 한국가족의 역할 변화', 《여성과 사회》 3호, 1992, p.291.

[**] 　한국교육개발원은 지난 한 해 동안 유치원에서 대학에 재학 중인 자녀교육을 위해 학부모가 들인 사교육비는 이 나라 전체 교육비의 51%인 17조 4천6백40억 원이며, 이 가운데 33.5%인 5조 8천4백47억 원이 초·중등학생의 과외비라고 발표했다. 〈한겨레신문〉, 1995년 1월 24일자.

비율이 제일 높다는 통계가 있다.*

그런데 많은 페미니스트들은 대다수 가족에서 아이가 중심이 되고 있는 현상들을 '가족 이기주의'라고 얘기한다. 그들의 가족에 대해 분석한 글들을 보면 심심찮게 '가족간의 경쟁'이 원인이라는 말들이 등장한다. 그래서 혹자는 핵가족보다는 확대가족이 더 바람직하다는 결론을 내린다.

이러한 분석은 현대의 가족이 어떻게 지탱되고 있는지에 대한 잘못된 이해로 안내한다. 마치 가족이 자체의 동력을 가지고 사회의 기본 골격을 형성하는 것처럼 말이다. 사실 '가족 이기주의'라는 말은 지배자들이 온갖 사회적 병폐들 ― 가난, 노인 문제, 환경오염, 교통지옥, 입시경쟁, 심지어 지배자들의 부정부패까지도 ― 을 개별 가족의 책임으로 떠넘기는 근거로 사용되고 있다.

대다수 남녀노동자들이 가족에 집착하고 있는 것은 사실이다. 그러나 이것은 페미니스트들이 주장하듯이 '가족간의 경쟁'이 원인이 아니다. 또한 남성과 국가가 결탁한 '가부장적 자본주의'의 음모의 결과도 아니다.

가족이 세상과 떨어져 별도로 존재하는 것처럼 보이는 것은 자본주의의 발전으로 일터와 가정이 분리되었기 때문이다. 자본주의 생산양식은 가내 생산에 의존하는 것이 아니라, 사회적 노동에 기반을 둔다. 전(前)자본주의 생산양식에서 가족은 생산과 재생산 모두가

---

* 강인순, '마산·창원의 노동자 계급의 가족생활', 《한국가족론》, 까치, 1990. 김미숙, '계급별 가족과 여성', 《여성과 한국사회》, 1993, p.184에서 재인용.

이루어지는 장소였다. 또한 가족은 모든 사회적 개입이 이루어지는 중심지였으며, 모든 가족 성원은 집의 안팎에서 생산에 참여했다.

자본주의 하에서 핵가족은 생산적 기능을 가지고 있지 않다. 자본주의 상품생산의 발전으로 가족은 점차 소비의 단위가 되었다. 상품들이 전통적으로 가족이 해왔던 역할들 가운데 많은 부분들을 대신하게 되었다. 이것은 '서비스 산업'의 팽창과 맞물려 더욱 많은 사람들이, 특히 여성들이 노동시장에 편입되는 결과를 낳았다. 각종 상품광고는 끊임없이 가족의 행복은 상품 구매량에 달려있다고 유혹한다. 실제로 더 많은 상품을 구입하기 위해 여성들이 취업을 하고 있다.

결국 자본주의 상품생산의 발전과 국가 개입의 증대에도 불구하고 개별 가족의 부담은 줄어들지 않았다. 한 논문에서는 가사노동의 시간이 오히려 늘어났다고 보고 있는데', 이러한 굴레는 비단 여성노동자들에게만 해당되지 않는다. 가사노동에 관한 대부분의 연구들은 사실상 남성들이 이로부터 얼마나 이득을 얻는지에 집중되어 있다. 따라서 모든 결론은 가사노동을 얼마나 가족성원들이 공평하게 분담할 것인가에 관한 문제로 나아간다. 그러나 이것은 반복되고

---

* 김혜경, '여성과 가족', 《여성학 강의》, 동녘, 1993, p.92. 가사노동 시간에 관한 통계는 사실상 믿을 만한 게 못 된다. 대개 가사노동은 집중적으로 하는 것도 아니고 개별 편차도 크기 때문이다. 따라서 연구자마다 다양한 통계를 제시하는데, 정확한 통계보다는 공통적으로 가사의 상품화에도 절대적 시간은 크게 줄지 않았다는 사실이 중요하다. 대부분 이것을 가사노동의 기대치가 높아져 가사노동이 정교화되고 있다(예를 들어 세탁기의 공급으로 자주 세탁을 한다든가)고 말하는데, 그보다는 자녀들에 대한 시간 투자가 증가한 것이 결정적인 듯하다.

짜증나는 이러한 일들이 왜 개별 가족의 책임으로 넘겨지는가라는 근본적 물음에 대한 답이 되지 못한다.

사실 부르주아 계급에게 이것은 전혀 문제가 되지 않는다. 그들의 부(富)가 모든 것을 대신한다. 그러나 노동계급 경우 가사노동의 문제는 실제적인 어려움이다. 대다수 여성노동자들의 고용 조건 — 저임금, 시간제 노동 등 — 을 결정짓는 것도 가족에서의 위치이다. 그리하여 가족의 생계를 위해 취업하는 여성노동자들도 여전히 자신은 책임을 다하지 못하고 있다는 '죄의식'을 갖게 된다. 여성학자들은 이것을 '슈퍼우먼 컴플렉스'라고 곧잘 말하는데, 그들은 이런 '허위의식'을 버리기만 하면, 또 남편을 설득하기만 한다면 문제가 해결될 것처럼 말한다. 그러나 그러한 '허위의식'을 만들어 내는 것은 남성노동자들(또는 '가부장적'인 사회질서)이 아니다. 사실 남성노동자들이 그로부터 얻는 이득이란 없다. 오히려 결혼을 하자마자 따라다니는 '생계부양자'라는 책임 — 자신이 유일한 생계부양자가 아니라 하더라도 그러한 부담은 줄어들지 않는다. 더욱이 실업이나 기타의 이유로 가족을 부양하지 못할 경우 그는 '무능한' 사람으로 낙인 찍히기 십상이다 — 은 하루하루의 삶을 숨막히는 긴장으로 몰아넣는다.

아침에 일어나면 옷 입고 세수하고 출근하기도 빠듯해요. 만원버스에 시달리며 회사에 가는 걸로 전쟁이 시작됩니다. 거래처 사람들을 설득하고 또 그들에게 설득당하고, 수없이 쏟아지는 정보들을 머리 속에 입력하고, 보고하고, 평가 받고, 승자만이 살아 남는 세상에서 패자가 되지 않기 위해서 정신없이 전쟁을 치릅니다. 그런 일 속에서 쌓이는 스트레스란 말할 수도 없어요. 퇴근시간이 있긴 하지만 윗사람 눈치보여 정해진 시간에 나가기란 어려워요. 다들 안 나가는데 나만 나갔다가는 '찍혀서' 알게 모르게 당하거든요. … 퇴근하고 나면 하루를 넘겼다는 안도감에, 또 회사에서 있었던 스트레스도 풀겸 한잔 하러 갈 수밖에 없어요. 총각 때는 걸릴 게 없고, 또 집에 일찍 들어가서 마땅히 할 일도 없으니까 밖에서 많이 어울리고 했는데 결혼하고 나서는 너무 늦으면 부담이 되지요. 그래도 안 어울리면 직장생활 하는 데 무리가 있어요. 좋아서 먹는 술도 있지만 어쩔 수 없이 또 홧김에 먹는 술도 있거든요. 어떤 때는 직장생활에 환멸도 느끼고 치사한 생각도 들어서 그만 두고 싶지만 그만 두면 누가 먹여 살려 줍니까? '여우 같은 마누라와 토끼 같은 자식'을 생각해서 한잔 술로 달래고 또 사는 거지요. 집에 가면 자는 녀석들 얼굴 한번 보고 그냥 쓰러져서 자요. … 일요일을 벼르며 다시 출근전쟁을 치르는 게 월급쟁이의 삶이예요.*

결혼 후 첫퇴근길에서 '내가 한 여자를 책임지고 있구나, 한 여자가 나를 기대고 살아가고 있구나'라는 생각에서 말할 수 없는 허전함, 허무감이 느껴졌다. 첫아이가 태어날 때도 심리적으로나 경제적으로 부담감이 느껴졌다. '나를 믿고 사는 놈이 또 하나 늘었구나' 하는 부담감이었다.**

남성노동자들이 잔업, 야근까지 해가며 장기간 근무를 하는 것도 바로 '가족을 부양한다'는 책임 때문이다. 또한 남성들의 저임금도

---

* 　오숙희, '여성과 문화', 《여성과 한국사회》, 사회문화연구소, 1993, p.327.

** 　같은 책, p.329.

가정에서 여성들이 하는 무임노동에 기반을 두고 있다. 그리고 여성들의 취업은 더 이상 '한철 장사' — 여성의 고용 증대가 전시나 호황기와 같은 일시적인 현상 — 가 아니라는 점이 분명해졌다. 이것은 모든 불황기의 고용문제를 연구한 논문에서 잘 나타난다. 미국에서는 1930년대의 대공황기에 "직업을 잃은 사람은 여성보다는 남성쪽이 더 많았다." 또한 오일 쇼크 이후인 1974~1975년의 불황기에 경제협력개발기구(OECD) 국가들에서 모두 같은 사태가 일어났다.* 이 나라의 정부나 각 연구기관도 여성고용이 계속 증가할 것으로 전망하고 있다(제7차 경제사회발전 5개년계획, 여성노동의 중장기 전망 등).** 그럼에도 자본가들은 여성노동자들에게 '반찬값'이나 하라고 정말로 반찬값밖에 안 준다.

대부분의 남녀 노동자들이 전통적인 가족 가치관을 통해 서로를 바라본다. 가족 이데올로기가 오늘날 더더욱 중요해진 결정적 이유는 노동계급의 필요를 충족시켜줄 수 없는 현실에 대한 일종의 안전판 구실을 가족이 하기 때문이다. 이 사회에서 가족은 이상과 현실 사이의 간극을 메꾸는 역할을 맡고 있다. 노동계급은 삶의 대부분을 차지하는 노동의 영역에서 아무런 통제권을 가지지 못한다. 마르크스는 노동자들의 '소외' 현상을 다음과 같이 묘사했다.

그는 노동이 자기 삶의 일부라고는 생각조차 하지 않으며 오히려 그것은

---

*   우에노 치즈코, 앞의 책, p.228.

**   장하진, 앞의 책, p.336.

그의 삶을 희생하는 것이다. … 그의 삶은 이러한 활동이 멈출 때, 이를테면 식탁에서, 선술집 의자에서, 잠자리에서 시작된다.*

노동자들은 가족을 노동의 영역에서 경험하는 '소외'를 피할 수 있는 곳으로 여긴다. 왜냐하면 가족 안에서는 어느 정도 삶에 대한 통제권을 가질 수 있기 때문이다.

베란다에 나와서 담배를 피우며 아내와 아이들이 밥 먹고 있는 모습을 보면 저게 내 가족이구나, 저들이 나를 의지해서 사는구나 하는 생각에 흐뭇한 마음이 들면서 저들 앞에서 약해 보이면 안되겠다는 각오로 새 힘을 얻곤 합니다.**

가속은 험난한 세상에서 서로 의지하고 위로 받는 '안식처'로 여겨진다. 그러나 가족이 바깥에서 가해지는 압력으로부터 자유로운 것은 아니다. 오히려 사회의 압력은 가족을 온갖 모순이 폭발하는 장소로 바꾸어 놓는다. 가장 결정적인 원인은 '돈'이다. 가족이 사랑과 이해의 장이기보다 곧잘 폭력의 장이 되어버리는 것도 이 때문이다. 장 랑보아즈는 1973년 미국에서 가장 폭력적인 도시 디트로이트에 관한 연구를 인용하고 있다. 이 곳에서 일어난 살인사건의 5분의 4

---

* 　마르크스, '임노동과 자본', 《마르크스·엥겔스 저작선》, 거름, 1991, p.111.
** 　오숙희, 앞의 책, p.330.

는 희생자의 친구나 친척, 이웃에 의한 것이었다.[*]

강간도 대부분 가족이나 가까운 사이에서 일어난다는 것은 상식이다. 한 연구조사에 의하며, 남편이 아내를 폭행한 경우는 전체 폭행 사건의 45.8%이다. 또한 아내가 남편을 폭행한 경우도 15.6%이다.[**] 가정폭력은 부부간의 구타로 그치지 않는다. 일간지에 가장 많이 오르내리는 기사 가운데 하나는 자식들이 부모를 구타하거나 손자가 노인을 폭행하는 것이다. 아동에 대한 학대도 심각하다. 사실 아이들이야말로 가장 위험한데, 부모들은 자식을 화풀이 대상으로 삼곤 한다. 영국의 전국아동학대금지협회의 통계를 보면, 아동학대는 직업의 유무와는 상관없이 남성보다 가정주부나 여성 실업자가 더욱 빈번하게 저지르고 있는 것으로 나타났다.[***]

범죄에 관한 연구를 보면, 남녀 모두 빈곤과 가정불화, 화가 나서 우발적으로 저지르는 경우가 많다는 것을 알 수 있다.[****]

결국 많은 사람들이 소외를 피해보려고 가족에 집착하면 할수록 가족은 점점 '참을 수 없는 곳'이 되어가는 것이다. 날로 급증하는 이혼율의 증가는 현대 가족이 얼마나 위험에 처해있는지를 잘 나타낸다.

---

[*]   Renvoize, *Web of Violence*, London, 1978, p.40. 린지 저먼, 앞의 책, p.68에서 재인용.

[**]   한국 형사정책연구원 자료, 김자혜, '여성과 일탈', 《여성과 한국사회》, 사회문화연구소, 1993, p.319에서 재인용.

[***]   린지 저먼, 앞의 책, p.68에서 재인용.

[****]   김자혜, 앞의 책, p.307.

물론 모든 계급에게 가족관계가 똑같은 모습으로 다가오는 것은 아니다. '평안한 휴식처'는 자신의 일에 대한 자긍심과 안정된 보수, 여가 등을 가질 수 있는 중간계급 이상의 가족에게나 가능한 일이다. 그러나 노동계급은, 현실은 그렇지 않지만 달리 대안이 없기 때문에 한층 더 가족의 '이상'을 좇는다.

결론

오늘날의 가족은 수많은 위험에 처해 있다. 자본주의의 발전이 그 자체로 해방을 가져다 줄 수 없음은 자명하다. 국가의 개입이라는 것도 대다수 남녀 노동자들의 부담을 덜어주는 방향으로 나아가는 것이 아니라, 오히려 사회의 이름으로 개별 가정에게 짐을 떠넘긴 것에 불과하다. 보육시설과 같은 사회복지 부문에 대한 국가의 투자를 보면 쉽게 알 수 있다.*

만약 국가가 현재의 가족이 하고 있는 역할들을 모두 떠맡게 된다면 — 예컨대, 교육과 양육에 대한 국가부담 및 가사노동의 사회화 — 다른 경쟁국가에 뒤처지리라는 것은 분명하다. 다시 말해서 노동계급의 재생산에 대한 국가 부담은 그 자체로 이윤 추구에 타격을

---

* 1993년말 현재 보육시설은 보육대상 100만 명의 14.4%에 머물고 있다. 그나마 이 것도 대부분 사적 부담이다. 앞으로도 정부의 탁아정책은 국가나 사회가 맡기보다는 개인 부담을 원칙으로 하는 계획을 세우고 있다. 장하진, '1994년 노동부와 1992년 보건사회부의 통계', 앞의 책, pp.361~362에서 재인용.

주게 된다. 자본주의가 세계적 차원에서 경쟁하고 그 경쟁에서 살아남기 위해 대다수 노동계급의 이해와 무관하게 자본 축적을 계속하는 한 개별 가족에게 가하는 압력은 지속될 것이다.

오늘날 가족이 처해 있는 위기는 사실상 자본주의가 처해 있는 위기의 또 다른 표현이다. 우리가 가족을 이해할 때는 가족의 경제적 역할 — 노동력 재생산의 기능이 가장 주요하지만 다른 측면 즉, 자신의 노동력을 판매할 수 없는 사람들을 부양한다는 것도 놓쳐선 안 된다 — 뿐 아니라, 가족의 정서적 측면도 반드시 고려해야 한다. 왜냐하면 노동계급이 현재의 가족제도에 대해 반발하지 않고 그에 편입되는 이유는 살벌한 경쟁사회에서 자신을 지켜주는 보호막으로 기능하고 있기 때문이다. 동시에 전세계 우익들이 날이 갈수록 전통적인 가족가치관에 호소하는 것도 이 때문이다.

현대의 가족이 낮은 출산율, 급증하는 이혼율, 가정폭력, 독신세대와 미혼모의 증가 등으로 끊임없이 해체되어 가는 경향을 보이면서도 결국 소멸되지 않는 이유도 가족을 유지하고자 하는 지배자들과 노동계급의 필요가 결부되어 있기 때문이다.

그러나, 대다수 노동계급의 기대와는 달리 가족은 해방의 공간이 아니라 모든 가족구성원들이 억압당하는 곳이다. 또한 가족 바깥에 살고 있는 수많은 사람들 — 독신자들, 미혼모들, 동성애자들 등 — 은 계속해서 가족 이데올로기를 내세운 지배자들의 공격에 직면하고 있다.

그렇다고 해서 우리가 가족의 파괴를 주장하는 것은 아니다. 자본주의에서 가족은 상부구조이다. 현재의 억압적인 가족제도는 착취질서를 폐지하지 않는 한 사라지지 않는다. 토대를 건드리지 않고 상부구조만 날려버리겠다는 생각은 사실상 편협한 개량주의로 빠지는 결과를 빚는다. 가족을 체제의 문제와 떼어놓고 보는 페미니스트들은 마치 가족이 하나의 제도가 아닌 개인들의 선택의 문제인 양 여긴다. 그리하여 일부 페미니스트들은 다양한 가족형태를 추구 — 예컨대, 독신생활을 즐기자거나 아이는 낳지 말아야 한다라든가, 또는 대가족형태가 핵가족 하에서 소외문제를 해결할 수 있다는 식으로 — 한다. 그러나 노동계급이 결혼을 하고 가정을 꾸리는 것은 결코 '자발적 선택'의 문제가 아니다. 많은 사람들이 서로 사랑하여 결혼을 하지만, 그들의 가족, 친척, 친구 등 사회의 모든 부분으로부터 결혼을 하여 가정을 꾸리라는 유언무언의 압력을 끊임없이 받는다. 사회의 총제적인 압력으로 가족을 꾸리게 되는 것이다. 가족을 이루고 있지 않아 현재의 가족제도에 포함되지 않는다고 해서 억압을 받지 않는 것은 아니다. 오히려 사회의 냉대와 멸시 등으로 훨씬 많은 괴로움을 당한다.

결국 가족은 자본주의와 무관하게 동떨어져 사는 개인들의 관계가 아니다. 미래사회에서 개인들의 관계는 얼마든지 다양할 것이다. 이성간의 결합이든 동성간의 결합이든, 또는 독신으로 살든 누구도 개의치 않을 것이다. 또한 아이들과 병자와 노인들도 개별 가정에 짐처럼 떠넘겨지는 것이 아니라, 사회에서 충분히 존중받으면서 보호될 수 있을 것이다.

이토록 다양하고 자유로운 인간관계는 사회주의 사회에서만 가능하다.

결혼과 가정: 신화와 현실

여성운동이 어느 정도 영향력을 미치게 되었음에도 불구하고 여성의 사회화는 아직도 여성들에게 결혼이 가장 중요하다는 관념을 주입하고 있다. 이러한 현상은 특히 중산계급, 노동자 계급 중 화이트칼라와 블루칼라 층, 그리고 노동자 계급 중 비교적 고소득층 사이에서 나타나고 있다. 비교를 위한 목적에서 여기서는 중간계급과 노동자 계급이란 범주만 사용될 것이다. 여기서 중간계급에 대한 일반화는 노동자 계급의 화이트칼라 층에도 역시 마찬가지로 적용될 수 있다.

전형적인 미혼 여성들은 배우자의 선택이 그들의 생애에서 가장 중요한 결정이라고 교육받아 왔다. 결혼 생활 속에서 그들은 사랑 받는 아내와 어머니로서 자신의 진정한 본성을 실현하도록 기대된다.

이 글은 미국의 급진 사회학자인 하워드 J 셔먼과 제임스 L 우드 부부가 쓴 *Sociology: Traditional and Radical Perspectives*[《새로운 사회학의 이해》, 나남, 1983]의 제10장을 번역한 것으로, 1996년에 국제사회주의자들(IS)이 소책자로 발간했다.

그들에게는 이것이야말로 여성에게 있을 수 있는 가장 창조적인 생애라고 주입되고 있다. 실제로도 그들은 즉시 손에 넣을 수 있는 완전한 행복을 약속 받고 있는 것이다.

특히 여성들의 어린 시절에는 결혼이 주는 신부의 이미지는 대중잡지와 텔레비전 화면에서 직접 오는 경우가 많다. 그녀는 스스로를 동화 속의 집처럼 실내를 꾸미고 맛있는 음식을 요리하는 매력적이고 창의에 넘치는 주부로 연상한다. 그녀는 아름답게 치장하고서 직장에서 돌아온 남편을 맞이한다. 두 부부는 그 날 일어난 일에 대해 얘기를 나누면서 평화롭고 정에 넘친 시간을 보낸다. 아내는 물론 주의 깊게 듣고 공감할 줄 아는 경청자이며 남편은 자신의 모든 생활을 아내와 함께 나누고 아내의 조언을 소중히 여기고 싶어한다. 때때로 저녁에는 그들은 그들 못지 않게 아름답고 다정한 부부를 식사에 초대하기노 하며 어떤 때에는 조대받고 외출하기도 한다.

젊은 여성은 자신의 삶에 대해서 그 이상의 무엇인가를 이룰 수 있는 꿈이나 계획을 가지고 있는가? 그녀는 언젠가는 자신의 길을 찾게 되리라고 확신한다. 그녀가 예술적 재능을 가지고 있다면 적어도 좋은 책은 읽을 수 있으리라고 생각할 것이다. 이리하여 그녀는 계속 지적 자극을 받으면서 남편에게 매력적인 존재로 남아 있게 되리라고 상상할 것이다.

결혼 후 얼마 안 있어 그녀는 임신할 것이다. 아기를 갖는다는 것 — 그녀가 '최후의 만찬'을 그리는 것보다도 창조적이라고 배워 온 행위 — 으로 그녀의 행복은 달성될 것이다. 이제 그녀는 데리고 놀 수 있고 산보도 할 수 있으며 친구에게 자랑도 할 수 있는 귀엽고 방긋

웃는 아기를 얻게 된다. 그녀는 몇 년 뒤의 미래를 그려보면서 자신이 국민학교에 다니는 깔끔하고 애교 있는 아이들의 어머니로서도 여전히 발랄하고 매력적이리라고 생각할 것이다. 일생을 통해서 그녀는 아내와 주부로서 행복을 느끼며 만족해 할 것이다. 바로 그녀는 미국인의 꿈을 실현해 가면서 살게 되는 것이다.

현실: 중산계급의 견해

블루칼라 노동자 계급의 여성과 마찬가지로 중산계급의 여성도 점차 첫아이를 임신하기까지는 직업을 가지려는 추세에 있다. 그러나 그녀는 가정 밖에서 일을 하는 동안에 자신이 두 가지 직업을 갖고 있음을 알게 된다. 여성이 가사의 거의 전부를 돌보아야 하는 것이 당연시되고 있는 현실에서 결국 그것은 여성의 일이기 때문이다. 남편이 도와 줄 수도 있지만 가정 내의 일은 그녀의 책임으로 분명히 간주되고 있다.

그녀가 직업을 갖건 그렇지 않건 간에, 첫 번째 신화는 쉽게 무너지고 만다. 가사는 흥미 있는 일도 창조적인 일도 아니며, 여성운동의 표현으로는 '빌어먹을 일'이기 때문이다. 재능과 흥미를 가진 사람에게는 실내장식과 요리가 창조적이고 흥미 있을는지도 모른다. 그러나 대부분의 가사노동은 마루를 닦고 설거지하고 변기를 청소하는 따위의 일로 가득 차 있다. 그것은 지루할 뿐 아니라 반복적이고 끝이 없는 일들이다. 가사노동은 한 번으로 끝나지 않는다. 오늘의 허드렛일은 내일 다시 반복된다. 미룬다 해도 다음 주에는 다시 해야 한다. 따라서 그것은 현실적인 성취감을 주지 않는다. 첫째 아이가 태어나면 젊은 여성은 주부와 어머니의 역할에만 얽매이기 쉽다. 대중매체들은 아기를 — 까불고 웃으며 재롱을 피는 — 경이적인 장난감으로 묘사하는 경향이 있다. 그러나 어린아이들은 경이와 사랑의 대상인 반면에 또한 커다란 골칫거리이기도 하다. 그들은 웃기만 하는 것이 아니라 울기도 한다. 더러운 기저귀를 갈아주는 일은 그다지 즐거운 일이 아니다.

아기는 해야 할 가사노동의 양을 증가시킨다. 더욱 심각한 일은 어린애가 태어나면서 젊은 여성이 자신의 일정을 지키기가 매우 어렵게 된다는 점이다. 한 젊은 어머니는 이렇게 말한다. "갑자기 나는 아이에게 전적으로 시간을 바쳐야만 하게 되었다. 나는 아이를 나의 생활 속으로 슬어넣을 수 있으리라는 환상을 가지고 있었으나 곧 아이에게 맞추어 나의 생활과 일정을 전환시켜야 함을 알게 되었다." 아이는 싫증이 나면 팽개쳐 버릴 수 있는 장난감이 아니다. 젊은 어머니는 항상 신경을 곤두세워야 한다. 그녀는 책을 읽거나 쉴 시간을 낼 수가 없다. 아이가 움직이기 시작하면 문제는 특히 심각해진다. 걸음마 하는 아이는 항상 보살펴 주어야 한다. 그러는 가운데 가사노동은 계속해야 한다. 두 가지 일 모두가 여성의 주의가 완전히 집중되기를 요구하지는 않지만 그 밖의 다른 일을 못 하게 할 정도의 주의 집중을 요구한다.

산업 내에서 가장 사람을 피곤하게 만드는 직업은 단지 부분적으로만 노동자의 주의력을 요하면서 동시에 다른 것에는 신경을 쓰지 못하게 만드는 직업이다. 많은 젊은 어머니들에 의하면 이러한 정신적 시야 상실이 가정과 아이를 돌볼 때 그들을 가장 괴롭히는 것이라고 한다. 그들은 이렇게 말한다. "얼마 지나지 않아 정신 상태는 멍해진다. 아무것도 주의를 집중시킬 수 없게 된다. 그것은 마치 몽유병과 같다."

아이 자체가 또한 여성의 활동성을 심하게 제약한다. 교외의 집에서 고립된 채 그녀는 대부분의 시간을 여섯 살이 못된 어린애와 보낸다. 그녀는 점차 가정 바깥의 세계에 대한 참여로부터 차단되어 간다. 물론 텔레비전이 있으나 뮈르달과 클라인도 지적하듯이 사태는 심각하다.

가정에 고립된 여성은 외부의 사건들과 '접촉'을 계속 유지할 수는 있다. 그러나 그녀는 사건들은 자기와 가까이 있지는 않으며 자기의 참여 없이 일어난다고 생각한다. 그녀 쪽에서는 아무런 노력도 없는 상태에서 주어지는 정보가 아무리 많다 해도 그것은 구체성을 잃어버린다. 그것은 그녀의 고립감과 소외감을 완화시키기보다는 오히려 가중시킬 따름이다.

사람들과의 대화가 부족하다는 것은 미국의 주부들이 지니는 보편적인 불만이다. 과거에는 가사노동이 훨씬 고되기는 했으나 적어도 여성 주위에서 일을 도와주면서 말벗이 될 수 있는 사람들이 있었다. 필립 슬레이터는 이렇게 말한다.

작지만 모든 설비가 갖추어져 있고 건축학적으로 고립되어 있는 거주지 속에 여성을 홀로 가둬 둔다는 생각은 진보된 기술에 의존하는 현대의 발명품이다. 예를 들어, 회교 사회의 아내도 일종의 죄수이기는 하지만 적어도 혼자 갇혀 있지는 않다. 우리 사회의 주부는 자유로이 나가 다닐 수는 있으나 그녀에게는 특별히 가볼 만한 곳이 없다. 따라서 그녀의 감옥은 담을 필요로 하지 않는다. … 그녀의 사회적·정신적 욕구는 자식들에 의해 충족되어야 하지만 자식들은 거의 그러한 요구 충족에 적합한 존재가 아니다.

지적으로 예술적으로 계속 활동하겠다는 젊은 여성의 좋은 뜻은 무산되고 만다. 한 권의 진지한 책도 읽을 수 없을뿐더러 간간이 소설을 쓴다는 것은 더더군다나 말이 안 된다. 그러한 것을 할 수 있으려면 끊어지지 않는 연속적인 시간이 필요하지만 그녀는 그것을 가질 수 없다.

그녀는 점차 외부 세계와의 유일한 매개체인 남편에 의존해 간다. 그러나 부부는 점점 서로 할 얘기가 없어져감을 발견하게 된다. 둘의 경험은 너무나 상이한 것이다. 그녀는 스스로의 경험이 따분하기 때문에 권태로워진다. 가정에서 일어나는 작은 사건도 아이들에 관련된 많은 얘기도 더 이상 흥미 있는 화젯거리가 되지 못한다. 그러한 결과들 중 하나가 도시 주변의 파티에서 목격되는 일종의 성적 격리 현상이다 ― 방 한쪽에서는 남자들이 사업과 정치에 대해 논의하고 다른 쪽에서는 여자들이 아이들과 가정에 대해 얘기를 나눈다.

물론 결국에는 아이들은 전부 학교에 입학한다. 미국의 여성들을 평균하면 이것이 이루어지는 연령은 34세 때이다. 아직 가사노동을 해야 하고 학교에 다니는 아이들도 보살펴야 하지만 여성들은 비로소 약간의 연속적인 시간을 갖게 된다. 그녀는 그것으로 무엇을 할 수 있을 것인가?

이 시점에서 그녀는 직장으로 돌아 갈 수도 있다. 그러나 그것은 대부분 남편의 강한 반대에 부딪히게 된다. 그러한 남성들에게는, 생계부담자로서의 역할이 남성다움을 결정한다는 관념이 뼛속 깊이 체화되어 있기 때문에 아내가 직업을 가질 경우에는 그 성적 주체성 전체가 위협을 받는다. 혹시 남편이 협력한다 해도 직장으로 복귀한다는 것은 쉽지 않다. 중산계급의 여성들은 대개가 대학은 마쳤을 지는 모르지만 경력이 될 만한 훈련을 받은 적은 없다. 대부분의 경우에 그녀가 얻을 수 있는 직업은 그녀의 교육 수준에 상응되지 않는 직업들이다. 흔히 비서직 정도가 최고로 가능한 직업이다. 많은 여성들이 집에 머무르기보다는 그러한 직업이라도 얻는 편이 낫다고 생각한다. 일단 일을 하게 되면 사회적 자극은 물론이고 독립감을 맛볼 수 있기 때문이다. 직업을 유지하기 위한 재정적 부담 — 통근, 새 의상 및 특히 애 볼 사람에게 지불할 비용 등 — 이 수입보다 클 경우도 있다. 남편이 만일 아내가 직업을 갖지 않기를 원한다면 이 점을 구실로 삼을 수도 있을 것이다.

전문적인 훈련을 받은 여성 역시 직장으로 복귀하기가 매우 어렵다. 그녀가 받았던 훈련은 시대에 뒤떨어졌을 가능성이 많으며 어쩌면 그녀는 전문서적을 따라가는 것이 불가능하다고 생각할지도 모른다. 최근의 사회 진출자들과 경쟁하기 위해서는 재교육을 받아야 할 것이며 거기에 요구되는 분석적 사고와 지속적 집중력이 더 이상 불가능하지 않을까 걱정할지도 모른다. 그녀가 재교육 과정을 통과한다고 가정해도 여전히 좋은 자리를 찾기를 어려울 것이다. 그녀는 여성에 대한 편견 이외에도 나이에 대한 편견에 직면할 것이다. 그럴 듯한 직업을 구하는 데는 극히 장기간을 요하기 때문에 그녀는 임시직을 원할 수도 있다. 그러나 그러한 자리는 구하기도 어려울 뿐만 아니라 보수나 직위의 면에서도 보잘것없는 경우가 많다.

일부의 여성들은 보수를 받는 직업을 얻지 않고 완전히 자신만이 흥미를 가지는 생활을 영위하려 한다. 약간의 여성들은 진지하게 예술적 재능을 발전시켜 보려 하고 또 어떤 여성들은 지역사회의 일이나 정치에 깊이 개입하기도 한다. 그러한 참여에는 정기적으로 상당한 정도의 연속적인 시간이 필요하다. 이러한 시간을 확보하는 데에는 보수를 받는 직업을 가진 여성보다는 '오직' 주부의 역할만을 가진 여성 쪽이 훨씬 큰 결단을 필요로 한다. 직업여성의 가족은 그녀가 규칙적으로 직장에 나가야 한다는 것을 이해한다. 물론 두 명의 직업인을 가진 가정에서 아이가 아플 경우 돌보기 위해 집에 남아야 하는 쪽은 남자가 아니라 여자라는 것이 당연시되고 있다. 그렇지만 가족들은 여자가 직장에서 일하는 시간만큼은 가정을 떠나도 되며 현실적인 긴급한 사태가 일어나지 않는 한 그러한 것이 침해되어서는 안 된다는 것 정도는 양해 받고 있다. 그러나 보수를 받는 직업을 갖지 않은 여성의 경우는 항상 자신의 시간을 정당화하면서 그것이 침해 당하는 것을 막아야 한다. 그녀는 자신의 노력에 대한 대가를 받지 못하기 때문에 가족들은 그녀의 일을 중요하게 생각하지 않고 따라서 그녀가 자신의 일정을 가족에 맞추어서 바꿔야 마땅하다고 생각할 것이다. 그녀가 진정으로 가족과 관계없는 자기만의 관심을 추구하려면 한 개인으로서 커다란 결단과 권리 의식을 갖추지 않으면 안될 것이다.

보수를 받고 직장에서 일하거나 다른 관심사를 추구하거나, 여성은 그것이 가정 내에서의 여성의 주요 기능과 충돌하도록 해서는 안 된다는 것이 당연시되고 있다. 여성이 단지 즐거움 때문에 일한다는 것은 경계되고 있다. 여성은 마땅히 봉사 지향적이어야 하지 성취 지향적이어서는 안 되는 것이다. 자기 실현을 위해 성취가 필요하다고 생각하는 여성은 이기적이라고 간주된다. 그리하여 수입이 많은 남자와 결혼한 직업여성들도 때때로 자기는 가족이 돈을 필요로 하기 때문에 일을 한다고 주장한다. 여성이 자신의 가족을 돕기 위해 일하는 것은 옳지만 그것을 즐기기 위해 일하는 것은 옳지 않은 것으로 간주되는 것이다.

기혼 여성들에 있어서는 항상 남편과 자식이 먼저이어야 하고 자신의 필요와 욕구는 그 다음이다. 아이들이 학교에 갈 연령에 달하면 아이들에 대해 더 이상 계속적으로 주의를 쏟을 필요는 없어진다. 그러나 여성에게 부여된 정서 표현의 기능은 여전히 요구된다. 사회학자 제시 버나드가 '어루만지는 기능'(Stroking Function)이라 부른 이 기능은 화목을 도모하고 다른 사람들의 지위를 높이며 도움을 주고 보답하며 동의하고 협력하며 따르고 이해하며 순순히 받아들이는 자세들로 이루어진다. 여성은 마땅히 가족의 구성원들에게 정서적인 위안을 베풀어서 그들로 하여금 스스로를 선하고 가치

있는 인간으로 느끼게끔 만들어야 하는 것이다.

남성은 일반적으로 그의 아내가 생활의 중심을 자기에게 두기를 바란다. 아내는 훌륭한 생계부담자인 남편과 그녀를 기쁘게 해 줄 건강한 아이들을 제외하고는 아무것도 필요로 해서는 안 된다. 결국 남성과 여성 모두가 정상적 사람이라면 그러한 가운데 완전한 성취감을 맛보아야 한다고 배워 온 것이다. 남자는 결혼 당시에는 예쁘고 매력적이었던 소녀가 잔소리꾼으로 변하는 것을 보면 아연해질 것이다. 아내는 자기 실현의 길이 막혔기 때문에 남편의 출세에 과도한 정력을 쏟게 될 수도 있다. 그는 자신의 지위에 만족할지도 모르지만 그녀는 계속 더 큰 성공을 요구할 수도 있다. 그녀는 그가 그녀의 기대를 따르지 못할 경우 그의 허약한 지위를 보고는 그의 남성다움을 의심할지도 모른다. 그는 자존심이 상하고 분노하여 그의 아내에게서는 찾을 수 없는 자신을 어루만져 줄 대상을 다른 여자에서 구할 수도 있을 것이다. 아마도 그는 아내가 지나치게 돈을 바라고 지위를 의식한다고 여길 것이다. 그는 그녀가 그녀 자신의 삶을 갖지 못하고 있기 때문에 그의 삶을 살려고 한다는 점을 깨닫지 못할 것이다.

중산계급 미국인들의 이상은 친구끼리 결합하는 우애결혼(Companionate Marriage, 평생 결혼 생활을 하기로 결정을 내리기 전까지 출산을 보류하고 합의에 의해 헤어질 수도 있는 시험 결혼 — 역주)이다. 그러나 성별에 따른 가족 내의 전형적인 분업이 그 이상의 실현을 거의 불가능하게 한다. 우정은 공통의 관심을 요구한다. 그런데 남편과 아내가 서로 매우 다른 생활을 영위하기 때문에 이전에 그들이 지녔던 공동의 관심사는 침식되며 새로운 것으로의 발전도 저지된다. 우정은 또한 평등을 요구한다. 부부가 의식적으로 평등한 결혼을 이루려 해도 전통적인 분업이 유지되는 한 남편 쪽이 우월해질 것이다. 그는 돈뿐만 아니라 지위의 공급자이다. 특히 그가 성공을 거둔다면 사회는 그가 해낸 것을 높이 평가하지만 그의 아내는 그저 주부에 머무를 뿐이다. 부부의 친구들은 주로 남편의 친구 및 직장 동료일 가능성이 많다. 그들간의 교제에 있어서 그녀는 다만 그의 아내일 뿐이다. 그의 공급자로서의 기능이 가족의 생활에 필수불가결하기 때문에 가족 내의 중요한 결정은 그의 직업에 대한 영향 여하에 따라서 내려진다. 그는 빅토리아 시대의 권위적 가장처럼 행동할 필요도 없으며 보통 그렇게 행동하지도 않는다. 그의 힘과 지위는 가족 내의 기능에서 유래하며 전통적 분업이 유지되는 한 확고하다.

현실: 노동계급의 견해

중산계급은 말로나마 동등한 결혼의 이상을 외치고 있는 데 반해 블루칼라 노동자 계급은 비교적 전통적 가치에 집착한다. 블루칼라 가족에 대해 릴리언 루빈(Lillian Rubin)이 행한 최근의 연구에 의하면 남녀 모두가 남성이 가족 내의 최고 권위라고 확신하는 것을 보여 주고 있다. 따라서 무언가 바라는 것을 상의할 때 — 예컨대 다시 학교에 입학하는 일 따위 — 블루칼라 층의 아내들은 '그

이가 허락하지 않을 것이다'는 식으로 결론짓는 경우가 많다. 반대로 중산계급의 아내들은 남편으로부터 허락을 받는다는 식으로 말하지 않는다.

그것은 내용상의 차이라기보다는 말투와 언어 상의 차이일 수도 있다. 노동자 계급의 남성은 그의 아내에게 그녀는 이러저러한 일을 해서는 안 된다고 직접 말하지만 중산계급의 남성은 말솜씨에서 한 수 위에 있기 때문에 더 교묘한 형태의 강제 수단을 사용한다. 따라서 중산계급의 남성은 그의 아내에게 예컨대 낙태를 하고 안 하고는 그녀가 결정할 일이라고 말한다. 그러나 실제로 그녀가 스스로 낙태를 결정한다면 그는 거기에 동의하지 않을 것이다.

중산계급과 노동자 계급의 경제적 차이도 또한 영향을 미친다. 루빈이 직접 면담한 블루칼라 층의 가족들은 미국 정부의 공식 기준에 의하면 빈곤층은 아니었다. 그들의 평균 소득은 1만 2300달러였기 때문이다. 그러나 그들은 경제적으로 불안정했다. 그들 거의 모두에게 있어서 지출과의 끝없는 싸움의 과정이었다. 대부분의 가정에서는 그 계급을 불문하고 남성이 중요한 지출의 문제에 대해서 최고의 결정권을 가지고 있었다. 경제 사정이 핍박한 블루칼라 가정에서는 선택이 어려워지기 마련이므로 남편의 힘은 그만큼 더 아내의 생활에 영향을 미친다. 지출의 우선 순위를 둘러싼 갈등은 '두 가지 모두 구입하자'는 방향으로는 해소될 수 없기 때문이다.

블루칼라 가족에서는 가사노동의 면에서 고도로 전통적인 분업이 지배한다. 모두가 가사노동은 여성의 일이라는 데 의견을 같이 한다. 남편이 도울 수 있지만 어디까지나 그것은 아내의 책임인 것이다. 한 남편은 이렇게 말한다.

생활은 바로 이러한 방식으로만 이루어진다. 가정과 아이들을 지키는 것은 아내의 일이고 돈을 버는 것은 나의 일이다. 나의 아내가 내 일을 할 수는 없으며 마찬가지로 내가 그녀만큼 훌륭한 요리사와 주부가 될 수는 없다. 따라서 우리는 각자가 가장 잘 할 수 있는 일만을 해야 한다.

아내가 직업을 가질 경우 — 조사 대상이 된 여성의 반 이상에 해당하지만 — 부담은 특히 과중 된다. 이들 블루칼라 가족은 중산계급처럼 가정부를 고용할 만한 여유는 없다. "누구의 생활이 더 수월합니까? 남자 쪽입니까 여자 쪽입니까?"란 질문에 대해 아내들은 자신들의 좌절감을 이렇게 표현했다.

나는 때때로 미칠 지경이 되어 그와 위치를 바꾸고 싶어진다. 오직 한 가지 일만을 걱정하는 편이 나아 보인다. 나는 비록 무거운 짐이라 해도 차라리 그러한 일에 끌려가고라도 싶은 마음이다.

직업여성들은 이중적 부담을 진다 하더라도 대부분이 직업을 갖는 데서 기쁨을 얻는다. 이 여성들의 직업 — 판매원, 여급, 공장 노동자 — 은 전혀 화려하지 않지만 가정에서는 얻을 수 없는 만족감을 제공한다. 한 여성 공장 노동자는 이렇게 말한다.

나는 진심으로 직장에서 일하는 것을 사랑한다. 그것은 나를 가정에서 벗어나게 하기 때문에 그런 것 같다. 그렇다고 해서 내가 나의 가정을 사랑하지 않는다는 것을 의미하지는 않는다. 나는 나의 가정을 사랑하지만 단지 집만을 지키고 주부로서의 일만 하는 데에는 몸서리치도록 질려 버렸을 뿐이다.

다른 또 한 명의 직장 여성은 자신의 직업에 대해 이렇게 말한다. "나는 그것에 익숙하다. 나는 그런 데서 오는 느낌을 좋아한다. 스스로가 유능하다고 느낀다는 것은 좋은 일이다." 필요해서 일하지만 그들은 일을 한다는 것 자체에서 또 다른 만족감을 얻고 있다. 집에서 벗어난다는 것, 자신의 능력에 대한 자부심, 독립감 등이 그것이다. 그렇지만 여기에는 이중적 부담을 넘어 선 다른 대가들이 따른다. 남성들이 자신의 남성다움을 생계부담자로서의 역할로 보는 사회에서 아내의 직업은 위협으로 작용할 수도 있다. 한 여성은 이렇게 말한다. "그것이 그에게는 자존심의 문제인 것 같다. 우리를 충분히 지원하려 하지 않는 데서 알 수 있듯이 그것은 그의 감정을 상하게 한다." 직장 여성의 남편들은 상당수가 아내들이 너무 독립적으로 되어 가며 또 그 때문에 자신들의 권위가 위협받고 있다고 생각한다.

나는 집안에서 힘겨움을 느끼고 있다. 예전에는 나의 결정이 일단 내려지면 그것은 실행되어야 하고 사실 그러했다. 그녀는 그저 그것을 이행하면 되었다. 그러나 요즘에 와서는 그런 식으로는 되지 않는다. 그녀는 자신이 직업을 갖고 돈을 벌기 때문에 원할 때는 언제라도 나의 결정을 철회시킬 수 있다고 생각한다.

1950년대 후반에 블루칼라 층의 결혼행태에 관해 행한 연구에서 미라 코마롭스키(Mirra Komarovsky)는 조사 대상이 된 부부들 중 상당수가 결혼 생활에서 공동으로 교제할 친구를 기대하지 않고 있다는 사실을 밝히고 있다. 남녀가 각각 서로 관심사가 너무 다르기 때문에 공유할 수 있는 친구 관계는 현실적으로 불가능하다. 따라서 남편과 아내는 서로 공통되는 친구를 거의 갖고 있지 않다. 아내에게는 낮에 만나는 여자 친구가 있을 뿐이고 남편에게는 저녁 때 만나는 남자 친구가 있을 뿐이다.

루빈의 연구에 의해서도 여성의 기대가 빗나가고 있다는 사실이 지적된다. 아내는 특히 결혼이 경제적·성적 합의 이상의 것이기를 바란다. 그녀는 자신의 욕구를 겉으로 분명히 표현할 수는 없지만 대화와 교제를 원하고 있다. 한 아내는 이렇게 말한다.

나는 서로간의 대화에 관해서 계속 그에게 말하려고 하지만 그는 이렇게 대꾸한다. "좋아, 우리는 서로 대화를 나누고 있는데 당신은 더 이상 무엇을 원하오?" 그럴 때에 나는 무슨 말을 해야 할지 모른다. 그렇지만 나는 나의 의도가 그것이 아니라는 점을 알고 있다.

여성이 자신에게 무엇을 기대하는지를 모르는 남성들은 당혹감을 느끼게 된다. 중간계급보다는 노동자 계급의 남성이 사회화 과정에서 '대화 불능성'에 더욱 길들여져 왔다. "사회화 과정 속에서 그들이 주입 받은 이상적 남성상은 솔직한 대화를 방해한다. 직접적으로는 그것이 마음을 솔직히 터놓지 않는 태도를 강조하기 때문이다." 여성은 자신의 내적 감정을 털어놓고 진정으로 친밀한 관계를 유지하고 싶어한다. 남성도 노력은 할지 모르지만 문자 그대로 어찌할 바를 모른다. 한 남성은 이렇게 말한다.

가끔 나 자신이 이기적이라는 생각이 들 때가 있다. 그녀는 가족의 지주 ― 도덕적 지주 ― 이다. 그러나 그녀가 도움을 요청할 때 나는 도움을 주지 못하고 만다. 그것은 단순한 이기심 때문만은 아닐 것이다. 나는 그녀가 무엇을 원하는지도 모르고 어떻게 해야 할지도 모르기 때문이다.

상당수의 아내들이 현재의 상태에 불만을 느끼고 좀 더 깊은 관계를 갖는 생활에서 좀 더 가치 있는 무엇을 갈구한다. 그러면서도 한편으로는 남편에 대해 새로운 요구를 한다는 점으로 인해 죄의식을 느끼기도 한다. "내가 불평할 만한 점이 무엇이 있단 말인가? 그는 착실한 직장인으로 술도 마시지 않고 나를 때리지도 않는데" 일부의 여성들은 자신이 정상인인지에 대해서조차 의문을 품고 있다. "가끔 나는 내가 가지고 있는 것에 만족하지 못하는 나 자신을 보고 무언가 문제가 있을지도 모른다는 우려를 할 때가 있다."

루빈은 조사 대상이 된 부부들 대부분이 "좀 더 나아지기를 갈망함에도 불구하고 부부 관계가 마비되고 침묵으로 가득 차 있으며 공허하고 무의미하다"고 느낀다고 결론을 맺는다.

결혼과 가정 — 그것은 인간에게 좋은 것인가

앞에서 전개했던 가족에 대한 서술이 정확하다면 전통적인 미국의 가족 구조는 많은 인간들에게 좋지 않은 것이 된다. 특히 여성은 정신적 성장이나 성취감을 충족시킬 기회를 거의 제공받지 못하는 상황 속에 갇혀 있다. 남성은 최소한 아내라는 하녀를 얻기는 한다.

확실히 서술은 과장된 감이 있다. 주부와 어머니라는 전통적인 여성의 역할에 만족하는 여성도 틀림없이 있기 때문이다. 하지만 여러 가지 구체적인 증거로 행복한 주부는 비교적 드물다는 사실이 입증되고 있다. 많은 연구에 의해 모든 사회계층의 여성들이 남성보다는 더 결혼에 불만을 품고 있다는 점이 밝혀지고 있다.

남편보다는 아내 쪽이 더 결혼 생활에서의 좌절과 불만을 표시하고 있다. 즉 아내 쪽이 더 부정적 반응을 보이고 있다. 따라서 남편보다는 아내 쪽이 더 결혼을 불행하다고 생각하고 별거나 이혼을 고려하며 결혼을 후회하고 있다. 즉 부부 관계를 긍정적으로 보는 것은 아내 쪽이기보다는 남편 쪽인 것이다.

가장 놀랄 만한 일은 정신 건강의 상태이다. 제시 버나드에 의하면 "주부가 된다는 사실이 여성들을 병들게 한다"는 것이다. 기혼 남성과 기혼 여성을 비교해 보면 남성 쪽이 정신 건강을 표시하는 여러 지표 상에서 더 나은 수치를 기록한다. "기혼 남성보다는 기혼 여성들에게서 더 많은 공포증 및 우울증이 나타난다. 그리고 심리적 우울증과 정신적 손상의 증세도 예상보다 훨씬 많이 나타난다."

단순히 여성이 남성보다 심리적으로 덜 안정되어 있다는 이유를 들지도 모르지만 절대로 그렇지는 않다. 기혼 여성의 건강이 좋지 않다는 사실은 일반적인 성의 차이에 기인하는 것이 아니다. 똑같은 측정 방법을 통해서 미혼 여성의 정신 건강이 기혼 여성 및 미혼 남성 양쪽보다 좋다는 사실이 밝혀졌다.

기혼 여성들 사이에서는 심리적 우울증의 증상이 예상보다 심하게 나타난다. 즉 신경쇠약, 신경과민, 심리적 이완 증세, 불면증, 수전증, 가위눌림, 발한증, 실신, 두통, 현기증, 심계항진 등.

미혼 여성의 정신 건강은 미혼 남성의 그것과 좋은 비교 대상이다. "독신 남성과 비교해 볼 때 독신 여성 쪽에서 심리적 우울증세가 예상보다 훨씬 덜 나타난다. … 독신 여성보다는 독신 남성이 더 우울하고 소극적이다." 미혼 여성과 기혼 남성을 비교해 볼 경우에는 여성 쪽이 신경과민이나 불면증과 같은 심리적 우울증의 예가 적긴 하지만 전체적으로는 거의 차이가 없다.

통계에 의하면 결혼이 남성에게는 좋지만 여성에게는 나쁘다는 사실이 입증되는 듯하다. 그러나 이러한 차이의 일부는 선택적 요인에 기인한다. 남성은 자신이 상대적으로 우월하다고 느낄 수 있는 여성과 결혼하려는 성향을 가지며 여성은 자신이 올려다 볼 수 있는 남성과 결혼하려는 성향을 가진다. 여성은 상향적으로 결혼하려 하고 남성은 하향적으로 결혼하려 한다면 '최하급'의 남성과 '최상급'의 여성은 결혼하기가 어려울 것이다.

　그러나 선택 과정이 아내들의 좋지 못한 정신 건강을 완전히 설명해 주지는 못한다. 왜냐하면 거의 모든 사람이 결혼을 하기 때문이다. 여성의 결혼에 관련된 무엇인가가 문제를 설명해야만 한다. 결혼한 직장 여성과 주부와의 비교가 이 점을 해명해 준다. 직장 여성은 그들의 결혼 상의 지위가 어떻든 대체로 주부들 — 가정 이외에 직업을 갖지 않은 — 보다 훨씬 건강하다.

　　직업여성의 경우 예상보다 훨씬 적은 숫자가, 주부의 경우는 예상보다 훨씬 많은 숫자가 실제로 신경쇠약을 앓고 있었다. 마찬가지로 직업여성의 경우 예상보다 다소 적은 숫자가, 주부의 경우는 예상보다 다소 많은 숫자가 신경과민, 신경 이완, 불면증, 수전증, 가위눌림, 발한증, 실신, 두통, 현기증, 심계항진 등으로 고통을 받고 있었다.

　분명 주부 노릇만 하는 것은 문제이다. 그것은 말 그대로 많은 여성을 병들게 한다.

　핵가족의 구조는 그 엄격한 성적 분업 및 그에 따른 가정 내에서의 아내의 고립으로 인해 여성에게 부정적인 영향을 미친다. 남성의 경우에는 이해 득실이 분명치 않다. 정신 건강의 행복의 면에서는 기혼 남성이 독신 남성을 훨씬 능가한다. 반면에 전통적 분업이 엄격히 고수된다면 남편이 혼자서 아내와 자식의 부양을 책임져야 한다. 이것은 장시간의 노동, 상당한 심신의 긴장이 요구되며, 원할 경우에도 노동의 형태를 바꿀 자유가 거의 없다는 것을 의미한다. 게다가 그의 아내가 점점 자신의 운명을 불행하다고 느낌에 따라 그녀는 그것을 남편의 탓으로 돌릴 가능성이 많아진다.

새로운 추세

현재 통용되는 많은 결혼 관습에 대해 우리가 내린 매우 우울한 평가에도 불구하고 장래를 비관할 이유는 없다. 지난 10년간 미국 사회에는 남녀의 의식면에서 엄청난 변화가 일어났고 여성에 대한 차별 관습의 면에서도 적지 않은 변화가 이루어졌다. 여성운동은 대학 입학의 평등에서 동일 직종에 대한 임금의 평등에 이르기까지 많은 영역에서 새로운 권리를 요구하고 또한 쟁취해 왔다. 여성운동은 또한 수백만 여성이 결혼 상의 평등을 요구할 수 있을 만큼 그들의 의식을 상승시켜 왔다. 일부의 결혼은 실제로 평등을 성취하여 전체 결혼의 질을 그만큼 상승시켰다. 더욱이 보다 많은 여성들이 의사, 변호사, 정치 지도자가 됨에 따라 여성의 이미지는 — 매우 더디기는 하지만 — 변화하고 있다. 그러므로 끊임없이 상업화되어 가는 자본주의 체제하의 인간관계 속에서도 이 영역에서만은 조금이나마 개혁의 희망이 보인다.

가족 구조의 기원

가족 관계의 진화에 관한 사회학자들 사이의 견해는 서로 상당히 다르며 대립적이다. 그 중에서 가장 보수적인 견해는 가족 생활이 오로지 하나의 형태만을 지니는 데, 그것은 지금까지 줄곧 존재해 왔고 앞으로도 변화되지 않은 채로 유지될 것이라는 주장이다. 이 견해에 의하면, 여성은 항상 가족 내에서 일정한 역할을 수행해야 하며 가족을 벗어나서는 어떠한 역할도 수행할 수 없고 또한 수행해서도 안 된다. 급진적 사회학자들은 이러한 주장 하나 하나에 대해 반론을 제기한다.

1971년도에 나온 가족에 관한 한 논문집에서 편집자들은 다음과 같이 논평하였다. "결혼, 가족 및 성을 다룬 엄청난 양의 책과 논문들을 읽어 내려가다가 우리는, 변화를 부인하거나 아전인수격으로 해석하며 불변성을 찾아내려는 획일적이고 집요한 노력을 보고 충격

이 글은 미국의 급진 사회학자인 하워드 J 셔먼과 제임스 L 우드 부부가 쓴 *Sociology: Traditional and Radical Perspectives*[《새로운 사회학의 이해》, 나남, 1983]의 제8장을 번역한 것으로, 1996년에 국제사회주의자들(IS)이 소책자로 발간했다.

을 받았다." 그 편집자들은 핵가족 — 한 명의 남자, 한 명의 여자 그리고 아이들로 정의된다 — 에 대한 전통적 사회학자들의 지배적 견해를 다음과 같이 설명하고 있다.

> 핵가족은 과거, 현재, 미래를 포함한 모든 인간사회에서 보편적으로 발견되는 사실이다. … 핵가족은 명확히 생물학적으로 구조 지워진 남녀간의 분업에 기초하고 있다. 그리고 거기에서 남성은 생계 유지 … 및 보호자의 역할을 수행하며 여성은 주부 및 정서적 지주의 역할을 수행한다.

많은 사회학자들이 핵가족의 보편성을 부정함에도 불구하고 그것은 여전히 지배적인 견해로 남아 있다. 남성과 여성은 가족 내에서 각각 일정한 기능성 역할을 수행하며 이것은 영원히 지속될 것이라고 하는 견해가 바로 기능주의자들의 주장이다. 따라서 많은 기능주의자들은 사회 조직의 성격 그 자체가 여성에게는 가족 내에만 머무르게 하며 남성에게는 가족 바깥에서 역할을 수행하도록 요구한다고 여기고 있다(비록 소수이지만 가족이 보편적이라고 믿으면서도 기능주의적 견해는 받아들이지 않는 전통적 사회학자들이 있기는 하다).

이 장에서 우리는 먼저 전통적(기능주의적) 사회학자들의 가족관 및 그와 관련된 인류학, 정치학, 심리학 내의 기능주의적 관점 — 이 모두가 남녀 사이의 역할 관계를 보편적 사실로 간주한다 — 을 살펴보고자 한다. 다음으로는 자유주의적·비기능주의적 관점, 즉 여러 가지의 가족 형태 및 광범위한 남녀 사이의 역할 관계를 인정하면서 이러한 것들이 모두 상이한 사회의 각각의 사회적 조건에 의해 파생

된 것으로 보는 관점에 대해 살펴볼 것이다. 마지막으로 우리는 자유주의적 관점보다 한 걸음 앞선 관점, 즉 다양한 가족 및 남녀관계가 진화해 간다는 점을 발견하고, 이것은 사회경제적 토대의 진화에 의해 규정된다고 보는 급진적 관점을 소개할 것이다.

기능주의의 가족관

파슨즈의 기능주의는, 여성의 가족 내에서 '표현적'(expressive) 역할을 수행한다고 간주하는 그의 견해에서 잘 드러난다. 즉 여성은 상냥하고 순종적이며 다정다감하며 또한 감수성이 예민하다는 것이다. 반대로 남성은 가족 내에서 '도구적'(instrumental) 역할을 수행한다. 즉 그들은 공격적 지휘자로서 창의적이고 독창적이며 가족의 생계의 기초가 되는 수입을 벌어들인다. 파슨즈는 미국의 가족 상황을 다음과 같이 묘사한다.

성년이 된 남자가 인정받는 직업에 종사하여서 "생활비를 벌지"않을 때, 그러한 사람이 진정으로 스스로 만족하면서 아울러 다른 사람이 적절하다고 생각하는 지위까지 누릴 수 있는 경우란 극히 예외적이라고 해도 과언은 아닐 것이다. … 여성의 역할에 대해 말할 경우에 그 상황은 근본적으로 다르다. … 여성의 본질적 신분은 남편의 아내이며 자식의 어머니이기 때문이다.

그는 이러한 현재의 역할을 본질적이고 필수불가결한 것으로 묘사할 뿐만 아니라 또한 그에 대한 어떠한 변화의 시도도 위험이 따를 것이라고 경고한다.

물론 성년의 여성이 남성적 모범을 따르고 동년배의 남성과 직접 경쟁하는 가운데 직업적 성취감을 맛보며 출세를 추구하는 것도 가능하긴 하다. 그러나 가사에 충실해야 하는 전통적 관습으로부터 여성의 해방이 크게 진행되었음에도 불구하고 극소수의 부류만이 이러한 방향으로 나아갔다는 사실에 주목해야 한다. 그러한 경우가 일반화될 수 있으려면 가족 구조의 급격한 변화가 있어야만 한다. … 기회의 절대적 균등이란 가족의 긍정적 유대와는 양립할 수 없음이 명백하다. … '남녀간의 역할의' 차이는 우리의 계급 구조 내에서 가족의 유대를 유지하는 일과 기능적으로 관련되어 있다.

파슨즈는 우리 사회 내의 여성의 종속적 위치만을 묘사하는 데 그치지 않는다. 또한 그는 그것이 '가족의 유대'를 유지하기 위한 기능적 요건임을 분명히 단언하고 있다. 나아가서 가족의 유대는 '우리의 계급 구조'를 유지하기 위한 기능적 요건인 것이다. 우리의 계급 구조가 파괴되면 우리의 사회 역시 파괴된다. "이리하여 파슨즈는 성의 차별이 기존의 사회구조를 유지한다는 입장에서 '기능적'이라 생각하며 그것이 바로 기능주의자의 주요 관심사라고 간주한다."
여성 해방을 인정하는 많은 급진적 사회학자들은 여성이 사회에서 수행하고 있는 현재의 기능에 대한 파슨즈의 서술 중 많은 뿐에 동감할지도 모른다. 문제는 현 사회(즉 현재의 지배층)의 유지에 기능적인 것이 사회 구성원의 대다수에게 긍정적인가 부정적인가 하는 점이다. 파슨즈의 많은 다른 기능주의 사회학자들은 현 사회 속에 '존재하는 것'과 진보된 사회 속에 '존재해야 할 것' 사이에 구분을 짓지 않는다. 여성 해방이 기능적이지 못한 것은 그것이 현 사회(그리고 현 지배층)를 동요시키기 때문이다. 따라서 그것은 부정적 영향력으로 간주된다.

파슨즈의 기능주의는 1940년대와 50년대에 건드릴 수 없는 존재로 군림하였는데 '결혼과 가족의 적응', '생활의 적응'과 같은 당시 유행하던 학과목들은 모두 그 영향을 받아 생겨난 것들이다. 전통적 사회학자들은 여성들에게 그들이 현 사회에 어떻게 적응해야 하는지를 가르쳤다. 그들은 사회를 여성의 욕구에 적응시킬 수 있도록 만들 가능성에 대해서는 비현실적이라고 보았다. 당시 많은 대학에서 교재로 사용되고 널리 읽혔던 한 결혼 안내서 속에는 이렇게 쓰여져 있었다.

남녀는 상호보완적이다. … 남성은 여성과 더불어 … 하나의 기능적 통일체를 형성하게 한다. … 남성과 여성이 동일한 직업에 종사하거나 공통의 기능을 수행하게 되면 보완적 관계가 붕괴될 것이다. … 전통과 관습이 급격히 변화할 경우 어떻게 될 것인가에 대해 논의해 보는 것은 … 흥미 있는 지적 훈련일 수 있다. 그러나 그것은 현대의 젊은이들이 삶의 필연성에 적응하거나 스스로의 결혼을 한층 높은 차원의 만족으로 이끄는 데는 도움을 주지 못한다.

이것은 명백히 여성에게 가정의 의무에 대한 계속적인 종속과 구속에 '순응하라'고 가르치기 위한 성스러움을 가장한 수단이다.

그러한 기능주의는 1950년대라는 보수주의 시대에만 사회학적 입장이었을 뿐 그 이상은 아니라고 주장될지도 모른다. 기능주의가 사회학 내에서 지니는 중요성이 지금까지 감소되어 온 것은 사실이다. 게다가 여성 해방 운동의 여파로 대부분의 사회학자들은 여성의 지위에 대해 논할 경우 훨씬 신중해졌다. 그러나 몇몇 사회학자들은 보통 무의식적이긴 하지만 여성운동에 대한 반대에 가담해 왔고 또한 갖가지 해악을 여성 해방 운동의 선동의 탓으로 돌리고 있다.

우리는 뒷부분에서 이러한 경향의 몇 가지 예를 보게 될 것이다. 그러나 여기서는 1976년도에 간행된 한 사회학 교과서에서의 아주 간단한 예를 하나 들어보기로 하자. 이 교과서는 다음과 같이 주장한다.

정신적 무질서 속에서 성의 차별은 제2차대전 이후 분명히 계속 확대되어 왔다. 이러한 차별의 증대는 많은 사회적 변동과 동시에 진행되어 왔다. 그 변동의 적지 않은 부분은 여성 해방 운동의 새로운 등장이란 사실이다. 그러한 행동은, 상응하는 역할이나 지위 상의 변화는 없이 의식만 높아진 많은 여성들 사이에 불만감과 성취감 결여만을 가중시켜 왔다.

이러한 기능주의자들의 견해에서 보면 여성운동은 정신적 혼란을 가져오는 데 기여할 뿐이다! 그들에 의하면 여권신장론이 이러한 결과를 빚게 된 것은 그것이 여성들에게 가족 내의 기능적 역할에 대해 좌절감을 느끼게 하기 때문이다. 그러나 급진적 견해에 따르면 이러한 진단은 사태를 정반대로 해석한 것이다. 달리 말하면 가족 내의 종속적 역할에 대한 여성의 불만 — 그리고 가족 외에서의 역할에 있어서의 차별 — 으로 인해 현대 여성 해방 운동이 형성된 것이다. 따라서 운동이 사그라든다 해도 불만과 좌절의 원인은 그대로 남게 된다. 다만 그렇게 될 경우 여성들은 이전보다 불만의 원인을 좀더 이해할 수 없게 되고 따라서 여성의 지위의 변화도 좀더 어려워질 뿐이다.

그 교과서는 또한 여성의 성적 역할과 행위 규범이 점차 남성과 닮아 가고 있다고 주장한다. 그 예로서 수동성과 복종하려는 의지가 감소되고 있다는 사실을 든다. 결국 그 교과서는 많은 전통적 사회학자들의 주장을 좇아서 기능적 역할의 차이가 점차 감소됨에 따라 사랑이나 성이 거의 존재하지 않는 단성(單性, unisex) 사회가 도래할 것으로 예측한다. 그 교과서는 다른 기능주의 교과서(1973년에 출간된)를 인용하여 이렇게 주장한다.

성은 열정의 근원으로서의 역할을 하지 못하게 될 것이다. … 로미오나 줄리엣은 더 이상 존재하지 않을 것이다. 왜냐하면 누구도 사랑이나 성을 위해 죽을 정도의 열정을 가질 수 없을 것이기 때문이다.

여성의 종속이나 억압이 제거됨으로써 정말로 사랑과 성의 종말에 이르게 될 것인가? 오히려 그 반대일 가능성이 있지 않은가? 여성운동의 참가자들은 대부분 현재까지의 운동의 결과로 여성의 성적 경험에 대한 자각과 쾌락이 증가해 왔다고 주장한다. 이것이 성에 대한 열정의 양의 감소를 뜻하지는 않는다. 더욱이 앞으로 제10장에서 평등에 기초한 결혼이 종속에 기초한 결혼보다 더 큰 사랑을 얻는다는 것을 보게 될 것이다.

기능주의적 인류학의 가족관

저명한 인류학자인 G. P. 머독은 다음과 같이 쓰고 있다.

핵가족은 보편적 사회집단 형태이다. 좀 더 복잡한 가족 형태를 구성하는 단일한 지배적 형태로서건 혹은 근본적 단위로서건 그것은 이미 역사에서 알려진 사회 속에서는 항상 독특하고 두드러지게 기능적인 집단으로서 존재해 왔다. 관찰 대상이 된 250개의 대표적인 문화 속에 예외는 하나도 없었다. …

머독의 '핵가족'에 대한 정의는 너무 광범위해서 그것은 거의 모든 것을 수용할 수 있다. 그것은 '그밖에 누가 함께 살건' 한 명의 남자, 한 명의 여자, 그리고 그들의 자식이 함께 살 경우의 구조는 무엇이건 포함한다. 이러한 정의 아래 머독은 일부다처제와 대가족제도 모두를 핵가족의 형태로 간주한다. 왜냐하면 이러한 가족 형태 속에서는, 다른 사람들이 같이 산다 해도 한 명의 남자, 한 명의 여자 및 그들의 자식들이 함께 살기 때문이다. 일반적으로 사용되고 또한 대부분의 사회학자들이 따르는 용법으로는 '핵가족'이란 한 명의 남자, 한 명의 여자 및 그들의 자식들로만 이루어진 고립된 집단을 가리킨다. 머독의 포괄적 '핵가족'과 이것은 구분하기 위해 '고립적 핵가족'이라고 부르기로 한다. 그런데 "머독 자신의 통계에 따르면(그는 192개 사회에 대해 비교 가능한 통계를 수립하였다). 42개 사회가 고립적 핵가족을 가지고 있었고, 53개 사회는 한 남편과 여러 명의 아내로 구성된 가족을, 그리고 92개 사회는 몇 가지의 대가족 형태(한 가족 안에 아주머니, 아저씨, 종형제들 및 여러 세대까지 포함하고 있는)를 가지고 있었다. 따라서 그의 통계 속에서 우리가 보통 핵가족제라고 부르는 경우는 얼마 되지 않는다.

가족 구조에 관한 최근의 한 교과서는 이 사실을 다른 식으로 표현하고 있다. "대부분의 인류학자들은 지금 핵가족의 보편성이라는 관념에 찬동하지 않는다. 그것은 그 분야에서는 이미 쟁점이 아니다. 복잡한 혈연 제도에 대한 연구는 … 핵가족이 근본 단위라고 가정하게 되는 경우 얻는 것보다는 잃는 것이 많다." 극소수의 보수주의 인류학자들은 여전히 핵가족만이 유일한 가족 형태이며 과거에도 그러했고 미래에도 그러할 것이라고 주장한다. 전통적 인류학자인 클레런 포드(Clellan Ford)는 어떤 문화에서건 남성은 보다 지배적이고 공격적이며 성에 있어 능동적인데 반해 여성은 정서적이며 수동적이라고 주장한다. 그는 이러한 가족 내의 역할 관계가 변화할 수 있는 가능성을 다음과 같이 부정한다.

과학 기술상의 변화나 혹은 역할 수행에 있어서의 성적 평등을 향한 의식적 노력이 있다고 해도 가까운 장래에는 현실적이고 근본적인 어떤 변화가 이루어질 것 같지 않다 … 재생산 기능에서 생기는 차이가 바로 남녀가 영위하는 삶의 종류에 대해 근본적인 성적 불일치를 강제하는 만큼, 사회집단이 생존할 수 있으려면 허용될 수 있는 변동에는 한계가 있어야 한다. 어떻든 여성들이 그들의 근본적인 생리적 기능을 포기하도록 설득당한다면 사회는 더 이상 존재하지 못할 것이다.

포드는 여성의 해방이 여성으로 하여금 성이나 아이를 갖지 않도록 '어떻든 설득하려'한다고 생각하는 듯하다. 이것이 바로 기능주의의 최대의 약점이다.

정치학에 있어서 기능주의적 여성관

대다수의 기능주의자들은 사회 속의 여성의 기능이 가정에 제한되어야 한다고 믿기 때문에 그들은 경제나 정치에 있어서 여성의 역할이 사회에 대해 역기능적이라고 생각하는 경향이 있다. 예컨대 몇몇 전통적 정치학자들은 아내와 어머니로서의 기능이 불가피하게 여성들을 중요한 정치적 참여로부터 배제시킨다고 주장한다. 이 주장은 기능주의적 가족관에 그 논거를 두고 있다. 여성 해방론자인 어떤 두 정치학자는 여성의 정치 참여에 반대하는 이러한 주장은 왜곡된 것이라고 반박하며 그 이유를 다음과 같이 들고 있다.

그 주장 속에는 여성이 현재 처해 있는 취약한 정치적 지위는 필연적인 것이며 또한 기능적이라는 가정이 내포되어 있다. 사회는 여성들이 사회적 영역에서 제공하는 봉사에 의존하고 있다. … 우리는 지도자를 양육할 아내와 종족을 보존할 어머니를 확보하기 위해 여성의 제한된 참여를 인정해야 한다.

《미국의 투표자》(The American Voter)라는 제목의 한 전통적 교과서는 이러한 여성의 취약한 지위가 지니고 있는 한 측면이 항구적으로 낮은 여성의 정치 참여를 정당화시키고 있음을 역설적으로 보여 준다.

단지 어린이들을 양육하는 일차적 책임을 진다는 이유만으로 조금이라도 잠재적 투표율이 감소한다면 그 결과는 정치 참여의 면에서 남녀간에 영원한 모순을 남기게 될 것이다.

똑같이 유명한 정치학자 로버트 레인(Robert Lane)은 그의 저작 《정치적 삶》(Political Life) 속에서 여성의 정치 참여(혹은 가정 외부에 대한 관심)는 그들의 가족으로부터 가족이 정치에 쏟을 시간을 뺏는다고 주장한다.

여성 노동자와 직업여성 그리고 자발적으로 사회에 봉사하기를 고집 하는 여성과 직업 이외의 일에 열중하는 여성들이 때대로 응당 어린아이들의 것이 되어야 할 시간을 어린아이들부터 빼앗고 있다는 사실에 대해서 미국 사회에서는 너무나 반성이 이루어지고 있지 않다. 카아디너(Kardiner)도 지적했듯이 소년 범죄의 증가(그리고 동성애)에 대한 책임의 부분적으로는 여성 해방 운동과 그러한 부류의 미국 어머니들에게 돌려야 할 것이다.

어째서 레인은 남성이 경제나 정치활동으로 인해서 가족으로부터 뺏는 시간에 대해서는 불평하지 않는가? 분명히 그는 여성의 유일한 기능은 가정 안에 국한되며 반면에 남성은 역시 가정 바깥의 사회를 위해서 기능한다는 기능주의자의 견해를 받아들인다는 사실이 그 해답일 것이다.

이러한 기능에 혼란이 일어난다면 그때에는 — 레인, 파슨즈, 혹은 다름 기증주의자들에 의하면 — 사회 전체에 혼란이 일어날 것이다. 이 항목에서 나타난 주장뿐만 아니라 이전에 소개된 전통적 사회학자들의 주장을 모두 종합해 보면, 여성운동의 죄는 바로 운동을 따르는 수많은 여성들에 있음을 알 수 있다. 이러한 주장들에 의하면 여성 해방 운동의 영향 아래 있는 여성들은 가족을 붕괴시킴으로써 다음과 같은 사태들을 유발시켜 왔다고 한다.

1. 더 큰 정신적 혼란
2. 더 적은 사랑
3. 더 적은 성
4. 더 적은 육아
5. 더 많은 청소년 범죄

6. 더 많은 동성애

몇몇 전통적 사회학자들은 범죄율의 상승까지도 여성 해방 운동의 탓으로 돌린다. 이것은 '희생자를 욕하는 꼴'이라 할 것이다. 여성은 정신적 혼란, 사랑의 결핍, 성의 결핍, 청소년 비행 및 범죄의 희생자이다. 뒤에서 논의하게 될 것이지만 이러한 문제들의 원인은 현재의 가족 구조 및 자본주의 사회의 정치경제 구조 내에 있다. 가정과 직장에서 좌절과 억압을 종식시키기 위해 이러한 구조를 변화시키려 하는 것이 바로 여성운동이다.

더욱이 여성 해방 운동론자들이 여성들로 하여금 가정 외부에서 직업을 갖게 함으로써 가정을 붕괴시켰다는 주장은 명백히 그릇된 것이다. 사실은 가정을 벗어나 일을 하는 여성의 90퍼센트 이상이 순전히 경제적 이유 때문에 그렇게 하지 않을 수 없는 것으로 밝혀지고 있다. 이 점에 대해서는 11장에서 살펴보게 될 것이다. 따라서 여성운동이 직업을 가지라고 해서 여성들이 직업을 갖는 것이 아니라 경제적 필요에서 그러한 것이다. 게다가 여성들은 전통적인 혼인 구조 때문에 가정에 얽매여 있다. 여성 해방 운동은 여성들이 스스로 당하고 있는 이러한 억압을 좀더 정확히 인식하도록 할지언정 이러한 억압의 원인은 결코 아니다. 억압에 대한 인식이 사회를 붕괴시키지는 않는다. 오히려 억압의 붕괴의 선행 조건이다.

대다수의 기능주의자들의 사고 속에는 기존의 질서, 즉 겉으로 보기에는 평화로운 기존 질서를 붕괴시키는 것은 항상 그릇된 것이라는 전제가 깔려 있다. 그러나 정돈되고 평화로운 현존 질서가 가정에서의 억압과 직업에서의 차별이라는 현실을 은폐하고 있다면, 과연 그것을 붕괴시키는 것이 그릇된 일인가? 똑같은 상황 속에서 1776년 에 미국의 혁명가들은 좀 더 정의로운 사회 속에서 '행복의 추구'를 위한 좀 더 많은 기회를 획득하기 위해서는 평화로운 영국 식민지 상 태를 붕괴시키는 것이 필요하다고 선언하였다. 만일 기능주의자들이 계속 세력을 유지하면서 그러한 사회적 법과 질서의 혁명적 붕괴를 저지하는 데 성공한다면, 우리는 여전히 영국의 식민지 지배와 같은 억압 아래서 살고 있는 것이나 다름없을 것이다.

여성 및 가족에 관한 프로이드 심리학의 견해

전통적 사회학자, 정치학자, 인류학자들의 상호 밀접히 관련된 기 능주의적 관점 이외에도 여성의 종속적 역할을 옹호하는 지지 세력 은 전통적인 프로이드 파와 신프로이드 파 심리학자들로부터도 나 오고 있다. 프로이드의 가설 중 가장 오랫동안 지속되어 왔고 가장 해로운 것은 여성이 '음경 숭배'로 고통을 받는다는 생각이다. 프로 이드는 19세기 비엔나의 중산계급 여성들은 일반적으로 남성에 대해 질투를 느낀다고 생각하였다. 그런데 여성이 남성을 질투할 만한 충 분한 이유가 그의 머리에는 떠오르지 않았다. 결국 그는 남성에 비해 권력이 없다는 점과 같은 사회적 변수를 무시하고 대신에 여성은 음 경을 가지고 있지 않다는 생물학적 사실에 주목하였다. 그의 견해로 는 소녀들은 모성애로서 대체되는 충족감을 맛보기 전까지는 항상 음경에 대해 질투심을 느낀다는 것이다. 프로이드 자신의 말을 직접 빌려 보자.

음경에 대한 선망이 아기에 대한 선망으로 바뀔 때에야 비로소 여성의 위치는 안정을 찾게 된다. … 아기에 대한 이러한 선망이 충족될 때 여성의 행복은 극대화되며 … 그 아기가, 과거에 선망해 왔던 음경을 지닌 소년일 때 특히 그러하다.

대부분의 보편적이고 영원한 명제가 그렇듯이 프로이드의 견해도 어떠한 것이든 하나의 상황이나 그 반대되는 상황을 모두 설명할 수 있으므로 현실로 검증될 수가 없다. 여성은 음경을 숭배하고 남성에 대해 질투를 느끼고 공격적이다. 또한 여성은 아기를 갖거나 몇 가지 다른 수단으로써 어떻게 해서든 그것을 승화시킬 수도 있는 것이다.

1920년대와 30년대에는 여성 해방 운동의 물결이 강하게 일면서 많은 사회학자들은 프로이드의 본능 이론은 무시하고 성적 억압 이론을 강조하게 되었다. 프로이드 자신은 영원한 본능의 영원한 억압을 인정하면서 비판주의로 흘렀던 데 반해 이 진보적 프로이드 파는 인간이 심리 분석에 의해 이러한 억압에서 해방될 수 있다고 확신하였다. 그러나 1940년대와 50년대에는 반대로 보수적 반대파가 여성 및 남성의 본능이 변화할 수 없음을 역설하고 나섰다. 그들의 수동적이지 않고 지적 직업을 추구하거나 가정 바깥의 세계에 참여하려 하는 여성은 누구나 신경증 환자라고 하는 프로이드의 암시를 강조하였다. 여성의 독립심은 음경 숭배의 증상이며 특히 여성의 전투성에서는 항상 음경 숭배가 엿보인다는 것이다. 보수적 프로이드 파인 마리니아 파안햄(Marynia Farnham)과 페르디난드 룬드버어그(Ferdinand Lundberg)는 이렇게 주장한다. "여성 해방론은, 그 정치적 프로그램과 사회적 프로그램이 지니는 외적 유효성에도 불구하고 그 본질은 깊은 병적 증세이다." 그들은 특히 여성의 교육과 학력은 신경증적인 음경 숭배를 보여준다고 강조한다. "남성과 똑같은 단계를 밟아 가면서 성취감을 얻는다는 것은 여성이란 유기체의 능력 속에는 들어 있지 않다. … 여성은 교육을 덜 받아야 하고, 성공을 덜 추구해야 하며 정치적 행동에 덜 참여해야 한다는 것이 보수주의자의 결론인 것이다.

1960년대에 하바드대 의과대 정신과 의사인 죠세프 레인골드(Juseph Rheingold)는 영구불변한 여성의 본성을 뒷받침한다는 생물학적 근거를 다음과 같이 강조하였다.

> 여성은 양육기(器)이다. … 해부학적 구조가 여성의 삶을 규정한다. … 여성이 자신의 생물학적 기능을 두려워하지 않고 또한 여성 해방론에 의해 동요되지 않고 성장할 때 그리하여 충족감을 지니면서 모성애의 단계로 들어설 때 … 우리는 선한 생활의 목표를 달성하게 될 것이다.

분명히 레인골드의 주장으로는 여성은 본래 어머니 이외에는 아무것도 될 수 없도록 결정되어 있는 존재이다. 즉 여성 해방론자들이 여성도 다목적적인 인간이 될 수 있다고 주장할 때 그들은 무엇인가 부자연스럽고 불가능한 것을 주장하고 있다는 의미가 그의 견해 속에는 암암리에 내포되어 있다. 비슷한 견해를 부르누 베트레임은 다음과 같이 펴고 있다. "우리는 여성들이 훌륭한 과학자나 기술자가 되기를 원하는 한 무엇보다도 우선 여성답게 남성의 동반자와 어머니가 되기를 원해야 한다는 깨달음에서 출발해야 한다." 그러한 이데올로기는 대기업에 매우 도움이 된다는 점에 주목해야 한다. 왜냐하면 그것은 여성 노동자들에게 저임금을 지불하기 위한 근거를 마련해 주며 여성들이 모두 가정용품의 선전에 넘어 가기 쉽게 만드는 데 도움이 되기 때문이다. 지극히 한정된 생물학적 사실과 심리학적 본성에 근거하여 여성의 능력을 제한된 것으로 보는 이러한 견해는 잘못된 것이며 관련 증거에 의해서도 입증되지 못하고 있다.

1970년대의 대부분의 교과서는 프로이드에 대한 접근에 있어서 신중하며 또한 비판적이다. 최근의 교과서들은 신프로이드 파의 이론뿐만 아니라 반프로이드 및 비프로이드 계열의 이론에 대해서도 논의하고 있다. 다양한 분야에서 많은 새로운 이론들이 쏟아져 나왔음에도 불구하고 상당수의 임상 심리학자들이 프로이드의 여성관을 이의 없이 받아들인다는 사실이 최근의 한 연구에 의해 밝혀졌다. 1972년에 임상 훈련을 쌓은 경력이 있는 심리학자, 정신과 의사 및 사회사업가 79명에 대해 남성과 여성의 본성을 어떻게 보는가 하는 설문 조사가 행해진 적이 있다. 이들 '전문가들'에 의하면 성년이 된 건강한 남성은 "매우 공격적이고 독자적이며, 전혀 감정적이지 않고 논리적이며, 또한 쉽사리 감정을 상하지 않고 손쉽게 결단을 내릴 수 있으며 자기 확신이 강하다"고 한다. 똑같이 이들 '전문가들'에 의하면 성년이 된 건강한 여성은 "전혀 공격적이지도 독자적이지도 않으며 매우 감정적이고 비논리적이며 매우 순종적이고 소심하며 또한 쉽게 감정을 상하고 결단을 내리는 데 어려움을 느끼며 전혀 자기 확신이 없고 의존적이다."라고 한다. 여기서 성년이 된 건강한 남성은 단지, 다소 냉담하고 무뚝뚝한 기질의 소유자로 나타나고 있고 반면에 성년이 된 건강한 여성은 명백히 비뚤어진 선입관 및 기존 질서에 대한 기득권과 일치한다. 뿐만 아니라 그 견해는 인간의 태도와 행위를 사회적 관계에 의해서라기보다는 영원불변의 본능에 의해 결정되는 것으로 보는 시각에서 유래한다.

그와 같은 시각은 또한 심리적 문제들에 대한 가능한 해결책의 범위를 축소시킨다. 더욱이 현존의 사회 관계는 현존의 개개인의 심리적 태도에 의해 주어지고 결정된다고 간주된다. 이들 '전문가들'중 가장 보수적인 사람들은 심리를 영원 불변의 본능이 규정하는 것으로 보며 비교적 리버럴한 사람이라 해도 대체로 심리에 대해 사회적 변수가 미치는 영향력을 몇 가지 덧붙일 뿐이다. 상당수의 심리학자들은 억압적인 세계의 변화가 불가능하다고 가정하고 있다. 따라서 그들은 현재의 억압적 세계에 그들의 환자를 적응시키려고 노력한다. 예컨대 독자적이고 논리적인 한 여성이 성적 차별의 세계를 경험한 끝에 좌절하여 그들에게 도움을 요청한다면, 그들은 그들이 기대하는 — 의존적이고 비논리적이며 수동적인 — 규범에 그녀가 접근함으로써 '행복'해지도록 그녀의 심리상태를 적응시키려 들 것이다. 이 적응은 투숙객을 한 치수의 침대에 맞추어 보고 키가 침대에 못 미칠 경우에는 몸을 잡아 늘리고 키가 침대를 넘어 설 경우에는 다리를 잘라 냈다는 주막을 연상케 한다.

주어진 개인의 심리상태에서 출발하는 전통적 심리학의 관점은 그 학파에서 훈련된 사람들로 하여금 문제의 근원이 현재의 사회구조에 있다는 점을 깨닫지 못하게 한다. 보수적 사회학자 및 리버럴한 사회학자들은 따라서 사회구조의 근본적 조정이나 변화의 가능성을 고려해 보는 것조차 금기시하고 있다. 그들의 견해로는 여성은 본래 영원히 수동적이고 종속적이도록 되어 있고 반면에 남성은 영원히 공격적이고 지배적이게 되어 있다. 바로 '자연적' 상황이 조화된 남녀 관계를 낳았으므로 어떠한 변화도 불필요하다. 또한 남녀의 본질적인 심리적 특성은 생물학적으로 결정되고 고정되어 있으므로 어떠한 변화도 불가능하다.

남녀관계에 대한 자유주의적 견해

오늘날 모든 전통적 사회학자와 인류학자가 생물학적으로 주어진 천성적 본능이 남녀의 성격을 결정한다는 엄격한 프로이드적 견해를 받아들이는 것은 아니다. 미국 사회인류학의 창시자 중 하나인 프란츠 보아스(Franz Boas)는 생태적 본능보다는 사회적 조건을 더 강조하였다. 보아스의 제자인 마가렛 미드(Magaret Mead)는 원시 부족 내의 남녀의 행태에 관해 흥미있는 연구 영역을 개척하였다. 그녀는 다음의 의문을 추적해감으로써 시작하였다. 뉴기니아의 세 개의 원시 부족 내에서 여성과 남성의 두드러진 성격은 무엇인가? 우선 아라페쉬(Arapesh) 부족의 경우 남성과 여성은 모두, 대부분의 미국인들이 '모성적'이고 '여성적'이라고 부르는 성격을 지니고 있었다. 아라페쉬 부족의 남성과 여성은 모두, 보통은 온순하고 비공격적이며 타인의 욕구에 민감하였다. 반대로 두 번째인 문두구모르(Mundugumor) 부족의 경우 남성과 여성 모두, 미국인들이 '남성적'이라 부르는 식으로 행동하였다. 무두구모르 부족의 남성과 여성은 모두, 대체로 그 사회에서 이상형으로 간주되는 무자비하고 포악하며 공격적인 인간으로 성장해 갔다.

세 번째로 참불리(Tchambuli) 부족의 경우 현재 미국인의 사고방식에 비추어 본다면, 모든 것이 부자연스럽고 거꾸로 되었다고 할 수밖에 없다. "세 번째의 참불리족 속에서 우리는 우리 자신의 문화가 지닌 성적 태도와 정반대 되는 예를 발견한다. 여기서 여성은 지배적이고 인격적인 관리자이고 남성은 비교적 무책임하고 정서적으로 의존적인 성격의 소유자이다." 첫 번째의 원시사회는 현대 서구 사회 속의 남성과는 정반대로 행동하는 남성을 낳고 있으며(아라페쉬), 두 번째 사회는 정반대로 행동하는 여성을 낳고 있고(문두구모르) 세 번째 사회에서는 남성과 여성 모두가 현재 서구 사회에서 정상적이라 보여지는 것과는 정반대로 행동한다(참불리)는 것이 미드의 결론이다. 따라서 "우리는 그러한 행동의 측면이 성과 연관이 있다고 간주할 어떠한 근거도 더이상 갖지 못한다."

이 차이는 무엇 때문인가? 미드는 프로이드파와는 반대로 각각 다른 사회적 조건 때문에 각각의 사회에서 남성과 여성은 달리 행동한다고 생각하였다.

우리가 남성적 혹은 여성적이라고 일컫는 성격적 특성들은 그 전부가 아니라 해도 상당 부분은 한 사회가 일정한 시기에 각각의 성에 대해 부여하는 의복, 예절 및 머리 장식의 형태만큼이나 성과의 연관성이 약하다는 시사를 우리는 수집된 자료에서 얻게 된다. 전형적인 아라페쉬족의 남녀의 행동이 전형적인 문두구모르족의 남녀의 행동과 정반대 된다는 점을 고려할 때 증거는 압도적으로 사회적 조건의 힘 쪽을 지지하고 있다. 아라페쉬족의 아이들이 현상에 만족하고 수동적이며 안정된 인간으로 성장하고 반면에 문두구모르족의 아이들은 성격적으로 포악하고 공격적이며 불안정한 인간으로 성장하는 거의 완전에 가까운 획일성을, 달리는 설명할 도리가 없다. … 성에 따른 표준화된 인격의 차이는 … 문화의 창조물로서, 각 세대의 남성과 여성은 거기에 따르도록 훈련될 뿐이다.

달리 말하자면 특정 사회 내의 남성과 여성의 특징적 행동은 유전에 의해서가 아니라 사회적·문화적 조건에 의해서 규정된다. 각각의 아이들은 어떠한 방향으로도 나아 갈 수 있고 그것은 아이가 자라난 사회에 달려 있다. 미드는 프로이드의 본능 심리학과는 반대로 "… 똑같은 한 명의 아이가 이 세 개의 문화 중 어느 하나에서든 완전한 참여자로 성장할 수 있다. … 고 결론짓는다."

가족에 대한 급진적인 견해: 가족과 노동의 분업

가족의 조직과 혼인 형태는 다양한 시대와 사회에 따라 현격한 차이를 지닌다. 남편, 아내 및 아이들이 고립된 가계를 이루면서 생활하는 핵가족은 영원 불변하지도 않고 항상 존재하지도 않으며 '자연적'이지도 않다. 사실 이 소규모의 한정된 가족은 인간의 역사에서는 매우 드문 존재이다. 훨씬 일반적인 것은 다양한 친척들과 흔히 여러 세대까지 포함하는 대가족제이다. 더욱이 대부분의 원시사회는 집단이나 씨족으로 조직되어 있고 혼인의 주된 결정자는 그러한 집단이나 씨족이었지 개인은 아니었다. "뉴기니아의 원주민들의 예에서처럼 혼인의 실제 목적은 아내를 얻는 데 있지 않고 처남들을 얻는 데 있었다."

대부분의 씨족사회는 '부계'사회로 이것은 혈통과 상속이 아버지를 통해 추정된다는 것을 뜻한다. 아내는 일반적으로 남편의 가족과 함께 살기 위해 출가하며 — 어떤 경우에는 — 남자가 죽으면 그 형제가 미망인의 부양을 책임져야 하고 그 미망인과 결혼할 수도 있었다. 모든 혈연관계의 용어는 남편, 아내, 아이들을 남자의 씨족과 결부시키고 있었다. 전체는 아니지만 상당수의 부계 사회는 또한 '가부장제', 즉 남성 지배의 사회이기도 하였다.

그러나, '모계'인 씨족사회도 또한 많이 존재했으며 여기서는 혈통과 상속이 어머니를 통해 이루어지고 어머니의 씨족을 중심으로 혈연관계가 이루어진다. 따라서 보통 남편이 아내의 씨족과 함께 살기 위해 출가하며 몇 가지 경우에는 남자가 홀로 되었을 때 아내의 자매와 결혼할 수도 있었다. 모계사회는 미국과 캐나다의 인디언들 사이에, 아프리카의 몇몇 지역에 그리고 인도의 드라비다족 사이에 아직도 남아 있다. 대부분의 모계사회에서 여성의 지위는 매우 높으며 어떤 경우에는 남성의 지위와 유사하기도 하다. 그러나 '여가장제', 즉 명백한 여성의 지배를 입증하는 증거는 거의 없다.

한 명의 남자와 다수의 여자간의 결혼(즉 일부 다처제) 역시 드문 것은 아니다. 일부다처제는 대부분의 회교 사회에서는 허용되고 있으며 19세기의 유타주에서도 몰몬교도 사이에서 실행되고 있었다. 그러나, 실제로는 극히 부유한 사람들만이 많은 아내를 소유할 수 있고, 따라서 소득이 낮은 계층 사이에서는 일반적인 관습이 되지 못하였다. 반대로 한 명의 여자가 여러 남자와 결혼하는 사회도 상당수 존재하였다. 인도의 토다스족 사이에서는 한 여자가 한 남자 및 그의 형제 모두와 혼인하였고, 낳은 아이들의 생물학적 아버지를 확인하는 데는 중요성을 두지 않았다.

원시사회에서 군혼이 있었다는 것은 확실하다. 그러나 사회마다 성에 대한 견해는 크게 다르다. 많은 에스키모 부족들 사이에는 멀리서 온 손님에게는 보통 아내가 성행위로 환대를 하는 관습이 있다. 프랑스령 가이아나의 에멜린론 부족의 경우에는 '혼인'의 기간이 매우 짧아서 거의 모든 사람이 언젠가는 반대편 성의 거의 모든 사람과 언젠가는 한번씩 결혼하게 된다. 인도의 뮤리아 부족의 경우, 사춘기의 소년·소녀들이 공동 숙소에서 군거하면서 상당한 정도의 성적 자유를 누리지만 사춘기 때의 연인들은 나중에는 결혼을 허용받지 못한다.

지금까지 남성과 여성의 태도나 지위뿐만 아니라 혼인과 가족의 형태도 여러 사회에 따라 현저히 다르다는 것은 관찰할 수 있었다. 어떻게 그리고 왜 그러한가? 우리는 여성의 지위와 혼인 형태가 성에 따른 분업 및 남녀의 직업적 역할과 밀접히 관련되어 있다고 생각한다. 한 인류학자는 이렇게 쓰고 있다. "어느 곳에서도 여성의 지위를 해명하는 가장 중요한 단서는 여성의 경제생활에의 참여도와 재산 및 생산물에 대한 통제력이다 … ."

그것이 좀 더 능률적이고 생존에 도움이 되기 때문에 역사상의 모든 사회는 어느 정도까지는 노동을 분담시키고 전문화시킨다. 역사상의 모든 사회에서 여성과 남성은 약간은 서로 다른 과업을 수행했다(몇몇 아직 미지의 매우 미개한 사회는 그리한 분업을 행하지 않을 수도 있지만). 그러나 성에 의한 분업은 사회에 따라 완전히 달라진다. 특정한 사회에서는 남성이 담당하는 일을 다른 사회에서는 여성이 담당하기도 한다.

미국의 의사의 경우 단지 전체의 3%가 여성이지만 소련의 의사는 약 75%가 여성이다. 미국의 남성들은 거의 육아에 책임을 지지 않지만 남비콰라 부족의 아버지들은 아이를 돌보고 더러울 경우 목욕도 시키며 반면에 많은 남비콰라 부족의 젊은 여성들은 가사를 경멸하고 사냥과 심지어는 전쟁까지 좋아한다. 대다수의 미국인들은 남성이 사회에서 고된 일을 담당하는 것이 '자연스럽다'고 생각하지만, 여성들이 남성에 비해 더러는 네 배에 달하는 고된 일을 수행하는 사회도 있다. 똑같이 남성이 부양자가 되는 것이 '자연스러워'보일 수도 있지만, 동 인도네시아의 알로레스 족이나 멕시코의 오토미 인디언과 같이 여성은 생계를 꾸리기 위해 고된 노동을 전부 떠맡는 데 반해 남편들은 그들이 누워서 잡담이나 하는 사회도 상당수 존재한다.

대부분의 원시사회에서는 노동을 행하고 식량을 제공하는 집단이 높은 지위를 차지하지만 비교적 문명화된 사회에서는 정반대의 경우가 일반적이다. 뉴기니아의 참물리족 사이에서는 여성이 공격적이고 지배적이며 남성이 소극적이고 수동적이라는 사실은 이미 보았다. 이것은 참불리족의 여성은 어로를 하여 그 획득물을 시장에서 판매하고 반면에 남성은 쇼핑을 하며, 보석을 감고 춤과 그림을 좋아한다는 사실과 밀접히 관련된다.

따라서 남녀의 성격과 지위는 각각의 사회에서 그들이 맡고 있는 경제적 역할과 긴밀한 관계를 맺고 있다. 앞에서 미드도 설명했듯이 사회는 각각의 성을 특정 유형의 인격 및 지위로 조건 지우고 있는데, 이것은 각각의 성이 특정한 경제적 역할, 즉 분업 내의 특정한 역할을 떠맡도록 조건 지워져 있기 때문이다. 제11장에서도 논의되겠지만 이러한 조건 지워지는 형태 — 즉 '사회화 과정' — 는 사회 내의, 집단 및 계급의 권력 관계에 의해 기존 질서를 유지하는 방향으로 결정된다.

수렵 및 채집 사회(구석기 시대)

100만년에서 200만년 동안 인간은 동물을 사냥하고 야생 식물을 채집하는 데 생활의 기초를 둔 사회 속에서 살았다. 남성이 주로 수렵을 담당하고 여성은 과일, 채소, 곡류의 채집을 담당했다는 것이 입수할 수 있는 자료에 의해 입증되고 있다. 따라서 이 최초의 분업은 성별로 이루어졌다고 할 수 있다. 이처럼 매우 한정된 의미로는 생물학적 결정론도 옳다. 왜냐하면 생식과 양육이라는 생물학적 사실이 여성의 활동성을 제약하므로 광범위한 수렵은 남성이 담당하는 것이 사리에 맞게 여겨지기 때문이다.

그러나, 이것이 여성은 열등한 역할을 수행한다는 것을 의미하지는 않는다. 오히려 여성들도 남성만큼 장시간 동안 고되게 노동하고 그 경제적 기여는 남성 못지 않게 중요하고 안정적이며 그 지위도 거의 동등하다는 점은 모든 자료가 입증하는 바이다. 물론 '지위'라는 깃을 복잡한 현대적 형태로 생각해서는 안된다. 원시 부족은 구성원을 다 합쳐도 10내지 30명 남짓한 소규모 집단이었다. 직접적인 도구나 무기 외에 사유재산은 거의 없었고 그 밖의 형태의 부나 재산도 실질적으로 거의 없었다고 보아야 할 것이다. 정부도 존재하지 않았다. 사람들은 집단적 단위를 이루며 노동하였고 전통에 의해서 그리고 절박한 생존의 필요에 의해서 집단적으로 분배하였다. "대규모의 집단을 이룬 가족은 공동체로서 그 내부에서는 남성과 여성 모두가 생계에 필요한 재화를 생산하기 위해 노동하였다. … 여성들이 보통 많은 몫의 — 때로는 대부분의 — 식량을 공급하였다." 칼라하리사막의 부쉬맨(Bushmen)족과 같은 수렵·채집 부족들의 경우 상당수가 주로 여성들이 채집해 온 과일과 채소에 의존하고 반면에 남성들이 공급하는 육류는 단지 사치품에 불과하였다.

자본주의 사회의 유럽인들이 최초로 이들 원시 수렵·채집 부족과 접촉하였을 때, 그들은 여성들이 누리는 높은 지위와 대가족제나 집단 공동체가 수행하는 역할로부터 큰 충격을 받고 당황감을 감출 수 없었다. 일례로 17세기 예수회 선교사들이 캐나다의 나스카피(Naskspi)족과 마주쳤을 때의 상황을 보기로 하자. 프랑스 출신의 예수회 신부들은 거주지와 작업 일정을 결정하는 데 있어 여성들이 행사하는 압도적인 영향력으로 인해 큰 충격을 받았다. 그리하여 그들은 이 부족의 남성들이 '프랑스에서처럼' 가정의 주인이 되지 못한다고 꾸짖게 되었다. 그들은, 남성들이 때로는 스스로의 생물학적 자식이 누구인지도 분간하지 못할 만큼 여성들이 누리는 성적 자유에 대해 특히 우려하였다. 그러나 나스카피족은 이러한 반대가 터무니없는 것이며 프랑스인들은 부도덕하여 자기의 자식만을 사랑한다고 여겼다. 나스카피족은 이렇게 말하였다고 한다. "당신네 프랑스인들은 자기의 자식만을 사랑하지만 우리는 우리 부족의 모든 아이들을 사랑한다."

농경사회 대 목축사회(신석기시대)

수만 년에 걸쳐서 남성과 여성은 사회구조의 큰 변화 없이 도구와 무기를 서서히 개량해 갔다. 결국 사회구조에 영향을 줄만큼 도구와 노동 방식의 개선에 있어 충분한 진보가 이루어지게 되었다. 구석기시대에서 신석기시대로의 이러한 변화를 신석기혁명이라 부른다. 이것은 중동 지역에서는 1만 년에서 1만 2000년 전에, 그 밖의 지역에서는 좀 더 늦게 발생했으며 현재에도 여전히 존재하는 많은 원시 부족들 속에서는 전혀 발생하지 않았다.

신석기혁명 속에서는 두 가지 상이한 '발견'이 이루어졌다. 하나는 농경 즉 식물의 재배이고, 다른 하나는 목축, 즉 가축의 사육이다. 대부분의 사회는 두 가지를 모두 행할 수 있게 되기 훨씬 이전에 어느 하나를 먼저 발견하였다. 많은 경우 농경이 먼저 이루어졌던 것으로 추정된다.

이것은 남녀의 관계와 어떤 관련이 있는가? 모든 면에서 관련이 있다. 인간의 생물학적 구조에는 어떠한 변화도 없었으나 어떤 성이 무엇을 발견했는가에 관한 커다란 사회적 변화가 있었다. 남성은 수렵을 담당해 왔으므로 계획적인 목축의 발명자였고 여성은 채집을 담당해 왔으므로 계획적인 농경의 발명자였다.

식물의 채집자로서의 과거의 역할 때문에 여성이 농경의 발명과 개선에 책임을 지고 있었다는 것은 널리 인정되는 사실이다. 농토가 쟁기질(땅을 가는 것)에 의해서가 아니라 괭이질(땅을 파는 것)에 의해서 준비되는 한, 여성이 경작자로 남아 있었다는 것은 현재의 연구가 입증하는 바이다.

식물을 선택하여 재배하고 쓸모 없는 것은 제거시키는 등의 농경을 습득하는 일은 수만 년에 걸쳐 이루어진 장기간의 과정이었다. 그것을 수행하기 위해 여성들은 경작 방식 및 도구 외에도 많은 다른 것들을 발명해야 했다. 그들은 물을 담고 요리를 할 도기를 만들기 위해 충분한 화학적 지식을 가져야 했다. "도기가 여성에 의해 그 형체가 만들어지고 또한 무늬가 새겨졌다는 것은 전혀 논란의 여지가 없는 사실이다." 여성들은 옷감을 짤 직기를 만들기 위해 충분한 역학적 지식도 갖추어야 했을 뿐만 아니라 주거지를 짓기 위한(신석기 사회에서는 종종 그것은 순전히 여성의 일이었다) 건축술도 익혀야 했다. 또한 그들은 곡식을 찧고 화덕을 만드는 일을 배웠고 — 그리고 그것을 위해 도구도 만들었고 — 빵을 만들기 위해 효모를 활용할 만큼 생화학적 지식도 익혔다.

원시적 농법을 사용하는 농경사회에서는 주로 여성들이 중요한 식량의 공급자였다. 남성 수렵인이 제공하는 육류는 양도 적었고 공급도 불안정하였다. 결국 여성은 대부분의 이들 사회에서는 매우 높은 지위를 점하고 있었다. "초기의 신석기 사회는 그것이 존재했던 공간 및 시간의 전 영역에 걸쳐서 여성들이 역사상 누렸던 것 중 최고의 지위를 여성에게 부여하였다."

물론 계급 분화가 이루어진 사회에서는 한 집단이 많은 노동을 담당한다는 사실이 그 집단이 높은 지위를 차지한다는 것을 의미하지는 않는다 — 오히려 정반대이다. 그러나 신석기 사회에서는 이러한 행위는 여전히 공동체적이며 지배자가 없이 집단적으로 노동이 수행되었다. 노동을 수행하는 집단이 거기에 관한 모든 결정을 내렸다. 따라서 여성이 주요 식량 공급 집단이라는 사실은 그들이 대부분의 중요한 사회적 결정을 내렸다는 것을 의미한다.

그런데, 그것이 여전히 집단적 노동 사회였다는 사실은 남성이 여전히 사냥을 통해 집단적 역할을 수행했음을 뜻한다. 즉, 여성은 남성에 대해 권력을 행사하지는 못하였다. 여성들의 높은 지위가 여성으로 하여금 남성을 착취할 수 있는 위치에 있게 하지는 않았던 것이다.

그러므로, 만일 앞으로 사회에서 남성이 여성에 대해 권력을 행사했듯이 여성도 남성에 대해 그러한 위치에 있는 상태를 '여가장제'라 한다면 여가장제란 전혀 존재했다고 할 수 없다. 참불리족에서 보듯이 여성이 지배적 성격을 지닌 몇 가지 예가 있고 또한 다호메이의 여성 전사들처럼 (여기서는 겁쟁이들은 "남성처럼 행동하지 말라"는 훈계를 받는다고 한다) 여성이 훨씬 전투적인 몇 가지 예가 있기는 하다. 그러나 여성이 남성에 대해 착취적 지배 집단으로 군림한 사회는 아마도 존재하지 않았다고 보는 편이 옳을 것이다.

여성의 높은 지위가 원시 농업과 강한 상호 관련성을 지니듯이 모계 씨족의 존재 역시 그러하다. 부족의 구성원이 300내지 400명으로 증가했을 때 과거와 같은 구조를 지닌 가족 조직은 더 이상 존립할 수 없다. 농업 생산성의 증가에서 비롯된 높은 인구 밀도는 새로운 형태의 조직을 요구하였다. 많은 지역에서 일찍이 원시가족제는 씨족제에 의해 대체되었다. 현대에도 잔존해 있는 원시 부족을 연구하면서 얻어진 증거에 의하면 그것들은 씨족 집단으로 구성되어 있고 거기서 가족은 별다른 사회적 중요성을 갖지 못한다는 점이 입증되고 있다. 씨족의 모든 구성원은 몇몇 신비에 싸인 조상으로부터 이어져 내려오는 것으로 되어 있다. 이 조상은 그들의 상징, 즉 '토템'으로, 그것은 부족의 경제생활에서 중요한 의미를 갖는 동물이나 식물일 수도 있다.

씨족제는 신석기혁명의 전 기간에 걸쳐 계속 존재하였다. 가족이 아니라 씨족이 보통 토지를 공유하였다. 개별적 '가족'은 적은 토지를 할당받을 수도 있었으나, 긴박한 필요가 있을 때에만 그것도 보통 일년 이내의 기간에만 가능하였다. 목초지도 항상 씨족 전체에 의해 공유되었다. 이것은 오늘날 많은 원시 농경사회에서도 여전히 나타났다.

사회가 거의 완전히 농경사회이고 여성이 농사의 대부분을 책임질 때 혈연과 가계는 보통 여성을 기준으로 추정된다. 즉, 씨족은 모계 씨족이 된다. 반드시 그러한 것은 아니지만 대부분의 경우 여성은 모계 씨족 내에서 상당히 높은 지위를 누린다. 사회가 주로 목축에 의거하고 남성이 목축의 대부분을 책임질 때 혈연과 가계는 보통 남성을 기준으로 추정된다. 즉 씨족은 부계 씨족이 된다. 부계의 목축 사회에서는 항상 그렇지는 않지만 보통은 남성의 강력한 지배의 위치에 있다.

여성이 높은 지위를 누리는 모계사회에 대한 좋은 예는 나바호(Navajo)족이나 호피(Hopi)족과 같은 미국 인디언의 문화에서 찾을 수 있다. 호피족의 기술 수준은 신석기시대의 기술 수준과 유사하며 그 사회적 관계도 역시 그러하다. 호피족은 모계 씨족을 가지고 있고 그 내부의 지도권은 나이든 활동적인 여성이 주로 장악한다. 가족 집단 속에 여자의 형제들은 포함되지만 그들과 결혼한 여자는 포함되지 않는다. 씨족 전체가 토지를 공유하고 특권계급은 없다. 남성 집단이 집단적으로 가축을 소유하지만 여성 집단은 가옥 살림살이 및 야채 식량을 소유한다. 야채가 식량의 대부분을 차지하고 가축은 극히 적은 부분만을 차지하기 때문에 여성은 결혼 여부와는 관계없이 사회적 경제적으로 확고한 지위에 있다. 남성이 모든 의식을 주재하지만 씨족의 지도자로 선출되는 것은 항상 여성이다.

주로 목축에 주력하는 부족들은 대개 부계 씨족을 발전시킬 가능성이 많다. 왜냐하면 남성 수렵인이 우선 동물을 길들였기 때문이다. 여기서 남성은 새로운 무기와 목축에 필요한 다른 도구도 발명하였다. 이러한 씨족 속에서는 가족 집단은 연장의 남성을 중심으로 조직되고 서로 관계를 맺는다. 항상 그렇지는 않지만 보통은 이 남자가 대가족제의 지배적 인물이다. 그러나 남성이 지배적 지위에 있다고는 해도 이후에 계급이 분화되고 착취가 자행되는 사회에서 보듯이 여성이 비천한 종족의 상태에 있지는 않다. 따라서 어떠한 신석기시대의 공동체도 여가장제나 철저한 여성 지배를 보여주지 않듯이 어떠한 신석기시대의 공동체도 가부장제나 철저한 남성 지배를 보여주지는 않는다. 각각의 성들은 자신의 영역에서 각자에 고유한 중요한 과업을 계속 수행한다. 바로 성적 억압은 존재하지 않았던 것이다.

농경과 목축을 동시에 겸하고 있는 신석기시대의 공동체에서는, 남성은 토지를 개간하고 가옥을 짓고 동물을 사냥하거나 사육하고 무기와 도구를 제조하였으며, 여성은 농사에 관련된 그 밖의 모든 일을 하고 의복을 짓고 도기를 만들고 곡식을 빻고 음식을 요리하였다. 이 공동체 속에서 남성과 여성은 거의 평등한 지위에 있었다.

노예제의 출현

신석기시대의 생활은 목가적인 것은 아니었다. 그것은 모든 사람에게 궁핍한 생활이었기 때문이다. 그러나, 어떤 신석기 사회에서도 여성은 노예처럼 취급되지는 않았다. 실제로 신석기 시대의 씨족은 집단 경제를 영위했고 노예는 소유하지 않았다. 그렇다면 이후 수천 년 동안의 변화는 어떻게 이루어진 것인가?

남성은 가축을 통해서 우유와 고기를 제공하였고 여성은 토지를 경작하였다. 그런데 축력이 대신 사용되면서 여성으로부터 땅을 일구는 부담을 더는 데 있어 커다란 진척을 보게 되었다. "최초의 단계는 아마도 한 쌍의 황소가 경작지 위로 쟁기 ― 여성들이 지금까지 사용하던 괭이의 변형물 ― 를 끌고 다니게 하는 일이었을 것이다." 남성이 가축 및 황소를 길들이고 사육해 왔기 때문에 쟁기를 끌면서 중요한 농사 의무를 떠맡게 된 쪽은 남성이었다. 쟁기를 사용하면서 농경은 여성의 일에서 남성의 일로 완전히 변화하였다. 이것은 여성에게는 몇 가지 가장 고된 노동의 종말을 뜻하였으나, 또한 주요 식량 공급원에 대한 통제권의 종말도 뜻하였고, 결국은 여성의 사회경제적 지위를 축소시키게 되었다.

여성의 어깨가 수송 수단이었던 곳에서도 그것은 수레를 끄는 동물에 의해 대체되었다. 동물에는 또한 남성 몰이꾼이 따르게 마련이었다. 수레의 바퀴 이외에도 남성은 또한 녹로도 발명하였고 이리하여 도기도 남성이 만들게 되었다. 이러한 남성들의 발명은 여성들이 좀 더 편히 생활하는 데에는 도움이 되었으나 여성들의 지위를 축소시켰다. 여성이 더 이상 고된 일을 맡지 않고 대부분의 농사도 짓지 않으며 도기도 만들지 않게 되자 이 새로운 상황 속에서는 여성의 평등한 지위를 지탱해 주던 경제적 기초는 제거되어 버렸다. 남성이 가축 사육 뿐 아니라 농사, 수송 및 도기 제조를 떠맡게 된 다음부터 대부분의 사회는 가부장제로 변화해 갔다. 남성은 결혼한 아들들과 그 가족들까지 포함하는 가족 및 세대를 지배하게 되었다.

그러나 남성의 경제적 지배가 자동적으로 여성의 총체적 종속 — 전적으로 목축에 주력하던 사회에서 그랬던 것보다도 더 심한 정도의 — 을 의미한 것은 아니었다. 여성의 종속이 시작된 것은 노예제가 출현하면서부터였고 여기서 집단적 소유와 모계적 씨족제는 종말을 보게 되었다. 남성이 가축을 소유하기 시작하면서 씨족제는 서서히 사유재산에 기초한 개별적 가족에게 종속되게 되었다. 가부장제 가족이 모계 씨족을 대신하여 근본적 경제 단위로서의 역할을 맡게 되는 과정은 몹시 더디고 힘들었다.

가축의 힘을 사용하는 새로운 발명들로 인해 인간의 생산성은 크게 증가하였다. 더욱이 나무와 돌을 대신하여 구리가 사용되자 생산자들은 최초로 자신의 생존 수단 이상의 생산물을 생산할 수 있었다. 이것은 식량과 다른 부의 잉여가 축적될 수 있음을 뜻하였다. 또한 그것은 전문가들이 예컨대 금속 제조와 같은 하나의 업무에 집중할 수 있고 반면에 다른 사람들은 그들의 식량을 생산할 수 있음을 뜻하였다. 그리고 무엇보다도 그것은 노예를 소유하는 것이 유리해졌음을 뜻하였다. 생산자가 잉여를 생산할 수 있기 이전에는 전쟁 포로들은 부족의 일원으로 편입되거나 그렇지 않으면 살해되거나 식량으로 사용되었다. 그러나 이러한 포로들이 잉여를 생산할 수 있게 되자 그들은 노예가 되어 주인을 위해 착취되었다.

소수의 남성이 재화, 가축 혹은 노예로 부를 축적하자, 그들은 비교적 민주적이고 집단적이던 씨족 구조에 대립할 만한 힘을 얻게 되었다. 과거의 공동체는 계급 분화로 붕괴되고 사유재산이 지배하며 대내적인 통치체와 군사력이 형성되어 노예에 대한 부유한 지배자를 지원하게 되었다. 전에는 임시로 선출되던 전시의 수장이 이러한 새로운 부를 소유한 지배자로서 지위를 굳힐 수 있었다. 나아가서 남성 수장은 그의 아들에게 자신의 사유재산뿐 아니라 권위를 물려줄 방법을 찾게 되고 이리하여 이 부와 권력의 지배 계열은 마침내 세습화되었다.

그러한 사회에서는 지배계급의 여성조차 노예와 마찬가지로 때로는 좀더 가치가 많고 때로는 적은 재산으로 취급되었다. 노예도 생산적 노동을 할 수 있고 또한 여성 노예는 성적 쾌락을 위해 사용될 수 있었기 때문에 여성의 가치는 저하되었다. 남편은 어떤 여자와도 성관계를 가질 수 있으나 아내는 엄격히 일부일처제를 지켜야 하는 이중의 기준이 정착되었다. 아내를 엄격히 통제하고 격리시키는 이유는 적자만이 모든 사유재산을 상속받을 수 있도록 보장하는 데 있었다.

고대 노예제

고대 그리스에서는 여성 노예들은 때로는 농사일도 하면서 가정의 고된 일은 전부 도맡았다. 그들은 가부장의 완전한 재산이었고 그는 여성 노예들을 성적 대상으로 마음껏 즐길 수 있었다. 그 중 약간은 노예 남편을 갖도록 허용되었으나 여전히 주인의 쾌락 대상으로 남아 있었다. ― 그리고 그들의 자식들은 빼앗아서는 언제든지 내다 팔 수 있었다. 그러나 누구든 한 세대 내의 여성이 외간남자와 성관계를 갖는 것은 죄악시되었다. 호머의 《오딧세이》에서 오딧세이는 집으로 돌아오자 우선 그의 아내의 구혼자를 살해한다. 그리고는 그의 여성 노예 중 12명이 외간 남자와 성관계를 가져왔음을 알고(그는 10년 전에 집을 떠났었다) 그의 아들 텔레마커스에게 이렇게 명령한다. "방안에 있는 여자들을 끄집어내라 … 그리고 너의 긴 칼로 그들을 내리쳐라. 그리하여 누구도 자신의 정부와 그 젊은 정부의 팔에 안겨 지내던 시간을 살아서는 기억하지 못하게 하라" 이렇게 그는 그의 재산에 대해 징벌을 가했다.

이후 아테네 시대의 그리스에서는 전 여성의 80%가 노예, 즉 재산이었다. 노예 소유자의 아내의 경우, 모습은 볼 수 있어도 목소리는 들을 수 없었다. 그녀는 물질적으로는 유목하였지만 민주석이었나는 5세기의 아테네에서도 그녀는 집을 벗어나서는 안되었다. 여성은 완전히 격리되었으며 ― 오늘날의 몇몇 회교 국가에서처럼 ― 도시의 활발한 정치 생활에서 어떠한 역할도 금지 당하였다. 낭만적 사랑(현대적 의미의) 때문이 아니라 적자를 확보하려는 목적 때문에 그녀는 격리되었다. 고대 그리스에서 지배계급의 여성은 자기의 집안이라 해도 참석자 전원이 가족이 아닐 때에는 집안의 파티에도 참석할 수 없었다. 더욱이 그녀는 집안 한 쪽에 외떨어져서 외부 사람의 출입이 금지되어 있는 '내실'에서 하루의 대부분을 보내야만 했다.

여성의 위치란 집안에서 아이들과 같이 지내는 것이었다. 데모스테네스(Demosthenes)는 여자를 "우리가 쾌락을 위해 숨겨 두는 정부, 날마다 주인이 오길 기다리는 여자, 우리에게 적자를 낳아 주고 우리의 충실한 주부인 아내"라고 말한다. 여성들은 적자를 낳도록 격려되었던 데 반해 남성들은 원할 때는 자유로이 성관계를 가질 수 있었다. 에우리피데스(Euripedes)는 그의 아내 메디아(Media)로 하여금 이렇게 말하게 만들고 있다. "남자는 가정 내의 교제에 싫증이 나면 밖으로 나가 지루함에 대한 회복책을 찾을 수 있다. 하지만 우리 아내들은 한 남자만을 바라보고 살도록 강요받고 있다." 이것은 철저한 이중 기준이었다. 낮은 계급과 여성 노예의 경우 삶은 판이하게 달랐다. 상당수가 자신의 의사와는 반대로 혹은 절박한 생존의 필요에서 창녀, 정부 혹은 첩이 되어야만 했다.

지배계급의 남성은 가정에서 그의 아내와 머물러 있지 않았다. 가사에 대한 관심은 천박한 것으로 간주되었다. 그는 시장과 공회당과 공중목욕탕에서 다른 남성들과 경제 및 정치에 관해 토론하면서 시간을 보냈다. 여성은 '민주적'인 그리스에서 아무런 정치적 권리도 가지지 못하였다. 그녀들은 한 되의 곡식도 거래할 능력이 없었다. 그녀들은 아버지이건 남편이건 혹은 지명된 다른 누구건 반드시 법적 후견인을 가져야 할 의무가 있었다. 후견인은 여성을 시집 보낼 수도 있고 자신이 사망할 경우 다른 사람을 후견인으로 지명할 수 있었다. 게다가 남성은 아내가 가져온 지참금을 그녀의 아버지나 후견인에게 돌려주기만 하면 언제든지 쉽게 이혼할 수 있었다. 여성은 극단적인 침해를 받은 드문 경우에만 이혼을 할 수 있었다. 남편은 모든 재산과 노예를 소유했고 그의 아들들이 그 대부분을 상속받았다. 지배계급의 여성들도 보통 읽기와 쓰기는 배웠으나 고등교육은 남성들의 것으로 유보되었다. 노예들은 그들의 직업이 필요로 하는 경우를 제외하고는 전혀 교육을 받지 못하였다.

봉건제

서유럽에서는 노예제 다음으로 봉건제가 뒤따랐다. 봉건제 하에서 인간은 더 이상 다른 인간에 의해 소유되지 않았다. 농노제가 지배적이었던 것이다. 농노는 소유되지 않는다는 점에서는 노예보다 조금 형편이 나았다. 그러나 그들은 영주의 토지에 묶여 있었다. 농노들은 연중 일정 기간을 영주를 위해 노동해야 했다. 그 대가로 영주는 그들을 '보호'하기로 되어 있었다. 초기에 농노는 유랑하는 도석 집단으로부터의 보호만을 필요로 했으나 나중에는 영주의 경제적·성적 착취로부터의 보호만을 필요로 하게 되었다. 반대로 영주는 군사적 지원을 받기 위해 자신의 토지를 봉건귀족의 보호 하에 두었다. 똑같은 의무의 위계질서가 하급 귀족에서 상급 귀족을 거쳐서 마지막으로는 국왕까지 이어졌고 국왕은 오직 신에게만 충성을 바치고 있었다.

귀족은 세속 귀족과 성직 귀족으로 나뉘어 있었다. 교회는 최대의 단일 지주이자 고도로 축적된 지식의 소유자로서 이 시대를 통해 유럽 최고의 권력이었다. 교회는 여성을 낮게 평가하였다. 1세기경 사도 바울은 이렇게 말했다. "여자의 머리는 남자이다 … 왜냐하면 남자는 … 신의 형상이요 영광이기 때문이다. … 나는 남을 가르치려

하거나 남자의 권위를 박탈하려 드는 여자는 그대로 내버려두지 않고 침묵시킬 것이다." 수백 년 뒤에 성 어거스틴도 같은 생각을 반복하였다. "여성 자신은 신의 형상이 아니며 반대로 남성만이 신의 형상이다. …" 마지막으로 13세기경에 성 토마스 아퀴나스도 계속 이렇게 쓰고 있다. "개인의 본성에 관한 한 여성은 결함을 지닌 사생아이다. 왜냐하면 남성의 정자가 지닌 활동력은 남성의 경우에는 완전한 재생산이 이루어지는 경향이 있는 데 반해 여성은 활동력의 결함에서 태어나기 때문이다. …"

교회는 명백히 여성이 약하고 열등한 성이라고 단언했지만 세속 영주나 성직 영주로 하여금 여성 농노들이 남성과 똑같이 농사일을 하는 것을 막도록 하지 않았다. 여성들은 밭을 가는 고된 노동을 제외하고는 온갖 종류의 농사일을 행하였다. 1265년경 영국의 어느 농노의 미망인은 장원의 영주에게 다음과 같은 의무를 지고 있었다. "미카엘제일(祭日, Michaelmas)로부터 성 베드로의 축제일까지 그녀는 매주 반 에이커의 토지를 일궈야 한다. 그리고 세례 요한의 축제일로부터 8월까지 그녀는 매주 3일간 수작업(手作業)을 해야 한다. …" 또 일주일에 하루는 그녀는 영주의 집사가 지시하는 곳으로 물건을 등에 지고 날라야 했다. 게다가 봄철에는 그녀는 4일간 영주의 목초지에서 풀을 베고 4일 이상 목초를 모아야 하며 2일 이상 영주의 토지에서 잡초를 뽑아야 했다. 몇몇 지역의 경우 여성 농노는 영주의 토지에서 노동하는 것에서 면제되기도 했지만 그것은 그들이 대부분의 노동을 농노 자신의 토지에서 행해야 한다는 것을 의미할 뿐이었다.

여성 농노는 또한 영주의 가정에서도 사역되었다. 그들의 운명을 13세기경의 영국의 한 프란시스코 교단의 수사가 다음과 같이 묘사하고 있다. 그에 의하면 가사 농노나 하녀는 가장 고되고 천한 일을 해야 했고, 가장 형편없는 음식과 의복을 받았으며, 영주가 지정하는 상대와 결혼해야 했고 그들의 자식을 농노로 영주에게 바쳐야 했다고 한다. 그 수사는 다음과 같이 사실적으로 기술하고 있다. "하녀들은 자주 구타당한다. … 그들은 자신의 주인과 마나님에게 반항하기 때문에 억누르지 않으면 부릴 수 없다. … 농노와 같은 부류는 오직 위협을 통해서만 제 분수를 안다."

14세기에서 15세기경에 도시화가 전개되고 상업과 공업이 확산되면서 상층 계급의 여성들에게는 새로운 기회가 주어졌다. 몇몇 강력한 영주의 아내들은 남편이 멀리 전쟁으로 원정을 떠날 경우 스스로 실권을 손에 쥐곤 하였다. 약간의 도시 수공업이 여성에게 개방되었다. 그러나 영세한 장인들의 일종의 결합 독점체이자 조합 조직인 대부분의 길드에서 여성에게는 완전한 지위가 허용되지 않았다. ― 그리고 어떠한 길드에서도 항상 여성은 낮은 임금을 받았다. 그러나 1300년에 파리에서 생겨난 5개의 상이한 동업조합은 완전히 여성들에 의해 지배되었고 그들 중 몇몇은 상당한 재산을 축적하였다. 유럽의 대부분의 지역에서는 여성이 방직과 방적을 독점하였다. ― 이리하여 '스핀스터(Spinster)라는 단어가 노처녀란 뜻으로 통하게 되었다. 영국의 여성들 속에는 이발사, 약제사, 대장장이, 조선공 및 재단사도 있었다. 중세 후기에는 많은 부르주아 여성들이 독자적으로 도매 및 소매상인으로서 종사하고 있었다.

13세기초에는 맹아적 자본주의 관계의 발생과 함께 부유한 여성의 삶에는 약간의 개선이 이루어졌는데 그것은 그들이 지닌 비교적 큰 경제력에 기인한다. 그러나 그들은 여전히 열등한 인간으로 취급되었다. 무역에 종사하는 기혼 여성은 법적으로 독신녀로 간주하도록 하는 법적 조치가 이루어졌다. 바꿔 말하면 봉건 법은, 기혼 여성에게 아무런 권리도 부여하지 않았으므로 여성이 장사에 종사할 경우에는 마치 독신인 것처럼 취급되었던 것이다. 점차 여성이 큰 규모의 사업에 뛰어 들게 됨에 따라 여성의 법적·사회적 지위도 매우 더디기는 하지만 상승하기 시작하였다. 부르주아인 남편과 결혼한 여성은 직업이 없더라도 가족을 위한 의사로서의 역할을 포함하여 필요할 때에는 가족의 사업을 떠맡는 등 광범위한 임무를 수행하게 되었다. 이러한 조건 아래서 남편과 아내 사이에는 다소의 존경심이 싹트기 시작하였다.

중세의 여성들은 흔히 상식적으로 생각하는 것보다는 더 큰 경제적 역할을 수행했으나 그들은 노예제 아래서와 마찬가지로 법적으로는 속박된 채 공적 생활을 금지 당하고 있었다. 기혼 여성은 아무런 재산권도 계약체결권도 갖지 못하였다. 남성이 가족의 재산 전체에 대한 전적인 권리를 소유하고 행사하였다. 16세기 후반의 한 영국 변호사는 이렇게 쓰고 있다.

모든 기혼 여성은 일종의 미성년자이다. … 기혼 여성이 오직 자신의 힘으로 자신의 머리를 써서 어떤 행동을 취한다는 것은 거의 있을 법 한 일이 아니다. 왜냐하면 그녀의 남편이 그녀의 방향타이고 원동력이므로, 남편

없이는 그녀는 바깥에서는 물론이고 가정에서도 많은 일을 할 수 없기 때문이다. … 아내가 자기의 남편 없이 어떠한 소송이든 제기 한다는 것은 하나의 기적이다.

상업에 종사하는 여성이 어떤 구속력 있는 계약을 체결할 수 있는 권리를 가졌던 유일한 예외가 있기는 하였으나, 그것은 중세 후기의 일이었다.

이것을 가능케 했던 법령은 15세기가 되어서야 제정되었던 것이다. 그리고 부유한 여성이 결혼했어도 독자적으로 재산을 소유할 수 잇는 방법은 겨우 17세기 들어서서 영국 법원에 의해 모색되기 시작하였다. 중세의 대부분의 지역에서 미망인은 대개 가족의 재산 소유권을 갖지 못하였고 단지 살아 있을 동안 자기 아들의 후견인으로서만 그것을 행사할 수 있었을 뿐이다. 완전한 재산권 계약권을 획득했던 유일한 여성은 자식이 없는 미망인뿐이었다.

봉건영주들 사이에서는 모든 결혼이 부모에 의해 결정되며, 그것은 배우자들이 아직 어릴 때에 이미 결정되는 경우도 많았다. 훌륭한 결혼인지를 판가름하는 중요한 척도는 상대방 가족의 토지 및 군사력의 결합 상태였다. 사랑은 결혼과 아무런 관계가 없었다. 봉건영주는 또한 하급 영주가 누구와 결혼해야 할지를 결정할 권리도 가지고 있었다. 그는 심지어는 미망인의 결혼 상대를 결정할 권리도 가지고 있었다. 반대로 하급 영주는 자신의 농노의 결혼 상대를 결정할 수 있었다. 중세 후기에 와서 부르주아 가족이 부와 권력의 면에서 등장하게 되었을 때에도 똑같은 관습이 지배하게 되었다. 결혼은 각 가족의 상대적인 재산에 기초하여 결정되었다. 여기서도 사랑은 결혼과 아무런 관계가 없었다.

결혼 이상으로도 [사랑]에 기초하고 있지 않았기 때문에, 인간적인 부적합함이란 이유로는 이혼이 절대로 허용되지 않았고 사실 지배적인 교회의 율법 하에서는 어떠한 이유로도 이혼은 허용되지 않았다. 결혼은 매우 특수한 이유로만 취소될 수 있었다. 즉 혼인 계약상의 사기, 성적 교섭이 없는 혼인, 근친혼인 등 합법적인 별거는 간통이나 문둥병 이외의 경우에는 허용되지 않았다. 다만 여자 쪽의 가족이 세력이 강한 매우 드문 경우에는 극도로 야만적이고 잔악한 행위를 이유로 법적 별거가 허용되었다. 아내에 대한 [정상적]인 폭력은 당연시되었다. 13세기 후반의 프랑스 작가는 이렇게 말한다.

대부분의 경우 남성이 자기 아내에게 가하는 상해는 옹호될 수 있으며 법이 거기에 개입해서는 안된다. 아내를 살해하거나 불구로 만들지만 않는다면 아내가 남편에게 잘못을 범했을 때는 남편이 자기의 아내를 때리는 것은 정당하다. 예를 들어 아내가 남편에게 말대답을 하거나 그를 기만하였을 때, 아내가 마치 의젓한 여자나 된 듯이 남편의 사리에 맞는 명령을 거부하였을 때 그렇다.

남편은 아내의 영주였다. 아내가 남편에게 대들 경우 그녀는 배신자로 취급되었다. 어떤 이유로든 아내가 남편을 살해했을 때에는 그녀는 화형에 처해질 수 있었다. 또한 남편은 간통을 이유로 아내를 살해할 수 있었다.

자본주의 아래서의 가족

우리는 상업 및 공업이 확대되면서 그리고 농촌에서 도시로 생활이 이동하면서 여성들이 약간의 지위를 획득했음을 보았다. 동시에 상승하는 자본가 계급과 몰락하는 봉건귀족 사이의 갈등은 서유럽과 미국에서는 혁명으로 이어졌다. 이러한 혁명과 함께 자본가 계급이 지배하는 자본주의 경제 및 민주적 정치 과정이 확립돼 있다.

프랑스혁명과 미국혁명에서 외쳐진 자유와 평등의 전파는 수백만 여성의 의식을 드높이고 일부 여성들로 하여금 남성과의 평등을 요구하도록 이끌었다. 그러나 미국과 서유럽에서는 19세기 중엽에도 여성은 권리라는 면에서 중세와 별로 다를 바가 없었다. 미국 사회에서 기혼 여성은 여전히 독자적인 법적 권리를 소유하지 못한 채 남편의 재산으로 취급받고 있었다. 그들은 독자적인 계약권도, 임금에 대한 권리도, 별거 시 자식에 대한 권리도 그리고 투표권도 갖지 못하였다. 여성들은 이러한 권리를 획득하기 위해 조직하고 투쟁하였다. 그들은 1850년대와 60년대에는 계약권을 일부 획득하였다. 여성들은 1920년이 될 때까지는 투표권을 획득하지 못하였다. 그밖에 여러 가지 법 앞의 평등권은 수십 년에 걸쳐 매우 서서히 쟁취되었다. 오늘날에도 미국의 법 안에는 여성들이 평등하게 취급되지 않는 수많은 관례가 존재한다. 기업과 보수적 이익단체들은 아직(이 책이 쓰여지고 있는 현재에도) 미국 헌법의 평등권에 관한 부칙(the Equal Rights Amendment)의 비준을 방해하기 위해 엄청난 압력을 행사하고 있다.

제9장에서 우리는 여성들이 태어나면서부터 정치, 경제 및 가족 내에서 수동적이고 종속적인 역할을 받아들이도록 조건 지워지는 과정을 살펴 볼 것이다. 제10장에서는 현대 미국의 중산계급과 노동자 계급 가족 내에서 남성이 맡고 있는 지배적 역할과 여성이 맡고 있는 종속적 역할에 대해 살펴 볼 것이다. 제11장에서는 임금, 고용 및 기타 경제적 측면에서의 여성에 대한 성적 차별에 관해 논의해 볼 것이다. 마지막으로 우리는 성적 차별을 유지하는 것이 자본가에게 유리하다는 것을 보게 될 것이다. 그리하여 기업의 선전, 대중매체, 교육제도, 그리고 기타의 사회적 조건화 수단은 모두 성차별주의적인 사회화 제도를 유지하는 데 도움이 된다는 점을 알게 될 것이다.

호주제와 여성 차별

얼마 전 프랑스 하원은 모계나 부계 성씨 또는 둘을 연결한 이중 성씨 중 하나를 부모가 선택해 자녀들에게 물려주는 가족성씨법 개혁안을 통과시켰다.

프랑스 정부는 이번 성씨법 개혁안을 2002년까지 완성할 것을 약속했다. 이렇게 될 경우 프랑스는 부계 성씨 자동 대물림 국가의 대열에서 벗어나게 된다.

프랑스 성씨법 개혁안 통과 소식은 그 동안 호주제 폐지를 요구해 온 우리 나라 여성 단체들에게 반가운 소식이다. 부계 혈통 위주의 호주제에 항의하는 표시로 몇 년 전부터 부모 성 함께 쓰기 활동을 해 온 사람들에게 얼마나 많은 비아냥거림이 쏟아졌던가.

아버지 성씨만을 물려줘야 한다는 생각은 성차별적 편견이다. 1994년 이래 유럽 인권재판소는 아버지 성씨만을 대물리는 것은 차

정진희. 〈열린 주장과 대안〉 10호, 2001년 4월 1일. https://wspaper.org/article/140.

별이라고 판정했다.

얼마 전 법안이 통과된 프랑스를 제외하면, 현재 유럽에서 부계 성씨를 자동으로 대물림하는 국가는 이탈리아와 벨기에 두 나라뿐이다.

영국 법은 아버지나 어머니 성씨, 부부가 원하는 순서로 연결한 이중 성씨는 물론 다른 어떤 성씨든 아이들에게 물려줄 수 있도록 하고 있다. 심지어 성인이면 누구나 자유롭게 성씨를 바꿀 수 있다.

물론 이번 프랑스 가족 성씨법 개혁은 실질적인 평등 조치이기보다는 상징적인 성격이 강하다. 그러나, 평등주의를 표방하는 조치들은 설사 상징적인 것에 지나지 않을지라도 실질적인 평등을 쟁취하기 위한 투쟁에 힘을 실어 준다.

호주제도 이와 비슷하다. 호주제는 비록 우리 사회에서 여성이 억압받는 주된 양상은 아니지만 여성 차별을 상징적으로 보여 주는 제도다.

이것은 지난 수십 년 동안 호주제 폐지에 결사 반대해 온 자들이 유림 같은 지독한 성차별주의자라는 데서 뚜렷이 드러난다.

유림 측을 대변하는 한국씨족공동체연합 부총재 구상진 변호사는 호주제 폐지에 반대하는 이유를 이렇게 설명했다. "남자와 여자는 출발부터 다르기 때문에 가정 내 남녀의 역할이 같지 않다는 전제에서 시작해야 하므로 가족 관계에서 남녀 동등이라는 말은 성립이 안 된다."

이들은 호주제가 '미풍양속'이라며 폐지에 완강히 저항한다.

그러나, 현재의 호적법과 호주제는 일본 제국주의가 식민지 조선을 효율적으로 통치하기 위해 조선의 유교적 관습과 결합시켜 도입한 제도다. 일제는 호주를 통해 '가(家)'를 파악하고 징병, 징세, 독립군 색출에 이용했다.

현행 호주제가 조선 시대 때와 똑같은 것은 아니다. 조선 시대 호주와 오늘날의 호주가 갖는 지위는 커다란 차이가 있다.

오늘날 호주는 가족 구성원을 통제하는 권한을 갖기보다는 다분히 허상적인 것이다. 이것은 현대 가족의 성격 — 더 이상 생산의 단위가 아니라 소비 단위라는 — 때문이다. 수차례의 가족법 개정을 통해서 호주가 갖는 권한과 의무도 대폭 축소됐다.

그러나 여전히 호주제는 성차별의 상징적인 제도로 남아 있다. 현행 민법에서 호주 승계시 남성에게 우선권을 주는 것은 명백한 차별이다. 현행법상 호주 승계의 순서는 아들, 딸, 아내, 어머니 순이다.

부계 혈통을 우선시하는 호주제에 따라, 여성이 이혼하면 자녀를 자신의 호적에 올릴 수 없고 자녀의 성도 바꿀 수 없다.

이러한 성차별적 호주제는 우리 사회에 뿌리 깊은 남아 선호 관습을 부추긴다. 남아 선호 풍조는 1996년 출생 성비가 여아 1백 명 당 남아 111.7명(둘째, 셋째로 내려갈수록 성비불균형은 더 심해진다)일 정도다. 대를 잇기 위해서 남자 아이가 필요하다는 통념에 따라 얼마나 많은 여성들이 아들을 낳아야 한다는 엄청난 압력에 시달리고 있는가.

호주제는 법 앞의 평등이라는 형식적 민주주의에도 위배된다. 한국가정법률상담소에 따르면, 호주제를 명문화하고 있는 나라는 우리 나라뿐이다. 애초에 우리 나라에 호주제를 도입했던 일본조차

1948년에 호주제를 폐지했다.

호주제 같은 낡은 유물은 즉각 폐기 처분돼야 한다. 여성부를 신설해 놓고 호주제조차 폐지하지 않는다면 김대중 정부는 위선 한 가지를 더하는 셈이 될 것이다.

가족의 위기

최근 몇 년 동안 '가족의 위기'는 많은 사람들의 주목을 받아 왔다. 신문과 방송, 잡지, 영화 등에서 위기에 빠진 현대 가족의 모습은 주요 화제거리였다.

영속적인 결혼("검은 머리 파뿌리 될 때까지")과 부부와 두 자녀로 이뤄진 핵가족을 이상으로 그리는 가족 관념에 비춰보면, 오늘날 가족은 분명 심각한 위기에 빠져 있다.

결혼은 줄어드는 추세인 반면 이혼은 갈수록 증가하고 있다. 지난해 결혼 대비 이혼율은 54.8퍼센트였다. 출산율 감소는 매우 빨라 이제 여성들이 낳는 아이 수는 평균 1명밖에 되지 않는다.

많은 사람들이 가족의 변화에 위기감을 느끼며 때때로 공포심마저 느끼는 듯하다. 많은 사람들이 '가족'이라는 말에서 애정, 따뜻

정진희. 격주간 〈다함께〉 44호, 2004년 11월 24일. https://wspaper.org/article/1667.

함, 보호를 떠올릴 때(광고와 드라마에서 가족을 묘사할 때 흔히 그렇듯) 가족의 위기에 대한 반응은 비통한 심정일 것이다.

가족이 없는 사람들 — 고아원에서 자라나는 아이들, 혼자 사는 노인들 같은 — 의 삶이 가장 불행한 것으로 여겨질 때, "가족의 중요성"에 대한 강조는 자연스러운 것처럼 보인다.

그러나, 가족 제도의 이상과 현실 사이에는 언제나 큰 격차가 있었다.

가족은 사랑이 넘치는 안식처로 여겨지지만, 현실의 가족은 온갖 폭력과 학대가 일어나는 곳이기도 하다. 많은 가족에서 아내 구타, 아동 학대, 노인 학대 같은 일들이 다반사로 일어난다.

가족의 실제 모습이 이상과 다르다고 해서 사람들이 그 이상을 쉽게 포기하는 것은 아니다.

살벌한 경쟁 사회에서 사람들은 숨돌릴 곳이 필요하다. 가족은 험난한 세상에서 서로 의지하고 용기를 주는 공간으로 여겨진다.

노동계급은 생산과정을 통제하지 못하고 소외를 경험하기 때문에 가족의 이상에 중간계급보다 더 강하게 매달리는 경향이 있다.

요컨대, 가족은 억압의 공간일 뿐 아니라 수많은 남녀가 억압에서 벗어나려고 애쓰는 공간이기도 하다.

사람들이 가족관계에 몰두하는 것은 가족이 하는 경제적 구실과도 긴밀한 관련이 있다.

많은 사람들은 가족을 통해 자본주의 사회가 제공하지 않는 각종 서비스를 얻는다. 실업에 처한 사람들은 흔히 가족에게서 도움을 얻는다. 가족은 또한 환자를 돌보고, 노인을 부양하고, 아이들을 키우고 보호하는 구실을 한다.

제대로 된 사회복지가 거의 없는 나라에서 '가족의 위기'는 많은 경우 빈곤의 심화를 뜻한다는 점에서 '가족의 위기'가 대중에게 불러일으키는 우려는 충분히 이해할만하다.

그럼에도 실업과 가난, 억압과 소외 등 사회에서 일어나는 여러 문제들을 가족 제도를 통해 해결할 수 있다는 생각은 기본적으로 환상이다. 가족은 외관상 사회에서 분리돼 있는 듯 보여도, 실제로는 가정 밖의 온갖 압력에서 결코 자유롭지 않다.

그래서 가족은 이상대로 살아갈 수 없을 경우 커다란 불행을 맞게 된다. 많은 사람들은 사회에서 겪는 소외와 좌절을 가까운 관계에서 표출하곤 한다. 많은 가족들이 크고 작은 다툼과 불화로 고통을 겪는 것은 이 때문이다.

무엇보다 현재의 가족 제도는 여성의 무보수 가사 노동에 바탕을 두고 있다. 이 때문에 가족은 오늘날 여성들이 억압받는 핵심 장소이다.

불평등과 권위주의가 지배하는 이러한 가족 제도가 단순히 남성들의 욕구 때문에 유지되는 것은 아니다. 사실, 가족 제도에 집착하는 것은 남성뿐 아니라 많은 여성들의 모습이기도 하다.

각종 제도와 법 따위가 가족 제도를 유지하는 데 기여한다. 가족 제도를 통해 노동력 재생산에 들어가는 비용을 개별 가정에 떠넘길 수 있기 때문이다.

저출산, 증가하는 이혼, 독신과 동거 증가 등 현대 가족이 빠르게 해체돼가는 경향을 보이면서도 없어지지 않는 것은 많은 부분 이 때문이다.

가족이 해체될 경우 노동력 재생산 기능이 위기에 빠지므로, 지배자들은 각종 이데올로기와 법 등을 동원해 자본주의 가족 제도를 유지하려 한다.

경제가 위기에 빠지는 시기일수록 보수적인 가족 가치관이 강조되는 것은 가족 이데올로기가 체제 유지에 도움이 되기 때문이다.

복지와 임금 삭감 등을 통해 대중의 생활 수준을 공격하는 신자유주의 정책은 개별 가족에게 부담을 떠넘기는 가족 이데올로기와 좋은 짝이다.

개별 가족에게 떠넘겨진 육아와 간병, 노인 부양 등을 사회가 책임질 때 개인들의 관계는 도덕적 구속에서 벗어나 더 자유롭고 평등한 관계를 형성하기 시작할 것이다.

육아는 사회가 책임져야 한다

서울 은평구 불광동의 맞벌이 어머니들이 폐쇄 위기에 처한 민간 어린이집을 구립으로 전환해 달라고 요구하며 싸우고 있다. 불광동에서 하나밖에 없는 이 영아전담 어린이집이 폐쇄되면 맞벌이 어머니들이 대부분인 이용자들이 당장 아이 맡길 곳이 없어지게 된다.

어머니들은 여성가족부, 서울시청, 은평구청에 구립 영아전담 어린이집으로 전환해 달라고 요구했으나, 정부 관료들은 예산 타령을 하며 서로 책임을 떠넘기고 있다.

이러한 상황은 오늘날 많은 여성들이 경험하는 보육의 위기를 단적으로 드러낸다. 우리 사회에서 육아는 거의 전적으로 개인의 책임, 특히 여성의 부담으로 맡겨져 있다.

'맘 놓고 아이를 낳아 기르게 해주겠다'는 정부의 약속과 달리, 육

정진희. 격주간 〈다함께〉 70호, 2005년 12월 23일. https://wspaper.org/article/2768.

아에 대한 정부 지원은 형편없다. 2005년 보육예산은 1조 3천3백55억 원(지방비 포함)밖에 안 된다. 반면, 같은 해 국방예산은 21조 1천26억 원이다.

보육시설은 대부분 정부 지원이 없는 민간시설이다. 국공립 시설은 5퍼센트가 채 안 된다. 민간 보육시설은 보육료가 국공립보다 비쌀 뿐 아니라 대부분 질도 낮다.

보육료 지원은 저소득층의 일부에게만 한정돼 있다. 보육료의 전액이나 일부를 지원받는 아이 수는 2005년 40만 6천 명뿐이다(0~5세 영유아 수는 3백60만 명).

높은 육아비용은 대다수 부모들에게 커다란 부담이다. 2003년에 발표한 한 연구보고서를 보면, 전체 가구의 월평균 자녀양육비는 1백32만 원이다. 가구당 월평균 소비지출에서 보육비가 56.6퍼센트를 차지한다.

저렴하고 질 좋은 보육 서비스를 이용할 수 없는 상황은 여성들이 직장에 다니는 것을 어렵게 한다. 여성 경제활동참가율이 증가하고 있지만(2005년 50퍼센트), 여전히 OECD 평균(70퍼센트)에 한참 못 미친다.

2004년 정부의 보육실태조사를 보면, 육아 부담이 여성의 취업에 장애가 되고 있음을 알 수 있다. 아이가 있는 어머니의 38.4퍼센트가 결혼 후 취업을 중단한 경험이 있다. 취업하지 않은 어머니 가운데 72퍼센트가 일을 하고 싶지만 육아와 가사 부담 때문에 취업하지 못했다고 응답했다.

직장에 다니는 여성들에게 육아 부담은 늘 마음을 졸이게 하는 커다란 스트레스가 된다.

아이를 낳고 기르는 일은 우리 사회가 굴러가는 데 중요한 구실을 한다. 육아는 개인이 아니라 사회가 책임져야 마땅하다.

돌봐줄 사람이 없어 방치된 아이가 개에게 물려 사망하거나 불에 타 숨지는 사건과 같은 비극은 더는 없어야 한다.

아이들이 건강하게 자랄 수 있고, 육아 때문에 여성이 겪는 차별과 부모의 부담을 없애려면, 질 좋은 무료 보육 서비스 체계가 확립돼야 한다.

또한, 이것은 사람들의 필요보다 이윤을 우선시하는 체제의 논리와 양립할 수 없다. 그러므로 우리는 자본주의 체제의 우선순위에도 도전해야 한다. 신자유주의 세계화와 제국주의적 전쟁에 반대하고 남녀 노동자들의 권익을 지지하는 것이 그 가장 분명한 행동이다.

사랑, 결혼, 그리고 가족

혹시라도 사랑, 결혼, 그리고 가족 문제에 관한 개인적인 조언을 구하러 오신 분들이 계시다면 제 강연이 실망스러울 수도 있습니다.

제 강연의 목적은 사회주의자들이 왜 사랑, 결혼, 가족이라는 주제에 관심을 가지며, 우리 모두에게 그 주제가 왜 그토록 중요한지에 관해 설명하는 것입니다.

거기에는 우선 매우 근본적인 이유가 있습니다. 인류의 절반인 여성이 차별과 불평등에 내맡겨진 채로 사회주의를 달성하기란 불가능하기 때문입니다. 따라서 여성 해방을 위한 투쟁은 사회주의를 위한 투쟁의 불가결한 일부분입니다.

두 번째 이유는, 역사상 모든 위대한 사회 운동은 평등을 추구하는 여성 운동, 자유연애를 지향하거나 사랑과 성관계에 관한 새로운

린지 저먼. 린지 저먼이 맑시즘2007에서 강연한 것을 녹취한 것이다. 당시 린지 저먼은 영국 '전쟁저지연합' 사무총장이자 영국 '리스펙트' 런던시장 후보였다

관념들을 실험하는 운동을 그 속에 잉태했기 때문입니다. 프랑스 혁명을 비롯한 모든 위대한 혁명에서 이러한 사례를 발견할 수 있습니다. 성평등과 여성의 권리를 성취하는 데서 다른 어떤 혁명보다 멀리 나아간 1917년 러시아 혁명의 경우 특히 더 그러했습니다.

그러나 심지어 그보다 더 전에, 1880년대에도 카를 마르크스의 절친한 친구이자 동지였던 프리드리히 엥겔스는 자유연애가 모든 위대한 사회운동의 일부분이라고 말했습니다. 어째서 그러한지 우리는 자문해볼 필요가 있습니다.

혁명기에 대다수의 사람들이 엄청나게 바빠진다는 사실을 감안하면, 그들이 자유연애를 주장하는 것은 결코 시간이 남아 돌아서는 아닐 것입니다.

그러므로 진정한 이유는 대격변기에 사람들의 생각이 더 개방적으로 바뀌고, 삶과 연애에 관한 태도와 세계를 바라보는 관점에 있어서 새로운 지평이 열리기 때문일 것입니다.

지배적 이데올로기

평등을 위한 여성들의 투쟁을 지칭하는 데 사용된 용어들 역시 이 점을 보여 줍니다. 19세기에 사용된 여성 해방(emancipation)이라는 용어는 자유를 얻기 위해 싸우는 카리브해 연안 지역과 아메리카 노예들의 해방(emancipation) 운동에서 단어를 차용했습니다.

그리고 1960년대에 등장한 여성 해방(liberation) 운동 역시 당시에 아프리카와, 더 중요하게는 베트남에서 일고 있던 반식민지 민족 해방(liberation) 투쟁에서 단어를 차용했습니다.

이러한 새로운 관념들은 어느 시대에나 지배적 이데올로기에는 위협적이었지만, 한편 여성들에게는 다른 경로로는 접할 수 없는 대안적 사상들을 제시해 주는 통로였습니다.

물론 여태껏 수백 년 동안 우세했고 지금도 우세한 관념은, 여성은 자신이 겪는 불평등과 억압에 맞서 아무것도 할 수 없다는 것입니다. 여성의 지위가 열등한 것은 자연의 순리라는 것이지요.

[이런 관념이 우세할 수 있는 것은] 오랫동안 대다수의 사람들이 가족 내에서 생활해 왔기 때문입니다. 비록 각각의 사회마다 가족의 형태는 달랐지만, 여성이 가족에서 떨어져 나와 가족 밖에서 살아가는 것은 종종 법률에 위배됐고, 대부분의 종교와 대다수 사회의 관습과 전통도 이를 금지했습니다.

사실 인류 역사 대부분에 걸쳐 인간은 남녀노소 공히 어떠한 형태이든 가족에 소속돼 살아왔습니다. 비록 그들이 속한 사회의 성격, 즉 사회 구성원들이 부를 생산하는 방식에 따라 가족의 형태도 천차만별이었지만 말입니다.

우리가 사는 사회의 지배적 이데올로기는 가족의 존재와 여성의 불평등을 영원 불변한 것으로 묘사합니다. 〈고인돌 가족〉이라는 미국 만화를 보신 분이라면 제 말 뜻을 쉽게 이해하실 것입니다.

〈고인돌 가족〉에는 1950년대 미국 가정을 쏙 빼닮은 석기시대 가족이 등장합니다. 그들은 석기시대 볼링장에서 여가를 보내고, 석기시대 진공 청소기로 집을 청소하며, 아이들의 어머니는 1950년대의 어머니와 똑같은 방식으로 아이들을 돌봅니다. 모든 것이 1950년대 미국 가정의 모습을 빼다 박은 듯합니다.

이러한 설정은 남녀의 역할 분담이 언제나 지금과 같았으며 앞으로도 변하지 않을 것임을, 즉 여성은 언제나 가정과 아이들을 돌보는 존재로, 남성은 석기시대의 차를 몰고 직장에 나가는(실제의 석기시대라면 여성들이 집에 있는 동안 사냥을 나가는) 존재로 남을 것임을 암시합니다.

하지만 두 말할 것도 없이 당시의 실제 생활 양식과 가족 형태는 오늘날과 많이 달랐습니다.

사실 자본주의는 가족이 조직되는 방식에 일대 변혁을 가져왔고, 그 결과로 나타난 자본주의 가족은 과거의 어떤 가족과도 모습이 다릅니다.

유사 이래 대부분의 기간 동안 가족은 농경이 이뤄지는 토지에 기초하고 있었습니다. 오늘날의 가족 구성원들이 직장에 나가거나 등교하거나 영화 보러 가느라 잦은 이동을 하는 것과 대조적으로, 당시의 가족 구성원들은 집을 둘러싼 좁은 토지 내에서 거의 모든 것을 해결했습니다. 따라서 각종 음식과 의복을 비롯한 많은 재화가 가내(家內)에서 생산됐고 일부는 다른 가족의 생산물과 교환됐습니다.

자본주의는 이 모든 것을 근본부터 바꿔 놓았습니다. 가내와 토지에서 생산되던 재화는 시장에서 사고 팔리는 상품으로 바뀌었고 사람들은 농지를 떠나 도시에서 일하게 됐습니다.

자본주의는 또한 각각의 가족 구성원을 독자적 임금 노동자로 만들었습니다. 자본주의 초기의 영국에서는 가족 중 가장 어린 아이도

임금노동에 투입됐습니다. 네다섯 살의 어린 나이에 아이들이 공장이나 탄광에 나가야 했던 것입니다. 오늘날 대부분의 나라에서는 더는 이런 일이 없지만 그럼에도 가족의 모든 구성원은 언젠가는 노동 시장에 나가 자본가 계급에게 노동력을 팔도록 기대됩니다.

이것은 가족 내의 관계뿐 아니라 가족이 바깥 세상과 맺는 관계도 변화시킵니다. 특히 이는 가부장인 남성의 지배에 기초한 전(前)자본주의적 가족을 파괴합니다.

그리고 이는 새로운 관념을 낳습니다. 사상 처음으로 여성들은 자신이 더는 남성에게 의존할 필요가 없다는 생각을 하게 됩니다. 사상 처음으로 그들에게 독자적인 수입이 생기면서 예전에는 존재하지 않았던 새로운 지평이 열리게 됩니다.

또한 자본주의는 "개인"이라는 관념을 처음으로 탄생시킵니다. 독자적인 의식과 개성을 지닌 개인이라는 관념을 낳고, 특히 개인 간의 낭만적 사랑, 그리고 그러한 사랑을 통한 개인의 자아실현이라는 관념을 낳았습니다. 이 모든 사상은 17세기와 18세기 자본주의 사상의 태동기에 나타났습니다.

성평등

19세기 유럽 문학을 보면 여성 작가가 여성의 연애관과 로맨스에 관해 쓴 소설이나 여성을 주인공으로 하는 소설이 놀라울 정도로 많습니다. 후자에 해당하는 소설을 쓴 작가에는 톨스토이, 플로베르 등 19세기 소설가 대부분이 포함됩니다.

이 모든 것은 여성 해방과 성평등의 토대를 마련해 줬습니다. 하지만 잘 아시다시피 여성 해방은 아직 요원합니다. 영국과 한국을 포함해 대다수의 선진국에서 지난 수십 년 간 여성의 삶에 전례 없는 변화가 일어났음에도 불구하고 그렇습니다.

여성의 삶에 일어난 첫 번째 커다란 변화는 가외(家外) 노동의 증대였습니다. 물론 여성은 그 전에도 계속 노동을 해왔지만 대개 부불(不拂) 노동이었고 인정도 받지 못했을 뿐더러, 설령 탁아소 같은 곳에서 유급으로 아이들을 돌보는 여성들이 있었다 해도 똑같은 일을 무급으로 하는 여성 노동력이 워낙 광범한 탓에 최저 수준의 임금을 받는 것에 만족해야 했습니다.

그러나 이러한 사정도 [여성의 사회 진출이 확대되면서] 크게 변했습니다. 〈이코노미스트〉도 인정했듯이 지난 20~30년 간 여성 노동이 세계 부의 창조에 기여한 몫이 신기술 기여분보다 크고 양대 신흥공업국인 중국과 인도의 기여분보다도 컸기 때문입니다(물론 그렇다 해도 여성의 '경제 기적'을 칭송하는 사람은 아무도 없습니다).

더욱이, 노동은 여성의 자의식과 남성에 대한 태도를 바꾸었습니다. 그 결과 오늘날의 여성들은 아이를 더 적게 갖거나 아예 갖지 않습니다. 결혼하는 여성 비율은 줄어드는 반면 이혼율은 늘고 있습니다. 아무리 작더라도 독자적인 수입을 갖게 되면서, 자신의 삶을 대하는 여성의 태도가 바뀐 것입니다.

여성들의 교육 수준 또한 예전보다 훨씬 높아졌는데, 이는 여성으로 하여금 자신의 진로와 관련해 단지 어머니나 주부가 되는 것 이외의 더 많은 가능성에 눈뜨게 했을 뿐 아니라 가족으로부터 독립된 삶의 기회를 부여했고, 따라서 예전처럼 씨족 촌락이나 가족 내에 머물렀더라면 맺지 못했을 여러 사회적 관계를 맺게 해 주었습니다.

이는 세 번째 그림, 즉 피임이 용이해지고 낙태 시술이 광범하게 보급된 것과도 관련이 있습니다. 여기 계신 젊은 분들에게는 이상하게 들릴 수도 있지만 현재 세대의 여성들은 자신의 몸을 안전하게 통제하고 자신이 아이를 가질지 여부와 언제, 몇 명이나 가질지를 결정할 수 있게 된 역사상 최초의 세대입니다. 1930년대에 광부 부인들의 유산 사례를 연구한 어느 보고서는 조사한 유산 사례의 최대 절반 가량이 사실은 부인들 스스로 행한 낙태였다고 추정했습니다. 오늘날에는 합법적인 낙태를 시술 받기가 더 쉬워졌습니다. 명백하게도 낙태에 대한 요구는 항상 있었고, 적어도 오늘날 상당수 국가에서는 낙태 시술이 안전하고 합법적으로 제공되기에 이른 것입니다.

선택권

이것이 중요한 진일보인 이유는, 아이를 원하고 또 낳을 수 있는 여성들이 1백 년 전이라면 8~10명씩 낳았을 것을 이제는 한두 명만 낳아도 되기 때문입니다.

또한 사랑하는 남자와 맺어진 여성이라도 자신이 그 남자를 더는 사랑하지 않거나 다른 사람을 사랑하게 됐을 때는 원래의 남자를 떠날 수 있게 됐고, 당연히 남자도 그렇게 할 수 있습니다.

이것이 의미하는 바는 여성의 신체가 더 이상 여성의 운명을 구속하지 않으며, 여성이 이제는 자신의 삶을 어떻게 영위할지, 아이를 가질지, 가진다면 누가 아이들을 돌볼지, 모유 수유를 할지 여부 등 온갖 문제에 관해 선택권을 갖게 됐다는 것입니다.

많은 우파들이 이 점을 극도로 혐오합니다. 우익 정치는 많은 부분 가족 수호나 가족 강화라는 사상과 결부돼 있습니다. 하지만 모든 증거를 종합해 보건대, 여성들은 선택권이 주어지는 한 언제나 이와 같은 새로운 삶의 방식을 선택합니다.

그렇기에 지난 20~30년 간 전세계 수준에서 나타난 일관된 패턴은 결혼 건수 감소·이혼 건수 증대·출산율 저하였습니다.

영국의 통계치를 보면, 10건의 출산 중 평균 4건이 혼외 출산이었고, 18~60세 사이의 여성 중 20퍼센트가 혼인 대신 동거 생활을 하고 있으며, 24퍼센트의 아동이 한부모 가정(보통 어머니 쪽)에서 자라고 있습니다. 실로 많은 사람들이 전통적인 가족 관계 바깥에서 생활하고 있는 것입니다.

이러한 사실로부터 전통적 가족이 완전히 붕괴하고 있다는 결론을 도출하기 쉬운데, 이것은 부분적으로 맞는 말입니다. 실제로 지난 수십 년 사이에 가족을 뒷받침하는 다양한 구조물이 대부분의 나라에서 심각하게 약화됐습니다.

하지만 다른 한편으로 가족을 복원하려는 쪽으로 온갖 사회적 힘이 작용하고 있는 것도 사실입니다. 단지 우익 이데올로그들만을 염두에 두고 하는 얘기가 아닙니다. 자본주의 국가 자체가 가족에 개입해 아이들이 제대로 양육되고 교육을 받게끔 강제합니다. 특히 오늘날에는 아이들의 양육과 관련한 가지각색의 법령이 존재하며 가족의 중요성이 이데올로기적으로 매우 강조됩니다. 한국에는 1자녀 이상 갖기를 장려하는 광고도 있다고 들었습니다. 이는 인구 수 증대뿐 아니라 전통적 가족 형태 유지를 위한 명백한 이데올로기적 시도입니다.

또한 비록 결혼 건수가 줄고는 있어도 결혼식 자체는 더욱 규모와 비용이 커지고 있습니다. 그래서 예컨대 영국에서는 화이트 웨딩[결혼식 전체에 하얀색 장식을 사용하는 값비싼 결혼식]이 점점 더 인기입니다.

이러한 현상을 이해하려면 가족의 양면을 이해해야 합니다. 한편으로 가족은 자본가 계급에게 매우 중요한 기능을 수행합니다. 카를 마르크스의 표현을 빌리자면 가족은 노동력 재생산의 도구입니다.

이 말의 의미인즉, 가족이 있기에 현존 세대의 노동자들의 의식주가 해결되고 다양한 욕구가 만족됨으로써 사회가 비교적 보수적이고 안정된 상태로 유지될 수 있습니다. 더 중요하게는 다음 세대의 노동자들, 즉 아동들이 부모들에게는 막대한 비용이 들지만 미래에 그들의 노동력으로부터 혜택을 볼 국가에게는 비용이 거의 들지 않는 방식으로 사회화되고 양육되며 일정한 교육을 받을 수 있다는 것입니다.

가족의 양면

물론 대다수의 사람들에게는 가족의 이와 같은 측면이 잘 보이지 않습니다. 하얀 웨딩 드레스를 입고 입장하는 신부 가운데 누구도 노동력 재생산을 염두에 두고 예식을 올리는 사람은 없습니다.

사실 그들이 결혼을 하는 이유는 사랑에 빠졌기 때문에, 결혼식이 자기 생애 최고의 날이라고 생각하기 때문입니다(그리고 결혼 뒤의 고달픈 인생을 생각하면 아마 실제로 생애 최고의 날일 것입니다 [웃음]). 혹은 아이를 원해서, 가정을 원해서, 다시 말해 사회가 그들에게 가치 있다고 말하는 일체의 것을 원하기 때문일 것입니다.

또한 그것은 가족의 다양한 기능들을 보여 줍니다. 한편으로 가족은 자본가 계급에게 경제적 이득을 주지만 다른 한편으로 노동계급에게는 비정한 세상의 '천국'입니다. 노숙자나 고아 등 가족의 울타리 밖에서 사는 사람들은 그 안에서 사는 사람들보다 훨씬 더 힘들게 삽니다.

그래서 가족은 계속 유지되지만 가족 구성원들은 가족의 원자화, 가족 내부의 압력, 가정 폭력과 성적 괴롭힘 등 때문에 큰 대가를 치릅니다. 또, 가족 제도가 여성 차별의 원인이기 때문에 특히 여성이 끔찍한 희생을 치릅니다.

여성의 필요는 이윤을 창출하려는 자본가들의 필요에 종속됩니다. 그래서 우리 사회에는 무상 보육 제도가 존재하지 않고, 35시간 노동제가 도입되지 않고, 여성들이 어머니나 할머니 세대들이 과거에 하지 않았던 방식으로 장시간 교대 근무를 해야 합니다.

지난 30년 간 볼 수 있었던 해방의 가능성들, 1960년대와 70년대 여성 운동의 요구와 희망 들은 실현되지 않았습니다. 여성 해방이 계급 사회라는 벽에 부딪쳤기 때문입니다.

여성 해방 운동은 여성이 일할 권리를 요구했고, 그것은 여성이 집에 속박돼야 한다고 강요하는 사회에서 매우 중요했습니다.

그러나 여성이 일할 권리는 경쟁이 치열해지는 신자유주의 세계에서 남성과 동등한 자격으로 착취당할 권리였고, 여성은 노동 외에도 가사와 양육의 이중 굴레를 짊어져야 했습니다.

여성 해방 운동의 또 다른 요구는 성의 개방이었습니다. 그러나 성적 자유는 시장에서 사고 팔리는 상품으로 변했습니다. 미국뿐 아니라 전 세계적으로 포르노 사업이 수십억 달러 규모의 산업으로 성장했습니다. 오늘날 여성의 자아상은 과거와 마찬가지로 부정적 측면이 많습니다. 젊은 여성들이 바람직하다고 여겨지는 모습이 되기 위해 다이어트에 집착하고, 이 때문에 식사장애로 고통을 받는 사례가 증가하고 있습니다.

자본주의 사회는 여성을 가정에서 벗어나게 했지만 차별에서 벗어나게 할 수는 없었습니다. 그러기 위해서는 사회가 이윤이 아니라 세상의 부를 생산하는 사람의 필요를 위해 조직돼야 합니다. 따라서 계급사회의 종식과 계급사회가 초래한 분열과 차별의 종식만이 여성 해방과 인류 전체의 해방을 가져올 수 있습니다.

정리 발언

먼저 동성 결혼에 대해 답하겠습니다. 저는 플로어에서 답변하신 분의 의견에 대부분 동의합니다. 저는 결혼하지 않았고 누군가 결혼하기를 원하지 않는다면 그럴 권리가 있다고 생각합니다. 그러나 동시에 저는 다른 사람들의 반대를 무릅쓰고 결혼하려는 사람들의 권리도 옹호해야 한다고 생각합니다. 특히, 게이·레즈비언 결혼의 경우처럼 다른 사람들이 반동적 이유에서 그 결혼에 반대한다면 말이죠.

영국에는 "시민 동반자"라는 제도가 있는데, 이는 온전한 결혼과는 다르지만 결혼과 상당히 유사한 것입니다. 많은 사람들이 시민 동반자 관계를 서로 맺고 있습니다.

그러나 저는 그런 결혼이 해방적이라고 말하지는 않겠습니다. 당신이 동성애자이건 이성애자이건 결혼과 일부일처제는 중요한 문제입니다. 저는 동성 결혼을 옹호하지만 대안적 성을 원한다면 동성애자들이 이성애자들의 가장 인습적인 측면을 따라해서는 안 된다고 생각합니다.

그 다음으로 낙태 문제에 대해 답하자면, 많은 사람들이 낙태에 반대합니다. 가톨릭 등 종교적 이유에서 낙태에 반대하는 경우가 많지만 종교를 가지지 않은 사람들도 상당수가 낙태에 반대합니다. 저는 그들이 반대하는 이유를 잘 알지만 세 가지 이유에서 그런 의견에 동의하지 않습니다.

낙태

먼저, 거의 모든 여성들이 스스로 원치 않는 임신을 했거나, 그런 경험을 한 여성들을 주변에서 본적이 있습니다. 그들은 그런 상황에서 심지어 [유산을 유도하기 위해] 자해까지 하는 끔찍한 고통을 겪습니다. 그런 사례를 보면서 우리는 최소한 그들이 합법적으로 낙태 시술을 받을 권리를 옹호해야 합니다. 낙태 문제는 언제나 "불법적이고 위험한 낙태 시술을 받을 것인가, 아니면 합법적이고 안전한 시술을 받을 것인가?"의 문제로 좁혀집니다. 저는 여성들이 최대한 안전하게 낙태 시술을 받을 수 있기를 바랍니다. 그들이 낙태 때문에 육체적으로, 혹은 금전적으로 고통을 받아서는 안 됩니다.

둘째로, 낙태는 대부분 임신 초기에 행해집니다. 따라서 태아가 독립된 인간이냐 아니냐는 문제가 되지 않습니다. 낙태는 대부분 임신 12주 안에 행해지는데, 영국 관습법은 전통적으로 이 시기에 아직 영혼이 태아에 깃들지 않았다고 보기 때문에 낙태를 합법으로 여깁니다.

어쨌든, 임신 12주 후에 낙태를 행하는 드문 경우에도 산모의 행복·건강과 태어나지 않은 아이 사이에서 선택해야 한다면 저는 산모를 택하겠습니다.

셋째로, 낙태 반대는 이데올로기적 통제 수단이기도 합니다. 우파들이 낙태권을 공격하는 이유는 그들이 생명을 소중히 여겨서가 아닙니다. 많은 분들이 이미 지적했듯이 그들은 전쟁광이고, 빈민의 고통에 상관하지 않는 자들입니다. 우파들은 여성이 집에 속박되기를, 여성이 남편이나 아버지 등 권위를 가진 사람에게 속박되기를 바랍니다. 그래서 우파들이 이 문제를 그토록 중요시하는 것입니다.

사회주의가 여성 차별을 설명하는데 부적합한 도구라는 어떤 동지의 질문에 답하겠습니다. 그 동지는 사회주의자들이 여성 차별 문제를 자본주의로 환원시킨다고 주장했습니다. [그러나] 저는 단지 자본주의 아래 여성 차별만을 말하지 않았습니다. 저는 여성 차별이 계급사회 등장 이래 수천 년 간 존재했기 때문에 계급사회를 종식시켜야만 여성 차별도 종식시킬 수 있다고 분명히 말했습니다.

저는 또한 그 동지가 여성 차별 문제에 대한 좌파의 기여를 과소평가했다고 생각합니다. 제 생각에 좌파는 완벽하지는 않았지만 많은 훌륭한 기여를 했습니다. 여성의 권리를 쟁취하는 데 필요한 사회의 근본적 변혁을 포기한 페미니스트들보다 좌파가 [여성 차별 문제 해결]에 더 많이 기여했습니다.

사실, 마르크스와 엥겔스는 1840년대 초에 《공산당 선언》 등에서 이미 여성 차별, 가족이 처한 상황 등에 대해 언급했고, 전 생애 동안 여성 평등 문제에 대단한 관심을 기울였습니다.

저는 그 동지가 여성 문제에서 공산당을 비판한 데 동의합니다. 공산당들은 오래 전에 사회주의 사회의 건설을 포기했고 여성 해방에 별로 도움을 주지 않았습니다. 저는 공산당들이 사회주의 국가를 건설하지 않았고, 여성을 해방시키지도 않았다고 생각합니다.

대안

마지막으로 두 가지 질문이 남았는데요, 먼저 가족의 대안이 무엇이냐는 매우 훌륭한 질문에 답하겠습니다. 이 질문은 자본주의의 조직 방식과 밀접히 연관돼 있습니다. 합리적 사회라면 대부분의 사람들이 작은 주택이나 아파트에 살면서도 세탁기와 조리기와 자동차를 각자 소유해야 하지는 않을 것입니다. [그러나] 우리는 이런 것들을 갖춰야 '행복한 가족'이 될 수 있다고 반복적으로 주입받습니다. 또한 한 두 명의 부모가 아동의 양육을 전적으로 책임지는 것은 아동과 부모 모두에게 바람직하지 않습니다. 사회 전체가 아동의 양육에 대한 책임을 공유하는 것이 훨씬 더 바람직합니다. 저는 이런 원칙 속에서 새로운 가족 형태가 발전되기를 바랍니다.

마지막으로, 대안적 연애에 대한 질문이 있었습니다. 처음에 말씀 드렸듯이 저는 이런 종류의 질문에 답할 수 없습니다.[웃음] 하지만 저는 다른 사람들과 얘기를 하면서 그들이 개인적 삶과 정치적 삶, 혹은 개인적 삶과 사회적 삶 사이의 관계에 대해 진지하게 고민하는 것을 발견했습니다. 이것은 매우 중요한 문제입니다.

먼저 성매매 문제에 대해 짧게 언급하겠습니다. 어떤 여성이나 남성이 자기 몸을 팔아야 생계나 생존을 유지할 수 있는 상황은 잘못된 것입니다. 성매매가 화려하거나 세련된 행위라는 관념이 존재하는 것은 이 자본주의 사회가 얼마나 부패했나를 보여 줍니다.

둘째로, 어느 누구도 다른 사람을 소유해서는 안 됩니다. 남성, 혹은 더 흔하게 여성이 남편[과 부인]의 소유물로 여겨지는 관계는 평등한 관계가 아닙니다. 그것은 매우 타락한 관계입니다. 그런 문제는 우리의 개인적 태도가 자본주의에 의해 영향을 받기 때문에 발생합니다. 예컨대 질투심을 봅시다. 사람들이 사회를 경쟁적 관점에서 바라보고 [동반자와의 관계를] 일대일의 관점에서 보기 때문에 질투심을 느낍니다. 동반자와의 관계를 폭넓은 인간관계 속에서 봐야 하며 미래의 이상적 사회주의 사회에서는 그럴 것입니다.

엥겔스는 사회주의에서 동반자와의 관계가 "연속적 일부일처제"일 것이라고 예상했습니다. 즉, 사람들이 일부일처 관계를 맺고, 그것이 끝나면 다른 사람과 일부일처 관계를 맺으면서 자신이 원하는 만큼 그런 관계를 연속적으로 반복할 수 있다는 것입니다.

러시아 마르크스주의자 알렉산드라 콜론타이는 또 다른 의견을 주장했습니다. 콜론타이는 모두가 자유연애를 할 것이라 생각했고, 이에 대해 여러 가지 흥미롭고 급진적인 아이디어를 제시했습니다.

사실, 자본주의 사회의 제약을 받고 있는 우리 중 누구도 그것에 대해 정확한 상을 그릴 수 없습니다. 자본주의의 제약에서 해방된 미래 세대는 우리가 미처 생각하지 못한 형태로 대안적 성, 대안적 가족, 대안적 생활양식을 만들 것입니다.

결론을 내리자면, 앞서 플로어에서 어떤 분이 자신을 성에 관심이 많은 20대로 소개했습니다. 그것은 20대의 특권이겠죠.[웃음] 그래서 사회운동에 청년들이 참가하는 것이 중요합니다. 그들이 정치 활동 과정에서 성과 사랑의 문제를 제기할 것이기 때문입니다.

제3장 낙태

낙태 — 여성이 선택할 권리

매년 전세계에서 약 5천만 명의 여성들이 낙태를 한다. 이중 절반은 불법 낙태다. 매년 2500만의 여성들이 낙태 시술을 받기 위해 무허가 시술소를 찾거나 아무런 의료적 도움 없이 스스로 낙태를 한다. 낙태는 종종 마취제도 없이 비위생적으로 이루어지며, 그렇기 때문에 상해, 질병, 죽음의 위험도 훨씬 크다.

세계보건기구는 오늘날 안전하지 못한 불법 낙태로 매년 최고 20만 명의 여성들이 사망한다고 추정한다. 중남미에서 낙태는 출산 연령 여성의 둘째 사망 요인이다.

여성들은 처벌이 두려워 의료적 조언 구하기를 망설이며, 원하지 않는 임신을 끝내기 위해 화학약품, 뜨개바늘, 옷걸이, 날카롭고 소독이 안 된 물건 들을 이용해 낙태하려다 상해를 입곤 한다.

우리 나라 여성들은 어떨까? 우리 나라에서 한해 동안 이루어지

김하영. 〈열린 주장과 대안〉 2호, 2000년 5월 1일. https://wspaper.org/article/12.

는 낙태는 공식적으로 150만 건(1991년), 비공식적으로는 200만 건이 넘는다. 1년에 60여만 명의 아기가 태어난다고 하니 이보다 세 배 많은 것이다.

그런데 국내 산부인과 병·의원에서 벌어지는 낙태의 99%는 불법이다.(〈한겨레〉 1996년 10월 30일자) '모자보건법' 제14조는 '인공임신 중절수술의 허용한계'를 다음과 같이 정하고 있다. ① 본인 또는 배우자가 대통령령이 정하는 우생학적 또는 유전학적 정신장애나 신체질환이 있는 경우 ② 본인 또는 배우자가 대통령령이 정하는 전염성 질환이 있는 경우 ③ 강간 또는 준강간에 의해 임신된 경우 ④ 법률상 혼인할 수 없는 혈족간에 임신된 경우 ⑤ 임신의 지속이 보건의학적 이유로 모체의 건강을 심히 해하고 있거나 해할 우려가 있는 경우.

뒤집어 말하면, 위와 같은 경우가 아닌 낙태는 모두 불법이며 처벌받을 수 있다는 것이다. 병원에서 버젓이 이루어지지만 사실상 음성적인, 이런 현실이 여성들에게 뜻하는 바는 무엇일까?

비록 오늘날 우리 나라의 많은 여성들이 낙태로 인해 피를 흘리며 죽거나 무허가 시술소에서 위험에 직면해 있는 것은 아닐지라도 안전한 낙태를 선택할 권리를 갖고 있는 것은 분명 아니다.

여전히 낙태하는 여성들은 죄인 취급당하며, 의료혜택(지원금)도 전혀 받지 못한 채 비싼 병원비를 감당해야 하고, 제대로 된 의료시설에서 안전한 수술을 받고 휴식을 충분히 취하지 못한 채 일터로 돌아가야 한다. (부자 여성들에게 이것은 별 문제가 아니겠지만 노동계급 여성들과 10대들에게 낙태 비용은 매우 큰 돈이다.)

안전하고 합법적인 낙태는 여성들이 자신의 몸과 생명을 스스로 통제하는 데 매우 중요하다. 원하지 않는 임신으로 정신적 육체적 대가를 치르는 것은 여성 개인이며, 따라서 그들이 낙태를 할지 말지를 결정할 권리를 가져야 한다. 여성은 출산을 할지 말지를 선택할 수 있어야 하며 자신의 성(性)을 스스로 통제할 권리를 가져야 한다. 이것은 여성 해방을 위한 투쟁에서 주요한 부분이다.

반낙태주의자들의 논리

반낙태주의자들은 생명의 신성함을 존중해야 한다고 말한다.(통일교 등 종교단체들은 학교를 돌아다니며 낙태 반대 캠페인을 펴곤 한다.) 그러나 그들은 결코 매년 무허가 낙태로 죽어가는 20만 여성들의 생명에는 전혀 관심을 기울이지 않는다.

영국과 미국에서 반낙태주의자들은 대체로 핵무기와 사형제도를 지지한다. 1984년 미국의 반낙태주의자들이 주도한 폭탄세례 캠페인 당시 낙태 시술병원들은 소이탄 공격을 받았으며 기관총 세례를 받았다. 영국에서도 반낙태 광신자들이 여성들이 수술대 위에 있는데도 수술용기를 부수고 의료진을 공격했다.

생명의 신성함을 강조하는 부류는 종종 태아의 생존능력에 대해 부정직하게 주장한다. 때로는 태아의 발 등을 보여주며 정서에 호소하려 한다. 그러나 폐가 호흡이 가능할 만큼 발달할 때까지는 어떤 태아도 자궁 밖에서 생존할 수 없다. 24~25주 된 태아의 80%는 사망하며, 27주 된 태아도 62%가 사망한다.

또, 반낙태주의자들은 마치 자신들이 '후기 낙태'(3개월 이후의 낙태)만 반대하는 것처럼 말하지만, 이것은 사실이 아니다. 이들은 초기에 안전한 낙태가 가능한 신종 피임약 RU486에도 반대했다. 후기 낙태는 여성의 건강에 위해하다. 여성들이 일부러 후기 낙태를 선택하지는 않는다. 안전한 초기 낙태를 할 수 있는 여건이 갖춰질 때만 후기 낙태는 줄어들 것이다.

필요시 낙태를 합법화하고 있는 나라들에서 후기 낙태의 비율은 매우 낮다.(덴마크나 스웨덴은 5% 이하다.) 후기 낙태를 반대한다며 낙태를 불법화·음성화시킨다면 후기 낙태는 더욱 늘어날 뿐이다. 불법시술소를 찾아 헤매느라 시간을 낭비하면서 말이다.

여성이 부주의해서 생기는 문제 아니냐며 여성을 탓하는 자들도 있다. 그러나 이것은 피임의 성공률이 그만큼 낮다는 것을 말해줄 뿐이다. 특히 어린 여성들은 적절한 성교육이나 피임법을 배울 수 없는 경우가 많다.

낙태를 여성의 죄로 여기려는 온갖 우익적 공격에 맞서 우리는 여성의 권리를 방어해야 한다. 다른 한편, 낙태를 남성의 잘못으로 '원망'하는 페미니스트들의 주장에도 동의하기 어렵다. 왜곡된 성의식을 가진 남성들이 가해자요, 여성들은 피해자라는 것이다.

요즘 많이 읽히는 책인 《섹슈얼리티 강의》(동녘 출판사)는 낙태가 "여성에 의해 일어나는 것이 아니라 남성의 일방적이고 폭력적인 성행동에 의해서 일어나는 문제"라고 말한다. 그러나 남성들을 "여성들의 억압자요 적"이라고 한다면 남성 노동자와 여성 노동자 사이의 연대는 가능하지 않다.

노동계급이 자신감에 차 있을 때 노조가 여성의 요구를 내걸고 함께 싸운 예는 많다. 1976년 영국의 낙태법과 이 법을 방어하기 위해 남녀 노동자들이 연대해 투쟁했다.

여성 해방을 위한 투쟁

20세기 후반기 동안 여성의 처지는 놀랍게 변했다. 여성의 3분의 2 가량이 취업하고, 직장을 위해 점점 더 적은 수의 아이를 낳게 됐다. 더 많은 여성들이 출산을 스스로 통제하기 위한 방법으로 피임을 한다.

그러나 여성 노농에 대한 이런 전례 없는 변화에도 불구하고 여성 억압은 현대 자본주의 사회의 주요한 특징으로 남아 있다. 이 억압의 심장부에 가족 제도가 놓여 있다. 주부와 어머니로서의 역할이 여성의 가장 자연스럽고 중요한 역할이라는 관념이 여전히 지배적이다. 이것은 여성이 집안에서는 아무런 보상 없이 노동력 재생산을 위해 일하고 집 밖에서는 노동자로서 싼 값(남성 노동자의 2/3)에 고용되게끔 한다.

신체에 대한 여성의 결정권을 뺏으려는 것도 여성 억압의 일부다. 옛부터 여성이 오르가즘을 느끼지 못하도록 클리토리스를 자르거나, 성관계를 출산의 수단으로만 여기게끔 하기 위한 여러 조치들이 있었다.

여성은 성에 대해 알아서는 안 되며 성관계에서 수동적이고 소극적인 게 정상이라는 생각, 아이를 낳을 것인지 말 것인지 선택하지 못하게 하는 것 등은 여성을 가사 노동과 육아에 안성맞춤인 종속적 존재로 취급하려는 것이다.

여성의 지위는 "사회를 평가하는 가장 생생하고 뚜렷한 지표"라는 말이 있다. 우리가 사회의 근본적 변혁을 위해 투쟁하고자 하는 것은 곧 여성 해방을 위한 것이기도 하다. 그리고 이것을 이룰 수 있는 길은 남성과 여성 노동계급의 단결된 투쟁이다.

노동계급 여성의 처지는 호화 옷을 입는 재벌과 장관 부인, 국회의원과는 다르다. 모든 계급의 여성들과 연대감을 호소하는 페미니스트들의 생각과는 달리, 여성 해방을 이룰 수 있는 길은 노동계급이 사회의 근본적 변혁을 위해 투쟁하는 것이다.

사회의 근본적 변혁을 통해 여성 억압의 물질적 뿌리를 제거하기 시작할 때만 여성들은 여성의 몸과 삶을 완전히 통제할 수 있을 것이다.

낙태는 여성이 선택할 권리

저출산 현상이 지속되면서 출산 장려 정책이 나오는 가운데 낙태에 대한 이데올로기 공격이 강화되려는 조짐이 보이고 있다. 최근 〈조선일보〉는 낙태가 한 해 35만 건이 시술된다는 보건복지부의 발표를 크게 보도했다.

낙태 반대론자들은 낙태를 윤리 문제로 끌어간다. 태아는 "인간"이고 낙태는 태아의 살 "권리"를 부정하는 "이기적인" 행위라고 비난한다.

그러나 낙태를 윤리 문제로 다루는 것은 편협한 보수주의다. 태아가 인간인가 아닌가를 떠나서, 태아가 생존을 의존하는 여성의 권리는 깡그리 무시하는 것이기 때문이다.

낙태 반대론자들 가운데서 전쟁을 지지하고 사형제를 옹호하는

정진희. 격주간 〈다함께〉 63호, 2005년 9월 15일. https://wspaper.org/article/2453.

사람들이 많다(대표적으로 부시를 비롯한 미국의 기독교 우익들)는 사실은 '생명 윤리'의 위선을 보여 준다. 이들 기독교 우익들은 낙태 시술을 하는 병원에 폭탄을 투척하거나 의사를 물리적으로 공격하는 일도 서슴지 않는다.

낙태는 윤리 문제가 아니라 정치적인 문제다. 그것은 여성이 자신의 신체와 삶을 통제할 수 있는 권리의 문제다. 아이를 낳을지 여부는 국가나 교회, 남편이나 애인 또는 가족이 아니라 해당 여성 자신의 독립적 판단에 맡겨야 한다. 원치 않는 임신에 따른 고통을 감수해야 하는 사람은 바로 그 여성이기 때문이다.

여성들이 낙태를 선택하는 이유는 보통 세 가지다. 아이를 기를 재정적 능력이 없거나, 직장이나 학업, 또는 다른 일을 하는 데 아기가 있는 게 방해가 된다거나, 남편이나 파트너와 문제가 있다거나 하는 것이다.

여성이 임신이나 출산 같은 재생산 문제를 스스로 통제할 수 없다면, 여성 해방은 가능하지 않다. 그래서 낙태 합법화는 여성 해방 운동의 주요 요구 가운데 하나다.

낙태는 또한 계급 문제이기도 하다. 낙태 합법화는 무엇보다 가난한 여성들에게 절실한 요구다. 부유한 여성은 낙태가 불법이라 해도 전담 주치의한테서 시술받거나 낙태가 합법인 외국에서 안전하게 시술받을 수 있다.

반면, 가난한 여성들은 낙태가 불법일 경우에 안전하지 못한 불법 낙태를 받다 사망하거나 치명적인 부상을 입기가 쉽다. 세계보건기구는 안전하지 못한 낙태로 사망하는 여성 수가 한 해에 7만 8천 명에 이른다고 보고한다.

우리 나라의 경우는 낙태가 불법임에도 병원에서 낙태 시술을 받기가 크게 어렵지는 않다. 그럼에도 낙태를 은밀하게 하다 보니 심리적 압박이 크고(특히 10대나 미혼 여성의 경우), 의료비의 국가 지원도 없어 가난한 여성들에게 큰 부담이 된다. 낙태 시술이 광범하게 이뤄지지만 어떤 곳에서 안전한 시술을 받을 수 있는지 제대로 된 정보를 얻기도 어렵다.

오늘날 미국과 영국 등 낙태가 합법화된 나라에서조차 낙태를 불법으로 돌리려는 거센 시도가 일어나고 있다. 이것은 단지 종교적 광기에 의해 추동되는 게 아니라 복지비 삭감이라는 광범한 신자유주의 정책의 일부로 일어나고 있다.

그러므로, 낙태 합법화를 요구하거나 수호하는 투쟁은 단지 여성만이 아니라 모든 가난한 사람들과 노동계급을 위한 투쟁이다.

제4장 성 비행과 성 범죄

성폭력에 맞서 어떻게 싸울까?

최근 언론을 통해 직장에서 벌어지는 성희롱 사건이 잇따라 보도되고 있다. 한국산업연구원 원장의 성희롱 사건, 대학 교수의 여조교 강간 사건에다 한 대학 부총장이 여직원과 여조교들을 성희롱한 일이 벌어졌다. 또 대원의 여성 노동자 77명이 그 동안 자신들에게 성희롱을 일삼아온 공장장과 과장을 집단 고소했는가 하면, 롯데호텔 여성 노동자들 가운데 70%가 직장 상사들에게 상습적인 성희롱을 당했다며 고소했다.

성폭력 근절을 요구하는 목소리가 높아지자, 정부는 학교와 관공서, 기업 등에 성폭력 및 성희롱 예방 교육을 강화할 것을 지시했다. 경찰은 성폭력 범죄에 강력히 대처하겠다고 밝혔다.

그러나, 김대중 정부 역시 역대 정권과 마찬가지로 여성에 대한 온갖 차별과 편견을 부추겨왔다. 군가산점제 위헌 판결을 며칠 만에

정진희. 〈열린 주장과 대안〉 4호, 2000년 9월 1일. https://wspaper.org/article/44.

간단히 뒤짚어버렸고 해고와 임금 삭감을 통해 대다수 여성들의 삶을 파탄내고 있다. 틈만 나면 생리휴가 등 여성 보호 조항들을 폐지하려는 정부가 "성폭력 근절"을 외치는 것은 역겨운 위선이다.

경찰은 성폭력을 끝장내기커녕 오히려 힘있는 성폭력범들을 보호하고 있다. 김대중의 측근인 한국산업연구원장은 물론, 대원의 공장장과 과장은 어떤 처벌도 받지 않았다. 롯데호텔 노동자들을 무자비하게 짓밟은 경찰은 성희롱을 일삼은 롯데호텔 회사 간부들과 관리자들 또한 보호하고 있다.

경찰은 힘있는 성폭력범들을 보호할 뿐 아니라 그 자신이 성폭력을 일삼곤 한다. 1986년 권인숙 씨를 성고문한 자가 바로 경찰이었고 1996년 연세대 시위 진압 당시 수십 명의 여대생을 성희롱한 자들도 경찰이었다. 가출한 10대 소녀들이 경찰서에서 강간당하는 것 역시 흔한 일이다.

김대중 정부와 경찰은 성폭력을 끝장낼 수 없다. 성폭력은 단지 자제력 잃은 남성 개인의 실수가 아니다. 그것은 우리 사회에 널리 퍼져 있는 여성에 대한 차별과 불평등의 결과다. 지배자들은 피해 여성의 고통에 대한 관심과 염려가 아니라 경찰력을 강화하기 위해 '성폭력 근절'을 외치고 있다.

왜곡된

지배자들은 성폭력의 사회적 근원을 감추고 경찰의 존재를 정당화하기 위해 성폭력이 발생하는 실제 모습을 왜곡시킨다. 이들은 강간·성희롱 같은 성폭력이 주로 낯선 사람에 의해 일어나는 양 묘사한다.

그러나 우리 사회에서 발생하는 대다수 성폭력은 '낯선 사람이 어두운 골목길에서 덮치는' 방식이 아니다. 대부분의 성폭력은 서로 잘 아는 사이에서 발생한다. 한국성폭력상담소에 따르면, 가해자가 아는 사람인 경우는 65%인 반면, 낯선 사람인 경우는 19.1%에 그쳤다. 이것은 우리 사회에 여성 억압이 그만큼 널리 퍼져 있음을 보여 준다.

몇 가지 이유에서 강간, 성희롱 등 성폭력 사건의 정확한 규모를 파악하기란 불가능하다. 우선, 성폭력 피해자의 대부분이 가해자와 잘 아는 관계라 경찰에 신고하길 꺼린다. 우리 나라 성폭력 사건 신고율은 6.1%로 매우 낮다(한국형사정책연구원, 1996년).

여기에는 경찰과 검찰, 법원 등 사법 당국의 태도 또한 한몫 한다. 경찰은 '당신이 유혹하지 않았냐'며 피해 여성을 되레 범죄자 취급하기 일쑤고 어렵사리 신고한 사건조차 제대로 수사하지 않곤 한다. 재판 과정 역시 여성을 수치심과 고통으로 몰아넣는다. 특히 가해자의 사회적 지위가 높을수록 재판에서 승소하기란 매우 어렵다. '우조교 사건'으로 알려진 서울대 신정휴 교수의 성희롱 사건은 혐의가 인정되는데 무려 5년이나 걸렸다!

게다가 우리 나라는 강간의 상당수를 차지하는 부부 사이의 강간은 인정조차 되지 않는다. 1970년 대법원은 "실질적인 부부 관계가 유지되고 있는 경우에는 설령 남편이 폭력으로써 강제로 처를 간

음했다 하더라도 강간죄는 성립하지 않는다"며 아내 강간이 합법이
라 선언했다.

　이러한 점을 고려할 때, 우리 사회에서 실제로 벌어지는 성폭력은
경찰의 범죄 통계보다 훨씬 더 일반적인 게 분명하다. 부부·애인·친
구·이웃 사이에서 수많은 강간이 벌어지고 있으며 특히 직장 내 성희
롱은 훨씬 빈번하게 일어난다.

성희롱은 여성의 과민 반응인가?

　강간과 달리 성희롱은 종종 어디까지가 성희롱인지 논란이 된다.
이것은 우리 나라 최초의 직장 내 성희롱 재판으로 기록된 '우조교
사건' 이후 성희롱 금지 법안 마련을 놓고 정부·기업주들과 여성 단체
사이에서 벌어진 논쟁점이기도 하다.

　성희롱에 대한 정부의 무관심은 지난 1993년 서울대 신교수 성희
롱 사건에서 분명히 드러난 바 있다. 교수의 집요한 성희롱을 거부한
이유로 부당하게 해고된 우조교는 신교수, 서울대 총장, 정부를 상대
로 손해배상청구 소송을 냈는데, 오랜 소송 끝에야 대법원에서 교수
의 성희롱 사실을 인정받았지만 대학 당국과 정부의 책임은 끝내 인
정되지 않았다.

　지난 1993년 이후 여성 단체들과 노동조합의 끈질긴 노력으로 지
난해부터 직장 내 성희롱을 금지하는 법률이 시행되고 있다. 1999년
개정된 남녀고용평등법과 새로 시행된 '남녀차별금지 및 구제에 관한

법률'에서 규정하는 '직장 내 성희롱'은 이렇다.

"사업주, 상급자 또는 근로자가 직장 내의 지위를 이용하거나 업무와 관련하여 다른 근로자에게 성적인 언어나 행동 등으로 또는 이를 조건으로 고용상의 불이익을 주거나 또는 성적 굴욕감을 유발하게 하여 고용환경을 악화시키는 것"

이 규정은 비록 여성 단체들로부터 협소하다는 불만을 사고 있긴 하지만, 직장 내 성희롱의 특성 — 주로 상사가 자신의 지위를 이용해 여성 노동자들을 성적으로 괴롭히는 고용상의 차별 — 을 잘 보여준다. 그 동안 기업주들은 성희롱을 한낱 '여성의 과민 반응' 따위로 취급하곤 했다.

그러나 성희롱은 결코 '예민한 여성의 과민 반응'이 아니다. 여성민우회가 최근 펴낸 책 〈성희롱 당신의 직장은 안전합니까?〉에 나온 성희롱 사례들은 얼마나 많은 여성들이 성희롱 때문에 커다란 고통을 받고 있는지 잘 보여준다.

정씨가 처음 입사할 때부터 40대 초반의 남자 사장은 "애인 있어? 나랑 애인 할래"라는 말을 하여 '원래 농담을 좋아하는 사람'이라고 생각하며 웃어 넘겼다. 그런데 하루가 다르게 농담이 짙어지고 잦아지면서 "너 내 애인 하겠다 그랬지?"라고 하며 어깨에 손을 올리거나 일을 가르쳐 주는 척하면서 뒤에서 어깨를 끌어안고 등 뒤에서 목에 대고 입김을 불어넣는 등 심한 성희롱을 했다. 또 "나 뽀뽀하고 싶다" "어깨를 주물러 줘"라며 노골적 성적 요구도 했다. … 그 날도 사장과 정씨, 둘만이 사무실에 남게 되었는데, 사장이 정씨의 얼굴 바로 앞에 얼굴을 가까이 들이대면서 "뽀뽀

좀 하고 싶다"고 하여 밀쳐냈다. 그러자 "Y하고 있을 때는 잘한다며?"라는 있지도 않은 사실을 말하더니 갑자기 달려들어 강제로 키스를 했다. 정씨는 놀라서 소리를 지르며 뿌리치고 뛰쳐나가 화장실에 도망쳐 있다가 마음을 조금 진정시킨 후, 곧바로 짐을 챙겨 집으로 돌아갔다. 정씨는 동생, 친구와 함께 자취를 하고 있었는데 퇴근 후 친구가 돌아와 보니 정씨는 'TV에서나 보았던 정신병 환자'처럼 심하게 몸부림치면서 헛소리를 하고 발작증세(쇼크증세)를 일으키는 등 제정신이 아니었다. 온 집안의 물건도 다 흐트러지고 난장판이 되어 있었다. 너무 놀란 동생과 친구는 진정제를 사 먹이고 가까스로 달래었다.

대다수 성희롱은 이처럼 사장, 이사, 부장 등 직장 상사들에 의해 이뤄진다. 모든 여성 가운데서도 특히 고용이 불안정한 임시직 여성 노동자들이 성희롱의 피해자가 되기 쉽다. 다음은 전형적인 사례다.

어느 날, 40대 후반 기혼인 부장이 "정규직으로 전환하는 문제를 의논해 보자. 식사나 함께 하면서 이야기하자"고 제의해 왔다. 정규직이 되고 싶었던 김씨는 부장의 거듭되는 제의에 '혹시나'하는 기대를 가지고 동행했다. 그런데 부장은 차를 경기도 부근의 '러브호텔'로 몰고 갔다. 김씨는 불안했지만 1층의 레스토랑에서 식사를 하며 '정규직' 이야기가 나오기만을 기다렸다. 부장은 술을 마시면서 김씨에게도 권유했지만 김씨는 마시지 않았다. 이제나 저제나 마음을 졸이던 김씨에게 식사를 마친 부장은 느닷없이 "2층 방으로 올라가자"고 했다. 김씨가 "2층에는 왜 가느냐? 나는 갈 수 없다."고 하자 부장은 완력으로 김씨의 팔을 끌면서 강제로 계단을 올라가려 했다.

'올라가자', '못 간다'는 실랑이를 한참 하다가 김씨는 가까스로 호텔에서 도망쳐 나왔다.

이처럼 가해자가 직장 상사일 경우 여성 노동자들이 저항하기란 쉽지 않다. 여성 노동자들이 항의라도 하면 곧바로 해고 위협이 가해진다.

우리 회사에는 여직원 4명과 사장, 부사장이 있는데 부사장이 계속 성희롱을 해서 너무 괴롭다. … 그는 우리들에게 항상 치마를 입고 다니라고 한다. 그리고 우리들이 따로따로 있을 때면 다가와서 허벅지를 만지고 등을 쓰다듬고 심지어 볼에 입을 맞추기도 했다. 그것도 한두 번이 아니다. 나뿐 아니라 우리들 모두에게 기회가 생길 때마다 그런다. 나는 몇 번 용기를 내어 "이러지 마세요"라고 말을 했는데 그래 봤자 소용이 없었다. 그 사람은 더 징그럽게 웃으면서 "친해지고 싶어서 그래"라고 말했다. 그리고는 오히려 내가 한 다른 업무에 대해 말도 안 되는 트집을 잡아 화를 낸다. 그리고 다시 기회를 노리고 있다가 옆에 와서 나의 몸을 자꾸 만진다. 어쩔 때는 귀에다 대고 "사랑해"라고 지껄이기도 했다. 이럴 때면 나는 온몸에 소름이 돋고 벌레가 온몸을 기어다니는 것 같다. 꼭 미친 놈 같다. 나는 이 곳에서 일한 지 이제 두 달 됐는데 지금까지 월급은 한 푼도 못 받았다. 여직원들 중에서 24살인 내가 나이가 제일 많은 편이고, 다른 여직원들은 20살밖에 안 된 어린아이들이어서 나보다 충격이 훨씬 크다. 하지만 밀린 월급을 한 푼도 못 받고 해고당할까봐 뭐라고 막 항의를 할 수도 없다. 그런데 요즘 사장은 자기가 채용해 놓고서 월급까지 밀렸으면서, 우리가 능력도 없고 필요도 없다면서 해고를 하겠다고 말한다.

성희롱의 결과, 많은 여성들이 해고되거나 직장을 옮기고 근무 의욕 저하를 비롯해 육체적·정신적 고통을 받게 된다. 미국의 〈The Working Women〉지가 1992년에 한 연구에 따르면, 성희롱을 당한 여성 가운데 25%가 해고되거나 직장을 떠났고, 27%가 자신에 대한 확신을 잃어버렸고, 12%가 건강을 해치게 됐고, 13%가 자신의 직업 경력에 큰 손상을 입었다.

성희롱은 남성이 권력을 과시하는 수단일까?

성희롱은 주로 남성 상사들이 저지르는 것이지만, 일부 노동자도 성희롱 가해자가 되곤 한다. 이 때문에 페미니스트들은 성희롱의 원인을 "남성의 권력"에서 찾는다. 성희롱은 남성이 자신의 권력을 확인하고 과시하는 수단이라는 것이다.

그러나 '모든 남성이 권력을 공유하고 있다'는 견해는 남성들 사이에 존재하는 커다란 계급적 차이를 볼 때 완전히 터무니없다. 지배계급 남성과 달리 노동계급 남성은 어떤 권력도 갖고 있지 않고 오히려 권력에서 철저히 소외돼 있다.

가난과 소외에 따른 좌절은 여성 차별을 부추기는 사회에서 자신의 분노를 쉽게 여성에게 돌리게 만든다. 이들의 행동은 분명 잘못된 것이지만, 이들이 여성을 차별하는 사회 구조를 만들어낸 것은 결코 아니다.

성희롱의 원인을 남성의 권력에서 찾으면 필연적으로 모든 남성을 적으로 삼게 된다. 그러나 현실에서 모든 — 또는 대부분 — 의 남성들이 강간과 성희롱을 일삼는 것은 결코 아니다. 많은 여성들이 성희롱에 시달리지만, 이것은 비교적 소수의 남성에 의해 집중적으로 저질러진다(직장 내 성희롱의 경우 특히 그렇다).

그러나 페미니스트들은 우리 사회에서 소수의 남성이 성희롱을 저지른다는 사실을 부정한다. 이들은 강요된 성적 행위뿐만 아니라 더 광범한 성차별 의식까지 성희롱이라고 규정한다.

이에 따르면, "음란한 눈빛, 화장실에 쓰여진 성적·모욕적 낙서들, 속옷이나 성관계 기구 등 부적절한 선물하기, 상대방이나 자신의 성관계에 대해 이야기하는 것, 손금 보는 척하면서 손을 만지는 것, 여성 상사 등 여성의 일에 빈정대거나 비협조적으로 임하는 것, 여성에 대해 적대적으로 혹평하는 것" 등이 모두 성희롱이 된다.

최근 여성 단체들은 성희롱 개념을 이처럼 확대해 처벌할 수 있도록 법 개정을 요구하고 있다. "성차별 의식, 성희롱, 성폭행, 강간들은 일련의 연장선 위에 있으므로 일부분의 성희롱만을 규제했을 때는 큰 효과를 낼 수 없"기 때문이다(〈성희롱 당신의 직장은 안전합니까?〉).

페미니스트들의 성희롱 개념 확대 시도는 법적 처벌을 강화하는 것을 통해 성폭력을 없앨 수 있다는 환상과 연결돼 있다. 그러나 처벌 강화는 성폭력을 없애거나 심지어 줄이지도 못한다. 승진과 고용에서 공공연한 차별이 자행되고 여성이 남편과 아이에게 종속된 존재로 취급되는 현실이 바뀌지 않는 한, 성폭력은 결코 사라질 수 없다. 처벌 강화는 오히려 여성을 억압하는 지배자들의 권력을 증대시켜 여성 억압을 강화시킬 수 있다.

성희롱에 맞서 어떻게 싸울 것인가?

성폭력에 대한 처벌은 피해 여성이 당한 고통과 다른 여성들이 받는 위협에 따른 최소한의 방어 수단으로써 이용되어야지 주된 해결책이 될 수 없다. 만약 처벌이 주된 해결책이 된다면 우리는 여성 억압의 진정한 주범이 체제에서 소외된 개인을 희생양 삼는 위선에 침묵하게 된다.

성희롱에 맞서 효과적으로 싸우기 위해서는 우선 성희롱을 엄밀히 규정해야 한다. 성희롱은 어디까지나 원하지 않는 신체 접촉을 하거나 자신이 가진 지위를 이용해 성적 요구를 강요하는 것이지 모든 종류의 성차별 언행이나 성적 농담·욕설·포르노 게재 등을 뜻하는 게 아니다.

성희롱을 이처럼 '여성을 불쾌하게 만드는 모든 것'으로 느슨하게 규정하면, 대다수 남성을 성폭력에 맞선 투쟁에서 배제하기 쉽다. 살아가면서 한두 번쯤 상대 여성을 불쾌하게 만드는 말과 행동을 하지 않는 남성은 거의 없기 때문이다.

그러나, 각종 대중 매체와 학교 등을 통해 성차별 관념을 만들고 퍼뜨려 실제로 이득을 얻는 자들은 지배계급이지 그런 관념을 단순히 받아들이는 가난하고 평범한 남성들이 아니다. 법적 규제를 통해 성차별 의식을 없애려는 생각은 성차별 의식을 만들고 퍼뜨리는 대중 매체와 학교 등을 완전히 장악한 자들이 바로 지배자들이라는 사실 때문에 결코 성공할 수 없다.

느슨한 성희롱 규정은 오히려 성희롱을 인정하지 않으려는 기업주와 소모적인 논쟁에 휘말리게 할 수 있다. 몇 년 전 노동부 주최로 열린 공개 토론회에서 경총은 "몇 번을 쳐다 봐야 음란한 것이냐"는 따위의 발언으로 뚜렷한 특징을 가진 성희롱을 희석시키려 했다.

성폭력 근절에 대한 대중적 압력 때문에 지난 몇 년 동안 정부와 기업, 대학 당국은 성폭력을 규제하는 법, 사규, 학칙 등을 제정하고 있다.

하지만 정부와 기업주, 학교 당국은 성폭력 근절에 여전히 진지하지 않다. 오히려 그들은 각종 여성 차별 정책을 유지함으로써 여성들이 성폭력에 쉽게 노출되게 만든다. 직장 내 빈번한 성희롱은 여성 노동자의 70% 이상이 임시직이고 남성 노동자의 2/3에 지나지 않는 차별 임금을 받는 현실과 무관하지 않다. 여성을 깔보는 생각은 육아와 가사를 개별 가정에 떠넘기는 정부와 기업주의 정책과 무관하지 않다. 정부의 성희롱 규제 법안 마련에도 불구하고 성희롱이 사라지거나 줄어들지 않고 있는 것도 바로 이 때문이다.

게다가 성폭력 규제 법안이 저절로 작동하는 경우란 가해자가 가난하고 힘없는 사람일 때뿐이다. 정부 관료, 사장, 의사 등 사회의 특권층들이 저지르는 성희롱에 대한 처벌은 아래로부터의 투쟁이 없다면 결코 가능하지 않다.

진정으로 성폭력을 끝장내려면 여성 억압으로부터 진정한 이득을 얻는 지배자들에 맞서야 한다. 이것은 모든 여성의 단결이 아니라 남녀 노동자 계급이 단결해 싸울 때 가능하다. 이 점에서 대원 노조와 롯데호텔 노조, 사회보험 노조의 성희롱 반대 투쟁은 모범을 보여주고 있다. 남녀 노동자들의 단결된 투쟁이야말로 여성에 대한 편견을 바로잡고 평등주의를 고취시킬 수 있는 가장 효과적인 방법이다.

성희롱에 어떻게 맞서 싸울 것인가?

성희롱 문제가 거의 매일 신문 지상을 조금씩이나마 장식하고 있다.

대부분의 관련 기사들을 경박하고 재미를 돋우는 수준의 것들이지만, 그럼에도 불구하고 성희롱은 수백만의 여성에 영향을 끼치고 있다. 상당수의 여성들이 성희롱 때문에 직장을 관두어야 했고 또 지금 이 순간도 그러고 있다. 여성의 40% 내지 거의 절반이 성희롱을 — 즉 원하지 않는 그리고 종종 지속적인 성적 농담, 성적 노출, 성적 암시 또는 신체적 접촉 따위를 — 경험했다는 비공식 통계도 있다.

그러나, 그 가운데 알려지는 것은 극히 적다. 또, 알려지거나 고소되는 경우에도 모종의 처벌조치가 뒤따르는 일이 거의 없다. 미국에

___

최일붕. 이 글은 《사회주의 노동자》 창간호(1992년 3월)에 실린 것이다.

서조차도, 애니타 힐을 성희롱한 대법관 클레런스 토마스도 자신의 직위에 그대로 남아 있다.

성희롱이 우리 사회에 얼마나 만연되어 있는가를 입증하는 그 모든 증거에도 불구하고, 일간신문과 TV는 성희롱이 마치 전혀 새로운 현상이라도 되는 양하는 인상을 심어주여 하고 있다.

그러나, 성희롱은 결코 새로운 현상이 아니다. 일찌기 1845년에 이미 엥겔스는 그의 저서 《영국 노동자 계급의 상태》에서 "만약 주인이 야비하고도 남는다면, 그리고 공식 보도가 성범죄를 언급한다면, 그의 공장은 또한 그의 침실이다"라고 썼다.

새로운 것은 직장에서의 성희롱에 우리가 직면할 수 있게 해주는 조건이 오늘날 형성되었다는 점이다. 지난 20년 동안 여성 노동력의 수는 엄청나게 늘어났다. 1990년대에는 여성 노동력이 전체 노동력의 거의 절반이 될 것이라고 예측한다. 여성의 자각은 자신들의 이러한 생활상의 변화에 수반하는 것이었는데, 그리하여 많은 여성들이 이제는 더 이상 열등한 존재로 취급받기를 거부하기 시작하고 있다.

그러나, 여성 평등의 사상이 사회 일반으로 확산되기 시작하고 있는데도 여성의 가사 및 육아 부담음 여성을 계속 억압 상태에 놔두게 만든다.

가정과 직장에서의 여성의 이러한 이중적 역할 때문에, 여성은 낮은 임금을 받고, 파트 타임 일에나 종사하기가 일쑤이며, 바로 이러한 불리한 처지 때문에 직장에서 성희롱을 당하기도 쉬운 것이다.

자, 그러면 어떻게 해야 성희롱을 저지할 수 있을까?

우선, 대부분의 성희롱 피해자 여성들이 동료 남성 노동자보다는 상사난 사장에 의해 피해를 입는다는 명백한 사실에서 출발해야 한다.(그리고 이 점은 엥겔스가 글을 썼을 때도 마찬가지였다.)

중간관리직 또는 전문직 여성들의 지위와 소득은 여성 노동자 대다수와 동떨어져 있다. 물론 그들도 억압을 받고 있지만, 그들의 성희롱 경험에 대한 해결책은 언제나 개인적 차원에서 제기된다.

반면에, 공장이든 상점이든 사무실에서든 간에 여성 노동자의 다수는 다른 여성 및 남성과 더불어 일한다. 성희롱을 끝장내는 관건은 그것을 개인적인 문제로 취급하지 않고 오히려 집단적인 노동조합 쟁점으로 만드는 것이다. 여성 노동력의 수가 늘어남에 따라 여성 노동조합원도 늘어난다. 그리하여 오늘날 여성의 권리 획득을 위한 투쟁은 조합 전체의 역량에 지대한 영향을 미친다는 점이 명확해졌다. 이제는 전에 "여성의 쟁점들"로 여겼던 문제들이 노동조합의 쟁점들로 다루어질 수 있고 또 그래야 한다. 점차 많은 노동자들이 성희롱을 저지하는 것이 모든 노동자들의 이익에 부합한다고 생각하기 시작하고 있다.

이 점을 깨달은 노동자들은 또한 단순히 성희롱에 대응하는 것만이 아니라 그것을 애당초 예방할 수 있는 정책이 필요하다고 느끼고 있다. 불행히도, 노조 상급단체의 실무자들 가운데 많은 이들의 성희롱 종식의 방법으로서 법에 호소하는 데 관심을 갖고 있다. 그들은 노동법 안에 성희롱 관련 처벌 조항들을 삽입시키고자 한다. 그러나 성희롱을 당한 어떤 여성 노동자가 법에 호소하여 설사 성공했다고 하더라도 그녀가 일자리를 되찾을 가능성은 크지 않을 것이다. 그리고 그녀가 받을 보장도 한심한 액수일 것이다.

여성이 받은 고통을 보상하기 위해 단순히 법에 호소하는 것 이외의 대안은 없다. 훨씬 더 좋고 확실한 대안이, 성희롱에 성공적으로 맞서 싸우는 데 관건이 되는 것은 아래로부터 조합 조직을 동원하는 것이다.

이것은 전통적으로 남성이 압도적인 직장에서도 마찬가지로 적용된다. 왜냐하면 여성이 상사나 사장에게 성희롱을 당했을 때 그것은 즉각적인 대응을 요구하는 계급적 쟁점이기 때문이다.

만약 동료 여성 노동자의 성희롱 피해에 항의해 다른 여성 노동자와 남성 노동자가 함께 싸운다면, 경영진은 그 여성 노동자에게 성희롱을 한 상사를 강등 내지 좌천시키지 않을 수 없을 것이고, 앞으로 그런 일이 일어나지 않도록 미연에 방지하기 위해서 조심하지 않을 수 없을 것이다. 만약 사장이 그런 짓을 했다면, 그것은 대부분 중소기업에서 흔히 일어날 법한 일인데, 전노협 같은 노조가 연대 투쟁을 벌임으로써 다른 기업 사장들이 문제의 기업 사장에게 불평을 하고 압력을 가해 그는 사과조치와 충분한 보상조치를 양보하지 않을 수 없을 것이다.

성희롱을 노동조합 쟁점으로 만드는 것은 성희롱 반대 투쟁이 여성을 있는 그대로 제시해 줌으로써 — 노동계급의 일부로서 그리고 체제 변혁 투쟁의 일부로서 — , 성적 억압과 차별을 분쇄할 수 있음을 보여준다.

성폭력과 자본주의

　자본주의 사회에 사는 여성이라면 누구나 한번쯤은 성폭력에 대한 공포를 느꼈을 것이다. 하루가 멀다 하고 신문이나 여성 잡지에 오르내리는 성폭력 사건들은 수많은 여성들의 공포심을 자극한다. 때때로 언제 자신이 당할지도 모른다는 두려움이 생긴다. 모든 남자들이 도둑놈 같고, 잠재적인 강간범들로 보인다. 강간을 당한 여성들은 몸과 마음에 상처를 입고 평생 그 고통의 무게에 눌려 살아간다. 아픈 기억쯤으로 돌리기엔 고통의 무게가 너무 크다.

　이 나라의 성폭력 발생률은 세계 3위다. 한 해 동안 일어나는 성폭력 사건은 평균 약 25만 건에 이른다.(이중에서 신고되는 사건은 약 2.2%정도에 지나지 않는다.)

　얼마 전, 12년 동안 의붓 아버지에게 성폭행 당해 온 김보은씨 사건은 하나의 빙산의 일각일 뿐이다. 9살 때 이웃집 아저씨에게 성폭

이 글은 《사회주의 노동자》 2호 (1992년 7월)에 실린 것이다.

행 당한 뒤 정신병으로 시달리다가 21년만에 가해자를 찾아 그를 죽일 수밖에 없었던 김부남 씨 사건 또한 마찬가지다. 수많은 여성들이 성적인 억압과 폭력으로 고통받고 있다.

그런데 페미니스트들(여권론자)은 성폭력의 원인에 대해서 잘못된 주장을 펼친다. 남성 폭력은 항상 있었다라든지, 모든 남자들은 잠재적인 강간범들이라든지, 성폭력은 남자들의 성충동에서 비롯하기 때문에 성충동을 유발하는 포르노는 없어져야 한다는 등 여러 가지 주장을 한다.

우리는 이러한 주장에 조금도 동의하지 않는다. 공격의 방향이 잘못 돌려졌기 때문이다. 성폭력의 원인을 부르주아들의 허술한 법이나 그들이 찾아낸 희생양에 불과한 것들로 돌리는 싸움은 결코 체제를 공격하는 것으로 나아갈 수 없다.

또 한 가지 분명히 밝혀 두어야 할 점은 성폭력의 범위에 관한 부분이다. 많은 페미니스트들은 성폭력을 매우 넓은 범위로 이야기하고 있지만(그들은 성기노출, 음란전화, 가벼운 성희롱, 성적인 농담 같은 성적 괴롭히기를 모두 성폭력이라고 주장한다) 이 글에서는, 강간 즉 강요나 폭력에 의한 성관계로 한정시켜 이야기할 것이다. 왜냐하면, 그렇게 넓은 범위로 성폭력을 이야기하다 보면 도대체 강간범이 아닌 남자가 없을 것이기 때문이다. "이것도 저것도 다 성폭력이요."라는 주장은 결국 "성폭력의 원인은 이것도 되고 저것도 되지요." 하고 이야기하는 것으로 그치기 십상이다.

그들은 모든 남성에게 성폭력을 저지를 수 있는 잠재적인 요인이 있다고 보기 때문에 이렇게 이야기한다. "남성 지배 사회의 통념과 가부장제 이데올로기의 요소들 때문에 …" 모든 것을 이야기하려고 하다가 결국 아무것도 이야기하지 못한다. 세상이 남성과 여성으로 나뉘어 있다고 보는 분리주의적 시각 아래에서는 말이다.

이 글은 성폭력의 원인을 체제에서 찾지 않는 많은 좌익들과 페미니스트들이 내세우는 주장의 뿌리를 하나하나 밝혀 내고 성폭력을 진정으로 없앨 수 있는 길이 무엇인지에 대해서 말하고자 한다.

남성 폭력은 항상 있었을까?

이 주장은 매우 깊은 뿌리를 가지고 있다. 남성 폭력이 항상 있었다고 주장하는 사람들은 다음과 같이 이야기한다. "원시시대나 20세기 후반이나 남성은 항상 여성을 소유해 왔어. 남성이 여성을 소유할 수 있었던 것은 그들이 여성에게 휘두르는 폭력 때문이야. 그러하기에 여성 억압을 폐지하려면 폭력의 주범인 남성에 대항하는 것을 통해서만 가능해! 남자들은 자신의 신체적 도구를 이용하여 여성을 쾌락의 도구로 삼고 온갖 종류의 폭행을 저질러 왔어! …"

'인간의 본성은 자고로 폭력적이며 변하지 않는다'는 관념은 지배자들이 받아들이는 상식에 지나지 않는다. 그러나 현재 여성운동의 영향 아래서 그 '상식'은 좌익에게도 널리 퍼져 있다. 1980년대초, 영국의 도시 그린햄 커먼에 크루즈 미사일을 주둔시키는 것에 대항한 캠페인은 여성들이 주도했는데, 그 이유인 즉 "모든 남성은 폭력적이고 전쟁을 좋아한다."는 것이었다. 그 캠페인의 주요 슬로건 중의 하나는 "남성에게서 [폭력성]장난감을 빼앗아라!"였다.

그러므로 다음과 같은 점을 입증해 보이는 것은 매우 중요하다. 폭력이 인간 본성에 고유한 것이 아니라는 점, 그리고 여성과 남성의 관계가 항상 폭력과 불평등에 지배되어 온 것이 아니며 사회 변화에 따라 변해 왔다는 점이다.

혁명적 사회주의자였던 마르크스와 엥겔스는 인간 사회의 본질을 이해하는 데서 인간생활에 필수적인 **생산과 재생산의 조직**에 대해 연구하는 것을 그 출발점으로 삼았다. 즉 생산과 재생산을 위해 사용하는 도구와 기술을 통해 인간 사회의 발전을 밝혀 낼 수 있다고 보았다.

《가족, 사유재산, 국가의 기원》에서 엥겔스는 인류학상의 증거를 기초로, 노동이 잉여 생산물을 만들어 내는 것이 가능할 때라야만 매일 생산적 노동을 하지 않고 살아가는 한줌밖에 안 되는 소수를 먹여 살릴 수 있다고 밝혔다. 즉 잉여 생산물이 나오게 된 것에 기초해 그 사회의 소수가 다수를 지배하는 계급사회가 출현했다고 주장했다.

계급 착취에 바탕을 둔 사회로 바뀌고 난 뒤 그 이전의 평등했던 삶의 방식도 바뀌기 시작했다. 노동하지 않는 소수는 잉여 생산물을 통제해야만 그 지위를 유지할 수 있었기 때문에 무장한 권력 곧 국가가 필요했고 자신의 재산을 상속할 가족제도가 필요했다. 여성에게만 아이를 낳고 기르는 책임과 엄청난 가사노동을 요구한 이 가족제도가 바로 단혼제도이다. 이것은 결국 여성이 남성에 종속되는 결과를 낳았다. 엥겔스는 이것을 두고 "여성의 세계사적 패배"라고 불렀다.

인류 최초의 사회는 수렵과 채집에 의존하는 아주 작은 평등한 집단에서 시작했다. 많은 마르크스주의자들과 페미니스트 인류학자들은 엥겔스의 주장을 증명하고자 원시 사회에 대한 연구를 했다.

그 연구를 통해서 다음과 같은 점들이 밝혀졌다. 첫째, 그 사회는 남성과 여성 사이의 노동분업으로 굴러갔으며, 남성 여성 모두 먹고 살기 위해서 서로 협동했다는 점이다. 성별 노동분업은 평등한 것이었고 결코 여성이 남성의 힘에 지배되지 않았다.

예를 들면, 칼라하리 사막에 있었던 작은 공동체에는 뚜렷한 성별 노동분업이 있었다. 식량을 구할 때, 남자들은 사냥을 하고 여자들은 채집을 하는 성별 분업이었다. 여자들은 남자들과 마찬가지로 공동체를 떠나 먼 길을 돌아다니기도 했다. 그들은 필요한 식량을 구하는 일뿐 아니라 그 공동체를 위한 중요한 정보를 전달하는 역할도 해냈다. 그 사회의 중요한 사안은 모든 공동체 성원들이 지혜를 모으는 것을 통해 결정되었다. 만약 어느 한 사람의 주장을 모든 사람들이 받아들였다면 그것은 그 사람의 오랜 경험이나 기술 때문에 그런 것이지 다른 사람을 지배하고 착취할 수 있는 지위에서 비롯한 것이 아니었다.

공동체 성원들이 그 사회에 적응하는 데에도 계급 사회와 다른 특징이 있었다. 북아메리카 인디언들은 공동체의 어린아이가 남성과 여성의 역할 중에서 자기가 원하는 것을 선택할 수 있도록 했다. 비록 아주 작은 범위로 이루어지긴 했지만 경제적인 협동이 사회적인 협동으로 이어지고 사회 성원들 사이에 어떤 종류의 착취와 억압도 없었다.

그러나 계급이 생기고 지배계급의 힘이 강해져서 집중된 힘을 가진 국가와 커다란 제국이 생겨나자 그 이전의 평등한 혈연관계는 깨졌다. 여성은 평등한 지위를 빼앗기고 지배계급은 성문화된 법과 가부장제를 이용하게 되었다. 남성폭력의 노른자는 전쟁으로 나타났다. 전쟁이 그 사회의 체제적 특징이 되었을 때 여성이 아이를 낳을 수 있는 능력은 매우 불리한 것이 된다.

인류 최초의 법전인 우라카히나는 지배계급의 소유권을 보호한다는 내용뿐 아니라 단혼제를 명시했고 여성이 간통을 저지르면 사형으로 처벌한다는 내용을 담고 있다. 여성이 여기에 조금이라도 저항을 하면 신체의 일부분을 잘라내었다. 그 법전에는 이렇게 써 있다. "여자가 남자에게 해서는 안될 말을 하면, 그 여자는 자신의 죄목이 쓰여진 벽돌로 이빨을 으깨야 한다 …" 몇 십년이 지난 뒤 이 내용은 더욱 강화되어 함무라비 법전에선 다음과 같이 이어졌다. "… 특히 신성한 가족의 유대에 대한 공격에는 더욱 엄중한 처벌이 필요하다 …"

여성에 대한 처벌이 있었다는 것은 여성이 억압에 대해 저항했다는 것과 지배계급은 이 저항을 깨뜨릴 필요가 있었다는 것을 보여준다. 만약 여성이 남성에 항상 종속되어 왔다면 어떠한 법의 강제력도 필요하지 않았을 것이다.

여성에 대한 성폭력과 억압은 결코 인간 사회의 보편적인 특징이 아닐 뿐 아니라, 단순히 남성의 생물학적 특징에서 비롯하는 것도 아니다. 계급이 생겨나기 이전의 사회는 계급 착취나 여성에 대한 강간과 폭행을 포함한 모든 형태의 불평등과 폭력이 없었다. 여성에 대한 성폭력이 일어나는 원인은 사회에 대한 특정한 계급분석을 통해서만 밝혀 낼 수 있다.

성, 포르노 그리고 자본주의

세상이 남자와 여자로 나뉘었다고 보는 사람들은 성폭력의 원인을 엉뚱한 데서 찾기 일쑤다. 그들 눈에는 모든 남자들이 잠재적인 강간범들로 보인다. 모든 남성이 모든 여성을 공포에 휩싸이게 하는 의식적인 수단이 바로 성폭력이라고 주장한다.

이런 주장도 있다. 페미니스트들과 시각을 공유하는 일부 사회생물학자들은 남성이 자신을 드러내는 방법의 하나로 성폭력을 이용한다고 주장한다. 여성을 유혹하는 데 실패한 남성들이 마지막 수단으로 성폭력에 의지한다는 것이다.

이런 주장들은 자본주의 사회에서 나타나는 성폭력의 다양한 형태들을 설명할 수 없을 뿐 아니라 성폭력을 단지 개개인의 본성이나 기질의 문제로 바꾸어 놓아, 특정 사회의 사회적 관계에 도전하지 못하게 만든다.

그들은 또 이렇게 이야기한다. "남자들은 본래 가지고 있는 성충동이 억제될 수 없는 지경에 이르면 누구나 '성적 약탈자'로 둔갑하게 되는 거야, 이러한 '변신'에 촉매 역할을 하는 게 바로 포르노를 비롯한 음란매체들이지. 비정상적이고 퇴폐적인 성관계를 공공연히 보여 주고 성폭력을 부추기는 포르노는 추방되어야 해!"

페미니스트들은 성폭력의 원인을 남성의 자제할 수 없는 성충동과 그것을 부추기는 것으로 여기는 포르노로 돌린다. 그들에게 포르노는 '이론'이고 성폭행은 '실천'이다.

또한 포르노의 범위를 넓게 확대시켜서 일간지 광고나 여성잡지까지 그 모두를 포르노라고 주장한다. 물론 우리는 일간지의 광고나 여성잡지들이 여성을 단지 수동적인 성의 대상물로 그려내는 것에 명백히 반대한다. 그러나 포르노와 여성잡지와 광고물을 똑같은 것으로 취급한다면, 자본주의 사회의 성과 포르노와의 관계를 속 시원히 밝혀 낼 수 없다.

여성을 성의 대상물로 묘사하는 매체 모두가 포르노라면 자본주의 사회에서 포르노가 아닌 것이 도대체 무엇일까? 그렇게 따지면 도리어 포르노는 다른 매체 — 광고나 잡지 — 보다 더 낫다. 왜냐하면 포르노에는 여자만 출연하는 게 아니니까.

포르노는 자본주의라는 거울에 비친 '상(像)'에 지나지 않는다. 포르노는 성에 대한 욕구와 기대가 채워지지 못하는 현실에 붙어사는 기생충에 불과하다. 현실과 이상 사이의 틈을 메워주는, 공상의 나래를 펴게 하는 역할을 할 뿐이다. 자유로워야 할 성관계가 결혼이라는 우리 안에 갇히게 되고 여성과 남성 사이에 지루하고 불만족스런 관계가 지속되면 그 간격을 메우는 데 포르노가 더 많이 이용된다.

포르노는 판에 박힌 남녀의 정사관계에 대한 것에서부터 어린이들을 위한 성교육 프로그램을 위한 것에 이르기까지 다양한 종류가 있다. '포르노가 성교육의 역할까지 한다.'는 점을 지적하는 연구도 있다. 1978년에 미국의 C.F. 윌슨이라는 사람은 미국 부부들 중 20% 정도는 부부관계에 전혀 만족하지 못하고 있다는 예를 인용하면서 포르노가 다음과 같은 역할을 한다고 주장했다. 성에 대해서 자세하게 알려주고 억제된 성을 풀어주며 다른 사람과 성에 대해 기꺼이 토론하도록 도와준다는 것이다. 포르노가 공공연히 만들어지고 보급되는 덴마크 같은 나라에서 성폭행 발생 비율이 제일 낮은 이유도 바로 이 때문이다.

포르노가 하는 역할을 살펴볼 때 사회적 관계의 모순된 측면을 염두해 두어야 한다. 여성의 성적인 부분을 보고서 황홀경에 빠지는 것은 사회의 특정한 성격에서 비롯한 것이다. 자본주의 사회에서는 성이 점점 개방되어 가지만, 동시에 여자의 전신 나체는 도리에 어긋나거나 이상한 것으로 통한다. 만약 포르노를 감상하는 것이 개인의 침실에서만 한정되지 않고 공적인 생활의 일부분이 된다면 남성이 포르노를 보면서 황홀경에 빠지는 것이 도리어 이상한 일로 받아들여질 것이다.

부르주아들의 사상은 다른 데서도 마찬가지이지만 성과 관련된 부분은 더욱 위선으로 가득 차 있다. 도덕주의와 점잖빼기는 그들의 전공이다. 그들은 포르노를 비방하고 나서지만 많은 매춘부를 국가가 직접 고용하고 포르노 암시장을 번창하도록 한다. 자본주의 체제는 성을 만족시키고자 하는 기대와 희망을 부풀려 놓았지만 동시에 그것을 날려버린다.

자본주의 사회에서는 모든 인간관계가 자유롭고 평등하지 못한 상품관계로 뒤집어져 나타난다. 성도 일종의 상품으로 탈바꿈하고 가족과 결혼이라는 틀 안에 구겨 넣어지며 그 틀 밖에 있는 것은 모조리 비정상적인 게 되어 버린다. 그래서 동성애를 해괴망측한 것으로 받아들이고 심지어 금지하기까지 한다. 부르주아들은 자유롭고 평등한 관계 속에서만 아름다울 성을 상품관계 속에서만 아름다울 수 있다고 우긴다. 그러면서 '올바른 성문화'를 위한 성교육이 성폭력을 예방할 수 있다고 허풍을 떤다.

포르노에 문제가 있다면 다음과 같은 점 때문이다. 그것은 '외설스런 장면' 때문이 아니라 포르노가 성을 인간이 실제로 맺는 관계에서 동떨어진 대상화된 고정물로 묘사한다는 점이다. 물 흐르듯 자연스럽고 활기 차야 할 성을 틀에 박힌 장면들로 바꾸어버린다. 현실에서 채우지 못하는 욕구를 포르노를 보면서 채우려 하지만 그것조차 신통치 않다. 포르노에는 살아 있는 남녀가 있지 않고 예상된 시나리오에 따라 움직이는, 죽어 있는 두 인형이 있을 뿐이다. 이것 또한 성이 상품이 되는 사회에 그 원인이 있다.

사회주의자들은 포르노가 성폭력의 주된 원인이라고 떠벌이는 지배계급의 관념에 명백히 반대한다. 포르노는 원인이 아니라 결과이고 실물이 아니라 그림자다. 또한 지배계급이 자신에게 화살이 쏟아질까 두려워 애써 찾아 낸 여러 희생양 가운데 하나에 불과하다. 여기에 맞장구를 쳐서 포르노를 규제하는 것이 성폭력을 없애는 길이라고 주장하는 것은 지배계급의 관념을 그대로 받아들이는 꼴이 된다.

공격의 방향이 잘못 겨누어졌다. 목표는 자본주의 체제이다.

자본주의 사회에서 나타나는 성폭력의 형태

자본주의 사회에서 나타나는 성폭력의 유형은 성폭력이 어디서 비롯하였는가를 보여준다.

많은 통계자료에서 밝혀진 사실이지만, 성폭력은 대부분 잘 아는 사이에서 일어난다. 이것은 포르노, 혹은 여성의 노출이 심한 복장 따위가 남성의 성충동을 자극해서 성폭력이 일어난다는 주장과 크게 어긋난다. 1989년 이 나라의 한 통계자료에 따르면, 아는 사이에서 일어난 성폭력 사건 발생률이 약 80%에 이른다. 성폭력을 신고하지 않은 이유 또한 '잘 아는 사이이기 때문에 … '라는 응답이 가장 많았다. 샌프란시스코에서 조사한 한 통계에 따르면 성폭행 사건 중에서 약 3%만이 모르는 사이에서 일어났고 나머지는 남자 친구, 데이트 상대, 애인 관계에서 일어났다.(이 중에서 남편에게 성폭행 당한 사건은 약 8%에 이른다.)

더욱 주목할 만한 사실은 아는 사이에서 성폭행이 일어날 경우 대부분의 여성이 그것을 성폭행이라고 보지 않는다는 사실이다. 남녀 서로가 동의에 바탕을 둔 관계가 아니었는데도 애인에게 당했기 때문에 성폭행이 아니라고 생각한다. '설마 내 애인이 … '하고 덮어 두기 일쑤다. 이를 통해서, 폭력과 강요로 이루어지는 성이 자본주의 사회에서 친밀한 남녀관계에 얼마나 깊숙이 뿌리내리고 있는가를 충분히 알 수 있다.

자본주의 사회에서 가장 '친밀한' 남녀관계인 부부 사이에서 일어나는 성폭행은 이를 더 또렷하게 보여준다. 아내 구타, 아내 강간,

어린이 성 학대는 '가정'이라는 허울 좋은 가리개 뒤에서 우글거리고 있다.

한 통계자료에 따르면 남편에게 성폭행 당한 여성의 단지 35%만이 강요나 폭력에 의한 성관계를 거부했다고 한다. 영국의 루쯔 할드는 자신의 연구 자료를 통해 기혼 여성의 약 20%가 자신의 의지와 상관없는 성관계를 맺어 왔다고 밝혔다. 러셀 또한 자신과 상담한 여성의 12%가 남편에게 성폭행 당한 경험을 가지고 있다고 했다. 1976년 구 서독의 어느 설문 조사에서는 기혼 여성의 58%가 다음과 같이 한 목소리로 이야기하고 있다. "어쩔 수 없이 남편이 나를 강간하도록 내버려 둘 수밖에 없었어요. 그렇지 않으면 며칠 동안 나는 남편의 험악한 태도를 참아야만 했으니까요."

남편은 아내에게 요구할 권리가 있지만 아내는 폭력과 강요로 지속되는 성관계를 거절할 권리가 없다. 경제적인 능력을 가진 아내는 이혼할 수 있겠지만 그런 능력이 없는 아내는 참고 사는 것밖에 다른 도리가 없다. '평탄한 가정과 결혼 생활'을 유지하는 지름길은 폭력과 강요를 참아내는 길뿐이다. 노동계급의 가족일 경우에는 더욱 그렇다.

모르는 사이에서 성폭력이 일어날 때는, 거의 다른 종류의 범죄-살인 또는 강도-가 함께 저질러지는 경우가 태반이다. 이윤을 긁어 모으기 위해 모든 사람들에게 여자 나체를 사진이나 영화에 클로즈업시키고 여자를 장신구마냥 좋은 것으로 골라 자신을 뽐내는 기회로 이용하는 게 너무도 당연하게 여겨지는 사회에서 성을 훔치는 사건 — 즉 강간 — 이 빈번하다는 것이 그리 놀랄 만한 일은 아니다.

이 경우 대부분의 피해자는 경제적인 수입이 아주 낮은 노동계급 여성이다. 그들은 낮은 임금에다가 주택 문제에 시달리고 실업의 고통에 시달리고 차 같은 것은 엄두도 못 낸다. 미국에서 성폭행 피해자 중에 압도적 대다수는 그런 처지에 있는 흑인 노동계급 여성이다.

자본주의는 범죄를 없앨 수 없다. 왜냐하면 자본주의 그 자체가 가장 커다란 범죄이기 때문이다. 자본주의는 성을 약탈하고 훔치는 것을 막을 수 없다. 왜냐하면 자본주의 자체가 성을 팔고 사는 상품으로 만들고 상품을 살 능력이 없는 대다수 노동계급을 만들었기 때문이다.

성폭력을 진정으로 없애는 길

페미니스트들은 여성 억압의 주범이 남성이라고 주장해 왔다. 강간범, 포르노 작가, 아내를 구타하는 남편, 인신매매범들이 다 남성이지 않냐고 묻는다. 가부장제와 남성 우월주의가 남성들의 보호막이지 않냐고 항의한다. 가족제도도 마찬가지가 아니냐고, 모든 남성과 지배계급이 여성을 억압하려고 공모를 해서 만든 게 아니냐고 말이다.

그들이 주장하는 것은 결국 성폭력뿐만 아니라 모든 형태의 여성 억압은 남성들이 만들어 놓은 것이기 때문에 남성들에 대항하는 것이 억압에 맞설 수 있는(또는 억압을 치유할 수 있는) 대안이라는 것이다. 그들에게는 노동자 혁명을 통한 여성 해방을 이야기하는 것이

'천박하고 단순한 계급 환원주의'로 보인다.

사회주의자는 이러한 주장에 명백히 반대한다. 여성 해방은 여성을 억압하는 각각의 개인들에 대항하는 싸움의 단순한 합계로 얻을 수 있는 것이 아니다. 여성 억압의 계급적 뿌리를 공격하지 않고서는 진정한 해방의 고지에 오를 수 없다. 하나의 뿌리에서 나오는 모든 형태의 억압에 대항한 투쟁이 하나의 공격 목표를 향해 나아가지 못하고 이리저리 각기 다른 방향으로 잘못 나아갈 때 싸움의 힘은 약해지기 마련이다.

김보은씨 사건이 일어났을 때 많은 좌익들과 페미니스트들은, 성폭력에 대한 정부의 단호한 조치가 부족했기 때문에 그런 사건이 일어난 것이라며 성폭력특별법 제정을 촉구했다. 이 나라 지배계급도 마치 여성을 위하는 양 부산을 떨면서 성폭력특별법으로 성범죄를 응징하겠다고 했다. 지배계급은 체제에서 비롯되는 문제에서 자신들이 표적이 되지 못하도록 항상 희생양을 찾아 나선다. 성폭력특별법은 아주 좋은 미끼이다. 그래서 지배계급의 여당이 선뜻 그 법을 만들겠다고 선수를 친 것이다. 여기에 대해 많은 좌익들과 페미니스트들은 "반가운 일"이라며 쌍수를 들고 환영했다. 참 딱한 노릇이다.

공격의 방향이 잘못 돌려졌다. 공격의 방향이 부르주아들의 허술한 법이나 그들이 찾아낸 희생양에 불과한 것으로 향했을 때는 결코 체제를 공격하는 것으로 나아갈 수 없다. 단결된 힘이 필요하다. 각기 다른 목표를 향해 흩어지는 투쟁을 하나의 목표를 향해 나아가게 만들고 하나의 쟁점을 노동계급 전체의 문제로 이야기할 수 있는 사상과 그 사상을 현실로 바꿀 힘이 필요하다.

오직 혁명정당만이 그러한 일을 해낼 수 있다. 성폭력을 없애는 길은 노동자들을 분리시켜 계급의 단결을 가로막는 온갖 기회주의에 일관되게 맞서서 자본주의 체제를 뒤엎는 길뿐이다.

그 사회의 물질적 기초가 자유롭고 평등한 인간관계를 만들 때 비로소 왜곡되지 않은 남녀관계는 실현될 수 있다. 사회주의 사회가 바로 그런 사회이다.

아동 대상 성범죄의 진정한 해결책

김태현 동지와 주수영 동지는 독자편지를 통해 내가 쓴 아동 대상 성범죄 기사가 피해 부모와 사람들의 심정에 공감하지 않았다고 비판했다.

[그러나] 내 글이 "범인들을 옹호하는 것처럼 느낄 수도 있을"지는 의문이다. 성범죄의 근원을 무시한 채 처벌만 강화하는 것은 해결책이 될 수 없다는 견해는 가해자 옹호론과는 전혀 다르다.

단순히 피해 부모와 평범한 사람들의 정서에 공감하는 문제로 접근하면 종종 엉뚱한 방향으로 나아갈 수 있다. 만약 피해 부모가 느낄 분노와 상실감에 기초해 정책을 결정한다면, 아마 많은 범죄자들은 사형에 처해질 것이다.

그러나 성범죄가 일어나는 주된 원인은 성적 억압과 소외다. 한 연구는 아동 성폭력 범죄자 의식의 특징을 "낮은 자긍심, 높은 성(性)

정진희, 〈맞불〉 85호, 2008년 4월 30일. https://wspaper.org/article/5266.

적 좌절, 부정적인 성적 자아 이미지"라고 지적했는데, 아동 성폭력 가해자를 "성적 좌절이 가장 강한 집단"으로 꼽았다(《아동 성폭력 가해자에 관한 연구》, 한국형사정책연구원).

따라서 성적 억압과 소외를 낳는 체제의 문제를 제기하지 않고서, 좌절한 개인들의 행동을 통제하는 데 초점을 두는 것은 진정한 해결책이 될 수 없다.

이런 주장은 자본주의 체제가 바뀔 때까지 아무것도 하지 말고 기다려야 한다는 것을 뜻하지 않는다.

자본주의가 문제의 근원이라고 해서, 좌절한 개인들이 타인에게 저지르는 억압적 행동을 통제하지 말아야 하는 것은 아니다. 그러나 여기서도 우리는 과연 처벌 위주의 형사정책이 옳은가? 하는 문제를 생각해 봐야 한다.

미국에서 시행중인 아동 대상 성범죄자 처벌 강화책이 성범죄를 대폭 감소시킨다는 증거는 없다. 범죄학자들이 국제비교를 제대로 할 수 있는 거의 유일한 범죄로 꼽는 살인사건 발생률은 미국이 가장 높다. 보고된 폭력범죄 발생률도 북유럽보다 월등하게 높다.

불평등이 증가하면 살인, 강간, 강도 등 개인들 사이에 온갖 종류의 폭력이 증가한다는 사실은 많은 연구자들이 지적한다. 따라서 불평등에 맞서는 것(시장 정책이나 여성 차별 정책 반대 등)이야말로 가장 효과적인 범죄 예방책이다.

진정으로 아이들의 안전 대책을 강화하려면, 범죄 예방 효과도 별로 없고 인권 침해에 이용될 소지가 큰 CCTV를 막대한 돈을 들여 설치하는 것보다, 아이들이 안전하게 놀 수 있는 장소를 더 많이 확보하고 그 곳에 안전요원(범죄뿐 아니라 잦은 안전사고에서 아이들을 보호할 수 있는)을 배치하는 것이 훨씬 효과적이다. 그러나 이런 정책은 범죄자 개인을 처벌하는 데 중점을 두는 사회에서는 결코 추진할 수 없다.

무엇보다, 자본주의에서 불평등은 구조적인 것이다. 비록 북유럽의 불평등 정도는 미국보다 낮지만, 그곳에도 심각한 계급 불평등이 있고 여성 차별과 성 억압도 존재한다. 아동 대상 성범죄를 없애려면, 평등과 우애, 상호협력에 기초한 새로운 사회를 건설해야 한다.

제5장 폐미니즘의 의의와 한계

여성의원이 여성 억압을 없앨 수 있을까?

'열린 정치 생활 정치, 여성 대표를 지방의회로!'

요즘 여성운동 단체가 지방자치제를 맞아 내건 구호다. 그 동안 페미니스트들은 여성들의 열악한 사회적 지위를 개선하기 위해 여성들의 정치참여가 확대되어야 한다고 주장해 왔다. 특히 30년 만에 실시된 91년 지방의회 선거를 계기로, 각 여성단체들은 지방자치제에 적극 참여하여 이를 '생활 정치'의 무대로 만들고자 했다.

한국여성단체연합(이하 여연)은 1994년 중점 사업을 '지방자치와 여성의 정치참여 확대'로 정하고, 1995년 지방의회 선거에서 의석의 20% 확보를 목표로 삼았다. 또, 지방자치단체의 활동을 정확히 파악하여 지방자치제가 올바로 정착되도록 비판과 협조를 아끼지 않겠다고 결의했다.*

정진희. 이 글은 《사회주의 평론》 3호(1995년 5-6월)에 실린 것이다.

* 이미경, '여성이 참여하는 지방자치', 《사회발전을 향한 지방자치》, 한울, 1995, p.173.

현재 여성할당제 실현을 위한 여성연대가 결성되어, 각 정당이 여성에게 의회 의석의 20%를 할당하도록 노력을 기울이고 있다.

여성들이 지금까지 받아 온 억압과 차별을 생각한다면, 페미니스트들이 '여성의 정치세력화'를 주장하는 것은 충분히 이해할 만하다. 더욱이 이 나라 여성들의 의회 참여율은 극히 저조하다.* 현재 여성 국회의원은 4 명인데, 이것은 전체의 1.3%밖에 안 되는 숫자이다. 여성들의 의회 참여율이 이토록 저조한 것은 여성의 사회적 지위가 그만큼 낮다는 것을 표현한다. 하지만 여성 가운데 대다수를 차지하는 여성 노동자와 노동계급의 아내들이 겪는 착취와 억압은 의회 의석수로 표현하기에는 너무나 크다. 불평등한 저임금과 고용불안, 고용과 승진에서의 차별, 성폭력, 기혼 여성 노동자들이 떠맡고 있는 가사노동과 육아 등은 잘 알려진 사실이다.

그런데, 과연 지방자치제에 여성이 참여하는 것으로 여성 노동자들의 고통을 완전히 해결할 수 있을까? 여성 노동자들이 겪는 억압과 착취가 "집안 살림조차 모르는 남성들이 우리 정치를 이 꼴로 만들"어 놓았기 때문일까? 과연 "사기꾼 같은 프로 정치인 대신 여성들을 뽑""으면 문제가 해결될까?

---

* 　같은 책, p.181. 1991년 기초 지방의회 의원선거에서 당선된 여성의원은 불과 40명으로, 전체의 0.9%이다. 또 광역의회 의원의 경우 여성의원은 8명으로, 역시 0.9%이다. 세계적으로 여성의 국회 참여비율이 15% 이상인 국가는 23개국이고, 남한은 조사 대상국가 134개 나라 가운데 110위이다.

** 　〈한겨레신문〉, 1995년 3월 13일. 지난 3월 12일 여연이 주최한 제11회 한국여성대회 '남녀유권자 한마당'에서 터져 나온 발언들.

페미니스트들은 자본주의 발전으로 작업장과 가정이 분리되어, 작업장에서의 노동에만 경제적 가치가 부여되고 가정생활은 희생당한다고 주장한다. 가정은 사적 영역으로 취급되어 "주부"들은 사회로부터 고립되고, 노동시장에서도 2등 노동력으로 취급당한다고 말한다.

그러나 그들이 말하는 자본주의는 단지 비인간적인 체제를 뜻할 뿐이다. 그래서 그들은 여성 노동자와 "주부"를 아무런 구분없이 억압받는 희생자로 묘사한다. 여성 노동자만 억압받는 게 아니라는 이유로 모든 계급의 여성을 "주부" — 미혼 여성은 예비 주부로서 차별받는다고 보면서 — 라는 이름으로 한데 묶는 것이다.

여성이 담당하는 가정 생활 영역은 사적 영역으로 무시되어 왔으며, 정치적 과제로 적극적으로 제시되지 못했다. 즉 제2세를 임신하고 출산하는 여성의 모성에 대한 보호, 어린이 양육, 학교 교육, 여성과 아이들, 노인들이 주로 생활하는 지역사회의 복지시설, 쓰레기 처리, 깨끗한 공기와 물의 보급, 도시가스의 보급, 버스노선(특히 마을버스), 병원 또는 보건소의 운영 그리고 동사무소, 시장의 위치와 운영, 이 모든 것이 여성들이 가정생활을 운영하면서 당면하는 과제들이다. 이런 지점에서 생활영역을 담당하는 여성들이야말로 생활자의 요구를 절실하게 느끼고 있으며, 지방자치가 실현해야 할 생활정치 실현에 적극 참여할 수 있는 주체이다.*

---

* 이미경, 앞의 책, p.178.

지방자치제에 대한 이들의 과도한 환상은 여성 억압의 원인을 잘못 파악하고 있는 것과 관련이 있다. 그들은 자본주의에서 발생하는 억압과 착취 사이의 관계를 이해하지 못하기 때문에 서로 다른 계급의 여성을 하나의 집단으로 본다. 그러나 마르크스주의자들은 자본주의가 비인간적인 체제일 뿐 아니라 착취질서라는 점을 이해한 사람들이다.

다시 말해 현재의 억압적인 가족제도는 남성들이 여성들을 억압하기 위해 만들어 낸 악의에 찬 발명품이 아니다. 그것은 자본주의의 안정적 축적 기반 — 예컨대 노동력 재생산 — 을 제공하고 체제의 위기에 대한 안전판 구실을 한다.[*]

여성이 받는 억압은 계급에 따라 그 내용과 정도가 사뭇 다르다. 같은 여성이라고 해서, 자신의 계급적 이해관계로부터 자유로울 수 있을까? '철의 여인' 대처가 수상으로 있는 동안 영국 여성노동자의 지위가 개선되었던가? '강철 미소' 탄수 실레르 터키 총리는 쿠르드 반군 학살에 동료 남성보다 덜 무자비했던가? 김숙희가 교육부 장관이 되고 나서, 노동계급 가정의 교육비 부담은 줄어들었던가?

물론 많은 페미니스트들은 이런 지배계급 여성들을 지지하지는 않을 것이다. 그러나 그들은 여성 억압이 착취 체제에 고유한 것이고, 지배계급이 노동계급을 분열시키기 위해 이것을 유지하고 있다는 점을 이해하지 못한다. 때문에 오늘날 많은 여성들이 임금노동자

———

[*] 자세한 것은 《사회주의 평론》 2호에 실린 '가족은 영원한가?'를 참조하시오.

인데도 주부로서의 역할만을 부각시킨다.

정치참여를 강조하면서 여연은 여성들을 유권자로서만 바라보고 있다. 이렇게 된다면 정치참여를 통해 모든 여성들이 적극적으로 되는 게 아니라 오히려 여성 노동자들의 수동성만 커질 것이다. 왜냐하면, '여성은 정치를 할 전문적 지식과 교양을 갖추지 못했다'는 우익 성차별주의자들의 논리와 맞서 여성도 자질이 있다는 것을 보여 주기 위해 엘리트 여성들을 선호하기 때문이다.

특히 선거는 표의 논리이므로 말로는 아무리 남녀평등을 지지한다 해도 결국 당선 가능성이 가장 큰 관심사가 될 수밖에 없다. 〈한겨레신문〉이 '여성의 정치세력화'를 지지하면서도, 여연이 이를 위해 핵심으로 내걸고 있는 '여성할당제'에 대해서는 시큰둥한 것도 그 때문이다.*

더 위험한 것은 여연이 지방자치제 선거에서 20% 의석 확보를 위해 민자당이든 민주당이든 구분하지 않겠다고 말하고 있는 점이다.

기초의회 선거의 경우, 민자당 공천을 받든 민주당 공천을 받든 지역에서

---

* 〈한겨레신문〉, 1995년 3월 14일 사설. 물론 이 사설은 "끼워넣기식 혹은 생색내기식으로 정치권에 진출한 여성들이 제대로 정치역량을 보여준 적이 없다는 사실"이 여성 할당제에 불신감을 보이는 원인이라며, 페미니스트들의 비위를 맞추려 한다. 하지만 본질은 〈한겨레신문〉이 지지하는 민주당이 할당제에 부정적 반응을 보이는 데 있다. 예컨대, 민주당의 이해찬 의원은 "여성 할당제"가 이상론적인 이야기로 원칙은 공감하나, 현실적 가능성(당선 가능성)이 없다며 회의적 반응을 보였다. '좌담:여성의 정치세력화 — 현실과 전망', 《여성과 사회》 3, 창작과 비평사, 1992.

차별성은 거의 없다. … 경남은 무소속으로 나오고 전남북은 민주당 이름을 내걸어야 당선된다고 하고 … 그래서 여연은 정당에 대한 방침은 어떤 규정도 두지 않았다.[*]

이러한 변화가 결코 우연은 아니다.

여연은 원래 여당을 지지하지 않았다. 집권당은 여성들의 권리 신장에 어떤 관심도 보이지 않았기 때문이다.

하지만 김영삼 정부 등장 이후, 몇몇 여성이 장관으로 임명되자 페미니스트들의 마음 속에 적잖은 희망이 일었다. '제도 정치권'을 통해 여성의 권리를 신장할 수 있는 기회가 마련되었다고 생각했기 때문이다.

페미니스트들은 여성들이 국가기구에 많이 참여하면 여성 억압이 사라질 것이라고 생각한다. 자본주의 국가를 "남성의 국가"로 바라보기 때문이다. 국가의 성격에 대한 페미니스트들의 가장 대표적인 규정은 '가부장제 국가론'이다. 즉 "국가 기구의 압도적 다수를 남성이 차지하는 국가 형태, 주로 남성의 이해에 부응하여 기능하는 국가 혹은 상부구조, 여성에 대한 억압을 유지 혹은 적극적으로 지지하는 국가"[**]라고 정의하는 것이다.

또, 페미니스트들은 남한을 "유교적 전통이 강한", "남성 권위주의"

---

[*]　'지자체 선거와 진보진영의 대응 방향', 《진보》, 1995년 3월호, p.70.

[**]　이승희, '국가, 자본주의, 여성문제', 《여성운동과 정치이론》, 녹두, 1994, p.88. 그녀는 '가부장제 국가론'이나 '가부장제' 이론을 받아들이지는 않지만, "여성의 관점에서 국가의 기능을 탐구"하므로 효과적 반박이 되지 못한다.

국가라고 규정한다.

국가 권력의 성격을 구성원의 성(性) 비율의 문제로 생각하는 것이다. 여기서 여성의 비율이 높아지면 국가가 여성 해방의 발판이 될 수 있다는 생각이 자연히 도출된다.

페미니스트들은 국가의 역할을 해당 사회의 생산양식과 연관지어 보지 않기 때문에 국가를 "남성이 여성을 지배하기 위해 만든 구조"라는 식으로 이해하는 것이다. 이들은 국가의 기원을 여성을 지배하고픈 남성의 욕망 내지는 심리 정도로 설명할 수밖에 없다.

그러나 국가는 인간 본성 — 모든 인간의 본성이든, 남성의 본성이든간에 — 때문이 아니라 계급 사회의 출현과 더불어 등장했다. 그리고 그와 더불어 "여성의 세계사적 패배"가 일어났다.[*]

자본주의의 추진력은 여성을 억압하려는 가부장의 음모가 아니라 자본축적 압력이다. 국가는 자본주의 체제가 축적을 위해 이용하는 상부구조의 일부이다. 더욱이 1930년대 이후 자본주의의 위기로 인해 국가가 경제에 직접 개입하지 않으면 안 되었기 때문에 국가는 단순한 상부구조만이 아닌 토대의 일부가 되었다.

가부장제론은 여성 억압에 대한 심정적 반발에 불과하다. 그들이 자주 내세우는 국가의 "토대로부터 상대적 자율성" 개념은 자본주의도 사회주의도 모두 여성 해방을 달성할 수 없다는 비관적 전망에 바탕을 둔 것이다. 일부 페미니스트들은 노골적으로 "자본주의는 여

------

[*] 이것이 엥겔스가 《가족, 사유재산 및 국가의 기원》에서 핵심적으로 다루고 있는 내용이다.

성에게 해방적이다." 하며, 자본주의 틀 내에서 여성운동을 추구한다. 여연의 입장도 그리 다른 것 같지 않다.

냉전시대의 종식은 국제관계뿐 아니라 국내의 정치상황도 변화시켰다. 즉 권력을 독점하던 국가권력이 퇴조하고, 관료주의적 통제에서 권력의 지방 분산과 주민참여라는 과제를 던져주었다. 냉전시대의 인권은 정치적 기본권의 테두리를 벗어나지 못했다면, 이제 보다 나은 삶을 추구하는 생활권의 요구와 성차별, 인종차별, 종교적 억압, 소수민족에 대한 차별의 철폐 등으로 확대되고 있다. 이런 관점에서 지방자치는 삶의 질을 추구하는 생활정치와 사회적 약자의 인권회복을 추구해야 한다."

이런 근거 없는 낙관과는 달리, 전 세계 지배자들은 대규모 학살과 인종주의적 공격 그리고 노동자 계급의 생활 수준에 대한 공격들을 감행하고 있다. 미국 하원은 지난 3월 뉴딜정책 이래 유지돼 온 복지제도를 대수술하는 복지개혁법을 통과시켰다. 지배자들은 가난한 가정에 대한 복지 혜택을 대폭 축소하고, 대부분의 합법 이민자에 대한 복지혜택을 박탈했다. 그리고 "미혼모를 줄이기 위해"라는

---

* 《마르크스주의와 페미니즘의 불행한 결혼》(1981년)을 쓴 대표적 가부장제 이론가인 하이디 하트만이 89년 한 국제회의에서 한 말이다. "과거 10년간 미국의 자본주의는 성차를 해소하는 방향에서 장족의 진보를 달성했는데 그것은 자본주의가 합리적으로 행동한 결과 그렇게 되었다." 우에노 치즈코, 《가부장제와 자본주의》, 녹두, 1994, p.297. 하트만의 경우는 급진 페미니즘의 결말을 아주 잘 보여 준다.

** 이미경, 앞의 책, p.174.

위선을 떨면서, 18세 미만의 미혼모에게는 일체의 현금지원을 금지했다. 복지혜택 축소를 통해 생기는 재원은 연간 소득 20만 달러 이상의 부자들에 대한 세금감면으로 전용된다.[*]

도대체 무엇이 달라졌는가? 여전히 여성의 임금은 남성의 절반밖에 되지 않는다. 경제협력개발기구(OECD) 25개 회원국에서 여성 평균임금은 남성의 60%에 지나지 않았다.[**] 국가권력의 쇠퇴는커녕, 국가간 군사적·정치적·경제적 경쟁은 날로 치열해지고 있다.

현실을 도외시하기는 사회주의 페미니스트도 마찬가지다. 가부장제 국가론을 비판하는 이승희 씨는, "여성 억압적 국가와 친여성 해방적 국가를 구분하고, 어떠한 성격의 국가가 여성 해방적일 수 있는가를 분석"해야 한다고 주장한다. 그러나 그녀는 결정적으로 동유럽과 소련 사회가 완전한 여성 해방은 아니더라도, 서방 자본주의보다 더 진보적이라는 잘못된 믿음을 가지고 있다.[***]

그녀가 소련이나 동유럽을 서방의 국가들보다 더 우호적으로 보는 근거는 그 사회에서 여성의 '정치권' 참여가 더 높았다는 것이다. 그녀 역시 여성 노동자들의 실제 상황에 대한 관심보다는 엘리트 여

---

[*]   〈한겨레신문〉, 95년 3월 26일.

[**] 〈한겨레신문〉, 1995년 4월 13일.

[***] 이승희 씨는 대부분의 페미니스트들이 동유럽과 소련의 몰락 이후, 정치적으로 우경화되는 것에 반대하여 다소 좌익적 언사를 늘어놓으면서 사회주의 페미니스트의 명맥을 유지하고 있다. 그러나 소련과 동유럽 여성 노동자의 상태는 서방 자본주의보다 조금도 나을 게 없었다. 자세한 것은 《소련 여성과 페레스트로이카》(한울)를 참조하시오.

성들에게 더 많은 관심을 가지고 있다.

급진 페미니스트들과 마찬가지로 사회주의 페미니스트들도 국가를 자본주의 체제와 떼어 놓고 보기 때문에 — "토대로부터 자율성" 운운하며 — , 체제를 변혁하려 하지 않고 체제 내에서 '자율적인 여성운동'을 추구한다. 사회주의 페미니스트처럼 서로 양립할 수 없는 마르크스주의와 페미니즘을 절충하려는 시도는 실천에서는 급진 페미니즘에 압도되어 여성운동을 전체 노동계급 운동과 분리시키는 방식으로 나타난다.

물론 사회주의 페미니스트들이 처음부터 노동계급 운동과 분리되었던 것은 아니다. 하지만 여성 억압이 자본주의 체제와는 별도의 '자율적' 메카니즘에 의해 규정된다고 보는 '가부장제' 이론을 수용하면서 점차 노동계급의 실천과 멀어지는 결과를 낳았다.

사회주의 페미니스트들의 미래를 가장 잘 보여주는 것이 아마 베아트릭스 캠벨일 것이다. 그녀는 지금은 해체되고 없는 영국공산당에 한때 몸담았던 유러코뮤니스트 저널리스트로서, 많은 사회주의 페미니스트들이 여성 억압은 남성, 특히 노동계급 남성 때문이라는 주장을 받아들였던 상황을 잘 대변했다. 그들은 국가뿐 아니라 모든 조직 — 노동조합이든 혁명정당과 같은 정치조직이든 — 에서 '남성이 여성을 지배'하고 있다고 하면서, 분리주의적 여성운동을 정당화했다.

베아트릭스 캠벨은 이러한 주장을 1978년 당시 영향력 있던 잡지 《붉은 깃발》을 통해 끈질기게 펼쳤다. 그녀는 노동자일지라도 남성과 여성의 이해관계는 근본적으로 적대적이라고 주장하며, 단체협상의 개념을 공격하고, 여성을 위해 임금의 재분배를 요구하였고, 남성과 여성 노동자들의 단결을 반대했다. 그녀는 "뭉치면 망한다."고 주장했다.[*]

다행히 이 나라에 이런 노골적인 주장을 하는 페미니스트들은 없다. 그러나, 이들 역시 '모든 여성의 단결'을 추구한다는 점에서 베아트릭스 캠벨과 동일한 생각에 바탕하고 있다. 이 생각의 한 곁가지라고 할 수 있는 '여성의 정치세력화'는 여성운동을 노동자 계급 운동으로부터 분리시키는 역할을 할 것이다.

> 여성 해방운동의 목표는 첫째, 상품생산을 위한 노동이 아니라 공동체를 차려나가는 데 꼭 필요한 노동, 특히 뒤치다꺼리의 일이 중시되는 사회를 만드는 것, 둘째, 어머니로서 모성의 힘을 사회적으로 확대하는 것, 셋째 소비자로서의 힘을 발휘하는 것과 연결된다.[**]

여성이 의원으로 당선되어야 하는 이유도 "여자가 집안 살림을 하므로 나라 살림도 잘한다."는 식이다. 여권운동단체는 '소비자 운동'을 주장한다. 그 운동 가운데 하나인 생활협동조합 운동은 여성들이 공동구매를 통해 주부로서 고립감을 해소하고 정치의식을 획득한다는 것이다. 여연은 이것을 "지역에 뿌리 내리기"라고 부른다.

------

[*] Campell, "United we fall", in Red Rag, no.14. 린지 저면, 《여성 해방의 정치학》, 여성사, 1994, p.285에서 재인용.

[**] 조혜정, '가정과 사회는 여성의 힘으로 되살려질 것인가', 《또 하나의 문화》 제6호, 1994, p.63.

그 동안 여권 단체들이 여성 노동자들의 투쟁을 지원하는 방식도 철저히 '소비자 운동'의 관점에 서 있었다. 그들은 항상 불매운동이나 성명서, 지지 서명 등에 의존해 왔다. '자매애'를 깨뜨리지 않기 위해서 '계급 이기주의'는 자제해야 했다.*

이들은 노동자 계급의 집단적 힘이 아니라, 여성의 단결에 호소한다. 그러나 '여성의 단결'을 통해서는 여성 노동자들의 권리를 축소하는 정부의 공격을 일관되게 막아낼 수 없다.

정부는 그 동안 계속해서 여성 노동자들의 고통을 증가시키는 공격들을 했다. 생리휴가를 무급으로 돌리고, 500인 이상의 작업장 — 여성 노동자들의 90%가 500인 이하의 작업장에서 일하는 데도 — 에 한해 탁아소를 설치하도록 사업자에게 '권유'만 할 뿐이고, 남녀고용평등법을 허수아비로 만들었다. 정부는 여성 노동자들의 복지를 위해 예산을 증액하기는커녕, 기업과 국가의 경쟁력 강화를 위해 자신들이 만든 법조차 지키지 않았다.

지방의회에서 여성의원들은 여성 노동자들의 권리를 신장시키지 못할 것이다.

1970년대 콘트롤 데이타에서 결혼퇴직제가 철폐되고 출산휴가 60

---

* 1985년 6월 성도섬유(톰보이) 부당해고 반대 불매운동에 대한 여권 운동 단체의 평가가 한 예가 될 것이다. "공개운동 단체가 기층 여성들의 투쟁을 지원하는 최초의 운동이었다는 점과 불매라는 방법으로 중간층여성들이 여성운동에 참여할 수 있는 기회를 제공하였다는 점은 높이 평가될 수 있다." 투쟁은 해고자들만의 싸움으로 고립되어 결국 패배했는데, "노동운동 지원으로서의 불매운동의 주체는 여성 단체이지 해고자들이 아니다." 하며 부문주의적 실천을 당연하게 생각한다. 이승희, '한국의 여성운동 연구', 《여성운동과 정치 이론》, 녹두, 1994, p.350.

일을 쟁취하고 탁아소 설치를 모색한 것은, 여성 노동자들이 민주노조 운동의 일부로서 투쟁했기 때문이다. 또한 87년 노동자 대투쟁은 여성 노동자의 독자적 요구를 쟁취하기 위한 움직임을 활성화시켰다.[*]

우익들이나 페미니스트들이 여성을 수동적 존재로 여기는 것과 사뭇 달리, 여성 노동자들은 사회적 위기의 시기에 오히려 남성들보다 훨씬 더 빨리 혁명성을 획득할 수도 있다. 이것은 혁명운동의 역사에서 거듭해서 나타났다. 가장 인상적인 것이 1917년 러시아 2월 혁명일 것이다. 같은 해 독일 혁명에서도 여성들은 그 유명한 '기아 행진'을 이끌었다.

자율적 여성운동이나 조직은 여성운동을 결코 변혁적 계급운동의 일부로 만들 수 없다. 오직 여성 억압을 착취와 연결시켜 남녀 노동계급의 단결된 투쟁을 통해 해결하려는 사회주의 조직만이 그것을 할 수 있다. 당연히 사회주의 조직은 남녀 노동자 계급에 뿌리내려야 한다.

---

* 이승희, '한국의 여성운동 연구', 앞의 책, pp.363~368. 태광산업·삼령정밀·대림산업·현대해상화재보험의 차별임금 철폐투쟁, 국제상사의 남녀 휴식시간 차별철폐, 삼성제약의 6개월간 육아휴직 쟁취투쟁, 경원세기의 가족수당 남녀 동일지급요구투쟁, 현대중공업의 여사원 장기근속수당 지급요구투쟁 등 이루 다 말할 수 없다. 특히 경원세기의 가족수당 남녀 동일지급 요구는 투쟁이 승리하는 데 결정적이었다. 노조에 소극적이던 기혼 여성 노동자들이 적극적으로 참여하여 노동계급의 단결을 이룰 수 있었다.

포스트페미니즘이
여성 해방을 가져올 수 있을까?

최근 여성의 성(性)적인 자기표현에 대한 강조가 사회 곳곳에서 일고 있다. 여성이 성적으로 수동적인 존재임을 거부하는 변화가 여성들의 생활에서 일어나고 있는 것은 사실이다. 이것은 여성들의 사회 참여가 늘고 있음을 반영하는 것이다. 성을 더 이상 숨기려고 하지 않는 것, 여성의 성적 욕구를 공공연하게 얘기하는 것 등은 10여 년 전만 해도 상상하기 어려운 일이었다. 우리는 성이 공공연히 토론되는 것을 지지하지만 이것을 여성 해방의 '전략'으로 삼지는 않는다.

성적인 자기표현은 TV 광고, 대중 가수들의 섹스 이미지, 영화, 문학 등에서도 나타 난다. 최영미의 시집《서른, 잔치는 끝났다》가 베스트셀러의 자리를 오랫동안 지킬 수 있었던 것도 아마 성적 자기표현이 강했기 때문이었을 것이다. 이 시집은 포스트모더니스트들에

―――

김하영. 이 글은《사회주의 평론》5호 (1995년 9-10월)에 실린 것이다.

의해 "일상과 욕망"이 잘 표현된 작품으로 평가받았다. 영화로도 만들어진 장정일의 소설 《너에게 나를 보낸다》도 마찬가지이다. 성적인 자기표현은 여성사가 발간한 《두 남자가 쓰는 사랑에 대한 희망》, 《성교가 두 인간의 관계에 미치는 영향에 대한 문학적 고찰 중 사례연구 부분인용》에서도 분명하게 나타난다.

영화 '원초적 본능'은 성이 더 이상 남성의 전유물이 아님을 보여 주었다는 호평을 받았다. 또 '폭로'가 마치 성 해방을 상징하는 영화인 듯이 여겨지기도 한다. 뭐니뭐니 해도 가장 대표적인 것은 마돈나 예찬일 것이다. 남녀 이분법을 비판해 온 카밀 파글리아는 "전세계 여성들에게 막대한 영향을 미치는 마돈나는 페미니즘의 미래"라고 주장했다.

마돈나는 젊은 여성들에게 자신의 삶을 전적으로 책임지는 한편으로 완벽하게 여자답고 섹시한 여성이 되도록 가르쳐 왔다. 그녀는 한꺼번에 소녀들에게 어떻게 하면 매력적이고, 섹시하며, 힘이 있고, 용기있으며, 도전적이고 재미있는 여자가 될 수 있는지를 보여 준다.*

아직 이 나라에서 미국의 마돈나 같은 이미지를 성공적으로 구축한 가수나 배우는 등장하지 않았지만, 분명 이런 류의 주장들이 문화적인 영향력을 행사하고 있는 것만은 사실이다. 그리고 이것은 포스트페미니즘이라는 신종 페미니즘 이론으로 뒷받침되고 있다.

---

* 앤 카플란, '마돈나 기표의 정치학:전복, 변태, 가면', 《성·미디어·문화》, 나남, 263~278쪽.

이들은 성적인 자기표현에 충실한 것, 당당하면서도 성적 매력을 표현하는 것, 여성의 경험에 대해 소중하게 여기고 그것을 글로 쓰는 것 등을 통해 여성 해방과 사회변혁을 가져올 수 있다고 주장한다. "마르크스주의처럼 거창한 목표를 내세우기보다는 일상 삶의 주변에 널리 있는 일면 사소해 보이는 문제부터 구체적으로 해결해 보려는 것"이 더 가치있다는 것이다. 이처럼 확신에 찬 주장은 아니지만 '대세'에 손을 들어주는 듯한 주장, 게다가 빨간 칠까지 해 주는 주장은 훨씬 더 많이 널려 있다.

화염병이 더 이상 효력을 발휘하지 못하는 시대에 사라져 버린 지배권력과 싸우는 대안논리로서 '성'이 등장하고 있는 것인지도 모른다.**

이런 주장들을 사회주의자들은 어떻게 생각해야 할까? 포스트페미니스트들이 비웃으며 하는 말대로 '사회주의자 혹은 그 조직들은 원래 가부장적이어서 아예 성을 금기시하는 태도를 취해 왔고 때문에 우리의 주장에 당황할 것이 틀림없다.'는 말은 사실인가? 포스트페미니스트들이 페니미즘을 비판하는 것은 마르크스주의가 페미니즘을 비판하는 것과 어떤 연관이라도 있는 것인가? 포스트페미니스트들이 자신을 좌파로 분류하는 것은 정당한가? 포스트페미니즘은 여성 해방을 가져올 수 있을까?

---

* 태혜숙, '포스트모던 여성 해방론의 현황과 과제', 《이론》, 1993 여름, 72쪽.

** 〈한겨레21〉, 1995. 7. 27, 66쪽.

포스트페미니즘은 페미니즘을 넘어섰는가?

포스트페미니즘의 가장 큰 특징은 "여성의 삶을 규정하는 여러 억압체계들 가운데 어느 하나를 배타적으로 특권화하는 태도에 반대한다."는 것이다. 포스트모더니즘과 마찬가지로 포스트페미니즘의 출발은 '차이와 다양성'에 대한 찬양이다. 이들은 객관성, 자기동질적인 주체, 남녀 이분법을 '해체'시켜야 한다고 주장한다. 모든 사물과 현상들 사이의 구체적인 차이들을 가장 잘 볼 수 있는 영역은 마르크스주의를 비롯한 전통적인 이론이 추구한 '큰 이야기'(grand narrative)가 배제해 온 수많은 '작은 이야기들'이다. 그래서 이들은 자본주의 사회의 온갖 억압의 본질을 밝히고 근본적인 문제 해결을 주장하는 마르크스주의를 경멸한다. 세상에 존재하는 억압의 차이와 다양성은 일반화될 수 없으며, 일반화하려는 것은 곧 차이를 '억압'하는 것이기 때문이다.

여성이라고 다 같은 여성인가? 그들 가운데에는 흑인, 백인, 다양한 인종의 여성, 선진국의 여성, 제3세계 여성, 동성애자, 이성애자, 중간계급, 노동자 계급 등 수많은 차이가 있을 뿐 아니라 그들의 개인적인 경험은 단 하나도 동질적이지 않다는 것이다. 포스트페미니스트들은 그 동안 페미니스트들이 여성을 하나의 정체성을 갖는 집단으로 묶어 '자매애'를 강조해 왔다고 비판한다.

물론 마르크스주의 역시 페미니즘이 '자매애'를 강조하는 것에 반대해 왔다. 왜냐하면 남성과 대립하는 여성이라는 구분보다 자본가 계급에 대립하는 노동자 계급, 즉 계급 구분이 훨씬 본질적인 중요성을 갖기 때문이다. 마르크스주의는 노동자 계급에 속한 여성과 남성의 계급적 단결을 강조한다. 그러나 포스트페미니즘이 페미니즘을 비판하는 내용은 마르크스주의의 그것과는 아주 거리가 멀다. 그들은 사회를 본질적인 하나의 차이 — 계급 — 로 나누는 것 자체에 반대한다. 노동자 계급 안에도 남성과 여성, 이성애자와 동성애자, 흑인과 백인, 다양한 인종들이 있기 때문에 노동자 계급을 동질성을 갖는 집단으로 보아서는 안 된다는 것이다.

포스트페미니즘은 하도 혼동된 나머지 여성이라는 범주를 해체하려는 경향과 여성성을 적극 부각시키는 서로 상반된 경향을 포괄하고 있다. 사실 포스트페미니즘이 포괄하고 있는 경향은 이것만이 아니다. 그들은 자신들의 명확한 경계를 가지고 있지 않다. 페미니즘에서 찔끔, 제3세계주의에서 찔끔, 반인종주의에서 찔끔, 여기저기서 찔끔찔끔 모아서 만든 잡탕 이론이라고 할 수 있기 때문이다.

그런데 그들은 찔끔찔끔 긁어 모은 것 가운데 어떤 것 하나를 강조하는 것도 금기시한다. 그 어떤 집단도 근본적인 중요성이나 동질성을 가지고 있지 않기 때문이다. 왜 하필 세상을 노동자 계급과 자본가 계급으로 나누는가? 자본가 계급과 대립될 만큼 노동자 계급 내의 동질성이라도 있는가? 노동자 가운데에는 여성도 있고 남성도 있는데. 그러면 왜 하필 여성과 남성으로 나누는가? 여성 가운데에는 동성애자도 있고 이성애자도 있는데. 그러면 왜 하필 동성애자와 이성애자인가? 동성애자 가운데에는 흑인과 백인과 유색인이 있는데 … . 하루 종일 해 봐도 아마 끝이 없을 것이다. 왜? 여성 가운데에는 영희도 있고, 순희도 있고, 민희도 있고, 정숙이도 있고, 현정이도 있고 … . 포스트페미니스트들이 좋아하는 '해체'는 결국 모든 집단을 낱낱의 원자화된 개인으로 찢어 놓는 것이다.

페미니즘이 사회를 계급으로 나누지 않고 여러 부문으로 나누는 이론에 바탕하고 있는 것이라면 포스트페미니즘은 여러 부문을 더 잘게 나누는 이론에 바탕하고 있다. 마르크스주의의 관점에서 보면 이 둘 사이에는 많은 공통점이 있다. 페미니즘이 포스트모더니즘과 만나 포스트페미니즘이라는 신종 이론을 만들어 내는 것은 그리 어려운 일이 아니었을 것이다.

포스트페미니즘이 본격적으로 논의되기 이전에 우리가 주장했듯이, 페미니즘은 포스트모더니즘에게 "첫눈에 반해" 그것을 "환상적인 파트너"로 삼을 요소들을 이미 가지고 있었기 때문이다.* 페미니스트들 스스로 평가하듯이 "본질주의 비판, 이원론 비판, 그리고 다원주의적 사고가 딱히 포스트모던 여성 해방론을 넘어서서 여성 해방 이론 전반에 확산되고 있"**는 이유는 바로 이 때문이다.

성 해방이라는 이름의 성차별주의

포스트페미니스트들은 이분법이야말로 온갖 억압적 위계관계를

---

* 국제사회주의자들(IS), '여성 해방이 가능한 단 하나의 길', 《국제사회주의》 3호, 1992 겨울, 122쪽.

** 한국여성연구회, 《개정판 여성학 강의》, 동녘, 59쪽.

끌어들이는 기본고리라고 본다. 그렇기 때문에 남성과 여성을 대립시켜 온 페미니즘을 비판한다.

이것은 그 동안 세력을 확장해 온 래디컬 페미니즘이 남성을 적으로 규정하는 것에 대한 반발을 담고 있기도 하다. 예를 들어 발레리 솔라니스는 남성박멸협회(Society for Cutting Up Men) 선언에서 "남성은 유전자 상태에서 잘못된, 걸어다니는 미숙아이며 불완전한 여성이다." 하고 주장했다. 이런 얘기는 페미니스트들로부터 아주 흔히 들을 수 있다. 이 나라의 여성운동도 1992년부터 전력을 쏟아 성폭력이나 아내 구타를 추방하기 위한 운동을 펼치면서 남성을 잠재적인 강간범으로 몰아 왔고 포악무도한 짐승 같은 권력자로 취급했다.

페미니스트가 주장해 온 '남성(의 본)성'에 대한 반발은 송재희 씨가 쓴 《두 남자가 쓰는 사랑에 대한 희망》에 잘 나타나 있다. 그는 "남자들에게 폭력적인 본성이 있다고 생각하는 많은 여성들의 가치관에 이의를 제기"한다.

> 페미니즘은 여성에게 고발과 분노의 언어를, 남성에게 자책과 절망의 언어를 주었다. 그러나 아직 극복과 반성, 연대는 없다. …
> 남자들이 스스로 느끼기에 남근은 여성을 향한 권력이 아니다. 남근은 남자의 상징이지만, 남자가 져야 할 무거운 짐을 상징하는 것이기도 하다. …

---

* 송재희·신동윤, 《두 남자가 쓰는 사랑에 대한 희망》, 여성사, 63쪽.

남성의 본성이 원래부터 여자를 강간하고 구타하게끔 생겨먹었다는 생각을 하는 한 우리에게 희망은 없다. 남성의 본성에 대한 믿음이 없는 페미니즘은 절망만을 재생산할 뿐이다.*

송재희 씨는 여성이 남성보다 더 억압받고 있다는 생각 자체가 페미니즘이 저지르는 잘못의 원천이라고 주장한다. 이런 관점은 이 사회에서 피지배계급 남성이 느낄 수 있는 억압(물론 송재희 씨는 모든 남성이 억압받는다고 생각한다.)에 대한 그의 사실적 표현마저 무가치하게 만든다. 그의 '항변'은 간단히 말해서 '여성만 억압받느냐, 남성도 억압받는다.'는 것이다. 이것은 자신의 권리를 주장하는 흑인에게 '그것도 인종차별주의이다.' 하고 말하는 것과 다름없는 주장이다. 과연 이런 방식으로 연대가 가능할까?

마르크스주의자들은 노동계급 남성이 여성의 억압으로부터 이익을 얻지 않는다는 것을 명확히 함으로써 단결을 촉구하지, 자유주의자들처럼 '알고 보면 모두 억압받으니까 각자 알아서 해 보자.'고 말하지 않는다.

그가 이런 결론을 내리는 까닭은 남성과 여성이 느끼는 억압의 원인을 남성성과 여성성을 구분하는 이분법적인 관념으로 돌리기 때문이다. 그는 남성과 여성을 분리시키는 관념이 왜 만들어졌는지에 대해서는 말하지 않는다. 그런 관념을 만드는 체제와 맞서 싸우는 것에 대해서는 더더욱 말하지 않는다. 그는 오히려 자신에 대해 "노

---

* 같은 책, 15~66쪽.

동운동을 꽤나 오랫동안 했다"고 소개함으로써 집단적 투쟁은 과거 지사가 되었음을 암시한다. 좌익들이 얼마나 남성과 여성에 대한 이분법에 고정되어 있는지, 또 얼마나 "일상과 욕망"을 억압하는지가 이 책의 주요한 메시지 가운데 하나일 정도이다.

대신에 그는 다른 포스트페미니스트들과 마찬가지로, 일상과 욕망에 대한 '자기표현'을 강조한다. 여성, 남성 모두 보편적인 남성성, 여성성에서 벗어나 자유롭게 자신을 표현하는 것, 종합적 인간을 추구하는 글쓰기가 대안이라는 것이다. 그러나, 성차별 이데올로기를 끝없이 만들어내는 체제를 그대로 둔 채, 송재희 씨처럼 "길을 가다가 여자의 엉덩이를 보고 떠오르는 섹스에 대한 여러 가지 환상들"을 자유롭게 말할 수 있으면 우리는 해방되는 것일까?

남녀 이분법에 대한 적극적인 반대는 현실문화연구의 주장에서도 찾아볼 수 있다. 이들은 이성애 중심 사회구조에 대한 강력한 비판을 담고 있다. 왜냐하면 이들이 보기에 온갖 악은 "낭만적 사랑, 결혼, 가족 이데올로기를 강화하는 이성애주의"에서 나오기 때문이다.

> 이성애주의라는 말은 여성에 대한 성적 차별 뿐 아니라 동성애나 그 밖의 다른 성 — 이를테면 소년애나 물신주의, 사도마조히즘 등 — 에 대한 차별을 가리킨다. …
> 이성애주의 폭력에 의해 우리는 한 명의 남성으로 한 명의 여성으로 강제되고, 착취되고 소외된다.[강조는 인용자]

---

* 현실문화연구, 《섹스 포르노 에로티즘:쾌락의 악몽을 넘어서》, 현실문화연구, 26~

이들은 "이성애주의적 담론체계"가 "정치적 파시즘, 종교적 근본주의, 인종차별주의와 성차별주의"라는 끔찍한 결과를 빚어 낸다고 주장한다. 포스트페미니스트들은 여성 억압을 어떤 하나의 근본 원인 탓으로 돌리는 것에 반대한다고 주장하지만, 사실은 페미니스트들과 마찬가지로 성(관념)을 핵심으로 여긴다. 페미니스트들이 "남성을 박멸하자"고 주장했듯이 포스트페미니스트들은 "이성애 중심주의를 박멸하자"고 주장하는 것이다.

우리는 이 글에서 어떤 보편적인 남성성 내지 보편적인 여성성을 가정하는 단수의 남성성, 단수의 여성성을 거부하고 다양한 남성성들, 여성성들이 존재한다고 주장한다.*

물론 사회주의자들 역시 고정된 남성성, 여성성이 있다고 생각지 않는다. 남성들이 원래 폭력적이라고는 더더욱 생각지 않는다. 그렇지만 우리는 이들의 주장에 동의하지 않는다. 이들은 다양한 남성성과 다양한 여성성이라는 말로 엄연히 존재하는 여성 억압의 현실을 감추기 때문이다. 이들은 여성의 임금이 남성 임금의 52.5%밖에 되지 않는 현실에 관심을 기울이지 않는다. 다양한 남성성과 여성성이 있을 뿐 둘 사이에 고려되어야 할 불평등이란 존재하지 않는다고 보기 때문이다. "여성은 동등한 조건에서 남성과 경쟁할 수 있다. 더 이상

30쪽.

* 같은 책, 29쪽.

성적으로 수동적인 존재여서는 안 된다."

이렇게 되면 여성들이 사회에서 당하는 억압은 모두 개인의 문제로 돌려진다. 낮은 임금을 받는다면, 가사노동에 시달린다면, 성희롱을 당해 고통받는다면 그것은 그녀가 '고정된 여성성'에 얽매어 있기 때문이다. 이것은 그녀 개인의 문제일 뿐이다!

포스트페미니스트 작가인 카티 로피는 《아침 이후》라는 책에서 아는 사람 사이에서 강간이 일어난다는 말은 페미니스트들이 꾸며 낸 것이라고 주장했다. 왜 여자는 늘 희생자로 표현되어야 하느냐는 것이 그가 하고 싶은 말이다. 여성도 성관계에서 적극적일 수 있고 즐길 수 있는데 왜 남성의 성행위 대상으로 취급되어야 하느냐는 것이다. 그는 여성들이 '여자는 성관계에서 수동적이어야 한다'는 기존 관념에서 벗어나기만 한다면 피해자의 위치에서 벗어날 수 있다고 생각한다. 순식간에 강간과 자유연애를 동일한 것으로 만들어 버린다.

우리는 자유연애를 적극 지지하지만, 주로 아는 사람 사이에서 일어나는 강간은 여성 억압의 한 표현이라고 생각한다.

카티 로피 같은 생각이 어떻게 여성들을 고통스럽게 만들지 예를 들어보자. 정황을 따져 보아 강간이 분명한 일이 벌어졌다. 여성은 원하지 않았는데 강제적으로 성관계가 이루어졌다. 카티 로피를 비롯한 포스트페미니스트들에 의하면 강간을 당한 여성은 이렇게 생각해야 한다. '내가 강간을 당한 것이라면 나는 희생자가 되는 것이다. 내가 왜 희생자가 되어야 하나? 나도 즐긴 셈 치자.'

이것은 마치 뫼비우스의 띠처럼 보수적 성차별주의와 연결된다.

"여자들도 즐겼으면서 무슨 잔소리야?", "좋으면서도 괜히 거부하는 거야."

"여자들이 남자들만큼 월급을 받아가고 싶으면 야간노동에서도 빠지려고 하지 마."

"여성과 남성이 평등한데 생리휴가는 왜 받아?"

성 해방이라는 미명 아래 성차별주의가 되돌아오고 있는 것이다. 억압적 현실은 그대로 둔 채 형식적인 평등만 목소리 높여 외치는 것은 여성의 고통을 가중시킨다. 과연 포스트페미니스트들은 노동부가 여성들의 야간노동 금지조항을 없애려 한 것에 대해 어떻게 생각할까? 마르크스와 엥겔스는, 여성의 출산에 대해 특별히 배려하는 것이 오히려 여성의 지위를 떨어뜨린다고 주장했던 부르주아 페미니스트들을 비판하며 여성 노동자들을 위한 특별 규정을 요구했다.

포스트페미니스트들의 이러한 혼란은, 첫째 성(관계)을 더 넓은 사회관계와 분리시키는 데에서 나온다.

자본주의 사회에서 여성은 억압당한다. 이것은 여성이 맺는 개인적 관계에도 영향을 미친다. 여성에 대한 억압을 통해 이득을 얻는 것은 지배계급이지만, 일상적 시기에 지배자들이 퍼뜨리는 여성에 대한 편견은 지배적인 사상이 되기 때문이다. 노동계급의 남성과 여성은 세상을 변화시키는 과정에서 자기 스스로를 변화시킬 잠재력을 가지고 있지만 일상적 시기에는 지배적 사상을 받아들인다. 만약 성관계를 포함하여 여성이 맺는 개인적 관계, 모든 사람들 사이의 관계가 완전히 평등하고 자유로운 것이 되기 위해서는 사회의 모든 억압관계가 우선 철폐되어야 한다. 엥겔스는 이것을 이렇게 표현했다.

새로운 세대, 즉 돈이나 다른 어떤 권력수단으로 여성을 굴복시킨다는 것이 무엇인지 평생 결코 이해할 수 없는 남성 세대, 경제적인 문제 때문에 자기 애인을 버리거나 진정한 사랑이 아닌 다른 조건 때문에 자신을 남자에게 바친다는 것이 무엇인지 결코 이해하지 못하는 여성 세대에 이르면 그에 대한 답을 얻게 될 것이다. 이러한 사람들의 세상에서는, 오늘날 누구나 당연하게 여기고 있는 그런 일들에 조금도 개의치 않을 것이다. 그들은 독자적인 행동을 하고, 각 개인의 행동에 대하여 그에 상응하는 여론을 직접 조성할 것이다. 바로 이것이 사회주의의 목적일 것이다.

포스트페미니스트들은 자본주의 체제 안에서 성 해방을 추구한다. 현실에서 벌어지는 일들을 그대로 둔 채 개개인이 마음만 바꿔 먹으면 된다는 식이다. 이것은 실제로는 성적 관계에서 나타나는 모든 불평등을 받아들이는 것이다. 왜냐하면 계급사회가 유지하고 있는 온갖 불평등을 철폐하지 않는 한 모든 여성들이 성적인 억압에서 벗어날 수는 없기 때문이다. 기껏해야 소수의 중간계급만이 개인적이고 불완전한 자유를 맛볼 수 있을 뿐이다. 포스트페미니즘이 **중간계급의 사상**인 것은 바로 이 때문이다.

둘째, 그들은 모든 문제를 사회적 이데올로기의 문제, 심리의 문제로 돌린다. 이것은 페미니스트들의 사고방식과 아주 유사하다. 페미니스트들이 모든 문제를 가부장적 의식에 돌리고 있듯이 포스트페미니스트들은 그것을 이성애 중심주의, 객관성, 보편성, 합리성 등에 돌린다.

이들은 이데올로기가 어떻게 만들어졌는지 대답하지 못한다. 오늘날 인간들이 당하는 온갖 고통이 이데올로기에서 비롯하고 있다고 주장할 뿐이다. 때문에 이들은 사회의 이데올로기가 어떻게 바뀔 수 있는지도 답하지 못한다. 그것 또한 개인들의 몫일 뿐이다.

마르크스는 이데올로기를 유물론적으로 분석했다. 그는 《독일 이데올로기》에서 의식이 존재를 규정하는 것이 아니라 존재가 의식을 규정한다고 주장했다. 그리고 사회적으로 지배적인 사상은 그 사회를 지배하는 계급의 사상이라는 것도 밝혔다. 체제를 공격하지 않고 체제가 낳은 사상을 바꿀 수는 없다. 때문에 마르크스는 인간의 의식이 사람들이 겪는 질곡과 고통을 만들어낸다는 견해를 비판했다. 이러한 견해는, 인간이 가진 현재의 의식을 비판적 의식 혹은 '양성 (兩性)적 사고'로 바꿔야 한다는 도덕적 요구 이상이 아니라는 것이다. 마르크스의 말을 빌자면, 포스트페미니스트들은 "오직 이 세계의 문구만을 공격했을 뿐 결코 현실적으로 존재하는 세계를 공격하지 못했다는 점은 잊"고 있는 "용감한 친구"들이다.

> 옛날 어떤 한 용감한 친구는 사람이 물에 빠지는 이유는 사람들이 '무게라는 관념'을 갖고 있기 때문이라고 생각하였다. 따라서 사람들이, 그런 생각이 미신이나 종교 관념에 불과하다고 공언함으로써 그런 생각을 그들의 머리 속에서 없애 버리기만 한다면, 사람들은 물에 대해 어떤 걱정도 할 필요가 없을 것이라는 것이다.'[강조는 인용자]

---

* 마르크스·엥겔스, 《독일 이데올로기》, 청년사, 34쪽.

여성적 글쓰기의 본질

포스트페미니스트들은 남녀 이분법을 비판하면서 여성성을 강조한다. 언뜻 생각하기에 여성 사이의 차이를 강조해 온 포스트페미니스트들의 주장으로 받아들이기 어려울 것이다. 이들은 이러한 모순을 해결하기 위해 '여성성 자체가 남녀 이분법·객관성·주체의 해체를 구현한다'는 논리를 편다. 이것은 남녀 이분법을 해체하고 나서 보니 딱히 페미니즘이라고도 할 수 없는 꼴이 되어버린 데 대한 궁여지책일 것이다.

이 경향은 주로 프랑스 페미니스트인 시쑤, 이리가라이 등이 대변하지만 사실 페미니즘 전반에 퍼져 있는 논의와 거의 다를 바가 없다. 예컨대 여성의 눈으로 역사를 다시 해석해야 한다든지(페미니스트들은 history라는 낱말 대신 herstory를 사용해야 한다고 주장했다. 그러나 그리스어 historia는 본래 여성명사이다.), 여성은 평화를 사랑한다든지, 여성만이 지구의 환경을 살릴 수 있다든지 하는 주장은 모든 페미니스트들의 입을 통해 주장되어 왔다. 여성의 범주를 해체해야 한다고 주장한 현실문화연구가 호의를 보이는 크리스테바 역시 종국에는 모성을 강조하는 것으로 귀결되었다.

시쑤와 이리가라이는 "남성적인 동일성 논리에 반해 여성적인 사유양식은 차이들의 자유로운 유희가 가능한 양식"이라고 주장한다. 이들은 여성의 생물학적 성의 특성으로부터 곧장 "여성적 글쓰기"라는 개념을 끌어낸다.

여성의 성욕은 입술, 음핵, 목, 가슴 등 여러 성기관으로 퍼져 있으며 여성의 언어 역시 남성의 언어처럼 일직선적 논리구조에 닫혀 있지 않고 복수적이며 유동적이고 … 남성은 성욕이 남근에 집중되어 있는 몸을 타고 난 이상 영원히 '동일성 논리'에서 빠져 나올 수 없게 되는 것이다.*

이들은 여성이 반이성적이고 비논리적이며, 남을 돌보는 일을 잘하고, 합리적 특성을 가지고 있다고 주장한다. 여성은 늘 중심이 아니라 '타자'였으며 여성성은 주체가 해체되어 있는 공간이라고 칭송한다. 여성이 열등한 존재임을 강조하기 위해 보수주의자들이 즐겨 썼던 표현들을 포스트페미니스트들은 자랑스럽게 되풀이하고 있다. 지금껏 페미니스트들이 아주 올바르게 도전했던 여성의 본래적인 특성들 — 가정적임, 주체적이지 않음 등 — 을 수용하는 것으로 멀리 후퇴한 것이다.

'여성적 글쓰기'를 대안으로 주장해 온 대표적인 페미니스트로 조혜정을 꼽을 수 있다. 그는 초도로우의 입장을 받아들여 여성이 주변적인 존재임을 강조한다. "여성은 폭력적인 중심부에 들어가지 않은 것을 다행으로 여기고, 주변성에서 자신의 정체성을 확보하며 새로운 정치적 공간을 열어나갈 거점을 확보"해야 한다는 것이다. 조혜정이 말하는 주변성이란 우리가 보기에 그 동안 여성에게 씌어져 온 굴레 같은 것이다. 그는 "뒤치닥거리를 잘하는 이들이 아름다워 보이

---

* 김영희·이명호·김영미, '포스트모던 여성 해방론의 딜레마', 《여성과 사회 3》, 1992, 67~68쪽.

기 시작했다"고 말한다. 그것은 과연 누구의 눈일까? 그것은 '여자다 워야 한다'는 것과 무엇이 다른가?

우리는 변화를 만들어 가기 위한 비판 사회과학을 해야 한다는 데 마음을 모았다. … 〈또 하나의 문화〉라는 이름의 모임을 만들었다. '주변성'이 '창조의 지점'이 되는 그런 모임이 만들어진 것이다. … 외부에서는 이 모임에 대해 모든 것을 다 가진 '혜택 받은 사람'들만 모여 있다고 말하기도 한다. … 그러나 이런 것은 실은 중요한 것이 아니다. 중요한 것은 … **각자 자신이 선 자리에서 삶의 실험을 하면서 충실하게 말을 만들어 가고 있는지 그럼으로써 새로운 정치적 공간을 만들어 가고 있는지의 문제일 것이다.**[*] [강조는 인용자]

또 하나의 문화와 같은 모임에 모여 있는 중간계급 여성으로서, 그는 "뒤치닥거리를 잘하는 이들이 아름다워 보인다"는 것이 노동계급 여성들에게 무엇을 의미하는 것인지 이해하지 못한다. 그것은 곧 현실을 수긍하라는 말밖에 안 된다. 당신의 고통 위에 아름다움을 부여하라!

포스트페미니스트들이 한결같이, 마르크스주의자들이 여성 억압의 물적 기초라고 주장하는 가사노동과 육아의 경험을 칭송하는 것은, 이들은 누군가의 부속물로 취급돼 온 경험 즉, "아이를 기르거나 어머니 역할을 한 경험", "교환을 위한 생산이 아니라 사용을 위한

---

[*] 조혜정, 《탈식민지 시대 지식인의 글읽기와 삶읽기 2》, 또하나의 문화, 197~207쪽.

생산(가사노동)을 하는 것", "월경·출산·수유의 경험'" 등을 여성성의 소중한 원천으로 삼는다.

　지배자들은 사적 영역에 노동력 재생산을 떠맡기기 위해서 '가족을 위해 헌신하는 여성의 숭고함'에 위선적인 찬양을 보내 왔다. 여성들은 사회적 노동에 참여하더라도 가사노동과 육아가 여성의 본분이라는 이유로 언제나 푸대접을 받아 왔다. 그리고 이 이데올로기는 자본가들에게 봉사해 왔다. 개인의 경험을 강조하는 포스트페미니즘은 그들의 의도와는 무관하게 자본가들에게 봉사하는 이데올로기일 뿐이다.

　페미니스트들은 포스트페미니스트들을 좋아하지 않는다. 그러나, 페미니스트들은 포스트페미니스트들을 적절히 비판하지 못한다. 서로 공통점이 많기 때문이다. 안타깝게도 페미니스트들은 여성성에 대한 강조 역시 받아들인다. 바로 이 때문에 페미니스트들은 의미있는 캠페인을 벌일 때조차 번번이 정치적 성과를 거둘 수가 없었다. 극도로 분리주의적인 그린햄 커먼 여성 평화운동가들의 활동은 이를 잘 보여주는 사례이다. 그린햄의 여성들은 전쟁과 핵무기를 반대하는 평화운동을 벌였다. 그린햄의 회원들은 미사일기지를 향해 행진을 시작했다. 이들의 정치적 이상과 전략의 중심에는 비폭력이 놓여 있었다. 진정한 문제는 비폭력이 여성적인 속성이라는 이유 때문에 찬양받았다는 것이다. 이들은 핵무기가 전쟁을 일으키려는 자본가들의 산물이 아니라 남성의 공격성을 상징하는 것이라고 주장했

―――――

* 　조세핀 도노번, 《페미니즘 이론》, 문예출판사, 316~317쪽.

다. 그들의 슬로건은 "소년에게서 장난감을 빼앗자"는 것이었다. 이들은 전쟁이라는 "남성적 가치"는 평화라는 "여성적 가치"로 대체되어야 한다고 주장했다. 여성들은 부인과 어머니로서의 역할을 하면서 평화와 사랑을 몸에 익힌다는 것이다. 이들은 고전적인 여성상을 부각함으로써 자본주의 국가와의 대결을 회피하는 방향으로 나아갔다. 평화운동, 환경운동, 자치운동 등에서 강조하는 여성성은 지배자들의 관념과 전혀 다르지 않다.

요즘 문학에서, 비평에서, 이론에서 모두 유행하고 있는 "여자로 말하기, 몸으로 글쓰기", "여성적 글쓰기", "양성적 글쓰기"의 본질은 바로 이런 것이다. 이들은 자본주의 사회의 부자유한 현실로부터 개인의 자유라는 부르주아적 이상을 분리해 내고자 한다. 이들은 개인적인 문제를 정치로 해명하려고 하지 않고 거꾸로 정치를 개인적인 문제들로 환원한다. 이런 주장은 계급으로 단결하지 못하는 운명을 타고 난 중간계급에게나 딱 어울린다. 정치적 변화를 목적으로 한 집단 행동을 거부하고 "개인적 정치운동"을 펼치려는 이들의 이상은 부질없는 것으로 끝나고 말 것이다.

혼동과 패배의 정치학

포스트페미니즘은 "개인적인 것은 정치적인 것이다"라는 슬로건을 내걸고 있다. 원래 이 슬로건은 래디컬 페미니스트들의 것이다. 포스트페미니즘의 특징인 반지성주의와 개인주의는 래디컬 페미니즘의 특징이기도 하다. 이 둘 사이에는 많은 공통점이 있다. 포스트페미니즘을 좀더 정확히 정의하자면 더욱 후퇴한 래디컬페미니즘의 일종이라고 할 수 있다. 어째서 이런 후퇴가 일어났을까?

첫째, 페미니즘의 분리주의적 요소가 발전한 결과이다.

현대 여성운동은 1960년대의 정치적 폭발이 사그라든 뒤에 미국에서 부상했다. 이것은 미국 신좌파에 속한 남성들의 성차별주의에 대한 반발에서 비롯되었다.

> 1969년 1월 워싱톤의 반전 집단 시위에 참여한 여성은 연설시간을 요청했고 시위를 조직한 남성의 숱한 반대를 거친 후 두 차례 짧은 시간을 얻어냈다. 그들이 연설하려고 했을 때 '연단에서 끌어내 족쳐버려!' 하는 고함과 함께 그들은 내쫓기고 말았다.*

여성에 대한 신좌파의 태도는 좌파의 성차별주의 가운데 가장 나쁜 사례였다. 이들 신좌파는 1940~1950년대 매카시즘이 노동자 계급 조직을 강타한 후 계급타협 속에서 자란 세대였다. 흑인 운동의 주요 참여자인 학생들은 흑인 빈민가의 피억압자들에게 막연한 죄책감을 가지고 있었고, 가장 억압당하던 도시의 흑인들과 똑같이 게토의 생활양식대로 생활하려고 했다. 이런 도덕주의적 태도는 흑인들의 가장 후진적인 문화와 사상을 수용하는 것을 뜻했다. 그 가운데에는 여성에 대한 성차별주의도 포함되어 있었다. 신좌파는 흑인 시

---

* 토니 클리프, 《여성 이중의 굴레》, 유월, 235~236쪽.

민권 운동에서는 급진적이었지만 여성에 대한 입장은 마르크스주의에 영향을 받은 이전 세대의 좌익보다 훨씬 취약했다. 이것은 신좌파 정치 전반의 문제를 나타내는 징표이기도 했다. 여성 억압은 운동 내부에서 하나의 쟁점으로 등장하게 되었다. 미국에서 등장한 현대 페미니즘은 진공상태에서 등장한 것이 아니라 취약했던 미국 좌파의 산물이었다.

여성 활동가들은 개인적인 감정 표현과 의식화 과정을 매우 강조하며 분리주의를 택했다. 그리고 훗날 많은 페미니스트들은 이런 경험을 바탕으로 분리주의를 정당화하곤 했다. 신좌파의 성차별주의의 원인을 이해할 수 없었던 페미니스트들은 언제나 남성 좌익들을 함께할 수 없는 대상으로 생각했다. 여성운동의 특징인 반지성주의는 래디컬 페미니스트 조직인 레드스타킹 선언에서 잘 나타난다.

> 우리는 남성지성주의적 문화의 산물인 과거의 모든 이데올로기, 문학, 철학을 비판한다. … 지금부터 우리는 그 동안 인식되지 못했던 여성의 문화를 우리의 원천으로 삼고자 한다. 여성의 문화는 오랜 억압의 경험을 통해 삶의 강렬한 인식, 말로 표현되지 못한 관념들, 단순한 사물들의 복잡성에 대한 감지, 인간의 욕구와 감정에 대한 풍부한 지식 등을 발전시켜 온 문화인 것이다.[*]

마치 조혜정의 주장을 읽는 듯한 착각을 주는 위 선언을 보면, 개

---

[*] 린지 저면, 《여성 해방의 정치학》, 여성사, 227쪽.

인의 감정을 이론의 수준으로 끌어올리는 포스트페미니즘의 뿌리가 상당히 깊다는 것을 알 수 있다.

이렇게 구성된 페미니즘 운동의 희망은 오래 가지 않았다. 여성운동은 점차 개인으로서의 여성이 직면하고 있는 문제들을 강조함으로써 집단적인 해결책에서 멀어져 갔고 자연히 계급 투쟁과도 멀어졌다. 게다가 여성운동이 채택한 분리주의 경향은 내부의 분열을 낳고 있었다. "흑인 여성들은 백인 여성 해방론자들이 피부색을 이유로 자신을 억압했다고 주장했다. 동성애자 여성들은 자신들이 이성애자 여성들에게 억압당했다고 주장했다 … . 이런 식이었다. 이것은 억압의 근원이 남성이라는 개인들의 집단이라고 믿은 결과였다. 남성으로부터 분리된 여성운동에 참여한 여성들이 여전히 피억압감을 느낄 때 그들은 비난할 또 다른 개인들의 집단을 찾아내려고 했다. 이런 식으로 동조자조차 비난하고, 억압의 진정한 근원인 사회체제는 그대로 방치해 두는 결과를 낳았다."*

포스트페미니스트들이 찬양하는 차이와 다양성에 대한 강조는 여성운동의 분열에 대한 사후적인 합리화였을 뿐이다. 이미 내부에서 벌어지고 있는 분열을 막을 수도 없었고 더 이상 하나의 단체를 유지할 능력도 없었던 페미니스트들은 곧 서로 차이를 인정하자는 식으로 태도를 바꾸었던 것이다.

이 나라에서 페미니즘이 받아들여지고 점점 후퇴하고 있는 과정도 이와 유사하다. 최근 《길》지가 호의적으로 실은 김혜숙, 조순경

---

* 토니 클리프, 앞의 책, 246쪽.

교수의 논문 "'진보적' 운동권의 뿌리깊은 성차별'은 사회주의자들에 대한 페미니스트들의 분노를 담고 있다. 이 논문은 페미니즘이 분리주의를 띠며 출발하게 되는 "남성중심적 사회변혁운동"에 대한 반발감에서부터 여성성을 강조하는 포스트페미니즘 경향까지 두루 보여준다.

> 남성중심적 사회변혁운동은 … 지적이고 논리적인 비판능력이 뛰어나기를 바라면서 동시에 사적으로는 논쟁적이거나 비판적이지 않은 순종적인 태도를 취하기를 요구한다. … 여성에 대한 이중시선은 일반 사회에 비해 운동권에서 더 강하게 나타난다.[*]

이들은 좌익들이 "가부장 문화의 수용을 대중성의 확보의 일환으로 이해하곤 한다"고 옳게 지적했다. 이 나라 좌익들은 1980년대 중반 이후 추수주의, 운동주의, 노동자주의적 경향을 강하게 띠고 있었다. 이들은 마치 미국 신좌파에 속한 학생들처럼 노동자들에 대한 막연한 죄책감을 가지고 있었고, 노동자들과 똑같이 생활하는 것을 목표로 삼고 있었다. 도덕주의적 접근은 그들의 정치적 취약성을 더욱 부채질하였고, 성차별주의적 태도를 받아들이도록 했다.

이 때문에 페미니스트들은 마르크스주의 조직을 포함하여 모든 좌익 조직들을 적대시한다. 우리는 남한 좌익 조직들에서 종종 성차별주의가 발견되어 왔다는 것을 부인하지 않는다. 이 나라 많은 좌

---

[*] 조순경·김혜숙, "'진보적' 운동권의 뿌리깊은 성차별', 《길》, 1995. 8, 144쪽.

익들은 그 사상적 기반을 마르크스주의가 아니라 마오쩌둥주의, 김일성주의, 스탈린주의에 두었다. 이 사상들은 체제가 쏟아 놓은 오물 같은 관념들을 조직 안으로 끌어들이는 데 안성맞춤이었다. 그들은 조직 안에서 여성에 대한 편견과 성희롱, 강간 등이 일어나는 것을 문제시하지 않거나 개인적인 일들로 치부해 버렸다. 이런 사상은 마르크스주의와 아무 관련이 없다. 스탈린, 김일성, 모택동은 여성억압의 토대인 가족을 찬양하고, 아이를 많이 낳은 여성들에게 표창장을 주었고, 성을 공개적으로 거론하는 것을 금기시했으며, 게이들을 범죄자 취급했다. 마르크스주의자들은 여성이 억압당하는 어떤 사회도 사회주의라고 주장하지 않는다.

마르크스주의는 착취 체제를 분쇄해야만 모든 억압을 없앨 수 있다고 본다. 자신의 억압을 끝내기 위해서라도 착취체제를 분쇄해야 한다고 생각하지 않는다면 피억압자는 착취에 맞선 투쟁에 동참하기 어렵다. 이것은 좌익 조직에도 해당되는 말이다. 좌익 조직이 인종적·성적 억압에 대해 반대하는 태도를 분명히 하지 않는다면, 그런 조직에는 여성이나 동성애자들 그리고 흑인들이 함께 있을 수 없다.

"운동문화의 남성중심성"에 대한 반발은 이미 1980년대 중반부터 일기 시작했다. 이에 따라 분리주의 조직들이 만들어졌다. 그러나 페미니즘은 여성 해방에 대한 신념의 정치라기보다 "정서적 지지조차 없는 상태에서 저항을 시도하다가 조직에서 이탈하거나 운동과 결별하며, 저항의 실패경험"을 일반화한 이론이었다. 페미니스트들은 당

---

* 　같은 글, 149쪽.

시 남한 좌익들의 정치적 취약성에서 성차별주의의 원인을 찾지 않고 '남성들은 다 똑같다'는 식의 결론을 이끌었다. 남자들은 좌익일지라도 권위적이고 남성중심적이라는 것이다. 분리주의는 남한 여성운동이 개인으로서의 여성들이 겪는 어려움에 관심을 집중하는 길을 터주었다.

1990년대 들어서면서 여성 노동자들의 조건을 개선하기 위한 요구들은 점차 성희롱과 가정폭력에 반대하는 캠페인으로 대체되었고 관념론적인 가부장이론이 전반적으로 받아들여졌다. 점점 래디컬 페미니즘이 확산된 것이다. 여성운동은 노동자 계급 운동에서 점점 멀어졌다. 이것은 페미니즘이 체제에 대항하는 운동의 중심에서 멀어지는 것을 뜻했다. 올해 〈중앙일보〉가 실시한 봉사 캠페인에는 민자당 의원들이 많이 참여했는데, 그 캠페인에서조차 '매맞는 여성의 피난처'가 필요하다는 것이 역설되었다. 특히 환경운동, 평화운동, 지방자치 활동에 여성의 부드러움과 다른 사람을 돌보는 특성이 안성맞춤이라는 페미니스트들의 주장은 점점 보수적인 주장과 구별하기 어려워졌다.

이러한 상황은 포스트페미니즘이 받아들여지기 좋은 토양을 제공하고 있다. 페미니스트들은 좌익 조직이 여성성을 억압한다고 생각한다.

운동의 세계에서 살아가기 위해 이들이[여성들이] 택하는 전략 중의 하나는 여성으로서의 정체성을 부인하는 것, 그리고 대신 자신을 남성과 동일시하는 것이다. 여성들 스스로 남자들의 언어와 화법, 남자들의 관심사, 그

리고 사물에 대한 남성적 관점 습득을 통해 남성과의 동일시를 시도해 왔
다.[*]

그들은 여성들 스스로 여성성을 거부해야 하는 억압 상황에서 벗
어나기 위해서는 여성조직이 필요하고, 조직을 "여성주의적=민주주
의적=인간주의적 원리"로 운영해야 한다고 주장한다. 이렇게 여성운
동 전반이 초계급적 페미니즘에 더욱 가까이 다가감에 따라 비사회
주의적 페미니스트들은 더욱 자신감을 갖게 되었다. 조혜정 교수는
이 논문이 발표된 학술대회에서 "좀 더 분명한 저항(분리주의)이 필요
하지 않느냐"고 자신 있게 주장했다.

포스트페미니즘은 페미니즘이 계급투쟁에서 멀어지고 분리주의와
생활양식의 정치학을 지향함에 따라 나타나는 무력감, 후퇴, 우경화
가 더 발전한 경향이라고 할 수 있다.

둘째, 노동계급 운동으로부터 점점 더 멀어진 결과이다.

이 나라에서 1990년 이후는 여성운동뿐 아니라 좌파가 노동계급
운동으로부터 멀어지는, 즉 우경화하는 시기였다. 1980년대 서구에
서 풍미했던 포스트모더니즘과 포스트마르크스주의가 급속하게 받
아들여졌다. 또 당시에 서구에서 유행했던 '여피'라는 용어가 지금
이 나라에서 유행하고 있다.

마치 세상은 1980년대와 딴판이 된 듯이 여겨지기도 한다. 1980
년대 반정부 투쟁에 참여했던 사람들 가운데 일부는 1987~1989년

---

* 　같은 글, 144쪽.

에 상승하던 노동자 투쟁이 제자리를 찾자마자 자유주의로 개종했다. 이들은 1980년대 투쟁을 과거지사로 만든 공헌자들이다. 종종 그들은 1980년대 투쟁을 희화화하거나 환멸에 찬 회고를 하곤 한다. "운동보다 운동 가요를 더 좋아했다"는 최영미 씨, 1980년대 운동권 남성을 위선적인 성격파탄자로 취급하는 〈너에게 나를 보낸다〉, '운동권'을 획일적 사고에 물들어 있는 집단으로 묘사하는 송재희 씨 등은 이런 정서를 만들어내고 있다. 좌익들과 그 조직은 인간의 욕망을 억누르는 획일적인 집단인 것처럼 여겨진다. 1980년대는 그럴 수 있어도 1990년대는 인간의 욕망과 일상이 자유롭게 표현되어야 한다는 주장은 적어도 이 사회의 변화를 전제하는 듯하다.

이런 변화는 여성운동의 성격과 딱 맞아 떨어지는 것이었다. 거대한 노동계급의 운동으로부터 분리되어 나온 페미니스트들은 단체나 소모임의 형태로 온존했을 뿐 오랫동안 투쟁과 연결되지 않았다. 포스트모더니즘에서 일고 있는 좌익 특히 마르크스주의에 대한 환멸은 벌써 몇 년 전부터 페미니즘의 한 특징으로 자리잡고 있었던 것이다.

위의 두 조건은 포스트페미니즘이 번성하는 기름진 토양이 되었다. 무엇보다 우경화한 옛 좌익과 여성운동은 중간계급의 사상이라는 점에서 동질성을 가지고 있다. 포스트페미니스트를 포함하여 모든 페미니스트들은 개인의 자각을 중시한다. 여성 스스로 억압적인 가부장적 인식에서 벗어나 적극적인 자기표현을 해야 한다는 것이다. 그러나 집단적인 투쟁으로부터 발전하는 자신감·정치적 자각과 개인적인 자각 사이에는 차이가 있다.

개인적인 자각이라는 사상은 경영직이나 전문직 여성의 얇은 계층의 생각을 반영한다. 경영직이나 전문직에 종사하는 여성들은 전체 여성에 비해 여전히 소수이지만 최근 전문직 여성의 수가 늘었다는 것은 사실이다. 그들의 소득도 많이 증가되었다. 관리자, 의사, 연구원, 저널리스트, 대학교수, 고급공무원 등 전문직에 종사하는 신중간계급은 여러 면에서 노동자 계급에 속하는 대다수의 사무직 노동자보다 훨씬 나은 위치에 있다. 이들은 자신의 노동과정을 어느 정도 직접 통제할 수 있다. 신중간계급의 개인주의는 출세제일주의에 그 뿌리를 두고 있다. 그들은 집단적인 조치보다는 개인적인 신분 상승에 목적을 둔다. 신중간계급은 개인의 성공이 교육, 의지, 노력에 달려 있다고 생각한다. 신중간계급 여성들은 자신의 삶을 통제하고 싶어한다. 그러나 그들은 종종 승진에서 남녀차별이라는 걸림돌에 걸려 넘어진다. 전문직 여성들은 남성과 동등한 지위에 서기 위해 당당함과 자신감 등 개인적 자각을 중시한다. 그러나 TV 광고에 나오는 전문직 여성의 자신에 찬 행동은 오늘날조차 대다수 여성들에게는 그저 이룰 수 없는 꿈일 뿐이다.

집단적 투쟁을 통해 사회를 변화시키려 하기보다 개인주의를 강조하는 것을 두고 마르크스는 '프티부르주아 사회주의'라고 불렀다. 그는 《공산당 선언》에서 자본주의에 대한 '프티부르주아 사회주의'의 비판능력을 칭찬하면서도 그것이 그다지 적극적인 기여를 하지 못했다는 점을 밝혔다. 개인주의 때문에 프티부르주아 사회주의는 "소심한 우울증의 발작"으로 끝나고 말았던 것이다.

포스트페미니즘의 가장 큰 약점은 그들의 주장이 현실의 여성들과 거리가 멀다는 것이다. 여성의 대다수를 차지하는 노동계급의 여성들은 개인적인 자각을 통해 자신의 삶을 변화시킬 수 없다. '나는 수동적인 존재가 아니다'고 아무리 다짐한들 사장이 그녀의 자각을 인정해 줄 것인가. 노동계급의 여성이 임금을 포함한 여러 차별적 대우와 성희롱에서 벗어날 수 있는 길은 집단적인 힘에 의존하는 것이다.

마르크스주의는 여성 억압을 근원적으로 해결하려고 한다.

세상이 변해야만 그 때 여성 억압이 사라질 것이므로 좋은 날이 올 때까지 손놓고 기다리자는 것은 절대 아니다.

혁명을 통해 노동자 대중이 성차별주의를 완전히 버리기 이전에도 수많은 투쟁이 벌어진다. 그 투쟁을 통해 노동자들은 의식을 변화시킬 수 있다. 여성 노동자들은 남성 노동자들과 함께 투쟁하는 과정에서 지배자들의 관념을 벗어버리고, 정치적 자각과 단호함을 갖게 될 것이다.

해체가 의미하는 것

앞에서 지적했듯이, 포스트페미니스트들은 "차이와 다양성", 그리고 "주체의 해체"를 강조한다. 그러나 이들은 "차이" 사이의 관계에 대해 설명하지 않는다. 자본주의 사회에 존재하는 수많은 억압이 착취 체제를 유지하기 위한 지배방식임을 인정하지 않는다. 때문에 억압에서 해방되는 길은 착취 체제를 철폐하는 것이고 이를 위해서는 노동자들의 집단적인 투쟁이 필요하다는 것을 인정하지 않는다.

이들은 억압을 사회의 중심적인 결정요소로 여긴다. 세상에 다양한 억압이 존재하듯 사회에는 여러 개의 결정요소들이 있다는 것이다. 그것 중 어떤 것이 근본적이고 어떤 것이 부차적이고 하는 관계는 성립하지 않는다. 변혁의 중심세력이 있다는 것은 더더욱 성립하지 않는다.

이것은 "주체를 해체하자"는 것이 의미하는 바를 이해하게 해 준다. 어떤 동질성을 갖는 집단도 있을 수 없고 모순에 가득 찬 세계를 바꿀 주체도 없다는 것이 이들의 생각이다. 포스트페미니스트들이 많이 수용하는 푸코는 거대한 조직이나 운동을 거부하는 "국지적 투쟁"을 강조한다. 권력이란 "마르크스주의에서 생각하듯 국가와 같은 거대기관에 존재하는 것이 아니라 작은 제도들에 스며들어 있는, 눈에 잘 보이지 않는 가는 모세혈관처럼 존재한다"는 것이다.

이것은 노동자 계급을 역사의 주체로 놓는 마르크스주의에 대한 공격이다. 그들이 보기에 노동자 계급은 모세혈관에 대항하는 산발적인 저항을 위해 잘게 쪼개져야 할 동질성 없는 집단일 뿐이다. 포스트페미니스트들이 사회가 변화 — 이성애 중심사회의 해체이든, 고정된 남성성·여성성의 해체 — 되기를 바라는 것은 분명하지만 그들은 집단적인 투쟁이 아니라 개인의 변화에 의존하려 한다.

하지만 개인이 체제에 맞서 혼자 싸울 수 있을까?

집단적인 투쟁과 분리된 개인적 자각을 강조하는 것은 오히려 해방을 요원하게 할 뿐이다. 왜냐하면 지배자들이 온갖 억압을 이용해 착취체제를 공고히 하는 방식을 그대로 수용하는 것이기 때문이다.

지배자들은 여성이 당하는 모든 고통을 체제와는 무관한 개인의 문제로 돌림으로써 공격을 피해 왔다. 여성에 대한 모든 성차별주의와 성폭력 등이 남성들에 의해 자행되어 왔다는 생각을 그들은 은근히 퍼뜨린다. 그리고 마치 국가가 둘 사이를 중재라도 하듯 성폭력특별법 등으로 체제의 희생자를 처벌하곤 한다.

만약 여성들이 자신이 당하는 온갖 억압을 개인적으로 해결해야 한다면 대다수의 여성들에게는 억압적인 현실을 잠자코 받아들이는 길밖에 없다. 이렇게 된다면 지배자들은 마음껏 여성의 권리를 공격하고 성차별주의를 강화할 수 있을 것이다.

포스트페미니스트들이 주장하는 개인적인 해결책은 여성 해방을 가져오는 것이 아니라 자본주의 체제에 대한 무력감과 절망감만을 낳을 뿐이다.

"사회주의 페미니즘(SF)"을 비판한다

사회주의자들 속에서도, 여성 문제만은 경제적 착취 구조에 직결되지 않은 것이므로 계급투쟁만으로는 해결할 수 없는 특수한 문제로 취급해야 한다고 주장하는 경향이 있다. 그들은 그 근거로서 자본주의 하에서의 일반적인 착취 말고도 노동력 시장에서 여성이 겪는 상대적으로 불평등한 처우, 가사 노동의 이중적 부담과 성적 억압, 노조 활동에서 여성 노조원과 남성 노조원 사이의 불평등함 등을 지적한다. 이런 '이론'은 남녀 노동자들의 단결 가능성보다는 노동력 내의 분리와 남성과 여성의 직업적 차이에 치중함으로써 실천에서는 분리주의로 나타나게 된다.

우리는 노동자 계급을 분열시키는 모든 요소들에 맞서 이러한 관점의 본질을 비판하고 혁명적 사회주의의 대안을 제출하고자 한다.

김하영. 이 글은 국제사회주의자들(IS)이 발간한 《등대》(1990년 12월)에 실린 것이다.

자본주의 사회의 가족

자본주의 발전은 노동, 가정 생활, 교육, 심지어는 성별까지 포함한 삶의 여러 부분에 변화를 가져왔다. 그러나, 여성들 개개인의 생활은 개선되었는데도 여성에 대한 억압은 여전히 자본주의의 주요한 특징들 가운데 하나이다. 이러한 억압은 자본주의 사회의 근본적인 변화에도 불구하고 직업·교육·선거 등 모든 영역에서 언제나 여성에게 동등한 권리가 주어져 온 것은 아니었음을 뜻한다.

여성에 대한 억압이 지속되는 이유는 복합적이지만, 가장 근본적인 것은 계급사회에서 가족의 기능 — 계급사회를 재생산하는 — 이다. 또한 가족 자체가 계급 분화의 산물이지만, 그 특수한 형태는 계급사회의 유형 — 특수한 생산양식 — 에 따른다.

하나의 생산양식에서 다른 생산양식으로의 이행은 — 예를 들어 봉건제에서 자본주의로 — 가족에 커다란 변화를 가져온다. 그와 마찬가지로, 자본주의 발전은 가족의 성격에 거대한 변화를 일으켰다. 따라서 오늘날의 여성 억압은 자본주의 생산양식 발달 때문에 일어난 이러한 변화와 관련해서만 이해할 수 있다.

현대 자본주의의 압력 아래서 가족은 변화되어 왔지만 여전히 존재한다. 그리하여, 한편으로는 이혼율의 증가와 출산율의 감소 그리고 다른 한편으로는 법적 혼인 관계에 있지 않는("사실혼") 부부의 증가로 말미암아 가족은 해체되고 있는 듯하다. 반면에, 그럼에도 불구하고 대부분의 사람들은 가족을 이루어 살아간다는 점에서 가족은 마치 함락될 수 없는 성(城)인 듯이 보이기도 한다. 이러한 가족제도 내의 모순은 어떻게 설명될 수 있는가?

자본주의는 생산의 확대에 따른 더욱더 많은 노동력에 대한 필요라는 압력을 통해 가족을 붕괴시키는 작용을 해 왔다. 더욱 많은 여성들이(기혼 여성을 포함한) 노동력 시장으로 흡수되어 왔고, 이는 많은 노동계급 가족들의 삶에 커다란 변화를 가져왔다. 반면에, 자본주의 사회에서 노동력을 재생산하는 가장 편리한 방식이기 때문에 가족은 계속해서 존재한다. 즉, 어떠한 정부도 가족을 대신하여 노동력 재생산을 위해 가족이 행하는 모든 기능 — 자녀를 양육하고 노동력 재충전에 필요한 의식주 문제 등을 해결하고 하는 — 을 떠맡는 데 재원을 쓰려 하지 않고, 그들이 그렇게 할 때는 자본의 이윤 추구를 위한 가격 절감과 효율성이라는 측면에서 요구될 때뿐이다.(공단 탁아소가 그 한 예이다.)

가부장제 이론

여성 해방을 주장하는 여성운동론자들 — 진보적인 여성운동론자들뿐 아니라 사회주의 여성운동론자들 — 사이에 가장 널리 퍼져 있는 이론이 가부장제 이론이다. 그들은 가부장적 가족제도나 심지어는 "가부장제 자본주의"가 여성 억압의 원인이라고 믿는다. 또한 그들은 남성의 지배가 어떠한 생산양식 하에서도 존재해 왔고, 따라서 계급적 관점이나 마르크스의 경제 이론으로는 설명할 수 없다고 주장한다. 이러한 주장에 따르면, 생산력이 발전하고 혁명적 사회 변혁이 일어났을 때도 남성의 지배는 여전히 남아 있었고, 따라서 사회주의 혁명 이후에도 상황은 마찬가지일 거라는 것이다.

마르크스와 엥겔스는 똑같은 문제를 정반대 각도에서 다루었다. 그들은 여성에 대한 억압을 사회의 계급 분화와 사적 소유의 발전에 따라 발생하는 것으로 보았다.(엥겔스는 이것을 "여성의 세계사적 패배"라고 표현했다.) 삶의 모든 영역 — 여성에 대한 억압과 가족까지 포함한 — 은 사회의 생산에 근원을 둔다. 마르크스의 이론에 함축된 것은 사회주의 혁명이 낡은 가족제도를 해체하고 여성 평등에 가해지는 법적 제한들을 끝장냄으로써 진정한 여성 해방의 기초를 마련한다는 것이다. 이러한 관점은 가부장제 이론과는 정면 대립된다.

마르크스주의 관점에서 볼 때, 가부장제 이론에는 두 가지 주요한 특징이 있음을 알 수 있다. 그것은 기본적으로 물질적 실재에 근원을 두지 않는 관념주의적 특징을 띠고, 자본주의 체제를 총체적으로 사고하지 않는다. 가부장제 이론의 기반을 살펴보면, 생산양식 외에도 또 하나의 생산 영역을 상정함으로써 두 가지 투쟁 — 경제적 투쟁과 이데올로기적 투쟁 — 을 분리해서 사고함을 알 수 있다. 즉, 자본주의 생산양식과 가부장적 이데올로기 양식을 주장함으로써 유물론의 관점을 사실상 포기하고 있는 것이다.

이러한 가부장제 이론의 실천적 함의는 무엇인가? 그것은 계급 분석을 포기하고, 자본주의 가족제도 내에 봉건적 생산관계가 존재할 수 있다고 주장함으로써 자본주의에 대한 몰이해로 나아간다. 그리하여 급기야는 부르주아지의 아내들은 그 스스로 부르주아지는 아니며, 자신을 계급적 관점에서 파악하는 여성들은 "가부장 계급"이라는 '적'의 편에 서는 것이 된다.

앞에서도 언급했듯이, 가족과 그 형태는 특수한 생산양식으로부터 나오는 것이지 결코 생산양식에서 분리되어 존재하는 것이 아니다. 재생산은 생산에 종속된 것이다. 따라서 우리는 사회가 변화·발전하는 방식에 대한 이해에서 출발해야 한다. 마르크스는 "경제적 토대가 변화하면 거대한 상부구조 전체는 속도의 격차는 있을지언정 어쨌든 변화된다"고 말했다. 생산양식의 변화는 삶의 모든 영역에서 변화를 야기하는 법이다. 가족은 사회 전체가 변화됨에 따라 변화되는 거대한 상부구조의 일부이므로, 그것 역시 변화를 겪게 되는 것이다.

모든 계급사회에는 생산과 재생산 사이의 연관이 있듯이, 자본주의 생산은 자본주의적 가족의 유형을 발달시킨다. 그러나, 자본주의 내부에서도 노동력이 재생산되는 방식에는 커다란 변화가 있어 왔다. 자본주의는 개별적인 가내 노동에 의존하지 않는다. 따라서 자본가 계급은 여성들을 보수를 받지 않는 가사 노동자로 묶어 두는 데 필연적인 이해를 두지 않는다. 오히려 그들은 가치를 직접 생산하는 사회적 노동에서 임노동자로서의 여성들에 더 큰 이해를 둔다.

가족을 착취 과정으로서의 자본주의 체제에 중심적인 것으로 보는 견해들이 심각한 정치적 문제들 — 특히 착취에 대한 투쟁과 억압에 대한 투쟁을 동등한 지위의 것으로 보는 — 을 일으킬 수 있기 때문에 우리는 이 점을 강조해야 한다. 그러나 사적(私的) 가족이 자본주의 생존에 필수적인 요건은 아니지만, 자본주의가 존재하는 한 가족제도가 사라질 수는 없다. 그 이유들 가운데 가장 중요한 것은 가족제도를 사회화하기에는 개별 자본주의 국가가 감당해야 할 투자가 너무도 엄청나다는 점이다. 이는 일국 자본의 국제 경쟁력 약화로 이어지기 때문에 자본주의 하에서는 가족 기능의 부분적 사회화가 자본의 필요에 따라 행해지는 것 이상이 될 수 없는 것이다.

확실히 가족제도가 자본가들의 부담을 줄여 주는 매우 중요한 경제적 기능을 하지만, 이것은 자본가 국가 같은 다른 상부구조 역시 마찬가지이다. 그러나 가족제도는 여타의 상부구조와 달리 그 자체의 동력을 지니고 있지도 않고, 또한 자본주의 생산의 동력을 이루지도 않는다. 오히려 가족의 경제적 역할은 축적 과정에 종속되어 변화하는 것이다. 그 한 예로서 세계 대전과 같이 남성 노동력이 대거 상실되는 시기에 여성이 급격하게 사회적 노동력으로 흡수되었고, 이러한 상황이 전후에 일시적으로 후퇴하기는 했으나 (남성 노동자들이 전쟁에서 일터로 돌아오자 자본가 정부는 여성들의 계속적인 사회 활동 욕구에 아랑곳하지 않고 여성의 자리는 가정이라는 캠페인을 벌였다) 자본주의 확대·발전에 따라 여성 노동력에 대한 요구는 정도의 차는 있을지언정 고정화됨을 볼 수 있다.

여성 해방을 위한 계급투쟁

지난 80년대의 남한 여성 운동은 교육이나 법적 영역 그리고 가사에 이르기까지 모든 부문에서 동등한 권리를 획득해 내는 데 집중해 왔다. 최근 남한 여성 운동 역사를 보더라도 주로 가족법 개정 운동과 남녀 고용 평등법 등의 권리 쟁취 투쟁을 중심으로 전개되었고, 이론적으로는 가부장제 이론에 근거를 두고서 가사 노동을 사회적 노동으로 산출하여 사회적으로 여성 가사 노동의 '가치'를 인정받고자 하는 움직임도 있었다.

이 같은 권리 쟁취 투쟁이 결코 순탄한 것은 아니었지만, 지금에 와서는 권리 신장 면에서는 일정한 진전 — 여성이 노동력으로서 더욱더 인정받게 되었고, 고등교육에 접할 기회나 부르주아 정치권에 참여할 기회의 보장 — 이 이루어졌다. 또한 임노동자로서 여성의 위치가 일시적인 현상이 아닌, 자본주의 사회의 영구적인 특징이 되었다는 점도 지적해야 한다.

그러나, 이러한 변화들은 여성들의 옛부터의 역할들에 대한 부분적인 도전일 뿐 완전한 변화라고 할 수는 없다. 어머니와 가정주부로서의 전통적 역할이라는 구속으로부터 이러한 자유는 자본축적의 필요가 지배적인 원리인 사회의 틀 안에서만 존재하기 때문이다. 따라서 자유란 환상일 뿐 진정한 해방과는 눈꼽만큼의 공통점도 없다. 그 반대로, 그 같은 자유는 사적 재생산(가족)이 계속해서 존재함에 따라 착취는 오히려 더욱 수월해짐을 뜻할 뿐이다.

이것이야말로 자본주의 하 여성 억압의 핵심적 모순이다. 우리가 보았듯이, 체제의 경쟁적 성격은 가족이 계속적인 노동력 재생산의 주요한 수단이게 만들므로, 가족을 통한 여성 억압을 종식시키려는 '여성 운동'은 착취와 억압을 일으키는 체제에 반대하는 투쟁과 필연적으로 상호 연결되는 것이다.

그러나 기존의 여성 해방 운동, 즉 각종 페미니즘은 이러한 관점에서 출발하지 않았고, 그들의 이론적 기반인 가부장제 이론으로는 여성 해방을 이룩하기 위한 명확한 전략 구도도 존재할 수 없었다. 그리하여 체제내 개혁을 요구하는 투쟁 방식은 점점 더 성취할 수 있는 범위 안으로 축소되어 왔고, 실제로는 제한된 변화조차 성취하기가 수월하지 않았다. 이에 반해 혁명적 마르크스주의자들에게는 여성에 대한 억압은 계급사회의 발생과 존재에서 비롯된 것이므로 계급사회의 혁명적 종식을 통해서만 과거지사가 될 수 있는 것이다.

반면에 가부장제 이론의 중심에는 여성 억압을 생물학적이고 성적인 차이가 규정한다는 시각이 존재한다. 따라서 그 관점에서 보게 되면 여성 억압의 배후에 계급사회가 존재함을 부정하게 되고, 집단적인 계급적 실천보다는 개별적 변화를 통해 억압이 근절될 수 있다는 결론에 도달하게 되는 것이다. 더욱이 가부장제 이론가들은 계급사회가 여성 억압에 대해서 부차적이라고 주장하는 데 그치지 않고, 한술 더 떠 계급은 사회 내의 주요한 분리 기준이 아니라고 주장하기까지 한다. 모든 여성들은 공통 요소를 지니고 있고(노동자 계급이든 자본가 계급이든 모든 남성들이 공통된 가부장적 특권을 지니듯이), 따라서 계급과는 관계없이 모든 여성들이 여성 문제에 대해서는 공감할 수 있다는 것이다.

그러나 실제로는 상이한 계급의 여성들 사이에는 엄청난 차이가 있다. 지배계급 여성들은 노동계급 남성과 여성들에게서 뽑아낸 잉여가치로부터 직접적인 이익을 보고, 다수의 중간계급 여성들은 기술적인 경영의 기능을 하는 신중간계급을 이루는가 하면, 다른 여성들은 지위나 소득의 면에서 노동계급 여성과는 완전히 다른 의사나 변호사 같은 전문인들인 것이다. 또한 중간계급 여성이나 상층 계급 여성들에게는 물질적 혜택으로 억압이 경감될 수 있는 여러 가지 수단들이 있는 것이다.

위의 사실들보다 더 중요한 것으로서 경제적·사회적 권력이 모든 여성들에게 부정되는 것은 아니라는 점이 지적되어야 한다. 다수의 중간·상층 계급 여성들이 그러한 권력을 획득하고, 그들이 여성이라는 이유로 억압당할지라도 그들 역시 억압자로서 또는 착취자로서 행동하는 것이다.

그러므로 여기서 우리가 유추해 낼 수 있는 것은 노동계급 남성들은 여성의 억압자가 아니라는 사실이다. 노동계급에 대한 착취는 그들을 개인적 무력감과 소외자로 몰아넣는다. 따라서 계급으로의 분리가 가장 중요하고 기본적인 분리임은 이러한 착취를 통해 확실해진다. 또한 여성에 대한 억압은 피착취 계급과 노동계급(여성이든 남성이든)에 대한 착취와 마찬가지로 계급사회 안에서 이루어진다. 따라서 여성 해방은 계급사회의 전복에 이해관계를 갖게 되고, 노동계급 사회주의 혁명을 통해서만 해결될 수 있는 것이다.

여성 해방과 사회주의 혁명은 몽상이 아니다. 현대의 모든 혁명 운동들은 여성의 행동을 촉발시켰고 여성 해방에 대한 새로운 사상들이 꽃피는 것을 가능케 했다. 그 이유는 간단한데, 사회 변혁을 위한 투쟁만이 개인적 기반 위에서가 아니라 광범위하게 우리의 사상을 변화시킬 수 있기 때문이다. 마찬가지로 혁명은 삶의 다른 영역들뿐 아니라 여성들의 지위 — 그리고 여성에 대한 남성들의 태도 — 또한 급격하게 변화시킨다.

우리는 1917년 러시아혁명에서 그러한 변화들이 절정에 달한 것을 볼 수 있는 데, 유럽에서 가장 후진국이었던 나라가 당시로서는 꿈 꿀 수조차 없었던 변화들을 보여주었던 것이다.(낙태·피임·이혼 등과 관련된 여성의 권리에 대한 제한이 철폐되었고, 결혼과 종교가 분리 되었다.) 물론 스탈린의 반혁명이 일어난 1920년대말에는 볼셰비키 혁명의 획득물들이 서구 자본주의와의 경쟁이라는 신흥 관료 지배계 급의 이익에 희생되었지만, 짧은 기간이나마 자녀 양육, 식당 등이 사 회적 책임이었다. 이것이 1930년대에 이르러서는 자녀 양육은 또다시 여성 개개인에게 짐 지워졌고, "모성"은 "민족"의 이름으로 찬양되었으 며, 일정 수의 아기를 낳는 여성들에게는 메달이 수여되는 상황으로 바뀐 것이다.

그럼에도 불구하고, 우리는 혁명 권력 수립 초기 과정에서 여성 해 방의 유일한 방법은 혁명적 변혁이라는 증거를 볼 수 있다.

일부 페미니스트들은 이러한 결론을 놓고 혁명적 사회주의자들이 여성 해방을 "혁명 이후"로 연기하고 있다는 비난을 하기도 한다. 그 러나 양자는 대립된 것이 아니다. 로자 룩셈부르크가 말했듯이, 혁 명가들이야말로 혁명이라는 목표가 있기 때문에 개혁을 위한 최선의 투사들이 될 수 있다. 즉, 혁명적 사회주의자들은 여성 권익을 위한 싸움의 성공이 여성 개개인을 도울 뿐 아니라 노동계급의 전반적인 투쟁 역량을 강화시킨다는 점을 이해하기 때문에 그 선봉에 설 수 있는 것이다.

자본주의는 저절로 전복되는 것이 아니다. 해방은 사회를 변혁시 킬 수 있는 힘에 바탕을 두어야만 — 혁명정당으로 조직된 남성 노동자들과 여성 노동자들 — 가능하다. 우리는 노동계급을 분열시켜 여성 노동자를 프티부르주아적 환상에 사로잡히게 하는 각종 분리주의 경향에 반대하여, 진정한 여성 해방은 사회주의를 위한 투쟁 속에서 남녀 노동자들의 단결을 통해서만 가능함을 명심해야 한다.

운동권 내 성폭력 가해자 명단 발표,
어떻게 볼까?

지난해 말 '운동사회 내 성폭력 뿌리뽑기 100인위원회(이하 100인위)'가 '운동사회 내 성폭력' 가해자로 16명의 남성의 실명을 공개한 뒤부터 성폭력 논쟁이 뜨겁게 일고 있다.

100인위는 "운동사회 내에서 그 동안 은폐돼 왔던 성폭력의 실상을 알려 성폭력의 재발을 막기 위해서" 실명 공개라는 충격 요법을 사용했다.

직장, 학교, 가정 등 사회의 곳곳에서 여성 차별이 공공연히 자행되고 또 계속 부추겨지는 사회에서 성차별주의에 의식적으로 도전하지 않는 활동가들은 성차별 관념의 포로가 되기 쉽다. 보수적 성차별 관념의 포로가 된 남성 활동가들은 여성 억압에 맞선 투쟁에 관심이 없거나 뒷전으로 제쳐 두기도 하고 그 중 소수는 강간과 성폭

정진희. 〈열린 주장과 대안〉 8호, 2001년 2월 1일. https://wspaper.org/article/93.

력으로 개별 여성을 억압하는 최악의 모습을 보이기도 한다.

비록 남녀 활동가들이 여성 차별에 맞서 단결해 싸운 경험이 없진 않았지만 성차별 문제를 놓고 함께 싸울 것을 호소하는 여성 활동가들의 제안에 흔쾌히 나서지 않는 모습 또한 꽤 있었던 게 사실이다.

100인위 지적대로 운동 진영 내부는 성폭력 무풍지대가 아니다. '운동권'이란 게 자본주의 체제의 온갖 쓰레기 같은 편견과 이데올로기를 단호히 떨쳐 버리고 혁명적 사상으로 뭉친 단일한 활동가 집단을 뜻하는 게 아니다. 학생회나 노동조합 등 일상 조직이나 여러 정치 조직에서 활동하는 활동가들 가운데는 여성 차별에 맞서 여성 해방을 지지하는 사람들도 많지만, 그렇지 않은 사람들도 많다.

100인위가 운동 진영 내부에 존재하는 이러한 잘못된 경향에 경종을 울리려 한 문제 의식은 충분히 공감할 만하다. 활동가가 저지르는 성폭력이라 해서 침묵해선 안 된다는 문제 제기 또한 옳은 얘기다. 조직 내 성폭력 사건이 발생하면 자기 조직이 입을 도덕적 타격을 두려워해 '조직 내 해결'을 내세워 사건을 덮어두기에 급급했던 일부 활동가들의 태도는 분명 교정돼야 한다. 여성 억압 문제를 부차적인 과제로 인식하는 잘못된 정치를 가진 활동가들의 태도가 100인위가 탄생한 근본 원인이다.

그러나, 운동 진영 내 성폭력을 없애려는 긍정적 취지에도 불구하고 100인위의 활동 방식은 그러한 취지를 무색케 한다. 혼란스런 성폭력 개념을 사용해 남성 개개인을 비난할 뿐, 성폭력을 낳는 사회를 공격하진 않기 때문이다.

그래서 꽤 이름난 남성 활동가들을 골라 사건을 폭로해 많은 사람들(부르주아 언론을 포함해)의 관심을 끄는 데는 일단 성공했지만, 성폭력을 어떻게 없앨 수 있는지 알려 주진 못하고 있다.

사회를 계급이 아니라 성으로 나누는 페미니스트들은 모든 남성이 권력을 갖고 있다고 본다. 특히 급진 페미니스트들에게 성폭력은 '모든 남성이 모든 여성을 억압하기 위해 권력을 휘두르는 것'이다. 이렇게 되면, 운동 진영 내 남성 활동가들을 여성을 억압하는 권력자의 일부가 된다. 100인위가 "운동 사회" "조직 보존 이데올로기" "운동 진영 내 여성 억압적 현실" 등의 표현을 쓰는 데서 좌파 진영을 하나의 권력 집단(그 속에서 남성이 여성을 지배하는)으로 보고 있음을 알 수 있다.

'모든 남성이 여성의 적'이라 생각하는 급진 페미니스트들은 모든 남성이 강간범이라는 사실을 입증하고 싶어한다. 100인위의 이번 발표 내용들을 보면, 그러한 가정을 갖고 있다는 의심을 떨쳐버리기 힘들다.

100인위가 성폭력 사례로 발표한 16건을 찬찬히 뜯어보면, '도대체 이게 무슨 성폭력인가?' 하는 의문이 드는 사건이 한두 개가 아니다. 100인위가 제시한 '피해자 진술'에 나온 정황 묘사가 100퍼센트 사실이라 가정하더라도, 명백히 성폭력이라고 할 수 있는 사례는 2건(소설가 박모 사건*과 병원노련 성폭력 사건)밖에 안 된다. 나머지

---

* 법정 소송 중인 이 사건은 여성의 진술이 맞다면 100인위가 발표한 사건 가운데 유일한 강간 사건이다. 그러나, 이 사건의 가해자로 지목된 소설가 박모씨는 한때 운동을 했는지는 몰라도 사건 당시에는 전혀 운동권이 아니었다. 상대 여성에게 자신이 "한나라당 자문 위

는 '피해자 진술'만으로는 판단하기 어렵거나 전혀 성폭력 같지도 않은 사례들로 채워져 있다.

《말》(2000년 12월호)에도 보도된 바 있는 '전 오늘의 책 총무 사건'은 분명 공분을 살 만한 일이지만, 그것은 어디까지나 구타 사건이지 성폭력은 아니다.

싫다는 여성에게 계속 전화하고 따라다니며 집요하게 구애한 사건, 여러 여성과 성관계를 맺거나 애무를 해 상대 여성에 대한 감정이 진실한 것인지 의심받게 된 한 총학생회 간부의 행동 역시 성폭력이라 보기 힘들다. 농활에서 한 여학생을 성추행한 마을 아저씨에게 실명 사과 대자보를 붙이도록 강제하는 일을 거부한 총학생회 간부의 행동('2차 가해자'로 지목된)은 격분할 일이긴 하지만 성폭력이라 볼 순 없다. 콘돔으로 장난을 친 행동을 성폭력이라고 하는 데서는 어처구니가 없다.

자의적

100인위가 이처럼 성폭력이라 보기 힘든 사건들을 죄다 성폭력이라 규정한 데는, 성폭력을 강제적 성적 행위(강간, 강제적 신체 접촉 따위)가 아니라 "(상대) 여성의 불쾌함" 여부로 판단했기 때문이다.

———

원"이니 "내 형이 검사"라 했다는 자를 100인위가 운동 진영 내 대표적 성폭력 사례로 뽑은 의도가 무엇인지 의문스러울 뿐이다.

성폭력 개념을 이처럼 느슨하게 사용하는 경향은 비단 100인위뿐 아니라 오늘날 대다수 페미니스트들에게 나타나고 있는 특징이다. 여성의 느낌이 판단 기준이라는 '피해자 중심주의'가 성폭력을 판가름하는 원칙이 되고 있다.

이처럼 느슨한 성폭력 개념은 커다란 문제를 안고 있다. 그것은 성폭력을 매우 자의적인 것으로 바꿔 버린다. 왜냐하면 여성들이 불쾌함을 느끼는 데서 공통된 기준이 있는 게 아니기 때문이다.

이런 기준대로라면 똑같은 행동이라도 성폭력이 될 수도 있고 아닐 수도 있다. 모든 여성들이 콘돔으로 장난하는 일을 수치스럽고 모욕적인 행동이라 느끼진 않는다. 성도덕에서 어떤 행동이 용인될 수 있는 것이냐는 사회마다 다르고 심지어 개인들마다 차이가 있다.

많은 페미니스트들이 여성이라는 존재는 단일한 생각을 갖고 있는 집단이라고 암묵적으로 가정하는 것과는 달리, 현실의 여성들이 갖고 있는 생각은 남성들만큼이나 다양하다. 보수적 성 관념을 갖고 있는 여성과 개방적 성 관념을 갖고 있는 여성이 한 사건을 두고 동일한 판단을 내리지 않는 경우는 얼마든지 있을 수 있다.

물론, 여성이라면 누구나 느낄 수 있는 공통된 '불쾌함'이 없는 것은 아니다. 외모에 대한 평가나 욕설, 여성을 비하하는 발언 따위에 기분 나쁘지 않을 여성이란 거의 없다.

그러나, 이 때조차 '불쾌함'을 성폭력의 기준으로 삼는 것은 명백한 문제가 있다. 분명 '불쾌함'에도 여러 종류가 있기 때문이다.

자의적 성폭력 개념이 위험한 경우도 이 때문이다. 그것은 너무나 광범한 유형의 언행(성적인 게 전혀 아닌 것도)을 모조리 포함할 수 있기 때문에, 성폭력이 갖는 뚜렷한 특징을 없애 버린다.

이것은 실천에서 다음과 같은 문제를 빚게 된다. 첫째, 강제적이지 않은 모든 성적 언행들을 도매금으로 비난받게 한다. 확실히 페미니스트들은 모든 성적 언행을 성폭력이라고 비난하는 경향('성적 농담', '속옷이나 성관계 기구 등 부적절한 선물하기', '상대방이나 자신의 성관계에 대해 이야기하는 것' 등)이 있다.

이럴 경우, 성에 대해 거리낌없이 공공연하게 얘기하고 행동하는 것을 비난하는 성적 보수주의로 이끌릴 수 있다. 성에 대한 보수적 관념을 수용하면, 우익의 성차별주의 이데올로기에 맞서 싸우기란 힘들어진다. 포르노가 성폭력을 낳는다고 생각한다면, 최근 정부의 인터넷 성인 방송 운영자 구속 등 성표현물에 대한 탄압에 침묵하거나 심지어 지지할 수 있다(실제로 많은 페미니스트들이 성표현물 규제를 지지한다).

둘째, 사안의 경중을 구별하지 않게 된다. 100인위는 '피해 여성의 경험을 존중해야 한다'(피해자 중심주의)며 사안의 경중을 따지는 시도를 비난한다. 그러나, 강간과 성적 농담을 똑같이 성폭력이라 매도하는 것은 누가 봐도 부당한 처사다.

얼마 전 파견철폐공대위의 한 집행위원이 다음과 같은 발언을 했다 해서 한 달간 근신 처분을 받은 사건이 대표적이다. "오트론 노조의 투쟁에 연대 투쟁이 활발한 이유는 여성이 많은 사업장이기 때문이다" "여성들한테 남성 동지들이 마음이 간다" "연애 감정이 있으니까 연대가 활성화된다"(《말》, 2000년 12월호). 연대를 다소 희화화했을 뿐인 이 발언이 성폭력으로 둔갑했다.

같은 기사에서 《말》은 자의적 성폭력 개념에 따라 다음 사례를 진보 진영 내 '일상적 성폭력'('언어 폭력')이라며 소개했다. "노동 형제" "노동자 형님" "소파 협정 개정하여 우리 처녀 지켜내자!" 앞의 두 개가 "여성 역시 운동의 주체이고 연대의 대상"임을 망각했고 뒤의 구호가 "여성을 언제나 남성들이 지켜줘야 할 대상으로 규정"했기 때문이란다.

이런 식이라면 성폭력범이 아닌 남성들이 거의 없을 것이다. 우리가 자의적 성폭력 개념을 거부해야 하는 이유도 바로 이 때문이다. '피해자 중심주의' — 성폭력 사건의 경우에만 성립하는 이 말을 성폭력 기준으로 삼는 것은 혼란 그 자체다 — 라는 자의적·정서적 개념을 수용하면, 모든 남성을 여성의 잠재적 적으로 규정하게 된다. 살아가면서 한두 번쯤 상대 여성을 불쾌하게 하는 말과 행동을 하지 않는 사람이란 거의 없기 때문이다. 이렇게 따지면 여성들도 성폭력범이 될 수 있다. 성차별 의식을 가진 사람들이 어디 남자뿐이겠는가.

그러나, 사회 전체에서든 운동 진영에서든 성폭력을 일삼는 사람은 비교적 소수의 남성들이다. 압도 다수의 남성들은 강간을 포함한 성폭력을 일삼지 않는다. 오히려 많은 남성들은 성폭력에 분노하고 그에 맞선 투쟁에 함께 할 용의가 있다. 롯데 호텔과 대원 노조의 성희롱 반대 투쟁이 대표적이다. 두 노조에서 남성 노동자들은 성희롱

---

* '언어 폭력'은 폭력과 비폭력의 구분을 없애는 잘못된 용어법이다. 최근 들어 많이 쓰는 '사이비 성폭력'도 혼란을 자아내는 용어다. 이처럼 개념을 자의적으로 사용하는 것은 급진 페미니스트들의 특징이다.

에 맞서 여성 노동자들과 함께 싸웠다.

성폭력은 남성의 본성이 아니라 여성을 억압하는 계급 사회의 산물이다. 안정적인 자본 축적을 위해 가사와 양육을 개별 가정에 떠넘기는 자본주의 체제야말로 성폭력을 비롯한 여성 억압을 낳는 주범이다.

따라서 진정으로 성폭력을 끝장내려면 남성 개개인을 비난하는 데 머무는 게 아니라, 여성 억압을 낳는 물질적 조건을 공격해야 한다. 불평등한 임금(남성의 58%), 입사와 승진에서의 차별 등 성차별 정책이 공공연히 행해지는 한 성폭력과 성차별 관념은 사라질 수 없다. 모든 남성이 아니라 남녀 지배계급에 맞서야 하는 이유가 여기에 있다.

제6장 사회주의와 여성해방 운동

세계 여성의 날을 기념하며

세계 여성의 날은 1908년 3월 8일 미국 여성 노동자들의 시위에서 유래했다. 수백 명의 여성 노동자들이 여성의 투표권과 노조 결성권을 요구하며 맨하탄의 동쪽 심장부에 있는 루트거스 광장에 모여들었다.

그들은 주로 뉴욕에 있는 의류 산업의 초착취 공장에서 일하고 있었다. 뉴욕에는 5백여 개의 의류 공장이 있었는데 노동 조건은 최악이었다. 그 곳에서 일했던 한 여성은 당시 노동 조건을 이렇게 회상했다.

"다 부서져 가는 위험한 계단 … 창문은 거의 없고 있는 건 그나마 더럽고 … 마루는 일 년에 한 번 청소할까 말까 하고 … 밤낮으로 타고 있는 가스등 외에 다른 불빛은 아무 것도 없고 … 화장실은 캄캄하고 더럽고 악취가 나고, 깨끗한 마실 물은 한 잔도 없고

정진희. 〈열린 주장과 대안〉 9호, 2001년 3월 1일. https://wspaper.org/article/123.

… 쥐와 바퀴벌레가 득실거리고 …

"겨울 몇 개월 동안 추위로 얼마나 고생했는지 모릅니다. 또 여름에는 더위 때문에 고통받았죠. … 이렇게 병을 유발시킬 것 같은 굴속 같은 작업장에서 어린 아이들까지도 주당 칠팔십 시간 일했죠! 토요일이나 일요일까지 포함해서! … 토요일 오후가 되면 이런 공고가 나붙습니다. '일요일에 출근하지 않는 사람은 월요일에도 출근할 필요가 없다.' … 아이들의 휴일에 대한 꿈이 산산이 부서졌습니다. 우리는 울음을 터뜨렸습니다. 결국 우리는 아이들에 불과했기 때문이죠."*

여성 노동자들은 온 가족이 한 방을 쓰는 혼잡한 셋집에서 힘겹게 살았다. 사장들의 탐욕은 끝이 없었다. 그들은 여성 노동자들이 일하는 데 필요한 실과 바늘에도 돈을 청구했고 심지어 작업용 의자에도 요금을 매겼다.

마침내 여성 노동자들의 불만이 폭발했다. 여성산업노조연맹(WTUL)은 열악한 노동 조건에 맞서 싸울 것을 약속했고 다음해 의류 산업 전체에서 노조 가입이 폭발적으로 증대했다.

여성 노동자들의 투쟁은 1909년 13주 동안의 파업 — '2만 인의 반란'으로 알려진 — 에서 절정에 올랐다. 이것은 미국 여성 노동자들의 노조 건설 역사에서 하나의 전환점이 됐다.

한 파업 참가자에 따르면, 파업은 이렇게 시작됐다.

"사방에서 수천 명의 노동자들이 공장에서 나와 유니온 광장을 향

---

* 하워드 진, 《미국 민중 저항사 2》, 일월서각, 1986년, 40쪽.

해 갔습니다. 때는 11월이라 매서운 추위가 몰아쳤습니다. 우리에겐 추위를 막을 털코트 하나 없었지만 목적지에 다다를 때까지 우리를 계속 이끌어 준 강인한 정신이 있었습니다.

"나는 대부분이 여성인 젊은이들이 걸어오는 것을 보았습니다. 그들은 배고픔이나 추위, 고독 등 무슨 일이든 개의치 않았습니다. 그들은 그 특별한 날에 아무 것도 근심하지 않았습니다. 그 날은 그들의 날이었습니다."*

파업에 참여한 여성들의 전투성은 아주 유명했다. 많은 파업자들이 10대였고 일부는 10살밖에 되지 않았다. 여성 노동자들은 깡말랐고 일부는 굶주려 몹시 허약했다. 그러나 그들은 추운 겨울 내내 흙먼지와 눈보라를 맞으며 피켓 라인에 서 있었다. 그들은 경찰의 구타와 폭행으로 온몸이 멍들고 피를 흘리면서도 파업을 사수했다.

그 파업을 묘사한 것으로 '2만 인의 반란'이라는 노래가 전해져 온다.

1909년 겨울의 암흑 속에서
우리가 피켓 라인에 서서 추위에 떨고 피흘릴 때
우리는 세상에 보여줬네 여성들도 싸울 수 있다는 것을
우리는 떨쳐 일어나 여성의 힘을 쟁취했네.
만세! 1909년의 블라우스 제조공들
피켓 라인에 서서

———

* 　같은 책, 40쪽.

지배자들의 권력을 분쇄하고

갈 길을 제시하고 사슬을 끊으며.

우리는 1909년에 함께 싸웠던 남성들에게 새로운 용기를 주었네

우리 어깨 걸고 헤쳐 나가자

국제숙녀복노조(ILGWU)의 지도를 받으며.

파업 노동자들은 국제적 명성을 획득했다. 노동계급의 일부로서 자신의 권리를 위해 싸우는 여성 노동자들은 여성의 평등을 위한 투쟁의 상징이 됐다.

독일의 혁명가 클라라 체트킨은 1910년 제2인터내셔널 국제노동여성회의에서 해마다 3월 8일을 세계 여성의 날로 할 것을 제안했고 1911년부터 경축되기 시작했다.

세계 여성의 날의 슬로건은 '보통 선거권'이었다. 당시 보통 선거권 문제는 논쟁거리였다. 많은 페미니스트 조직들이 제한된 선거권 — 부자 여성들에게만 선거권을 주는 — 운동을 벌였기 때문에 보통 선거권을 쟁취하는 것은 더욱 현실적인 문제가 됐다.

세계 여성의 날의 목적은 보통 선거권과 여성의 평등과 연관된 다른 쟁점들로 캠페인을 하고 국제 노동계급과 사회주의 운동에서 여성의 위치를 끌어올리는 것이었다. 1915년까지 매년 유럽 주요 도시들에서 시위가 조직됐고 전쟁이 발발해 시위가 금지당할 때까지 계속됐다.

그러나, 20세기에 가장 중요한 세계 여성의 날이 1917년 러시아에서 경축됐다. 1917년 3월 8일(러시아 구력으로 2월 23일)에 벌어진

여성 노동자들의 시위는 위대한 2월 혁명을 촉발했다.

러시아 여성 노동자들은 남성과 함께 "억압받는 사람들의 축제"를 시작했다. 그리고 10월 혁명을 통해 여성 해방의 가장 커다란 장을 열었다.

혁명의 결과, 여성에게 투표권이 부여됐고 이혼이 완전 자유화됐다. 여성의 일할 권리가 법제화됐고 동등한 임금이 지급됐으며 전면적인 유급 출산 휴가제가 도입됐다. 공동 식당, 공동 세탁소, 탁아소, 유치원 등 그 동안 여성을 짓눌러 왔던 가사 노동을 사회가 책임지는 조치들이 시행됐다. 이러한 조치들은 당시 가장 발전한 자본주의 국가조차 도달하지 못한 것이었다.

비극이게도 스탈린이 혁명의 성과를 분쇄하면서 여성 해방의 잠재력 역시 파괴됐다. 그러나 지난 세기 가장 위대했던 여성 해방 투쟁은 오늘날까지 영감을 주고 있다.

세계 여성의 날 시위에 동참하자

평등을 위한 투쟁의 날로서 세계 여성의 날이 갖는 의미는 오늘날에도 유효하다. 지난 수십 년 동안 여성의 삶은 커다란 변화를 겪었고 여성의 지위 또한 개선돼 온 것이 사실이다. 그러나, 여전히 성적 불평등은 우리 사회의 커다란 특징이다.

어린 시절부터 체계적으로 주입되는 성차별적 교육, 여성을 외모로 평가하는 풍토, 성별 역할에 대한 고정 관념은 우리 사회에 널리 퍼져 있다. 여성 노동자들은 구직부터 승진과 임금(남성의 58퍼센트) 등에서 차별을 받고 모성 보호를 무시하는 작업 조건 속에서 일하고 있다.

우리 나라 여성 노동자의 대다수(전체의 70퍼센트)가 근로기준법 적용이 안 되는 비정규직 노동자다. 이 때문에 법적으로 보장된 유급 출산 휴가와 생리 휴가 등 모성보호 조항이 대다수 여성들에게 휴지조각이 되고 있다. 사회 전체가 책임져야 할 육아가 개별 가정에 떠넘겨져 여성에게 굴레로 작용하고 있다.

최근 김대중은 여성부를 신설하고 저명한 여성운동가를 장관에 임명했다. 그러나, 산전산후휴가 90일 확대 등을 담은 '모성보호입법안'이 전경련과 자민련의 반발에 밀려 국회 통과가 좌절돼 여성활동가들은 벌써 실망감을 맛보고 있다.

'여성 업종'인 보험설계사, 캐디, 텔레마케터 등 특수고용직 노동자들에게 근로기준법을 적용하는 근로기준법 개정안도 사장들의 강력한 반발 때문에 좌초되고 있다. 2000년 여성 관련 예산은 일반회계에서 0.28퍼센트밖에 되지 않는다.

김대중 정부는 대다수 여성의 부담을 덜어주기는커녕 신자유주의 구조조정을 계속 추진해 여성 노동자들의 삶을 공격하고 있다.

정리해고, 비정규직 양산, 임금 하락, 노동 조건 후퇴, 사회 복지 축소 등을 낳는 시장 정책은 대다수 사람들의 삶을 파괴하고 있다.

더 나은 노동 조건과 모성 보호를 내건 여성 노동자들의 투쟁은 우리의 미래를 위한 싸움이다. 세계 여성의 날을 기념하는 여성 노동자들의 시위에 모두 함께하자.

클라라 체트킨 —
사회주의 여성운동의 뛰어난 지도자

클라라 아이스너(Clara Eissner)는 1857년 7월 15일 작센(독일 남부 지방)에 있는 한 작은 마을에서 태어났다.

작센은 독일에서 산업이 가장 발달한 지역이었다. 농업에 종사하는 인구는 채 3분의 1도 안 되었다. 독일 사회주의 운동은 바로 이 지방에서 시작되었다. 페르디난드 라쌀레가 1863년에 독일노동자총연합을 세운 곳이 작센의 중심지인 라이프치히였다. 또한 같은 해 오거스트 베벨도 여기에서 노동자교육협회를 세웠다.

작센은 독일 노동운동의 중심이었을 뿐 아니라 페미니스트 운동이 처음 조직된 곳이기도 했다. 작센은 여성들을 노동조합과 사회주의 운동으로 조직하기에 가장 적합한 지역이었다. 이 곳의 중심 산업은 직물업이었는데 여기에 여성들이 많이 고용돼 있었다.

이 글은 《사회주의 평론》 6호(1995년 11-12월호)에 실린 것이다.

1860년대말부터 여성들은 점차 노동계급 운동의 대열에 참여하기 시작했다. 1869년에 세워진 작센 직물노동자연합은 남성이든 여성이든 자유롭게 가입할 수 있었다.

직물노동자연합은 세워진 지 2년만에 거의 7천 명의 회원을 조직했는데, 그 가운데 6분의 1이 여성 노동자였다. 직물노동자연합에서 여성들은 남성들과 동등한 투표권뿐 아니라, 노동조합의 모든 공식 직책에 출마할 권리를 갖고 있었다.

클라라 아이스너는 21세에 사회주의자가 되었다. 사회주의자가 되기 전에는 선구적인 부르주아 페미니스트이자 그녀가 다니던 학교의 교장이었던 오거스테 슈미트의 영향을 오랫동안 받았다. 오거스테 슈미트의 영향에서 벗어나자마자 클라라는 독일사회주의노동자당에서 활동을 시작했다. 망명 생활을 하고 있던 러시아 마르크스수의자 오십 체트킨(Ossip Zetkin)과의 만남은 클라라가 사회주의자가 되는 데 결정적인 영향을 미쳤다.

1878년 10월 21일에 비스마르크는 반(反)사회주의법(Anti-Socialist Law)을 제정했다. 사회주의자들의 모임과 당 인쇄물의 출판이 완전히 금지되었다. 클라라가 사회주의자들의 토론에 참가하기 시작한 지 6 개월도 안 되어 벌어진 일이었다. 클라라는 이 때부터 당의 불법 활동에 참여하기 시작했다.

1880년 9월에 오십 체트킨과 그의 동료들이 체포되었다. 그는 탐탁치 않은 이방인이었기 때문에 독일에서 추방되었다. 이 사건 이후로 클라라와 오십은 매우 가까워졌다. 클라라는 6 개월 후에 오십을 따라 독일을 떠났다. 클라라의 10 년 동안의 망명 생활은 이렇게 시작되었다.

클라라는 오스트리아에서 1 년 반 동안 지냈다. 거기에서 그녀는 부유한 공장 주인의 집에서 가정교사로 일했다. 그리고 나서 1882년 봄에 취리히(스위스 북부에 있는 도시)로 갔다. 취리히에는 당의 주요한 지도자들이 살고 있었고, 당 중앙기관지 《사회민주주의자》도 여기에서 만들어졌다. 취리히는 불법 책자를 독일로 몰래 운반하는 중심지 역할을 했다. 클라라도 이 일에 관여했다.

1882년 11월에 클라라는 파리로 가서 오십 체트킨과 합류했다. 그녀는 오십과 함께 살았다. 비록 법적으로 결혼하지는 않았으나, 이 때부터 클라라 체트킨이라는 이름을 쓰기 시작했다. 클라라는 두 명의 아들을 낳았다.

클라라와 오십은 프랑스와 독일 그리고 러시아의 사회주의 운동에 깊이 관여해 적극적으로 활동했다. 또한 그들은 국제주의적 사회주의 그룹인 국제주의서클(Cercle Internationale)에 참여했다. 국제주의서클은 마르크스주의 이론과 행동 계획에 대한 문제들을 주마다 토론했는데, 클라라와 오십도 이 토론에 매번 참가했다. 여기에서 그들은 러시아, 독일, 프랑스, 스페인, 이탈리아, 오스트리아, 그리고 영국의 사회주의자들을 만났다. 이 시기에 클라라 체트킨은 국제 노동운동에 관한 방대한 지식을 얻게 되었다.

1889년 11월에 오십 체트킨은 죽었다. 그의 죽음은 클라라에게 대단한 충격이었다.

오십이 죽기 두 달 전에 클라라는 제2인터내셔널 대회 연설에서 노동계급 여성을 조직하는 것이 중요함을 역설했다. 그 때부터 25 년 동안 클라라 체트킨은 독일과 국제 사회주의 여성운동에서 독보적인 위치를 차지했다.

부르주아 페미니즘에 맞서 싸우다

1898년에 클라라 체트킨은 〈여성 노동의 문제와 현대의 여성〉이라는 팸플릿을 발행했다. 이 팸플릿은 대단히 중요하다. 여기에는 여성 해방과 사회주의에 관한 기본 원칙들이 담겨 있었다. 체트킨은 이미 1896년에 사회민주당(SPD) 고타대회에서도 똑같은 주장을 펼쳤다.

이 연설에서 체트킨은 노동계급 여성운동의 계급적 성격을 매우 분명하게 강조하면서, 노동계급 여성운동과 부르주아 페미니즘 사이에는 건널 수 없는 심연이 가로놓여 있음을 지적했다.

원래 '단일한' 여성운동이라는 것은 존재하지 않는다. … 여성운동은 역사발전의 맥락 속에서만 존재한다. … 그렇기 때문에 오직 부르주아 여성운동과 프롤레타리아 여성운동이 존재할 따름이다. 그리고 이 두 운동 사이에는 어떠한 공통점도 없다. 마치 사회주의가 부르주아 사회와 어떠한 공통점도 없듯이 말이다.

여성들은 가족의 테두리에서 벗어나 임금노동에 참여하면서부터 경제적 독립을 획득했다. 그러나 이것은 여성 억압을 극복하는 데 필요한 조건은 될지언정 진정한 자유의 획득 그 자체는 아니었다. 체트킨은 노동계급 여성이 억압에서 벗어나기 위해서는 모든 여성의 단결이 아니라 노동계급의 단결이 필요하다고 주장했다.

> 노동계급 여성의 해방 투쟁은 부르주아 여성이 부르주아 남성에 맞서 싸우는 것과 같은 것이어서는 안 된다. … 남성과의 자유로운 경쟁이 투쟁의 목표일 수는 없다. 여성 해방 투쟁의 진정한 목적은 노동계급의 정치적 지배를 획득하는 것이다. 여성 노동자들은 남성 노동자들과 손에 손을 맞잡고 자본주의 체제에 맞서 싸워야 한다.

부르주아 페미니스트들은 '여성선거권'*을 요구하는 데에만 집중했다. 물론 여성들이, 특히 노동계급 여성들이 선거의 권리를 획득하는 것은 중요하다. 그러나 설사 여성들이 선거권을 획득한다 할지라도 현실의 착취 관계는 조금도 바뀌지 않는다. 여성 노동자들은 남성 노동자들과 함께 '평등하게' 착취당할 뿐이며, 부르주아 여성은 부르주아 남성과 함께 '평등한' 특권을 누릴 것이다.

체트킨은, 여성 사회주의자들은 부르주아 페미니스트들과는 달리 투표권을 요구하는 데만 투쟁을 제한하지 말고, 일할 권리, 동일노

---

* 당시의 '여성선거권' 요구는 대단히 제한적이었다. 부르주아 페미니스트들은 재산과 소득 수준에 따라 선거권을 줘야 한다고 주장했는데, 이것은 사실상 노동계급 여성을 배제하자는 주장에 지나지 않았다. 이런 점 때문에 부르주아 페미니스트들이 요구한 여성선거권을 보통선거권과는 다른 의미에서 '제한선거권'이라고 불렀다.

동 동일임금, 유급 출산휴가, 무료 탁아시설, 여성을 위한 교육 등을 요구하며 싸워야 한다고 주장했다.

체트킨은 부르주아 페미니스트들을 경멸했고, 셀 수 없이 많은 연설과 글을 통해 '페미니스트'라는 호칭을 격렬히 비판했다. 그녀는 부르주아 페미니스트들은 우익 여성들에 지나지 않는다고 공격했다.

여성 사회주의자들의 주된 임무는, "여성들 사이에서 사회주의 선동을 통해 계급의식을 끌어올리고, 그들을 계급투쟁에 참여시키는 것이다."

체트킨은 이어서 이렇게 말했다. "여성들의 활동은 매우 어렵다. 그것은 고통스럽고, 엄청난 헌신과 희생을 요구한다. 그러나 이러한 희생은 … (성의 구분을 뛰어넘어 단결한 노동계급의 자기해방을 통해) 반드시 보상받을 것이다."

자본주의 발전과 노동계급 단결의 필요성

자본주의의 발전은 노동계급을 거대한 규모로 단결시켰고 응집력을 강화시켰다. 그러나 다른 한편 자본주의 발전은 노동계급의 분열을 낳기도 했다. 제국주의 국가의 노동자와 피억압 민족의 노동자, 남성 노동자와 여성 노동자처럼 말이다.

자본주의에서 여성 억압은 현대 가족 제도의 특성 — 노동력 재생산 — 에서 비롯한다. 여성들은 낮은 임금을 받고, 괜찮은 직업을 구하기 힘들며, 서로 단결하기도 어렵다.

혁명적 사회주의 당의 임무는 여성 노동자들이 노동 착취와 여성 억압에 맞서 집단으로 투쟁할 수 있도록 지도하고 그 투쟁을 더 넓은 계급투쟁으로 확산하는 것이다. 그러기 위해서는 자본주의가 낳은 여성과 남성 사이의 분열을 극복하는 것이 필요하다.

선진 노동자들에게 깊이 뿌리내린 혁명 정당은 별도의 여성조직이 필요하다고 생각하지 않는다. 이런 주장은 흑인 노동자들에게도 마찬가지로 적용된다.

레닌이 유대인 사회주의 조직인 분트에 맞서 옹호한 것도 바로 이런 원칙이다. 레닌은 러시아 유대인들이 억압당한다는 사실을 누구보다도 잘 알고 있었다. 그러나 그렇다고 해서 마르크스주의자들이 유대인 노동자들이 다른 노동자들과 별도의 조직을 꾸리는 것을 지지할 수는 없는 노릇이다. 노동자 혁명에서 유대인 노동자들이 다른 노동자들과 구분되는 특별히 다른 역할을 하지는 않기 때문이다.

만약 유대인 노동자들이 유대인이 아닌 노동자들을 배제한 자신들만의 정치조직을 필요로 한다면, 또 여성 노동자들이 남성 노동자들을 배제한 독립적인 정치조직을 필요로 한다면, 유대인 여성 노동자는 어떤 조직에 가입해야 할까? 만약 그렇다면 노동계급 정당은 수많은 인종과 무수한 부문으로 갈갈이 찢겨 낱낱의 파편들로 쪼개져야 하지 않을까?

클라라 체트킨은 — 룩셈부르크나 레닌과 마찬가지로 — 착취와 억압 사이에 만리장성을 쌓는 경향을 분쇄해야 한다는 것을 아주 분명히 인식하고 있었다. 여성 노동자는 남성 노동자의 종속물이 아니라 똑같이 착취당하는 노동자이다. 착취의 굴레를 깨기 위해서는 성 구분을 넘어 모든 노동자들이 단결해야 한다.

혁명 투쟁에서 여성 노동자와 남성 노동자의 단결

흔히 여성을 희생자로 묘사하는 사람들이 많다. 그러나 마르크스주의자들은 여성을 적극적인 인민으로, 역사의 객체가 아닌 주체로 바라본다.

노동자들이 대공장으로 집중되기 이전 시기, 즉 1840년 이전 영국과 1880년 이전 프랑스에서 노동자 투쟁의 중심 무대는 거리였다. 투쟁의 직접적인 동기는 높은 임금에 대한 요구였다기보다는 식료품 가격을 낮추고 충분히 공급하라는 것이었다. 이 당시에는 평범한 여성들이 대중운동에서 선도적인 역할을 무척 많이 했다.

산업혁명과 함께 투쟁의 중심 무대는 공장으로 옮겨졌다. 공장에서 여성 노동자들은 엄청난 불이익과 고통을 겪어야 했다.

여성 노동자들은 공장을 다니면서도 주부로서 무거운 짐을 짊어져야 했기 때문에 투쟁에 참여하는 것이 쉽지 않았다. 일을 하는 동안에도 여성들의 고민은 대부분 가정에 가 있었다. 또한 여성들은 대부분 임시직으로 고용되고, 소규모 공장이나 서비스 직종에 종사했다. 이런 이유 때문에 여성 노동자들을 조직하는 것은 훨씬 힘든 일이었다.

역사적으로 볼 때, 여성 노동자와 남성 노동자 사이의 불균등을 극복하는 것이 노동계급의 단결을 이루는 데 대단히 중요하다.

물론 이 말이 남성 노동자들이 여성 노동자보다 항상 더 전투적이고, 더 훌륭한 투사라는 뜻은 결코 아니다. 지금까지 일어났던 모든 혁명을 보더라도 여성들이 누구보다도 먼저 행동했다. 여성 노동자들은 뇌관(雷管)과 같았다. 여성들은 운동의 첫 테이프를 끊었고, 더 크고 응집력 있는 생산단위로 조직된 남성 노동자들은 그 운동을 체제의 심장부로 끌어올렸다. 1917년 러시아혁명은 페트로그라드 여성 직물노동자들의 시위로 시작되었고, 푸틸로프와 다른 대공장 노동자들이 그 바통을 이어받아 혁명을 발전시켰다.

이탈리아에서도 마찬가지였다. 1917년 8월, 식량 부족에 항의해 거리로 쏟아져 나온 여성들의 대규모 시위가 피아트 노동자들의 대중파업을 낳았다.

독일에서는, 1917년 4월 12일에 여성 노동자들이 식량 부족에 항의해 대규모 시위를 벌였다. 그로부터 4일 후, 30만 명이 참가한 대규모 파업이 벌어졌고, 같은 날 독일에서 최초의 노동자 평의회가 수립되었다.

이처럼 남성 노동자와 여성 노동자 사이의 불균등을 극복하고 단결을 이루는 것은 혁명 투쟁을 통해서만 가능하다.

여성 노동자를 노동조합으로 조직하기

체트킨은 여성 노동자들이 자신감과 힘을 얻기 위해서는 남성 노동자들과 함께 노동조합에서 활동해야 함을 강조했다. 여성 노동자들이 가정에만 매여 있으면 무기력을 느낄 수밖에 없다. 그러나 여성들이 공장과 사무실과 병원에서 집단적인 노동계급의 일원으로 활동한다면 자신들의 힘이 강력하다는 것을 느끼게 될 것이다. 여성 노동자들의 잠재적 힘이 발현되기 위해서는 무엇보다도 여성들이 노동조합에 가입하는 것이 중요하다.

체트킨은 여성을 노동조합으로 조직하는 데 심혈을 기울였다. 이 일은 대단히 어려웠다. 억압적인 독일 지배자들은 온갖 방법을 동원해 노동조합 건설을 방해했다. 여성들에 대한 탄압은 더욱 심했다.

1860년대말부터 독일에서는 거대한 노동운동이 시작됐다. 그런데도 30 년이 지나서야 겨우 23만 명을 조합원으로 조직한 자유노동조합을 건설 — 사회민주당의 영향 아래서 — 할 수 있었다. 당시 전체 노동자 수가 1890만 명이었으니까, 겨우 1.5%에 지나지 않았다.

그 가운데 여성 노동자 수는 4,355 명으로, 전체 조합원의 1.8%였다.

1892년에 자유노조의 할버슈타트 대회는 여성 노동자들을 조합으로 조직할 것을 결의했다. 이전에는 남성과 여성을 하나의 노동조합으로 조직하는 것이 불법이었다. 합법화가 이루어진 뒤에도 여전히 여성이 노조에 가입하는 것을 가로막는 다른 법적 장애물들은 그대로 남아 있었다. 또한 1908년까지 여성이 정치조직에 가입하는 것은 허용되지 않았다. 정부는 여성들이 정치조직에 참여하는 것을 막기 위해 여성 사회주의자들을 혹독하게 탄압했다. 그럼에도 불구하고 여성들을 조직하는 일은 상당한 성공을 거두었다.

1890년 이후 사회민주당과 노동조합의 결합력은 높아졌다. 당연히 여성 문제에 대한 관심도 커졌다. 여성 노동자들은 사회민주당과 노동조합을 통해 자주 만났으며, 당원이자 조합원인 여성들이 늘어났다. 전체 조합원 수는 1892년에 23만 명에서 1913년에 257만 3700 명으로 늘어났다. 여성 조합원의 수는 4355 명에서 23만 347 명으로 훨씬 비약적으로 늘었다. 이러한 성공은 여성만 일하는 직종보다는 남성과 함께 일하는 산업에서 더 두드러졌다.

체트킨은 여성들을 노동조합으로 조직하는 데 결정적인 역할을 했다. 체트킨은 노동조합과 매우 밀접한 관계를 맺고 있었다. 그녀는 25 년 동안 슈투트가르트에 있는 제본공노조(Bookbinders' Union)의 회원이었다. 또 재단사노조에서도 적극적으로 활동했다. 1896년에는 런던에서 열린 제2인터내셔널 대회에 독일 재단사노조 대표로 참가했다. 그 대회에서 체트킨은 재단사노조의 국제 임시간사로 선출됐다.

체트킨은 남녀의 단결을 이루기 위해서라도 노조가 필요하다고 생각했다. 역사적 경험은 거듭거듭 여성 노동자들의 운명이 남성 노동자들의 운명과 한데 맞물려 있음을 보여 주었다. 러시아에서 노동조합은 처음부터 남성과 여성 모두를 포함했다. 그러나 독일에서 여성이 노조에 가입하는 데는 30 년이 걸렸다. 영국에서는 무려 90 년이 걸렸다.

체트킨은 어떤 경우에도 여성 노동자들이 독자적인 노동조합을 건설하는 것을 바라지 않았다. 독자적인 여성 노조는 취약하고 불안정할 수밖에 없다. 노동계급 여성의 성공은 전체 노동계급의 운명과 직결돼 있기 때문이다.

체트킨은 여성 노동자들이 노동조합과 정치조직에서 분리해 독자적인 조직을 꾸리는 것에 일관되게 반대했다. 그렇다면 그녀는 왜 별도의 사회주의 여성조직을 건설한 것일까? 이유는 간단하다. 여성이 어떠한 정치조직에 들어가는 것도 법으로 금지돼 있었기 때문이다. 이런 조건 때문에 체트킨과 그의 동료들은 매우 위험스런 방법을 사용해야 했던 것이다.

1889년에 베를린에서 여성들로 구성된 선동위원회가 만들어졌다. 선동위원회의 임무는 노동조합과 사회주의 정당의 활동을 위해 구심을 제공하는 것이었다. 선동위원회는 강연과 집회 같은 활동들을 조직했고, 지역 당조직들과 정규적인 만남을 가졌다. 선동위원회는 법망을 피하기 위해 안간힘을 썼으나, 1895년에 선동위원회의 모든 활동은 금지당했다.

1894년에 열린 사회민주당 대회는 대변인 제도를 도입하기로 결정했다. 왜냐하면 경찰이 계속 여성이 포함된 당 선전위원회들을 해산하려고 했기 때문이다. 대변인 제도 덕분에 여성들은 클럽이나 협회를 만들지 않고도 정치에 관여할 수 있게 되었다. 선전에 대한 책임을 단 한 사람(대변인)이 지므로, 정치 단체를 금지하는 법률을 적용할 수가 없었던 것이다.

1895년 11월에 조직된 여성 노동자들을 전국적으로 연결하기 위해 '중앙대변인'이 임명되었다. 동시에 체트킨은 사회민주당 전국집행위원으로 선출되었다.

1908년 정치 단체를 금지하는 법률이 폐지되자 대변인 제도는 필요 없게 되었다.

　오랫동안 여성 사회주의자들은 여성들을 노동조합으로 조직하는 데 커다란 역할을 했다. 따라서 여성 노조원이 증가하는 것과 함께 사회민주당 여성 당원도 급격히 늘어났다. 사회민주당의 여성 당원 비율은 1908년 21.3%, 1909년 46.5%, 1910년 51.2%, 1911년 56.3%, 1912년 58.5%, 1913년 61.3%로 늘어났다. 1914년에는 무려 83%에 이르렀다.

《평등》

　여성을 교육하고 조직하는 가장 중요한 무기 가운데 하나는 격주간 잡지 《평등》이었다. 《평등》의 부제는 '여성 노동자의 이익을 위하여'였다. 《평등》은 1891년에 창간됐는데, 체트킨이 25년 동안 편집자를 맡았다.

　체트킨은 항상 사회주의 운동의 완전한 정치·조직적 단결을 열망했다. 그러면서도 또한 여성 노동자들을 교육하기 위한 특별한 선전이 필요함을 알고 있었다.

　《평등》은 노동 여성의 이해와 필요에 대단히 잘 부응하는 잡지였다. 《평등》은 노동 여성 가운데 좀 더 선진적인 여성들을 청중으로 삼았다. "《평등》은 육체 노동에 종사하든 정신 노동에 종사하든 가장 선진적인 노동자들을 대상으로 한다. 《평등》은 그들을 이론적으로 교육하고, 그들이 역사 발전 과정을 분명히 이해하도록 하며, 노동자 계급 해방을 위한 투쟁에 적극 참여하게 만들고, 또한 그들이 다른 동료들을 가르쳐서 명확한 투사로 훈련시키는 데 필요한 능력을 갖출 수 있도록 노력한다."

《평등》은 여성들이 많이 참여하는 산업 분야 — 방직·의류·식품가공·제본·가내공업 등 — 의 노동 조건을 다루는 데 많은 지면을 할애했다. 그리고 여성 노동자들이 충분한 법적 보호를 받을 수 있도록 하기 위해 공장법에 관한 정보 — 아무리 사소한 것일지라도 — 를 매우 자세히 다뤘다. 또한 독일과 다른 나라 여성 노동자들의 파업과 투쟁 소식을 항상 크게 보도했다.

체트킨은 《평등》을 발행하는 초기에 편집자를 맡았을 뿐 아니라 거의 모든 기사들을 직접 썼다. 처음 14년 동안 《평등》의 발행 부수는 얼마되지 않았다. 비록 1891년에 2천 부에서 1903~1904년에는 1만 1천 부로 꾸준히 늘어나기는 했지만 말이다.

이 잡지의 성격은 사회주의 여성운동이 크게 확산됨에 따라 양과 질 모두에서 상당히 바뀌었다. 1907년에는 발행 부수가 7만 5천 부에 이르렀다. 그러나, 나중에 사회민주당 우파가 사회주의 여성운동을 거의 통제하게 되자 체트킨은 따돌림당하고 《평등》의 성격도 변질되어 갔다.

1908년 10월부터 《평등》의 분량은 두 배로 늘었고(12쪽에서 24쪽으로), 매 호마다 어린이와 어머니와 주부를 위한 별책부록이 함께 발행되었다. 1908년에 체트킨은 《평등》 편집권을 박탈당했다. 《평등》은 여성의 의상과 요리에 관한 기사를 정기적으로 실었고, 1910년에는 패션관련 별책부록을 발행하기도 했다. 체트킨이 이러한 요구에 어느 정도 동의하기는 했지만, 1908년 이후로 체트킨은 《평등》에 대한 어떠한 실질적 권한도 갖고 있지 못했다.

해가 갈수록 《평등》의 발행 부수는 늘었지만, 체트킨의 영향력은 점점 줄어들었다. 그녀가 고립된 이유는 무엇일까? 원인은 사회민주당의 활동에 있다.

당시에 사회민주당은 무기력한 수동성에 빠져 있었다. 당의 집행부와 노동조합의 간부들은 당을 관료적으로 운영했다. 사회민주당은 '국가 안에 있는 작은 국가'와 다름 없었다. 노동자들은 태어나서 죽을 때까지 당 기구들에 완전히 둘러싸여 지냈다. 사장들을 위해 노동할 때를 제외하고는 말이다. 당원들은 사회민주당이 운영하는 협동조합에서 산 식품을 먹고, 당 신문과 잡지를 읽고, 당 헬스클럽에서 여가를 보내며, 당 합창단에서 노래를 부르며, 당이 운영하는 술집에서 술을 마셨다. 그리고 사회민주당 장의사협회의 도움을 받아 땅에 묻힐 수 있었다.

체트킨과 국제 사회주의 여성운동

체트킨은 전세계 사회주의자 여성들을 지도하고 그들에게 많은 영향을 주었다. 체트킨은 1907년에 사회주의여성국제협의회를 처음 조직하는 데 주도적인 역할을 했다. 이 대회에는 15개 나라에서 59명의 여성들이 참가했다.

협의회는 서로 다른 목소리를 냈다. 중심 주제는 여성선거권 문제였는데, 오스트리아, 벨기에, 영국 그리고 프랑스 대표들은 보통선거권보다 제한선거권을 주장했다. 제한선거권이 보통선거권보다 '현실적'이라는 이유를 들면서 말이다. 또한 영국과 프랑스 대표들은 체트킨과 그 지지자들이 부르주아 페미니스트 운동에 대해 비판적인 것을 '종파주의'라고 비난했다.

그러나 체트킨은 두 가지 문제 모두에서 조금도 양보하지 않았다. 러시아 대표 알렉산드라 콜론타이는 체트킨을 지지했다. 콜론타이는 "우리는 모든 부르주아 여성들과 맞서 싸워야 한다."고 선언했다. 시카고에서 온 대표도 "부르주아 여성운동과 프롤레타리아 여성운동 사이에 분명한 계급 구분을 하는 것이 필요하다."고 주장했다.

그 대회에서 체트킨이 이겼다. 협의회는 다음과 같은 강력한 결의안을 통과시켰다. "모든 나라의 사회주의 정당들은 여성의 보통선거권 도입을 위해 정력적으로 싸워야 하며, … 여성 사회주의자들은 부르주아 페미니스트들과 동맹할 것이 아니라 남성 사회주의자들과 함께 투쟁을 이끌어 나가야 한다."

체트킨은 여성사회주의자국제조직의 서기로 선출되었고, 《평등》은 이 운동의 중앙기관지로 정해졌다.

1910년에 코펜하겐에서 열린 제2차 협의회는 보통선거권 요구를 재확인했다. 이 협의회에서 체트킨은 3월 8일을 '국제여성의 날'로 정할 것을 제안했다. 이 제안은 1908년 3월 8일에 미국 여성 노동자들이 뉴욕에서 선거권과 노동조합 결성권을 요구하며 시위를 벌인 것에서 착안한 것이었다. 체트킨의 제안은 열광적인 지지를 받아 통과

됐다. 국제여성의 날 시위는, 1911년에 시작해 제1차세계대전이 일어나기 전까지, 유럽의 모든 주요 도시에서 조직되었다. 가장 중요한 시위는 전쟁이 한창 진행중인 1917년 2월에 러시아에서 일어났다. 이 날 여성들의 시위는 러시아혁명의 출발점이 되었다.

제1차세계대전과 사회주의 여성운동

전쟁이 일어난 지 며칠 후인 1914년 8월 5일, 체트킨은 '노동계급 여성들이여, 준비하라!'는 제목의 반전(反戰) 기사를 《평등》에 실었다. 이 글에서 그녀는 독자들에게, 독일은 "반동적인 합스부르크 가문의 이익을 위해, 냉혹하고 비양심적인 대지주와 대자본가의 황금과 권력을 위해" 전쟁을 벌이고 있다고 폭로했다. 체트킨은 정부의 탄압 때문에 혁명을 노골적으로 얘기할 수는 없었지만, 글의 내용은 그런 호소를 밑바탕에 깔고 있었다.

노동계급에게 형제애와 세계평화는 결코 공허한 꿈이 아니다. … 노동대중의 삶에는 모든 사람이 준비하고 있기만 하면 모든 것을 획득할 수 있는 결정적인 순간이 있다. 지금이 바로 그런 순간이다. 노동계급 여성들이여, 준비하라!

체트킨은 전쟁을 반대했기 때문에 계속해서 검열에 걸렸다.《평등》의 지면들이 군데군데 빈칸으로 남겨지는 일이 계속 늘어났다.

《평등》은 급속히 국제적인 반전 여성지가 되었다. 체트킨은 룩셈부르크와 함께 1915년 3월에 베른에서 전쟁에 반대하는 국제여성협의회를 조직했다. 같은 해 8월에 체트킨은 체포됐다. 체트킨의 체포는 그 후 잇따른 체포 행렬의 시작이었다.

그러나 독일 여성운동의 많은 참여자들이 체트킨과 룩셈부르크의 입장을 지지했다고 추측하는 것은 잘못이다. 사실 두 사람처럼 전쟁을 반대하는 사람은 매우 적었다.

로자 룩셈부르크와 클라라 체트킨은 둘 다 신경쇠약으로 고통을 겪고 있었다. 한때는 거의 자살할 지경에까지 이르렀다. 그들은 힘을 모아 [1914년] 8월 2일과 3일에도 반전 선동을 계획했다. 그들은 급진적인 견해를 가진 20명의 사회민주당 국회의원들과 만났다. 그러나 단지 카를 리프크네히트와 프란츠 메링의 지지밖에 얻어내지 못했다. … 로자는 전쟁에 반대할 것으로 판단되는 자신의 동맹자들에게 3백 통의 전보를 보내 전쟁에 반대하는 투표를 할 것을 부탁하고 긴급회의를 위해 베를린으로 와 줄 것을 요청했다. 결과는 비참했다. 오직 클라라 체트킨만 곧장 지지한다는 답장을 보냈다. 다른 사람들은 성의없고 한심한 답장만을 보냈을 뿐이다.

심지어 전쟁이 일어난 지 4년이 지난 1918년에도 로자와 클라라 주변에 조직된 여성들은 매우 적었다. 1918년에 카를 리프크네히트와 함께 로자룩셈부르크와 체트킨이 세운 독일공산당에는 당원의 9%만이 여성이었다. 사회민주당에는 20만 7천 명의 여성당원이 있었던 반면에 독일공산당에는 단지 3백 명밖에 없었던 것이다!

전쟁이 일어나자 사회민주당은 마르크스주의라는 외피를 벗어던졌다. 당 지도부는 하룻밤 사이에 국제주의를 포기하고 독일 정부의 전쟁을 지지하는 투표를 했다. 노동조합이 대부분 《평등》지를 사절하는 바람에 발행부수가 12만 5천 부에서 4만 부로 급격히 떨어졌다.

사회민주당 여성당원들은 곧바로 부르주아 페미니스트들과 협력했다.

부르주아 여성들은 시청으로 달려가 전국여성봉사대를 구성하고 여성예비군을 조직했다. 사회민주당은 부르주아 여성들과 협력할 수 있음을 강조했다. 당연하게도 사회주의 페미니스트들은 사회민주당의 입장을 따라 계급투쟁을 중단했다. 이제 체트킨의 손을 벗어난 《평등》은 "실천적인 문제에서 우리는 부르주아 여성들로부터 많은 것을 배울 수 있다."고까지 썼다.

사회민주당 여성운동의 비극적 종말

전쟁 동안 여성 노동자들의 수는 950만에서 1500만 명으로 늘었다.

전쟁이 끝난 후에 사회민주당은 독일혁명을 압살했다. 전쟁이 끝남으로써 군대의 해산에 따른 대량실업의 위기가 국가를 엄습했다. 자본주의 경제와 국가의 안정을 회복하기 위해서는 무언가 대책을 찾아야 했다. 해결책은 간단했다. 바로 여성 노동자들의 대량 해고였다. 사용자들은 1919년 3월에 법령을 만들어 다음의 순서에 따라 대량 해고를 단행했다.

1. 남편이 직업을 가진 여성
2. 독신여성과 소녀
3. 한두 명의 부양가족만을 가진 여성과 소녀
4. 다른 모든 여성과 소녀

사회민주당 여성지도자들은 이러한 조치를 정당화했다. 사회민주당 여성조직은 단지 사회사업을 하는 기구로 전락했다. 1921년에 열린 사회민주당 협의회는, "여성들은 인류의 보호자로 태어났다. 그러므로 사회사업은 여성의 본성과 아주 잘 들어맞는다."고 선언함으로써 이러한 타락을 합리화했다.

사회민주당 여성들은 새 정치에 적합한 새로운 여성 신문을 만들었다. 《평등》이라는 제목은 너무 혁명적으로 느껴졌다. 새로운 제목은 《여성세계》였다. 《여성세계》는 주로 의복 양식과 패션 설명, 요리법 등을 다루었다. 정치적인 주제는 거의 없었고, 그나마 있어도 아주 하잘 것 없는 것이었다.

사회민주당 여성운동은 더 이상 여성 노동자들이 겪는 실제적인 고통을 다루지 않았다. 클라라와 룩셈부르크가 창건한 독일의 사회주의 여성운동은 비극적 종말을 맞이하게 된 것이다.

스파르타쿠스 동맹

사회민주당 안에는 제1차세계대전 전에 20만 이상의 여성 당원이 있었고, 전쟁이 끝난 후에도 여전히 그 수는 줄지 않았다. 반면에 로자 룩셈부르크의 스파르타쿠스 동맹 — 독일 공산당의 전신 — 에 결합한 여성 사회주의자들은 기껏해야 2백 명밖에 되지 않았다. 왜 이런 일이 벌어졌을까? 《평등》의 영향력은 왜 그렇게도 적었을까?

이런 질문에 답하기 위해서는 사회민주당의 정치를 살펴볼 필요가 있다. 사회민주당은 겉으로는 마르크스주의를 표방했지만, 실제로는 마르크스가 남긴 혁명적 정신을 잃어버린 타락한 마르크스주의에 지나지 않았다. 이러한 타락은 기본으로 사회민주당이 개량을 위한 투쟁과 혁명적 투쟁을 기계적으로 분리한 데에서 비롯했다.

마르크스는 《공산당 선언》에서 노동자 계급의 경제적 개혁을 위한 투쟁과 정치 권력 장악을 위한 투쟁 사이의 관계를 얼마나 명쾌하게 설명했던가!

노동조합의 일상 투쟁은 노동자 권력 쟁취를 목표로 하는 정치투쟁으로 가는 디딤돌이다. 개혁을 위한 투쟁과 노동자 혁명은 매우 밀접하게 연결돼 있다. 자본주의 체제 내에서 벌이는 투쟁과 자본주의를 타도하기 위한 투쟁의 융합이야말로 혁명적인 실천의 정수(精髓)이다.

19세기말과 20세기초까지 자본주의는 아주 오랫동안 꾸준히 발전했다. 그 결과 사회민주당뿐 아니라 노동조합 조직들도 거대한 규모로 꾸준히 늘어났다. 그러나 사민당과 노동조합은 그 대가로 조직의 활력을 맞바꿔야 했다. 경제와 정치, 원칙과 전술, 최대 강령과 최소 강령, 이론과 실천 사이의 분리는 타락을 더욱 부채질했다.

《공산당 선언》에는 임금투쟁이 단지 경제적 영역에만 머무르지 않는다고 쓰여 있다. 그러나 자본주의가 발전하면서 임금투쟁은 노동조합의 전유물이 되었다. 마르크스는 정치를 부르주아 국가에 도전하는 것이라고 말했다. 그러나 이제 '정치'는 투표 용지에 동그라미 치고, 자본주의 국가와 협상하는 것으로 변질됐다.

로자 룩셈부르크와 체트킨은 이러한 분리에 맞서 싸우며 혁명적 마르크스주의를 보존하려 노력했다. 그러나 룩셈부르크와 체트킨은 오랫동안 독립적인 조직을 건설하지 않고 사회민주당 내의 한 경향으로 행동했다. 이것은 그들의 발목을 잡았다.

안타깝게도 체트킨과 로자 룩셈부르크가 이끌었던 극좌파는 노동자들의 일상 투쟁에 적극 개입해서 활동하지 못했다. 그 결과 개혁을 위한 투쟁과 정치투쟁을 연결할 수 있는 수단을 건설하는 데 실패했다. 그러니 당연하게도 활동의 대부분이 선전에 국한될 수밖에 없었고 이렇다 할 조직도 갖추지 못했다. 그들은 느슨하게 연결돼 있는 개인들의 모임이었다. 전쟁 기간에 스파르타쿠스 동맹이 만들어졌지만 산업 노동자들 속에 뿌리 내린 정도는 매우 미약했다. 스파르타쿠스 동맹의 주된 활동 무대는 작업장이 아니라 거리와 대중 집회였다.

혁명가들이 전투적인 노동자들의 일상 투쟁과 연관을 맺지 못한다면, 여성 혁명가들이 여성 노동자들과 그런 연관을 맺기는 훨씬 더 어려울 수밖에 없다. 왜냐하면 가장 전투적이고 핵심적인 산업에는 여성 노동자들이 남성보다 대체로 적었기 때문이다.

가사부담도 여성들이 혁명 활동에 참여할 수 있는 능력을 무디게 한다는 점을 잊지 말아야 한다. 어머니는 집 밖에서 일할 때조차 아이들이 별탈이나 없는지 먹을 것은 제대로 챙겨 먹었는지 걱정하게 된다. 반면에 남성 노동자는 보통 자신의 일에 집중한다. 식량 부족이나 물가 폭등에 항의하며 시위할 때를 제외하면, 이런 상황이 여성들의 계급의식을 무디게 한다.

부엌이라는 공간은 매우 억압적인 곳이다. 부엌에는 계급의식이 발전할 수 있는 자극이 존재하지 않는다. 각 가정의 부엌은 자본주의 억압의 산물이고, 거기에서는 자본주의의 본질이나 노동계급의 역할을 깨달을 수 없다.

예를 들어 보자. 전쟁에서 부상당한 사람들은 자본주의에 의해 가장 야만적인 방식으로 희생당한 사람들이다. 그렇다고 이러한 자본주의 억압의 희생자들 개개인이 곧바로 혁명적인 의식을 획득하게 되는 경우는 거의 없다. 실제로, 1917년에 러시아에서 전쟁 부상자들 가운데 볼셰비키를 지지한 사람은 거의 없었다. 가사 노동도 마찬가지이다.

클라라 체트킨 — 그리고 로자 룩셈부르크와 그의 동료들 — 이 노동자들의 일상 투쟁에 개입하지 않고 자신들의 활동을 대부분 선전에 국한시켰던 것은 비판받아 마땅하다. 그렇지만 결코 잊지 말아야 할 한 가지 진실이 있다. 체트킨은 언제나 원칙을 견지했고, 일관된 계급 정치에서 벗어난 적이 단 한 번도 없다는 점이다. 체트킨이 여성들의 활동을 혁명적인 관점에서 바라볼 수 있었던 것은 그녀가 추상적 선전주의자가 아니라 개입주의적이었기 때문이었다. 비록 노동계급 여성 사이에서 진정으로 혁명적인 조직을 건설하는 데에는 성공하지 못했지만 말이다.

클라라 체트킨은 전 생애에 걸쳐 자본주의가 낳은 여성 노동자와 남성 노동자 사이의 분리를 끝장내기 위해 최선을 다했다. 체트킨이 어떠한 잘못을 범했든간에, 그녀의 이러한 노력은 정말 값진 유산이다.

마르크스주의 전통의 중요성

안타깝게도 노동계급 여성을 조직하는 문제와 관련된 마르크스주의 전통은 알려진 것이 거의 없다.

마르크스주의자로 자처하는 사회주의 페미니스트들도 클라라 체트킨, 로자 룩셈부르크, 알렉산드라 콜론타이, 나데즈다 크룹스카야 같은 뛰어난 여성 사회주의자들을 중요하게 다루지 않는다. 심지어 혁명적 마르크스주의자들조차 여성해방과 마르크스주의 전통 사이에 어떤 연관이 있는가를 제대로 알고 있지 못하다. 왜 그럴까?

스탈린주의가 마르크스주의의 귀중한 유산들을 완전히 박살내 버렸기 때문이다. 스탈린주의가 태풍처럼 휩쓸고 지나간 자리에는 풀 한 포기 자랄 수 없는 사막만이 남았다. 그럼에도 마르크스주의 전통의 불씨가 꺼지지 않았던 것은 트로츠키와 그 지지자들의 노력이 있었기 때문이다.

우리는 오늘날의 문제를 다룰 때 과거 혁명가들의 이론과 경험에 의존해야 한다. 예컨대 개량이냐 혁명이냐, 국가 기구를 이용해서 사회주의를 성취할 수 있을까, 식민지 혁명에서 전략과 전술, 공동전선 등의 문제를 토론할 때 처음부터 다시 시작할 필요는 없다. 생판 처음하는 경험이 아니기 때문이다. 우리는 1백여 년 동안의 이론과 실천에 비추어 판단할 수 있다.

공동전선 문제를 예로 들어 보자. 코민테른 2, 3차 대회(1920년과 1921년에 열렸던)에서 레닌과 트로츠키는 공동전선 전략·전술을 제안했다. 또한 트로츠키는 히틀러가 권력을 잡기 직전에 그리고 1936년의 프랑스에서도 공동전선을 제기했다. 초기 코민테른의 혁명적 정신을 트로츠키가 이어받아 발전시켰기 때문에 마르크스주의 전통은 지금까지 살아남을 수 있었다.

그러나 여성 문제는 상황이 다르다. 스탈린주의가 1920년대 말부터 40 년 이상을 완전히 지배했다. 그 결과 여성운동의 역사에는 완전한 단절이 생겼다.

그나마 1960년대부터 여성운동이 새롭게 시작됐지만, 안타깝게도 대다수는 '제3세계주의'나 마오주의의 영향을 받았다. 이런 상황에서 노동계급 여성에 관한 마르크스주의 전통이 부활하기는 어려웠다.

마르크스주의의 핵심은 노동계급 중심성이다. 사회주의는 노동계급이 갖고 있는 잠재력을 실현하는 것이다. 노동자 계급은 집단적인 힘으로 모든 억압받는 사람들—피억압 민족, 농민, 주부 등—을 이끌어서 인류 전체를 해방할 수 있다.

체트킨, 룩셈부르크, 크룹스카야, 엘리노아 마르크스가 어떠한 여성 분리주의에도 반대해 혁명 정당 안에서 남성과 여성의 완전한 단결을 이루기 위해 싸울 수 있었던 것도 바로 노동계급의 자기해방에 대한 완전한 확신이 있었기 때문이었다.

마르크스주의 운동 전통에 대한 충분한 이해 없이 마르크스주의자가 되는 것은 가능하지 않다. 마르크스주의 정당은 '계급의 기억'이다. 여성 문제에 관한 마르크스주의 전통을 경시하는 것은 대단히 위험한 일이다.

그렇기 때문에 체트킨, 크룹스카야, 콜론타이, 이네사 아르망, 엘리노아 마르크스가 착취와 억압에 맞선 투쟁 속에서 노동계급 여성을 조직하고 지도했던 경험을 배워 익히는 것은 정말 중요하다. 여성해방은 사회주의의 승리 없이는 실현될 수 없고, 사회주의 또한 여성해방 없이는 가능하지 않기 때문이다.

콜론타이와 러시아혁명

19세기 말과 20세기 초에 러시아 여성 노동자들은 빠르게 늘어나기 시작했다. 페테르부르크 여성 노동자의 수는 1890년에 고작 7만여 명이었다. 20여 년 만에 여성 노동자 수는 1백30만 명으로 늘어 전체 노동자의 3분의 1을 차지하게 됐다.

여성 노동자들의 상태는 실로 열악했다. 대개 미숙련 노동자인 여성 노동자들은 하루에 12~14시간을 환기시설도 없는 공장에서 일하다가, 밤이면 통기창과 화장실도 없는 비좁은 막사에서 잠들었다. 여성 노동자의 평균임금은 남성 노동자의 절반 수준이었고, 남성 관리자들은 성희롱을 일삼았다. 여성들은 출산 직전까지 일했고, 출

김하영. 격주간 〈다함께〉 74호, 2006년 2월 22일. https://wspaper.org/article/2900. 3월 8일은 국제 여성의 날이다. 이 날은 1917년에 러시아혁명의 도화선이 됐다. 러시아혁명은 여성의 완전한 평등을 과제로 삼은 최초의 사건이었다. 알렉산드라 콜론타이는 여성 해방과 사회주의를 위해 투쟁한 러시아혁명의 지도자 가운데 한 명이었다.

산 바로 다음 날 출근하지 않으면 벌금을 물어야 했다.

콜론타이는 직물공장을 방문해 이런 여성노동자들의 상태를 목격한 뒤 사회주의자가 됐다. 그 공장의 막사에는 한 아이가 죽어 있었지만 누구도 관심을 기울일 여력이 없었다. 훗날 콜론타이는 그 날의 광경과 악취가 자신의 운명을 결정했다고 말했다.

콜론타이는 1872년 유복한 귀족 가정에서 태어났다. 그녀는 여성을 남편의 장식물로 여기는 세계에서 자랐지만, 그렇게 살고 싶지 않았다. 그녀는 어릴 적부터 러시아에 만연한 사회적 불의를 목격했고, 귀족 출신 여성 나로드니키(민중주의자들)가 황제 암살 계획에 연루돼 형장의 이슬로 사라진 얘기도 듣곤 했다.

1896년 러시아에서 대규모 파업이 일어나고 여기에 많은 여성 노동자들이 참가하자 콜론타이는 파업 지지 활동에 적극 뛰어들었다. 여성 노동자들의 참가는 1905년 혁명에서 더욱 두드러졌다. 여성 노동자들은 정치 투쟁의 전면에 나섰고, 산전산후 유급휴가, 보육시설, 수유시간 보장 등도 요구했다.

콜론타이는 이렇게 썼다. "여성노동자 운동은 노동자 운동 전체의 분리될 수 없는 일부이다. 그들은 모든 반란에서 남성 노동자들과 함께 일어났다. … 소심하며 짓밟힌 채 무권리 상태에 처해 있던 여성들은 파업과 격동의 시기에 빠르게 성장해 홀로 우뚝 설 수 있었다."

1905년 혁명 패배 이후 몇 해 동안 콜론타이는 여성 노동자들을 사회주의 운동에 참여시키기 위해 애썼다. 콜론타이는 여성 노동자 모임을 수백 차례 조직했는데, 이 모임은 경찰 탄압 때문에 '바느질

봉사단'으로 위장하기도 했다.

콜론타이는 모든 여성이 공통의 이해관계를 갖는다는 상층계급 페미니스트들의 주장에 반대했다. 콜론타이는 이렇게 주장했다. "여성의 세계는 남성의 세계와 마찬가지로 두 진영으로 나뉘어 있다." 여성 노동자들에게 평등권은 "오직 [남성 노동자와] 불평등을 똑같이 나누는 것"일 뿐이다. 상층계급 여성들이 일단 정치권력에 접근하면, "이 '여성 권리'의 옹호자들은 자기 계급 특권의 열광적 옹호자가 된다. 어린 자매들을 무권리 상태에 내버려두는 데 만족하면서 말이다."

러시아에서는 1913년에 처음으로 5개 도시에서 '국제 여성의 날' 행사가 거행됐다. 경찰 탄압 속에서도 이 행사는 대성공이었다. 제1차세계대전이 일어나면서 여성 노동자들은 다시 한번 최선두에 섰다. 수많은 여성들이 파업에 참가했다.

1917년 혁명에 불을 댕긴 사람들도 바로 페트로그라드의 여성 노동자들이었다. 이들은 세계 여성의 날에 파업에 돌입했다. 누군가 그 날의 행진을 이렇게 묘사했다. "기아와 전쟁으로 맹렬해진 여성 노동자들은 솟구치는 힘으로 행진로에 있는 모든 것을 파괴해버리는 허리케인처럼 돌진했다."

망명중이었던 콜론타이는 러시아혁명이 일어났다는 얘기를 듣고 곧바로 귀국했다. 볼셰비키는 여성 노동자들을 정치 활동에 적극 참여시키기 위한 활동 가운데 하나로 〈라보트니차〉(여성 노동자)를 복간했다. 콜론타이는 크룹스카야 등과 함께 이 신문의 편집진이었다.

볼셰비키는 노동자 사이의 격차를 줄임으로써 단결을 도모하려 애썼다. 1917년 2월부터 5월에 이르는 파업의 결과로 숙련 노동자의 임금은 59 퍼센트, 미숙련 노동자의 임금은 1백25 퍼센트 인상됐다. 볼셰비키는 남성 노동자들에게 모성보호나 동일임금 같은 여성 노동자들의 요구를 채택하라고 호소했다.

제1회 전러시아 노동조합 대회에서 콜론타이는 남성 노동자들에게 이렇게 연설했다. "계급의식적 노동자들은 남성 노동의 가치가 여성 노동의 가치에 달려 있다는 점을 이해해야 한다. 자본가들은 남성 노동자들을 저임의 여성 노동자들로 교체하겠다고 협박함으로써 남성의 임금을 압박할 수 있다. 이 점을 이해하지 못했을 때만 이[동일임금] 문제를 순전한 '여성 쟁점'으로 여길 것이다."

러시아 혁명 승리 후 처음 몇 해 동안 발표된 여성 관련 법령들은 여성의 권리를 크게 신장시켰다. 여성 선거권 완전 보장, 이혼 간소화, 서자 차별 금지, 동일임금, 출산 휴가 4개월 보장, 낙태 합법화와 무료 시술, 동성애 처벌 폐지 … . 오늘의 눈으로 봤을 때도 엄청난 진보가 1백년 전에 유럽 최후진국에서 이뤄졌다.

하지만 이것은 시작에 불과했다. 법률만으로는 여성의 진정한 평등을 쟁취하기에 충분하지 않았다. 혁명 전부터 콜론타이는 자본주의 하의 가족의 구실에 여성 억압의 기초가 있다고 주장해 왔다. 육아의 주된 책임을 가족 안의 여성이 떠안는다. 자본주의 발전은 여성을 가정에서 직장으로 끌어내지만 이것은 여성에게 해방의 잠재력을 주는 대신 아내로서, 어머니로서, 노동자로서 "삼중의 짐"을 지운다. 콜론타이는 오직 사회주의만이 여성들의 짐을 덜어줄 공공시설을 제공할 수 있다고 주장했다.

노동자 국가는 바로 이 일에 착수했다. 전통적인 '여성의 일'을 사회가 떠맡기 위해 공동식당, 보육시설, 세탁소 등 공공시설들이 세워졌다. 1920년에 콜론타이는 볼셰비키 당의 여성국, 즉 제노텔의 국장이 됐다. 제노텔의 임무는 새로운 법률들을 종이 위에서 현실로 옮겨 놓는 것이었다. 콜론타이는 낙후한 농촌을 포함해 러시아 전역을 돌아다니며, 여성들이 교육과 사회적·정치적 생활의 모든 분야에 적극 참여해야 한다고 설득했다.

콜론타이는 러시아 혁명 이후 꽃핀 섹슈얼리티와 성적 관계에 대한 토론에서도 최선두에 있었다. 콜론타이는 섹슈얼리티가 더 넓은 사회적 관계들에 매여 있다고 주장했다. 자본주의 아래서 "부르주아 도덕은 전적으로 사유재산에 기초한 내향적이고 개인주의적인 가족을 통해 파트너가 상대방을 완전히 소유해야 한다는 생각을 용의주도하게 발전시켜 왔다." 그리고 "여성의 인격은 오로지 그녀의 성 생활과 관련해 판단된다."

사람들은 개인적 관계들을 통해 가난과 착취의 압력을 피하려 한다. 하지만 자본주의는 삶의 개인적 측면조차 왜곡한다. "우리는 날카로운 계급 모순과 사유재산 관계의 세계인 자본주의의 개인주의적 도덕 세계에서 살고 있다. … 우리는 이 '외로움'을 사람들과 떠들썩한 소음으로 가득찬 도심이나 친한 친구들과 직장 동료들의 모임에서조차 느낀다. 외로움 때문에 사람들은 이성 가운데서 '영혼의 짝'을 발견하고자 하는 환상에 약탈적이고 건전하지 못한 방식으로 집착하기 쉽다."

콜론타이는 여성이 사회 운영에서 동등하고 활동적인 구실을 담당할 때 남녀 모두가 그들의 관계를 재평가할 기초가 창출된다고 주장했다. 사회주의 아래서 "개인들은 전에는 경험하지 못한 지적·감정적 발전의 기회를 갖게 될 것이다. 이런 집단 속에서 새로운 형태의 관계가 성숙하고 사랑의 개념이 확장되고 확대될 것이다."

비극이게도, 러시아 혁명은 너무 짧게 생존해 여성 해방을 위한 변화의 시작 이상을 보여 주지 못했다. 14개국의 침략, 내전, 경제 붕괴, 그리고 독일 혁명의 실패가 노동자 국가의 숨통을 졸랐다. 경제 붕괴 상황에서 여성 해방을 위한 조처들은 타격을 입지 않을 수 없었다. 콜론타이는 희망을 잃었고 러시아를 떠나 노르웨이 외교관이 됐다.

1928년 스탈린의 반혁명이 일어나자 민주주의와 노동자 통제의 흔적조차 분쇄됐고, 여성이 쟁취한 것이 모두 뒤집혔다. 심지어 스탈린은 아이를 많이 낳은 여성들에게 "모성애" 메달을 수여하기까지 했다.

하지만 러시아 혁명은 몇 년 동안이나마 여성 해방의 가능성을 보여 주었다. 여성 억압, 가족과 성의 관계에 대한 콜론타이의 저작들은 그녀가 그것을 썼을 때만큼이나 오늘날에도 중요하다. 콜론타이는 특히 말년에 여러 실수를 저질렀지만, 여성을 자본주의 속박에서 해방시키기 위해 그녀가 기울인 이론적·실천적 노력은 우리의 미래를 위한 이정표가 될 것이다.

진정한 여성 해방의 지도자 콜론타이

　일찍부터 사회주의자들은 여성 해방을 옹호했고 19세기 전반에 걸쳐 사회주의와 여성 해방을 위한 투쟁은 강한 유대를 맺고 있었다. 그러나 사회주의가 여성 해방을 포괄한 것과는 달리 모든 페미니스트들이 사회주의를 받아들이지는 않았다.

　페미니즘은 평등권 획득을 위한 투쟁에서 모든 여성이 계급을 뛰어넘어 단결해야 한다는 주장을 담은 하나의 정치적 운동이었다.

　사회주의자들은 부르주아 페미니즘이 부유하고 교육받은 여성들의 요구를 반영하고 있으며, 착취구조에 참여해서 지배계급의 특권을 분배받으려는 욕망의 표현일 뿐이라고 생각했다.

　콜론타이는 1872년 4월, 부유한 집안의 신여성인 어머니와 장군인 아버지 사이에서 태어났다. 나중에 부르주아 가족제도에 대한 신랄한 공격으로 러시아에서 알려진 이 여성은 어린 시절을 매우 유복

이 글은 《사회주의 평론》 8호(1996년 3-4월호)에 실린 것이다.

하게 보냈다. 콜론타이는 가정교사였던 마리아 스트라호바의 영향을 받아 인민의 의지당의 여성들처럼 외진 농촌에 가서 농민들을 계몽하고 싶었지만, 1890년에 사촌이었던 블라디미르 콜론타이와 사랑에 빠져 결혼했다. 그러나 결혼생활에 실망하고 자신의 꿈을 이루기 위한 방법을 모색하다가 사회주의 사상과 만나게 된다.

사회주의자가 되다

'여성, 그들의 운명이 내 인생의 전부를 차지했다. 여성들의 운명이 나를 사회주의로 밀어보냈다.'

19세기가 끝날 무렵 알렉산드라 콜론타이는 아주 작지만 충격적인 사건을 계기로 사회주의자가 되었다. 1896년에 남편과 여행을 하다가 1만 2천 명이 고용되어 있는 직물공장을 방문해서 그들의 주거지를 둘러볼 기회가 있었다. 탁하고 역겨운 공기 속에 노동자 가족들이 뒤섞여 지냈고, 심지어 죽은 아이가 누워 있기도 했다. 여성 노동자들은 강도 높은 노동에 시달리며 아이를 낳고 키웠다.

"나는 그토록 비참한 노동대중의 참상을 목격했을 때 더 이상 나의 행복하고 평화스러운 생활을 계속할 수 없었다. 나는 반드시 운동에 참여해야 했다." 그날 이후 콜론타이는 페미니즘이 아니라 마르크스주의에 몰두했다.

이유는 단순했다. 비참한 생활에서 벗어나려고 투쟁하는 노동자들을 성별로 구분해야 할 이유가 없었던 것이다. 어떻게 노동하는 여성들에게 공장 소유주들의 아내들과 연대하라고 할 수 있단 말인가?

스트라호바의 소개로 마르크스주의자들을 만난 콜론타이는 노동자들의 야간 학교에 자료를 공급하는 일을 시작했다. 여기서 그녀는 볼셰비키인 엘레나 스타소바를 만났다. 콜론타이는 결혼생활을 정리하고 취리히 대학에서 마르크스주의에 대한 탐구를 본격적으로 시작했다.

콜론타이가 마르크스주의 정치에 발을 들여놓은 지 얼마 지나지 않아 볼셰비키와 멘셰비키가 분열했다. 콜론타이는 이때 멘셰비키에 경도되지만 엘레나 스타소바를 통해 볼셰비키와도 관계를 유지했다.

그녀는 위험도 마다하지 않고 경험을 쌓아갔다. 1905년 이후 여성문제는 콜론타이의 중요한 활동으로 자리잡았다. 새로운 헌법과 두마에 대한 환상을 타고 부르주아 페미니즘이 갑자기 대두했기 때문이다. 콜론타이는 이들에 반대하여 러시아 사회주의 여성운동을 조직하기 시작했다.

페미니즘과 맞서다

사회주의 여성운동의 가장 강력한 적수는 혁명 초기에 선거권을 획득하기 위해 결집한 모스크바의 전문직 여성들과 지식인 여성을 중심으로 창설된 '여성 평등을 위한 동맹'이었다. 이 동맹은 급진적 사회개혁과 노동조건의 개선을 요구하며 수많은 여성들을 조직했다.

몇몇 여성 사회주의자들도 부르주아 페미니즘을 옹호하며 이들에 대한 적극적인 지지를 표명했다.

그러나 콜론타이는 혁명적 사회주의자와 자유주의적 부르주아의 협력이라는 목가적인 생각을 반박했다. 또 프롤레타리아 여성들은 사회주의 정당과 함께 투쟁할 때만 해방될 수 있다고 주장했다.

1907년에 러시아는 2차 두마가 해산되고 반동의 기운이 강화되어 갔다. 콜론타이는 당에 여성활동을 위한 기구가 필요하다고 주장했다. 그러나 볼셰비키와 멘셰비키 모두 이런 기구가 분열을 조장하게 될 것이라고 비판했다. 그녀는 혼자서 '노동여성상호부조협회'를 만들고 1907~1908년까지 이 활동에 모든 역량을 투여했다. 그러나 여성들만의 조직과 강좌(건강과 육아, 재봉 기술)는 친교 모임의 수준을 넘어서지 못했다. 그녀의 미숙함이 분리주의의 오류를 낳긴 했지만, 페미니즘과는 어떤 공통점도 없었다. 콜론타이는 1908년 봄에 전러시아 여성대회에서는 "남성의 세계가 그러하듯이 여성들의 세계도 부르주아와 프롤레타리아 두 진영으로 분열되어 있다."고 역설했다.

부르주아 페미니즘은 반동의 시기에 타격받았으며, 여성참정권을 허용했던 1, 2차 두마가 해산되자 내부의 반목으로 분열되었다.

여성대회에 참가한 뒤 소재가 경찰에 알려지게 되자 콜론타이는 독일로 망명했다. 이렇게 시작된 망명 생활은 1917년혁명 때까지 계속되었다.

볼셰비즘을 옹호하게 된 계기 — 제1차세계대전

제1차세계대전이 일어나기 전까지 콜론타이는 유럽 전역에서 활동했다. 독일에서 독일사회민주당의 당원으로 활동했고, 파리에서 물가인상에 항의하는 투쟁을 조직했으며, 스웨덴에서는 사회주의 청년들에게 군국주의 전쟁에 반대하도록 선동했다.

전쟁이 일어나자 '국제사회주의의 보석'으로 찬양받던 독일 사회민주당은 전쟁에 찬성표를 던졌고, 콜론타이는 충격을 받았다.

멘셰비키의 지도자 플레하노프도 독일 사회민주당과 똑같이 기회주의적인 모습을 드러냈다. "내가 늙고 병들지만 않았다면 군대에 입대하겠소. 당신의 동지들을 총검으로 무찌르는 것이 나의 가장 큰 기쁨이 될 것이요." 하고 말할 정도였다. 콜론타이는 애국자가 되어 버린 플레하노프와 멘셰비키로부터 멀어졌다.

당시에 레닌은 제2인터내셔널의 시대는 종식되었다고 결론을 내리고 제국주의 전쟁에 대한 그의 입장을 명확히 하기 시작했다. "제국주의 전쟁을 내전으로", "제2인터네셔널은 와해되었다. 제3인터내셔널이 조직되어야 한다."

콜론타이는 볼셰비키와 가까워졌다. 레닌과 크룹스카야에게 편지를 써서 반전 활동에 참여하는 것이 기쁘다는 뜻을 전했다. 그러나 콜론타이와 볼셰비키가 완전히 일치했던 것은 아니다. 왜냐하면 그녀는 평화와 군비축소는 일관되게 지지했지만, "내전으로!"라는 슬로건에는 동의하지 않았기 때문이다. 레닌은 1915년 겨울 내내 서신을 통해 내전의 요구만이 올바르다는 것을 설득했다.

결국 콜론타이는 볼셰비키가 되었고 〈누가 전쟁을 원하는가〉라는 소책자를 써서 자신의 변화된 입장을 밝혔다.

"노동자 동지들이여, 우리는 서로 적이 아닙니다. 우리의 손을 맞잡읍시다. 동지여, 우리 모두는 우리 정부의 기만에 속은 희생물입니다. 우리의 적은 우리의 후방, 바로 우리 조국에 있습니다."

이 소책자는 러시아로 몰래 운반되었고 중앙위원회에서는 콜론타이에게 "당신의 글에 대한 열렬한 반응이 전쟁포로들로부터 도착하고 있습니다."라는 반가운 소식을 전했다.

1917년 혁명 ― 이상의 실현

"나의 가슴은 요동치기 시작했다. 문자 그대로 전율 그 자체였다."

전쟁으로 굶주린 대중, 특히 여성 노동자들이 거리로 나오기 시작했다. 1917년 세계 여성의 날에 페트로그라드 여성들은 파업을 강행했다. 아무도 이 파업이 혁명의 문을 열 것이라고 예상하지 못했다. 트로츠키는 그때의 상황을 이렇게 묘사했다.

가장 억압받고 있던 여성 방직 노동자들이 자발적으로 혁명의 불을 당겼다. 빵을 사기 위해 서야 했던 긴 줄이 마지막 자극이 되었다. 약 9만 명의 노동자가 파업에 동참했다. 주부들은 지방의회에 몰려가 빵을 요구했다. 그것은 숫염소에게 젖을 달라는 것과 마찬가지였다. 도시 곳곳에 붉은 깃발이 나부꼈고 깃발에 적힌 구호들은 노동자들이 원하는 것은 빵이

요, 원하지 않는 것은 전제주의와 전쟁임을 보여 주었다. 여성의 날은 성공리에 지나갔다. 황혼이 깃들 때까지도 그날의 시위가 무엇을 잉태하고 있는지 아무도 몰랐다.

투쟁이 성공하려면 군인들을 자기 편으로 끌어들여야 했다. 여성들은 남성들보다 대담하게 군인들 앞으로 걸어가 총을 잡으며 '무기를 버리고 함께합시다' 하고 호소했다. 2월 27일 밤이 되자 황실수비군 15만 명이 몽땅 탈영했다. 같은 날 차르는 물러났고 〈프라우다〉는 이렇게 찬양했다. "여성 만세! 세계 여성의 날 만세! 이 날에 가장 먼저 거리로 뛰쳐나온 것은 여성이었다. 여성 만세!"

스위스에 있던 레닌은 콜론타이를 통해 "우리의 당면 임무는 노동자 대표 소비에트가 권력을 장악하도록 준비하는 것입니다. 오직 이 권력만이 빵과 평화와 자유를 줄 수 있을 것입니다."라는 내용의 서신을 볼셰비키에게 보냈다.

하지만 이 주장은 가장 먼저 볼셰비키의 반발에 부딪혔다. 고참 볼셰비키들은 임시정부를 지지하고 있었고 사회주의 혁명을 과제로 삼는 것은 너무 성급하다고 생각했기 때문이다. 콜론타이는 3월 19일에 페트로그라드에 도착하여 쉴리아프니코프와 몰로토프와 함께 당 내에서 극좌파를 형성하고 레닌의 입장에 따라 행동했다.

4월에 레닌이 러시아에 도착하여, 모든 사회주의자들은 임시정부에 참여하지 말고 모든 권력을 소비에트로 집중시키라고 호소하자 콜론타이는 적극적인 지지를 보냈다.

콜론타이는 1917년 8월에 여성으로는 유일하게 볼셰비키 중앙위원으로 당선되었다.

10월이 가까워질수록 투쟁에 가세하는 후진적 노동자들의 수는 늘어만 갔다. 세탁소, 식품조달 공장, 염색 공장의 여성 노동자들이 파업을 벌였다. 그들 대부분이 후진 노동자였다. 경험도 전통도 없었지만 그들은 스스로 파업위원회를 조직했다. 노동자의 힘과 자신감이 강해질수록 노동자들은 점점 더 혁명의 성과물을 빼앗기고 있다고 느끼게 되고 임시정부에 대한 환상을 떨쳐버리게 되었다.

1917년 가을에 러시아 노동자들이 권력을 장악할 무렵, 혁명에 대한 콜론타이의 열정과 낙관주의는 절정에 이르렀다. 무장봉기에 대한 모든 의심은 역사의 뒤안길로 사라졌다. 10월혁명은 거의 무혈로 성공했다. 이 때가 그녀의 생애에서 가장 위대한 순간이었다.

혁명의 성과 — 여성 해방의 이정표

"여성에게는 '부엌과 결혼의 분리'가 '국가와 교회의 분리'만큼이나 중요하다"

러시아 혁명은 여성의 완전한 경제적·정치적·성적 평등을 역사적 과제로 삼은 최초의 사건이라는 점에서 여성 해방의 이정표가 되었다.

트로츠키는 10월혁명이 일어난 지 19년 후에 과거를 회상하면서 이렇게 썼다.

혁명은 소위 가정, 즉 노동계급 여성이 어려서부터 죽을 때까지 고역을 치르던 케케묵은 제도를 타파하는 데 대담한 노력을 기울였다. 사회주의 사회의 제도들은 모든 세대들이 단결하고 서로 도울 수 있게 함으로써 가사를 돌보는 일을 완벽하게 흡수했고, 여성뿐 아니라 사랑하는 부부들을 수 천 년 동안 인간을 얽매어 온 족쇄로부터 진정으로 해방시켰다.

1917년 12월의 새로운 법령은 이혼의 자유를 완전히 허용했다. 이혼 절차도 아주 간단해져서 만약 배우자의 어느 한 쪽이 요구하기만 하면 간단한 법정심문을 거쳐 성립되었다. 1920년에는 낙태법이 공포되었다. 소비에트 러시아는 세계에서 완전한 이혼의 자유를 누리는 유일한 국가이자 세계 최초로 낙태를 합법화한 국가가 되었다. 뿐만 아니라 모든 여성들이 동일임금, 동등한 취업권, 출산휴가를 누렸고, 간통과 근친상간과 동성애를 형법상의 범죄로 다루지 않았다.

당시 러시아가 제1차세계대전과 내전으로 거의 폐허가 된 상태였음을 생각한다면 이러한 조치들은 사회주의적 휴머니즘의 놀랄 만한 위업이 아닐 수 없다.

또 여성을 옥죄어 온 가사노동을 담당하는 공동시설도 만들어졌다. 조산소, 탁아소, 세탁소 그리고 공동주택 들이 지어졌다. 1919~1920년에는 페테르부르크 주민의 90%와 모스크바 주민의 60%가 공동식당을 이용했다. 제정 러시아에서 만연했던 매춘도 혁명 이후에 모습을 감추었다. 혁명적 분위기는 인간의 존엄성을 높여주었고, 성(性)을 사고 파는 행위는 근절되었다.

볼셰비키는 여성을 일깨우고 지도할 수 있는 조건들을 창출하는 한편, 이런 일을 하도록 당 내에 제노텔을 설치했다.

여성을 참여시켜라 — 제노텔

일부 여성들은 분명하고 또렷한 목소리로 훌륭하게 말을 했다. 또 다른 여성들은 말을 더듬거려 뒤에서 일러주어야 했으며 한 사람은 연설을 끝내지 못했다. 그러나 그들은 과거의 무상했던 일상생활을 뛰어넘어 삶이 무엇인가를 처음으로 깨닫고 있었다. 이 수백 명의 여성들의 빛나는 눈을 바라보는 것 자체가 하나의 기적이라고 생각했다.

1920년대말에 어느 농촌 여성들의 모임에 참여한 방문자의 기록이다.

제노텔은 1918년 11월에 열린 여성대회에 힘입어 탄생했다. 크레믈린 대회장에 여성 노동자와 농민 1,147명이 모였다.

레닌은 넷째 날 회의에서 "얼마나 많은 여성이 혁명에 참여하는가에 혁명의 성공이 달려 있다는 사실이 모든 해방 운동의 경험에서 증명되어 왔다."고 역설했다.

제노텔은 여성의 정치 참여를 반대하던 과거의 편견에 영향을 받아 1920년까지 7.4%에 불과했던 볼셰비키 여성 당원을 늘리는 것을 목표로 삼고 있었다. 그리고 당원이 아닌 여성들이 공공의 관심사에 참여할 수 있도록 이끄는 것 역시 제노텔의 목표였다.

제노텔의 지부들은 모든 차원에서 당위원회들에 딸려 있었고 공장과 마을의 미조직 여성들 사이에서 활동하면서 여성을 공공의 일로 끌어들이는 책임을 맡았다.

내전 때는 지원 작업을 담당할 여성을 동원하는 운동을 벌였고 문맹 퇴치를 위한 교육을 확대했다. 볼셰비키 여성 지도자들은 제노텔 활동과 당 활동을 결합시켰다. 1921년에는 〈코뮤니스트카(여성 공산주의자)〉라는 월간지를 발행했는데 부하린, 이네사 아르망, 콜론타이가 편집진이었다. 초대 의장이었던 이네사 아르망이 콜레라로 사망하자 콜론타이가 뒤를 이었다.

제노텔은 목표로 설정했던 과업을 성공적으로 수행했다. 해야 할 일은 너무나 많았다. 이네사 아르망이 하루에 16시간을 일했던 것처럼 콜론타이도 언제나 분주했다. 조직국에서, 매춘투쟁위원회로, 다음에는 보건인민위원회의에 참여하고 나서야 잠시 눈을 붙일 수 있었다. 10% 미만이었던 여성 조합원이 1927년에는 26%를 넘게 되었다.

이러한 영웅적인 노력과 제노텔의 성공은 그 시대의 참혹함을 알 때만 올바르게 평가할 수 있다.

이상과 현실의 간극 — 노동자 반대파

1920년에 제국주의는 새로 탄생한 노동자 국가를 공격해 들어왔고, 뒤이은 내전으로 말미암아 공업생산량은 1914년의 20% 수준으로 떨어졌다.

9백만 명이 굶주림, 추위, 병으로 죽어갔다. 볼셰비키는 끝까지 버텨내지 못했다. 독일 혁명의 패배로 러시아 혁명이 고립되자 볼셰비키는 1921년에 신경제정책(NEP)을 실시했다. 농민에 대한 양보를 의미했던 신경제정책이 실시되자 정부의 보호 노력에도 불구하고 미숙련 노동자들이 제일 먼저 해고되었고 여성 노동자들이 가장 큰 타격을 입었다. 여성 해방은 후퇴했다. 공동시설은 줄어들었다. 굶어죽는 상황에서 이혼의 자유는 남성이 자유롭게 가정을 떠나는 것을 의미했다. 1922년에는 매춘 여성의 수가 혁명 전의 수준으로 되돌아갔다. 여성은 다시 가정의 노예가 되었다. 같은 해에 집없는 아이들의 수가 9백만에 이르렀고, 아이들의 안식처로서 가정을 보존해야 할 필요가 생기자 여성에 대한 억압이 늘어났다. 특히 농민들은 농장을 운영하고 보호하기 위해 가정의 안정을 바랐다.

이상주의자였던 콜론타이는 "도대체 혁명이 있었는가" 하는 의문을 던지면서 조급해하기 시작했다. 왜 이런 후퇴가 필요한 것인가?

이런 질문은 처음이 아니었다. 그녀는 1918년에도 브레스트-리토프스크조약에 대해서 혁명의 타락이라고 생각하고 즉각적인 혁명전쟁을 주장했다.

콜론타이는 러시아가 처한 객관적 조건에서 출발하지 않고 당의 정책이 잘못이라고 주장하는 노동자 반대파에 동의했다. 노동자 반대파는 1919년부터 공장위원회의 역할을 강조하면서 당 지도부에 대해 반발한 분파였다. 노동조합에서 노동자들의 통제를 확대하자는 것은 내전으로 축소되고 쇠잔해진 노동계급의 상태에서는 걸맞지 않는 주장이었다. 그들은 신경제정책이 혁명의 포기이며 전문가들의 기용과 산업에 대한 노동자 통제의 축소는 경제회복에 불필요하다는 입장이었다. 콜론타이는 1921년부터 반대파에 합류해 지도자가 되었다.

콜론타이는 미국 작가 막스 이스트만이 '노동자 국가'에 관해 쓴 글에 동감했다. 혁명은 "프롤레타리아트의 승리가 아니라 프롤레타리아트 사상의 승리를 찬양하는 사람들에 의해 지배되었다."

노동자 반대파는 1921년 10차 당대회를 준비하면서 〈노동자들의 반대〉라는 소책자를 통해 입장을 분명히 밝혔다. 당대회 일주일 전에 크론슈타트에서 반란이 일어났다. 혁명을 보호해야 하는 절대절명의 위기의 순간에 콜론타이가 당에 대한 불만으로 일관했던 것은 명백한 잘못이었다.

레닌은 "관료주의를 없애기 위한 방법은 제시하지 않은 채 그것을 불평하고만 있다. 강력한 적들에 둘러싸여 있는 당의 상황에서는 너무도 사치스러운 논쟁이다." 하고 비판했다. 노동자 반대파가 완전히 패배한 것은 당연했다. 당 지도부는 당을 위험에 빠뜨리는 모든 파벌에 대하여 해산을 명령했다. 이 결정을 따르지 않는다면 즉시 축출되었다.

콜론타이가 중앙위원회의 여성국 지도자로 당대회에 참석한 것은 이것이 마지막이었다.

그녀는 1922년에 제노텔의 의장직을 잃고 나서 외교관 생활을 했다.

스탈린주의의 부상 — 제노텔의 쇠락

신경제정책을 실시하는 동안 제노텔은 노동조합 안에서 남성 노동자들의 편견과 싸워야 했다. 노동조합 지도자들은 제노텔이 분열을 조장하고 권위를 앞세워 노동자들을 위협하고 있다고 여겼다. 여성들은 집회에 참여했을 때 "여성들이 하는 말을 들어봅시다." 하는 비웃음 섞인 인사말을 들어야 했다.

설상가상으로 1924년 무렵에 제노텔의 지지자였던 레닌과 스베르들로프가 세상을 떠났다. 과중한 군사 업무에도 불구하고 제노텔이 후원하는 회의에는 흔쾌히 참여했던 트로츠키의 입지도 줄어들고 있었다.

제노텔은 노동자들의 편견으로 인한 인기 부족이나 내부 문제 때문이 아니라, 스탈린주의 반혁명 때문에 1932년에 해체되고 말았다.

1928년 전까지 정부는 어려운 조건에서도 "여성이 노동을 통해 자신의 지위를 높이는 것"을 장려했다. 노동시장 정책이라는 관점보다는 여성 해방이라는 관점이 더욱 중요하게 여겨졌다.

스탈린주의 반혁명은 노동계급 여성에게 완전한 좌절을 뜻했다. 1차 5개년 계획과 더불어 모든 우선 순위가 변하고 말았다. 제노텔은 1930년 세계 여성의 날을 맞아 "100% 집산화"라는 구호를 내세움으로써 국가에 종속되었음을 보여 주었다.

마르크스와 엥겔스는, '평등'이라는 터무니없는 핑계로 여성에 대한 보호를 반대하는 것은 자본가들을 돕는 짓이라고 페미니스트들을 공격했다. 스탈린은 여성들에게 남성과 '평등'하게 야간 작업을 하도록 했으며 탄광으로 밀어넣었다. 동성애는 징역 8년까지 처할 수 있는 범죄가 되었고 낙태는 금지되었다.

스탈린은 1930년대 후반에 볼셰비키들을 무자비하게 숙청했다. 콜론타이는 살아남은 몇 명 가운데 하나였다. 하지만 그녀는 변해 가고 있었다.

노동자 반대파의 패배 이후에 외교관 생활을 하면서 그녀는 스스로 정치로부터 멀어지려고 했다. 그래서 트로츠키가 이끄는 좌익반대파에 대해서도 스탈린의 반혁명에 대해서도 어떤 언급도 하지 않았다. 단지 원칙을 고수하는 외부인으로 살면서 과거만을 그리워했다. 콜론타이가 멕시코에서 비참한 대사관 활동을 그만둘 기회가 왔을 때 스탈린은 그녀에게 거래를 제안했다. 그녀는 좌익반대파를 공격해 달라는 요구를 받아들였다. 그녀가 대숙청 시기에 목숨을 건질 수 있었던 것은 스탈린에게 투항했기 때문이었다. 콜론타이는 결국 가족의 소멸이라는 사회주의적 명제도 파기해 버렸다.

1937년에 강요를 받아 볼셰비키 당사를 집필했을 때, 그녀는 "내 의식의 한 구석에 원칙을 묻어버리니까 내게 지시된 일을 수행할 수 있었다."고 말했다. 그녀는 자신의 정치적 자아를 포기했던 것이다.

그녀의 낭만주의, 이상주의는 1917년 혁명기에 빛을 발했다. 그러나 반혁명시기에는 무참히 꺾여서 좌절되었다.

스탈린 통치의 전기간에 걸쳐 노동계급 운동은 후퇴했고 여성운동은 훨씬 더 퇴보했다. 콜론타이도 함께 퇴보했다. 그러나 그녀의 오류와 한계를 분명히 알아야 하지만 다른 한편 여성 해방과 사회주의를 위한 투쟁을 잇기 위해 기울인 노력은 조금도 폄하되어서는 안 된다.

알렉산드라 콜론타이는 러시아 혁명과 여성 해방을 위해 가장 선두에 섰던 우리의 전통이다.

여성 해방과 사회주의

우리 사회에서 성 차별은 아주 흔하다. 강간, 저임금, 낙태 금지, 선정적인 여성 신체 묘사 등 다양한 여성 차별이 가정, 일터, 학교, 거리 등 곳곳에서 일어난다.

이런 현실 때문에 페미니스트들 사이에서 흔한 생각 — 계급 사회를 전복하는 혁명이 일어난다고 해도 성 차별은 사라지지 않는다는 — 은 언뜻 옳은 듯 보인다.

혁명이 일어나도 강간이나 성희롱을 저지르는 사람들은 여전히 있지 않을까? 공동식당이나 공동부엌을 만들어 가사를 사회화해도 결국 집안에서 아이들을 돌보고 요리를 하는 사람은 여자가 되지 않을까?

이런 생각에는 여성 억압의 근원과 사회주의 혁명의 본질에 대한 잘못된 이해가 깔려 있다.

정진희. 〈레프트21〉 41호, 2010년 9월 30일. https://wspaper.org/article/8637.

여성 억압이 언제나 인류 역사의 특징이었던 것은 아니다. 칼라하리 사막의 쿵족, 캐나다의 나스카피족 등 수렵·채취 사회를 연구한 여러 인류학자들은 이들 사회에서 여성과 남성의 관계가 평등하다고 밝혔다.

체계적인 여성 차별은 계급 사회의 산물이다. 그리고 오늘날 자본주의에서 여성들이 겪는 억압은 체제의 작동 방식과 긴밀하게 관련돼 있다. 형편없는 보육 복지, 노동시장에 구조화된 성 차별, 성 상품화 등은 자본주의와 분리할 수 없다.

여성 차별을 뿌리뽑으려면 억압을 영속화하는 구조를 분쇄해야 한다. 여성들이 평등하고 질 높은 삶을 누릴 수 있는 기회를 박탈하거나 제약하는 이윤 논리를 지탱하고, 노동계급을 분열시키기 위해 차별을 부추기는 지배계급의 권력을 분쇄해야 한다.

물론 사회주의 혁명이 일어난 즉시 여성 억압이 사라지지는 않을 것이다. 억압이 수천 년 동안 지속하면서 성 차별이 사람들의 일상생활(가장 친밀한 관계에서마저)에 깊숙이 스며들었기 때문이다.

따라서 진정한 사회주의(착취와 억압이 없는 무계급 사회)를 건설하려면 혁명 뒤에도 옛 사회의 유산들 — 성 차별뿐 아니라 인종 차별, 동성애 혐오 등 — 에 맞서는 투쟁이 뒤따라야 한다.

유산

많은 페미니스트들은 '계급 사회가 사라져도 가부장제는 계속 남는다'는 증거로 소련을 꼽곤 했다.

우선 짚어야 할 점은 스탈린주의 관료들의 수사와는 달리 소련에서 계급이나 계급 적대가 사라진 적은 없었다는 사실이다.

소련에는 사유재산이 없었지만 국가관료들은 평범한 노동자와 농민은 꿈조차 꿀 수 없는 어마어마한 특권을 누렸다. 노동자와 농민 대중이 만성적인 소비재 부족으로 고통에 시달릴 때, 관료들은 자신들만 출입하는 특별상점에서 물품을 공급받았다(1960년 전체 소매 판매 중 3분의 1이 이런 특별상점에서 팔렸다).

1960년대와 1970년대 소련의 소득 불평등은 서구와 비슷했다. 최상층 10퍼센트 가구가 차지한 소득(24.1퍼센트)은 최하층 10퍼센트 가구 소득(3.4퍼센트)의 일곱 배가 넘었다. 이런 격차는 미국과 스페인, 이탈리아보다는 적은 것이었지만, 일본과 스웨덴보다는 컸다.

스탈린이 권력 투쟁에서 승리한 1920년대 말 이후 러시아에서는 파업이 금지되고 파업 참가자들은 사형 선고를 받았다. 노동계급이 아무런 권력을 지니지 못한 스탈린주의 러시아에서 '사회주의'는 한낱 관료들의 말장난에 지나지 않았다.

그러나 1917년 혁명 당시와 그 뒤 몇 년간 '사회주의'는 모든 착취와 억압이 사라지는 사회를 향한 수많은 노동자와 민중의 염원과 투쟁을 뜻했다.

1917년 혁명으로 여성 해방을 위해 많은 조처들이 도입됐다. 완전한 투표권, 동일임금법, 유급 출산휴가, 무료 국립 보육시설, 낙태 합법화(여성이 요구하면 허용), 이혼 자유화 등. 이는 당시 가장 발전한 자본주의 국가조차 시도하지 못한 것들이었다. 그 중 일부는 오늘날의 기준에서도 급진적이다. 이를 테면, 여성의 선택권을 완전히 보장하는 낙태 합법화는 오늘날 서구에서도 드물다.

전통적으로 여성이 담당해 온 일들을 공공 보육시설, 공동식당, 공동세탁소를 건설해 해결하려는 시도들도 있었다. 볼셰비키는 여성 해방을 촉진하기 위해 여성부(제노텔)를 만들었다. 제노텔 활동가들은 여성들의 혁명 참여를 고무하고 수세대 동안 이어져 온 차별의 유산에 맞서 투쟁했다.

안타깝게도, 이런 시도들은 지속하지 못했다. 유럽에서 일어난 혁명, 특히 독일 혁명이 승리하지 못하면서 러시아 혁명이 고립됐기 때문이다. 14개 외국군의 침략과 내전으로 빈사상태에 빠진 1920년대 러시아에서 스탈린주의 관료가 부상하면서 혁명과 여성 해방 실험은 중단됐다.

스탈린은 혁명의 성과물을 완전히 제거했다. 1930년대에 노동계급 착취와 농민 수탈이 무시무시하게 강화되는 가운데 반동적인 여성 정책이 시행됐다. 1930년에 제노텔이 폐지됐다. 순결과 모성이 찬양되고 낙태가 금지됐다. 수십 년 동안 성 평등 쟁점은 공식 논의에서 자취를 감추었다.

러시아 혁명은 결국 패배했지만, 그럼에도 노동자 혁명이 여성 해방을 위한 추진력이 될 수 있음을 잠시나마 보여 줬다.

과거와 마찬가지로, 오늘날에도 여성 차별이 전쟁, 대규모 실업과 빈곤, 인종 차별, 환경 파괴 등 수많은 불의와 참상과 공존한다. 그리고 사회의 권력은 소수의 지배계급이 독점한다. 따라서 여성 해방은 사회 전체의 변혁과 분리될 수 없다.

혁명이 일어날 때까지 마냥 기다려야 한다는 얘기가 아니다. 여성들이 나날이 겪는 차별에 맞선 투쟁은 그 투쟁에 참가한 사람들뿐 아니라 노동계급 전체의 의식 변화를 위해서도 중요하다. 사회주의자들이 여성 차별의 온갖 측면에 맞서 적극 투쟁해야 하는 까닭이다.

한편, 여성 차별에 맞선 투쟁은 체제를 뒤흔들 수 있는 노동계급의 힘과 결합될 때 가장 효과적일 수 있다. 체제 전체에 도전하는 혁명이 일어난다면, 여성 해방을 위한 급진적 실험이 또다시 활짝 꽃필 것이다.

제2부
성소수자 차별과 해방

체제의 동성애자 억압에 반대하며

사랑에 죄가 있는가?

동성애자 해방을 주장하는 그 누구라도 동성애자란 인간 본성에 위배되는 것이라는 낡은 상투적인 반박에 부딪히게 된다. 인간 본성이 유전자 구조와 본능에 의해 결정되는 정적인 것이라는 믿음은 동성애자 억압을 정당화하는 데 이용되는 가장 인기 있는 신화이다.

우리가 동성애자 해방을 이야기할 때 먼저 도전해야 할 관념은 동성애자들이 '비정상', '타락자', '성도착자'라는 생각이다. 역사 속에 존재했던 그리고 현재까지 존재하는 사회들에서 우리는 '정상'이라 여겨지는 것에 수많은 다양성이 존재함을 알 수 있다. 그러므로 성행위는 생물학적으로 규정되는 것이 아니라 사회적으로 규정되는 것이며

이 글은 《아이에스 내부회보》 1에 실린 것이다.

그러한 규정은 역사적으로 매우 큰 변화를 겪었다.

많은 사회에서 동성애는 '정상'으로 생각되었다. 잘 알려진 예로서 고대 그리스에서는 남성간의 사랑이 시와 예술에서 이상으로 그려졌다. 그리스 신화와 전설은 동성애자의 사랑 이야기 — 남자신이 미소년에 반해 그에게 구애를 하며 쫓아다닌 이야기 등 — 로 가득 차 있다. 그리스 사회는 남자끼리 사랑을 하고 성행위를 가지는 것이 너무도 정상적인 것이었다. 그러나 이런 점이 우리로 하여금 그리스 사회가 어떤 억압도 존재하지 않았던 잃어버린 낙원이라고 믿게 하지는 않는다. 그리스는 노예제에 기초한 사회였고, 여자의 지위는 아이를 낳고 돌보는 대단히 낮은 지위에 있었다. 그리스의 동성애는 여성의 낮은 지위 — 남녀가 성관계를 가지는 것은 생산을 위한 것일 뿐이며 남녀가 동등한 연애관계를 가지는 것은 꿈도 꾸지 못한 일 — 를 반영하는 것이다.

그리스의 도시국가였던 스파르타는 군대 내에서 젊은이들에게 길고도 혹독한 도제훈련을 시켰다. 훈련시키는 전사와 훈련병들의 관계는 성적으로 특별히 가까웠다. 스파르타 군대는 이런 일정한 유대를 중심으로 전쟁을 치러 나아갔다. 봉건제하 일본의 전사계급인 사무라이도 스파르타인들과 유사한 관념을 가지고 있었다. 그 시대의 동성애를 다룬 시와 이야기는 이것을 잘 반영해 준다.

이와 같이 동성애는 '비정상'이 아니었다. 동성애는 그것을 엄격히 금지시켰던 사회를 포함해서 거의 모든 사회에서 발견할 수 있다. 동성애는 인간 성행위의 일반적 형태로 나타나곤 했다.

동성애자 억압의 뿌리를 찾아서

초기 사회주의 운동을 이끌어 갔던 공상적 사회주의자들은 성적 억압을 인식했을 뿐 아니라 그것을 자신들의 정치학의 주요 부분으로 여겼다. 그들은 왜 성의 억압이 존재하는가에 대한 명확한 사상을 가지지는 못했지만 성 해방에 대해 확고한 입장에 서 있었다. 그들은 성적 억압의 원인이 무지, 즉 교회가 사람들에게 주입시킨 잘못된 생각으로 여겼다. 그래서 그들에게 성적 억압에 대한 투쟁은 잘못된 생각에 대한 투쟁이었다. 그들의 사상은 철저히 이성의 문제에 의거해 있었기 때문에 그들은 의식이 깬 영향력 있는 자본가들에게 자신들을 지지해 줄 것을 호소했다. 또, 그들은 '실천적 선전'으로서 공동체 마을을 세우거나 심지어 군혼(群婚) 실험을 하였다. 이러한 실험은 모두 실패했다.

공상적 사회주의자들은 개인이 성적 억압에서 벗어날 수 있는 방법에 대해서는 많은 생각을 했지만 왜 성적 억압이 널리 퍼져 있는가, 또 그것에 반대해 어떻게 투쟁할 것인가는 설명하지 못했다. 엥겔스의 《가족, 사유재산, 국가의 기원》이 출판된 1884년에야 비로소 성적 억압의 근원을 과학적으로 설명하고 그것을 종식시킬 수 있는 방법을 알 수 있었다.

엥겔스는 여성 억압과 성차별주의의 근원이 여성의 불평등한 지위가 구조화되고 정착된, 사회의 핵심단위인 가족에 있다고 보았다. 여러 다른 형태의 계급사회에서의 가족의 상이한 형태를 분석하면서 그는 한 사회가 다른 사회로 이행함에 따라 가족이 변화해 온 것을 밝혀 냈다. 일부일처제는 본성적.생물학적 본능이 아니라 사회의 조직화 과정의 산물이었다. 그는 인류학자들의 저작을 연구하면서 가족의 기원이 인간 사회에서의 계급 발생으로 거슬러 올라감을 알아 냈다.

인간 사회가 생산력 발전 덕분에 전체 사회의 생존을 위한 분량 이상의 잉여를 생산할 수 있게 되자 계급의 분화가 시작되었다. 이 잉여로써 모든 사람들이 단순한 생존 이상의 생활을 할 수는 없었으나 일부가 그러기엔 충분하였다. 잉여의 증대로 재산권이 출현하자 남녀간의 관계는 본질적으로 변하게 되었다. 이전에 이루어졌던 노동의 성적 분업 — 여성은 경작을 하고 남성은 사냥을 하거나 가축을 치는 일 — 은 사회가 생존을 유지할 식량에 의존하고 있었기 때문에 여성이 높은 지위를 갖게 했다. 그 분업은 사유재산을 소유한 소수가 거의 모두 남성이 되자 불평등한 것이 되었다. 잉여를 지배하는 남성은 그것을 자기의 자식에게 물려주려 하고 또 그렇게 하려면 자신의 혈통이 확실한 아이를 낳아야 했다. 이것으로 가부장 제도가 나타난다.

엥겔스에 의하면 모권의 전복은 "여성의 세계사적 패배"를 뜻한다. 그는 이렇게 말했다. "최초의 계급적 대립은 단혼 하에서 보게 되는 남녀간의 적대의 발전과 일치하며 따라서 최초의 계급적 압박은 남성에 의한 여성의 압제와 일치한다."

사유재산은 또한 재산을 소유하지 못한 다수에 대한 유산자 소수의 지배를 보장하는 위압적 기구인, 최초의 원시적 형태의 국가를 출현시킨다. 그리하여 여성의 열등한 지위를 강요하는 일련의 법적 구조가 국가의 일부가 되었다.

계급사회가 발전된 형태는 엥겔스가 생각했던 것보다 훨씬 불균등하고 복잡했다. 그러나 가족과 여성 억압이 계급사회의 산물이라는 그의 분석의 핵심은 여전히 타당하다. 엥겔스의 목적은 성적 억압이 인간 역사의 영구불변한 특징이 아니라 사회 조직의 변화에 따라 전개되었음을 입증하는 것이었다. 인간이 창조해 낸 것은 그 스스로 파괴할 수 있다. 성적 억압은 사회구조 자체를 변화시킴으로써만 근절될 수 있다. 가족제도는 계급사회에 뿌리를 두고 있으므로 오직 계급사회를 파괴함으로써만, 즉 사회주의의 승리로써만 근절될 수 있다.

어떻게 가족제도와 여성 억압이 동성애의 억압을 창출했는가를 이해하기 위해서는 자본주의 하의 가족제도가 본질적으로 어떻게 변화했는지를 알아야 한다. 자본주의는 계급사회의 가장 역동적이고 혁명적인 형태이다. 그것은 끊임없이 변화하고 경제적 토대를 확장시킴으로써만 존재할 수 있다. 그것을 마르크스와 엥겔스는 《공산주의자 선언》에서 다음과 같이 지적했다.

"생산의 끊임없는 변혁, 모든 사회조건의 계속적인 혼란, 항구적인 불확실성과 동요가 부르주아 시대를 그 이전의 모든 시대와 구별지어 준다. 굳어지고 녹슬어 버린 모든 관계는 그에 따르는 부산물들, 즉 아주 오래전부터 존중되어 온 관념이나 견해와 함께 해체되며 모든 새로운 형태는 미처 자리를 잡기도 전에 이미 낡은 것이 되고 만다."

초기 산업자본주의의 발전은 노동자 계급의 가족을 해체시키고 생산단위로서의 가족의 역할을 파괴시켰다. 여자, 남자, 어린아이 할 것 없이 모두 새로운 공장으로 몰아냈다. ― 가족의 성원이 아닌 '동등한' '자유' 노동자로서. 그들이 경험한 끔찍한 생활과 작업환경은 정상적인 가족 생활과는 어떠한 유사성도 없는 것이었다. 그리고 여성의 독립적 생활수단 획득은 많은 여성이 결혼의 필요성으로부터 벗어날 수 있게 하였다. 이것으로 많은 사람들 ― 마르크스와 엥겔스를 포함한 ― 은 노동자계급의 가족이 해체되어 가고 있음을 이야기했다.

그러나, 실제로는 가족제도는 잔존했을 뿐 아니라 매우 다른 형태이지만 번성했다. 자본주의는 계속적인 노동력의 공급에 의존한다. 그래서 그러한 체제를 유지하고자 하는 자본가들은 아주 적게 혹은 전혀 비용을 들이지 않고 노동력을 확보할 수 있는 가장 좋은 방법이 가족제도임을 인식하게 되었다. 19세기 중반 이후로 노동자 계급의 안정적 가족 생활을 재연하고자 하는 의식적인 시도가 있었다. 이중 일부는 여성과 어린 아이들을 일정한 작업 장소에서 점차적으로 배제하는 것과 일부 남성 노동자들에게 '가족수당'을 지급하는 것을 포함했다. 여성들은 특히 임신에 위협적인 산업에서 제외되었다.

가족은 우선 매일매일 노동자들의 노동력을 재생산할 수 있기 위해서 필요했다 ― 즉, 그들을 먹이고, 입히고, 재워 줌으로써 그들이 자본가들을 위해 잉여가치를 생산할 수 있도록 가족은 후대의 노동자들을 생산하는 도구로서 필요했다. 이것은 단지 아이의 육체적 생산뿐 아니라, 건강하고 교육받은 순종적인 노동인구를 생산하기 위한 사회적·이데올로기적 양성을 의미한다. 이것이 바로 핵가족의 이상이다.

그 이상은 실현되지 않았다. 자본가들은 충분한 '가족수당'을 지급하지 않았기 때문에 많은 여성은 일용직이든 상근직이든 노동을 계속했다. 대신에 육아와 출산의 부담은 줄어들었고 여성의 평균 수명은 급격히 높아졌다.

마지막으로, 가족은 그 성원 모두에게 바깥 세계와는 달리 자신들이 일정 정도 관리할 수 있는, 냉혹한 세계로부터의 도피처라는 환상을 갖게 했다.

가족은 이렇게 일반 생산영역으로부터 분리된 사생활의 영역이 되었다. 그러나 그것은 인류의 유일한 삶의 제도인 것으로 그려졌다. 그리고 성차별은 노동자의 후세에 물려졌다. 바꿔 말하면, 가족은 노동자에 대한 사회적 통제뿐 아니라 이데올로기적 통제의 수단이 되었다.

그 엄격한 통제는 동성애자의 존재까지도 문제시한다. 동성애 행위는 삶의 유일한 길로 제시된 일부일처제라는 관념에 도전한다. 그것은 또 성행위는 오직 재생산을 위한 것이라는 관념에도 도전한다. 이제 성행위는 국가에 의해 통제되고 제한되는 공적인 문제가 되었다.

자본주의의 발전 자체가 보다 폭넓고 자유로운 성의 표현을 위한 조건을 창출했기 때문에 그러한 규제는 더욱 중요성을 띠게 되었다. 낡은 촌락공동체의 파괴와 발전을 억눌러 왔던 교회의 붕괴, 독립적 임금의 권리에 따라 가족에서 벗어날 수 있는 젊은이들의 법적 자격

등-이 모든 것들은 동성애 행위가 발전하고 번성할 수 있는 조건을 만들어 냈다.

국가는 동성애자들을 완전히 밀폐된 곳으로 가두기 위한 일련의 억압적인 법률과 자의적인 행정단속을 통해 '비정상적' 성행위를 억압한다. 지배계급은 '정상적' 성행위를 규정짓고 그렇게 함으로써 동성 행위를 사회적 일탈의 한 유형으로 만들었다.

동성애자 억압은 몇몇 전자본주의 사회에서 상이한 억압과 만행의 형태로 존재한 바 있다. 반면, 그 밖의 다른 사회는 동성애를 이성행위와 똑같이 받아들였다. 오직 자본주의 시대에서만 체제 유지의 필요성에서 동성애자 억압이 체계화되었다. 그러나 자본주의는 그 어느 때보다도 더욱더 인간이 자신들의 성을 실현하고 누릴 수 있는 가능성을 창출하였다. 역사상 최초로 동성애자 해방을 위해 투쟁하는 것이 가능해진 것이다.

나아갈 길

사회에서 동성애 억압을 비롯한 모든 억압을 해결할 수 있는 유일한 길은 사회주의 — 노동자의 권력 장악을 통한 새로운 평등사회의 건설 — 이다.

동성애자 억압은 자본주의가 조직되는 과정에 그 뿌리를 두고 있다. — 자본주의에서 가족제도의 중요성이라는. 그리고 동성애가 가족제도에 위협적 요소라는 것은 동성애자 억압이 자본주의의 필연적

요소임을 뜻한다.

동성애 억압에 대항한 투쟁의 역사는 사회주의와 계급투쟁의 역사와 그 궤를 같이한다. 언제나 좌익의 패배는 동성애 권리의 패배였으며 동성애자의 더한층의 괴로움의 전조(前兆)였다.

동성애 해방은 계급의 문제이다. 동성애자는 밖으로 나올 수조차 없는 가장 억압받는 노동자 계급이다.(물론, 일부 부르주아들도 동성애에 투신한다는 것은 사실이다.)

동성애자 집단을 포함한 사회의 분열은 본질적으로 하나의 계급에 토대를 두고 있다. 노동자 계급 내부의 분열 — 동성애자와 동성애자가 아닌 사람, 이 민족과 저 민족, 남자와 여자 등 — 은 노동자들의 투쟁 과정에서 쉽게 극복될 수 있다. 계급투쟁이 최고조에 달했을 때는 투쟁이 사회의 모든 분열을 넘어 노동자들을 단결하게 함으로써 수세기에 걸친 편견을 분쇄하는 것이 가능해진다. 러시아에서 수세기에 걸쳐 극심했던 반유대주의는 혁명 과정에서 노동자 계급이 유대인인 트로츠키를 페체르부르그와(1905년) 페트로그라드의(1917년) 소비에트 의장으로 선출함으로써 극복되었다. 물론 이러한 변화는 자동적인 것이 아니다. 투쟁은 단지 관념을 변화시킬 가능성만을 만들 뿐이다. 이것이 바로 노동자 투쟁을 통한 노동자 계급의 자기해방으로서의 사회주의 사상에 기초를 둔 혁명적 당이 필요한 이유이다.

사회주의자는 노동자들에게 동성애자의 해방을 지지할 것과 동성애자에게 사회주의를 지지하도록 설득해야 한다.

사회주의자가 동성애자의 해방을 옹호하고 설득하는 것은 매우 중요하다. 그리고, 동성애의 해방이 진정으로 실현될, 그리고 '이성 간의 성행위'와 '동성행위'의 인위적 분리가 영원히 사라질 수 있는 사회주의 사회의 필요성을 동성애자를 포함한 노동자들에게 설파해야 한다.

사회주의는 단지 모든 착취와 억압의 종식만을 의미하는 것이 아니다. 그것은 또한 왜곡되고 파괴된 우리의 성에 대한 모든 편견과 억압에서 해방되는 것을 의미한다.

동성애 억압의 뿌리와 자본주의 가족제도

    우리 사회에서 동성애는 인간의 본성을 거스르는 비정상적인 것으로 여겨진다. 그러나 언제나 이렇진 않았다. 오히려 인류의 역사에서 대부분의 시기에 동성애는 자연스럽게 용인됐다.

    어떤 사회에서는 동성 간 성행위가 규제를 받기도 했다. 그러나 단지 몇몇 성행위를 규제하는 것이 아니라, 특정 성 정체성이나 성지향을 가진 사람의 집단을 고정적으로 분류하고 체계적으로 억압하기 시작한 것은 자본주의 들어서였다. '동성애자'라는 말 자체가 처음 생긴 것이 1869년이다.

    초기 인류 사회의 생활방식이 남아 있는 공동체들에서 동성애가 억압받지 않았다는 여러 증거들이 존재한다. 가령, 아메리카 원주민들 사이에서 성의 이동은 자연스러운 것이었다. 다른 성의 행동을 선

최미진. 〈레프트21〉 95호, 2012년 12월 22일. https://wspaper.org/article/12279.

호하는 남성과 여성은 그가 원하는 성역할로 바꿀 수 있었고, 동성과의 성관계나 결혼도 용인됐다. 유럽 식민지배자들은 북아메리카에 처음 상륙했을 때 '여성처럼' 행동하면서 남성과 결혼한 남성들을 발견했고, 이들이 그 공동체에서 높게 평가됐다고 기록했다. 또, "두 개의 영혼"으로 불리는 사람들이 식민 지배 이전 라틴 아메리카 여러 문명들에서 발견됐다.

고대 그리스·로마 시절에도 남성 간 사랑을 찬양한 예술 작품들이 풍부하다. 철학자 플라톤은 남성 간의 사랑을 "천상의 사랑"이라고 표현했다. 중동과 북아프리카 지역에서도 동성 간 사랑이 평범한 삶의 일부였음을 보여 주는 수많은 이슬람의 예술, 문학, 설화, 시가 있다. 8세기부터 15세기까지 이 지역의 다양한 얘기를 묶어놓은 《천일야화》가 대표적이다.

하지만 자본주의 이전 계급사회들도 성이 해방된 평등한 사회는 아니었다. 그리스와 로마에서는 노예와 여성에 대한 지독한 차별이 존재했다. 그래서 이 사회의 여성 간 사랑에 대해서는 거의 알려져 있지 않다. 고대 그리스 아테네에서는 10대 소년과 성인 남성 간의 성행위가 용인됐지만, 그 사회의 성역할과 위계에 도전하지 않는 범위 내에서만 그랬다. 그래서 "능동적" 남성과 "수동적" 소년 간에 적절한 나이 차가 있어야 했다. 로마 제국에서 노예는 단지 주인의 재산일 뿐이었고 노예 강간이 허용됐다.

중세 '가톨릭의 시대'는 어땠을까? 가톨릭 성서들이 동성 간 성행위를 부정적으로 언급한 것은 사실이지만, 이것은 오늘날 동성애 혐오와는 달랐다. '방탕한' 특정 행위가 비난받은 것이지, 특수한 인간

유형이 비난받았던 게 아니다. 게다가 이성 간의 오럴섹스나 항문성교, 피임, 낙태 등 생식으로 연결되지 않는 모든 성행위가 비난받았다.

중세에도 시기에 따라 억압의 정도는 달랐다. 로마제국이 무너진 직후 동성관계에 대한 특별한 박해는 없었으며, 이런 느슨한 완화기는 몇 세기 더 지속됐다. 8세기 무렵부터 12세기까지 서유럽에서 동성관계에 대한 특별한 반발은 나타나지 않았다. 이 시기 동안 수도원과 수녀원에서 동성들 사이의 다정한 관계가 피어올랐다. 가톨릭 역사가들은 그것이 "순수하게 정신적인 것"이었다는 점을 강조하지만, 만일 당시 사회가 동성애에 대한 분명한 반감이 있었다면 이것을 너그럽게 봐 주진 않았을 것이다.

"천상의 사랑"

이런 사실들은 동성애 억압이 인류 사회에서 필연적인 것도, 초역사적인 것도 아니라는 점을 보여 준다.

그렇다면 왜 어떤 시기에는 동성애 억압이 체계적으로 이뤄지고 어떤 시기에는 그렇지 않았는가? 이 문제를 이해하려면 성에 대한 태도가 사회 체제의 변화 속에서 어떤 변화를 겪었는가를 봐야 한다.

이 문제를 다룬 가장 중요한 저작은 바로 프리드리히 엥겔스의 《가족, 사유재산, 국가의 기원》(1884년)이다. 엥겔스는 매우 보수적인 빅토리아 시대 영국에서 성의 다양한 형태를 인정한 극소수 중 한

명이었다. 엥겔스는 이 책에서 여성 차별과 가족제도, 그에 따른 성억압이 생산을 조직하는 방식과 긴밀하게 연관돼 있다는 점을 입증했다.

약 1만 년 전, 농업이 발전하기 전(인류 역사의 95퍼센트가 넘는 기간)에 인류는 수렵·채집으로 생활했다. 이 시기에 여성이나 동성애는 지금처럼 차별받지 않았다. 이 사실은 인류학자들이 19~20세기까지 살아남은 수렵·채집 사회들을 조사한 결과를 통해 알 수 있다. 여성의 채집 활동으로 공동체 식량의 절반 이상이 공급됐기 때문에 양성평등이 가능했다.

그러나 목축을 이용한 농업이 시작되면서 처음으로 잉여 생산물 — 하루하루 생존하는 데 필요한 것 이상의 재화들 — 과 함께 재산 축적 가능성도 나타났다. 그러나 이 초기의 잉여는 극소수 지배계급 수중에 집중됐다.

이제 남성이 사회의 부를 대부분 생산하는 형태 — 경작과 목축 — 로 바뀌었다. 하루 종일 무거운 쟁기를 끌거나 소를 모는 일이 어린 아이들을 젖 먹이고 돌보는 일과 양립할 수 없었기 때문이다. 수렵·채집 사회의 특징이었던 자유로운 짝짓기와 집단적 육아 관행도 사라졌다. 남성이 우위를 점하는 배타적인 일부일처제 가족이 발전했다. 이런 가족 안에서 아내는 남편의 재산으로 취급됐고, 하는 일도 집안일과 자신의 자녀만을 돌보는 것으로 국한됐다. 엥겔스는 이를 "여성의 세계사적 패배"라고 불렀다. 이 과정은 생산력 발달의 특정 단계에서 수립된 생산관계가 성 억압을 낳았다는 것을 보여 준다.

자본주의에서 특정한 성이 억압받는 이유도 자본주의 생산방식에 뿌리를 둔 가족제도 때문이다. 자본주의에서 더는 가족은 생산의 단위가 아니다. 그러나 가족제도는 자본주의 체제를 떠받치는 데서 여전히 중요한 구실을 한다.

자본가 계급은 가족을 통해 그들이 착취하는 노동자들과 차세대 노동자들을 거의 공짜로 재생산할 수 있게 됐다. 그래서 여성의 본분은 아이를 낳고 돌보는 일이라는 관념이 여전히 지배적이다.

뿐만 아니라, 지배계급은 가족에 대한 헌신을 강조함으로써 더 광범한 계급의 단결을 가로막는 협소한 보수적 세계관을 부추길 수 있다. 또, 가족제도를 통해 여성과 동성애자 등을 차별함으로써 이들을 더 낮은 임금으로 더 많이 착취하고, 노동계급이 서로에 대한 편견을 유지하고 분열하도록 부추긴다.

이 때문에 자본주의는 남성과 여성이 자녀를 낳아 기르는 이성애적 가족만을 '정상 가족'으로 인정한다. 그래서 동성애자와 트랜스젠더 등의 성소수자들은 '정상 가족'을 뿌리째 뒤흔드는 악으로 여겨지고 체계적인 차별을 받고 있다.

한편, 자본주의는 동성애 억압이 줄어들 여지도 만들었다. 자본주의가 발전하면서 오래된 촌락 공동체가 붕괴했다. 젊은이들은 독자적인 임금을 받을 수 있게 되면서 가족에서 벗어날 수 있게 됐다. 대도시는 익명의 삶을 보장했다. 이 모든 것이 동성애가 번성할 수 있는 조건을 만들었다.

그러나 바로 이 점 때문에 오히려 자본주의의 새로운 지배자들에겐 성에 대한 제한이 훨씬 중요해졌다. 그들에겐 여전히 견고한 가족

제도가 필요했고, 가족은 재확립됐다. 그래서 자본주의 국가는 일련의 억압적 법률을 만들고 본보기가 될 만한 법정 사건들을 동원해 모든 '비정상적' 성애를 억압하기 시작했다. '과학'을 동원해 '동성애가 에이즈의 원인'이라는 근거 없는 주장까지 퍼트렸다.

동성애 혐오와 차별은 인간 본성이 아니고, 차별을 통해 유지되는 계급 사회와 밀접한 관계가 있다. 이것은 우리가 자본주의적 관계를 폐지할 때만 성 억압도 없앨 수 있다는 뜻이다.

1917년 후 러시아의 성 혁명

1917년 러시아 혁명은 게이와 레즈비언의 삶을 변화시켰다. 러시아는 사상 처음으로 모든 사람들의 이익을 위해 운영되는 사회의 모습을 보여 줌으로써 노동자, 가난한 사람, 억압받는 사람들의 등대가 됐다.

낡은 사회 질서를 날려버린 혁명 과정 자체가 성 해방과 진정한 평등을 가능케 했다.

혁명이 이룬 변화를 이해하려면 1917년 이전에 러시아가 어땠는지를 살펴봐야 한다.

수백 년 동안 대다수 사람들은 작은 마을의 농민으로 땅을 일구며 살았다. 1861년까지 대다수 농민들은 귀족 소유의 농노들이었다.

러시아는 차르가 통치하는 독재국가였다. 차르에 반대하는 자들

콜린 윌슨. 〈레프트21〉 33호, 2010년 6월 7일. https://wspaper.org/article/8246.
퀴어문화축제는 매년 전 세계적으로 6월(오스트레일리아는 2월)에 열리는 성소수자들의 축제다. 2010년 당시 한국은 11회째를 맞이했다. 영국 사회주의노동자당(SWP) 활동가 콜린 윌슨이 러시아혁명과 성 해방의 관계를 살펴본다.

은 혹한의 땅 시베리아로 유배됐다.

러시아인 가운데 극소수는 부귀영화를 누리며 살았다. 예컨대 세레미쩨프 가문은 농노 20만 명을 거느렸고 시중드는 하인만 3백40명이었다.

성은 폭력적이고 억압적이었으며, 교회와 국가가 성적인 행동 일체를 통제했다.

동성애는 불법이었다. 동성 간에 성관계가 있었다는 증거들은 있지만, 주로 상류층 지주가 남성 하인 또는 농노와 맺은 불평등한 관계였다.

귀족 여성들은 남편의 허락 없이 마음대로 돌아다니거나, 일하거나 공부할 수 없었다. 농민들에게 결혼은 생존을 위한 방편이었다. 부인이 하는 일은 남편의 밭일을 돕고 아이들을 낳는 것이었다.

가정 폭력은 공공연했다. 러시아 속담 중에 이런 것도 있었다: "도끼 자루로 아내를 때려눕힌 뒤 아내에게 숨이 붙어 있는지 확인하라. 숨이 붙어 있다면 아내는 엄살을 피우고 있을 뿐, 사실은 더 때려주길 원하는 것이다."

변화

그러나 19세기 중반부터 러시아 사회는 변하기 시작했다. 당시 황제였던 알렉산드르 2세는 농노제를 폐지했다. 그럼에도 러시아에는 진정한 민주주의가 없었고, 끔찍한 불평등도 여전했다. 산업화로 모스크바, 상트페테르부르크(1914년 페트로그라드로 개칭) 같은 지역에서는 급속한 도시화가 진행됐다.

1870년대부터 급진 운동들이 성장하면서 여성과 성에 대한 새로운 사상이 확산됐다. 소설 《무엇을 할 것인가?》는 새롭게 등장한 운동의 성경처럼 됐다. 이 소설은 부르주아 부모에게서 벗어나고자 허위 결혼을 하는 베라 빠블로브나의 이야기를 다룬다.

소설은 베라의 꿈을 독자들에게 전한다. 소설의 마지막 부분에서는 더는 부와 가난이 존재하지 않고, 남성과 여성이 평등하고, 사람들이 스스로 무슨 일을 할지, 어떤 관계를 가질지를 결정하는 이상적인 사회가 묘사된다. 수많은 젊은이들이 이러한 사상에서 영감을 얻었다.

도시화는 성적 관계에도 변화를 가져왔다. 도시에서는 소작농과 같은 방식의 결혼이나 가족 생활이 적합하지 않았다.

동성애 하위문화("동성애자들의 작은 세계"라고 불린)도 생겨났다. 게이들은 공원이나 공중 화장실에서 성관계를 가졌다. 부유한 게이들은 웨이터, 하인, 군인, 공중 목욕탕의 성매매 남성 등과 은밀한 관계를 가졌다.

레즈비언들의 삶은 더 힘겨웠다. 그나마 부유한 레즈비언들은 문학 클럽 등 상류 사교 모임에 갈 수 있는 시간적 여유가 있었고, 그곳에서 다른 부유한 레즈비언들을 만날 수 있었다.

그러나 노동계급 레즈비언들의 삶은 고달팠다. "코쉬키"(노동계급 레즈비언들을 폄훼하는 말로서 '암고양이'를 뜻한다)들이 갈 수 있는 곳은 사창가였다.

성장하는 노동계급은 혁명 운동에서 핵심 구실을 했고, 여성들의 구실도 점차 커졌다.

1905년에 혁명이 일어났지만 실패로 끝났다. 그러나 1917년 혁명은 성공했고, 볼셰비키는 10월에 권력을 잡았다.

법적으로 남성과 여성이 평등해졌다. 누구든지 원하면 이혼할 수 있었고, 성적 행위를 교회가 통제하는 것이 폐지됐고, 낙태가 합법화됐다.

1917년 혁명은 동성애자들의 삶에도 커다란 변화를 몰고 왔다. 1922년 형사법에서 성 행위에 관한 규정은 모두 삭제됐다.

이제 성 범죄는 오직 개인의 "생명, 건강, 자유, 존엄성"을 침해하는 행위로만 규정됐다.

완전한 자유, 평등, 진정한 우정 등의 생소한 관념에 기반을 둔 인간 관계들이 곳곳에서 꽃을 피웠다.

이러한 제도적 개혁은 달라진 사회 현실을 반영했다. 소작농 여성들은 남편들이 구타하면 이혼하겠다는 내용의 노래를 불렀다. 법원은 레즈비언 커플의 결혼을 승인했다.

물론 일부 고질적인 편견과 관행은 여전히 남아 있었다. 오래된 통념을 타파하는 것이 쉬운 일은 아니었다. 그러나 볼셰비키는 여성, 동성애자, 노동자 들이 실질적인 자유를 누릴 수 있도록 하기 위해 분투했다.

예컨대 공동 식당도 그러한 노력의 일환으로 도입됐다. 사람들이 굶주리지 않게 하는 동시에 여성들을 가사 노동에서 해방시키는 것이 공동 식당의 목적이었다. 내전[1918~1921년] 기간에는 수도[페트로그라드]에 있는 모든 아이들에게 무상급식이 실시됐고, 어른들도 대부분 공동 식당에서 끼니를 해결했다.

성매매는 더는 범죄행위가 아니게 됐다. 혁명 정부는 성매매 여성들에게 생활 지원, 의료 혜택, 재취업 훈련을 제공하기 위한 협동조합을 설립했다.

'모스크바 성 위생 협회' 책임자 그리고리 밧키스 박사는 1923년에 소비에트 대표단을 이끌고 베를린에서 열린 '성적 자유를 위한 세계 연맹' 회의에 참가했다.

밧키스는 소비에트 사회의 노선을 다음과 같이 표명했다. "소비에트 법은 … 타인의 이익이 침해 당하지 않는 한, 개인의 성생활 문제에는 국가와 사회가 절대 간섭하지 않음을 선언한다."

"동성애, 항문 성교 등 다양한 성적 욕구 충족 형태들은 유럽 국가들의 법에서는 공중도덕에 반하는 범죄로 명문화돼 있지만 소비에트 법에서는 이른바 '자연스러운' 성교와 완전히 동등하게 취급된다."

러시아 혁명이 이룩한 성과들 중 다수는 아직까지도 많은 나라에서 이루어지지 못하고 있다.

예컨대 영국은 낙태와 이혼이 아직도 자유롭지 못하다. 동성애는 1967년까지 불법이었고, 1993년이 돼서야 겨우 '정신 건강 [유해] 항목' (mental health register)에서 삭제됐다. 또한 동성애를 범죄시하는 차별적 법률들이 금세기 초까지 영국의 법령집에 많이 남아 있었다.

러시아에서 그 모든 진보가 가능했던 것은 볼셰비키의 포고령 덕분이 아니었다. 바로 러시아 혁명 과정에서 대다수 사람들이 스스로 사회를 변혁했고, 스스로 사회를 운영하는 주체가 됐기 때문이다. 그러나 러시아는 경제 발전 수준이 미약해 사회주의를 지속시키기에는 너무도 가난했다.

볼셰비키는 혁명이 선진국으로 확산하기를 기대했다. 무리한 기대
는 아니었다. 1919년 영국 총리 로이드 조지는 "유럽 전체에 혁명의
기운이 가득하다"고 말했다. 그러나 안타깝게도 이러한 급진화가 혁
명으로 발전하지는 못했다.

더욱이, 혁명에 성공한 러시아 노동자들은 갓 태어난 사회주의 사
회를 파괴하려고 작정한 차르의 추종자들과 외국 군대에 맞서 몇 년
간 전쟁을 벌여야 했다. 그로 인한 희생은 엄청났다. 수많은 아이들
이 집을 잃었고, 노동계급은 심각한 타격을 입었다.

혁명의 지연

볼셰비키는 신경제정책(NEP)을 도입할 수밖에 없었다. 더 발달한
국가에서 사회주의 혁명이 성공할 때까지 권력을 잡고 있기 위해서였
다. 신경제정책으로 자본주의가 부분적으로 재도입됐다.

식량 생산을 위해 농민들에게는 돈이 지급됐다. 그러나 재정난 때
문에 공동식당과 보육시설은 폐쇄되었고 이 때문에 여성들이 일자리
를 갖기는 더 힘들어졌다. 성매매가 다시 증가하기 시작했다.

옛날 습관들이 차츰차츰 되돌아오고 있었다. 문제는 가난과 후진
성이었다. 농민들은 결혼한 부부를 중심으로 가계를 꾸려야 했기 때
문에 이혼에 호의적이지 않을 때가 많았다.

볼셰비키는 남녀를 가족의 굴레에서 해방시키려 했지만 많은 사람

들에게는 가족이 유일한 선택지였다. 국가는 [가족을 떠난] 여성에게 인간다운 생활수준을 보장해 줄 재력이 없었다.

요시프 스탈린은 이러한 고립과 빈곤을 배경으로 권력을 장악했다. 1917년에 스탈린은 상대적으로 비중 없는 인물이었지만 이제 그는 러시아의 후진성을 해결하려면 노동자와 농민을 더 쥐어짜야 한다고 믿던 신흥 계급을 대변하게 됐다.

일과 생활에 대한 국가의 개입과 통제가 갈수록 심해졌다.

차르 체제에서와 마찬가지로 여성의 주된 구실은 출산으로 여겨지게 됐다. 자녀 일곱 명을 낳은 여성은 국가의 돈을 받았으며 열한 명을 낳은 여성은 더 많은 돈을 받았다.

스탈린 정부는 낙태를 금지했고 이혼을 더 어렵게 만들었으며 동성애를 다시 불법화했다. 게이들은 최고 8년의 징역형에 처해졌다.

동성애는 다시 비밀스러운 것이 됐으며 자살이 부쩍 늘어났다. 1934년에는 모스크바 등의 도시에서 동성애자들이 대량 검거되기도 했다.

스탈린의 러시아와 나치 독일이 전쟁 중에 서로를 비방할 때도 동성애를 비하하는 표현들이 동원됐다. 히틀러는 동성애를 "공산주의적 퇴폐성"으로 묘사했고 스탈린은 "동성애를 근절하면 파시즘도 사라질 것"이라 했다.

그러나 스탈린이 사회주의를 배신했다고 해서 볼셰비키가 대변하는 혁명 전통이 조금치라도 빛이 바래는 것은 아니다.

볼셰비키는 더 나은 세계를 위한 투쟁과 성 해방을 서로 떼려야 뗄 수 없는 것으로 바라봤다.

동성애자의 진정한 평등은
여전히 쟁취해야 할 과제다

빅토리아 시대부터 1960년대까지 동성애자들은 국가의 박해를 받았다. 흔히 경찰들은 함정 수사를 통해 남성 동성애자들을 체포했다. 그런 억압적인 분위기에서 대부분의 동성애자들은 그들의 성 지향을 숨겼다.

지난 30년 동안 최악의 법률적 제약과 차별은 종식됐다. 동성애자에 대한 대중의 편견도 많이 완화됐다. 오늘날 주요 TV와 라디오의 연속극은 모두 동성애자들을 우호적으로 묘사한다.

동성애자 해방 운동은 1969년 뉴욕에서 탄생했다. 스톤월 인 (Stonewall Inn)이라는 술집에서 동성애자들이 자신들을 박해하는 경찰에 저항하며 며칠 동안 싸웠다.

콜린 바커. 격주간 〈나함께〉 41호, 2004년 10월 21일. https://wspaper.org/article/1579.

운동은 급속하게 확산됐고 많은 사람들에게 용기를 주었다. 그들은 "골방에서 뛰쳐나와" 차별에 반대하며 동등한 권리를 위해 싸웠다.

그 성과는 실질적인 것이었다. 그러나 진정한 평등은 여전히 쟁취해야 할 과제로 남아 있다.

작은 읍이나 마을보다는 대도시에서 동성애자로 살기가 훨씬 더 쉽다. 동성애자에 대한 편견과 폭력 사례도 여전히 많다. 젊은 동성애자들에게 삶은 더욱 힘겹다.

오늘날 대부분의 젊은이들은 인종 차별주의를 혐오한다. 이라크 전쟁에 반대하는 광범한 학생 운동 덕분에 그들은 제국주의에 확고하게 반대한다. 그러나 이 젊은 세대에서도 동성애자에 대한 편견인 동성애공포증은 여전하다.

흔히 두 가지 주장이 등장한다. 종교의 영향을 받은 사람들은 가끔 구약성서를 인용한다. 거기에는 동성애가 죄악이라고 나와 있다.

그러나 그 구약성서는 다른 공동체 출신의 사람을 노예로 만드는 행위, 자신의 딸을 노예로 파는 행위, 불경죄를 저지른 사람을 돌로 쳐죽이는 행위 등을 허용하는 사회에서 쓰인 문서이다. 오늘날의 젊은이들은 이런 관습들이 무척이나 역겹다고 생각할 것이다.

더 흔한 주장은 동성애가 "자연스럽지 못하다"는 것이다. 그러나 과연 인간에게 "자연스럽다"는 것은 무엇일까? 우리가 "자연스럽다"고 여기는 것은 인류 역사 내내 아주 다양했다.

아메리카 원주민의 일부는 세 가지 성(性)을 인정하고 세번째 성에 특별한 권능을 부여했다. 고대 그리스의 전사들은 여성 아내와 남성애인을 함께 두었다. 10세기와 11세기의 이슬람 사회는 인간이 맺는 사랑의 다양한 형태를 찬양했다. 17세기 일본에서는 남성들 사이의 사랑을 예찬하는 책도 있었다.

우리가 아름답다고, 바람직하다고, 도덕적으로 올바르다고 여기는 것은 고정불변의 것이 아니다. 사회가 바뀌면 이런 것도 바뀐다.

과거에 농민 남성들은 아내 선택의 기준으로 출산 능력과 육체적 힘을 선호했다. 오늘날에는 낭만적인 사랑이라는 관념이 훨씬 더 중요한 구실을 한다. 그리고 대다수의 사람들은 자녀의 수를 제한하고 싶어한다.

우리는 유전자의 지배를 받는 단순한 동물이 아니다. 동물들은 영화를 보지 않고, TV를 보지 않으며, 음악을 감상하지도 않고, 최신 유행에 따라 옷을 입지도 않는다.

성경이나 쿠란은 이런 것들에 대해 할 말이 전혀 없다. 왜냐하면 그런 경전들은 이런 현대의 발명품들이 등장하기 오래 전에 쓰였기 때문이다.

구약성서는 서로 다른 옷감으로 지은 옷을 입는 행위를 금지하고 있다. 그러나 오늘날 이 계율을 따르는 사람은 거의 없다.

인간의 성(sexuality)은 우리가 동물과는 다르다는 사실, 즉 우리는 사회적 존재라는 사실을 보여 준다.

우리는 성을 통해 단순히 종(種)의 재생산만을 추구하는 것이 아니라 사랑과 행복과 아름다움을 추구한다. 이런 가치들이 뜻하는 바도 끊임없이 바뀐다.

정치적으로 우리가 제기해야 하는 질문은 이런 것이다. 동성애자

차별로 이득을 보는 자는 누구인가? 인종 차별적 모욕을 전혀 꿈꿔보지도 않은 젊은이들이 학교나 대학에서 "푸프터[poofter, 동성애자를 공격하는 모욕적인 언사]"라는 말을 써가며 사람들의 품위를 떨어뜨릴 때 이를 기뻐하는 자들은 누구인가?

정답은 우익이다. 자본주의는 노동 대중을 계속 분열시키는 것에 의존한다. 인종 차별, 여성 차별, 민족주의, 동성애 혐오증, 이 모든 것이 동일한 효과를 갖는다.

미국에서 기독교 우익은 부시를, 이라크 전쟁을, 부자들에 대한 세금 감면을 지지하고 동성애자들의 동등한 권리에는 반대한다. 부시는 결혼을 이성(異性)간의 결합으로 제한하는 새 법을 제정하려 한다.

결혼의 권리는 자본주의에서 매우 중요하다. 왜냐하면 결혼의 권리가 자녀 양육권, 재산 상속권, 연금과 생명보험의 권리, 심지어는 병원과 감옥에서의 면회나 접견권까지도 좌우하기 때문이다.

칠레의 군부가 민선 정부를 타도했을 때 그들은 수천 명의 노동조합 활동가, 원주민, 사회주의자뿐 아니라 동성애자들도 죽였다.

히틀러의 나치는 유대인, 집시, 공산주의자, 사회주의자, 노동조합 활동가, 그리고 동성애자 들을 살해했다.

영국 국민당(BNP)과 유럽의 다른 극우파 미치광이들은 동성애자 억압을 부추기고 싶어 안달이다. 우익이 득세할 때마다 동성애자들은 공격받기 쉬운 처지에 놓이게 된다.

동성애자들은 여전히 억압받고 있다. 사회주의자들은 언제나 피억압자의 편에 선다. 우리는 인권을 방어하고 신장시키려는 모든 운동을 지지한다.

우리는 또 인간의 다양성과 변화 가능성에 대한 더 폭넓은 인식을 고무해야 한다. 우리 자신의 사상이 역사에 의해 형성됐다.

인간의 성은 아주 복잡하다. 모든 사회에서 성적 매력과 애정의 편차는 사람마다 다르다. 우리 가운데 일부는 이성에만 매력을 느끼고, 일부는 동성에, 다른 사람들은 둘 다에 매력을 느낀다.

우리가 이렇게 다른 이유가 무엇인지에 대해서는 흥미로운 논쟁이 벌어질 수 있다. 우리의 유전자가 우리의 욕망을 부분적으로 결정하는가? 우리의 감각은 인간의 아름다움과 바람직함이라는 특수한 측면에 반응하기 위해 사회적으로 얼마나 많은 훈련을 받는가?

그런 논쟁은 자체로 무척 흥미로울 것이다. 그러나 그 논쟁 자체가 성 지향이 우리와 다른 사람들을 어떻게 대할 것인가 하는 문제의 해답을 제시하는 것은 아니다.

사회주의는 타인을 착취하고 억압하지 않는다면 누구나 자유롭게 자신이 원하는 바를 추구할 수 있는 사회를 쟁취하기 위해 싸우는 것이다.

우리는 우리와 다른 사람들을 보고 불안해하거나 그들을 처벌하려 해서는 안 된다. 우리는 "관용하는" 태도를 가져야 할 뿐 아니라 더 나아가 그 차이를 기뻐해야 한다.

국제주의 전통 자료집

VII. 여성과 성소수자의 차별과 해방

지은이 | 알렉스 캘리니코스, 크리스 하먼 외 지음
엮은이 | 이정구

펴낸곳 | 도서출판 책갈피
등록 | 1992년 2월 14일(제2014-000019호)
주소 | 서울 성동구 무학봉15길 12 2층
전화 | 02) 2265-6354
팩스 | 02) 2265-6395
이메일 | bookmarx@naver.com
홈페이지 | http://chaekgalpi.com

첫 번째 찍은 날 2018년 8월 27일

값 16,000원
ISBN 978-89-7966-153-8 04300
ISBN 978-89-7966-155-2 (세트)